LA STRATÉGIE MONDIALE

Ci-dessus et page suivante : dessin d'Ingram Pinn publié
par le Sunday Times en janvier 1982 au moment de la reprise
des négociations eurostratégiques de Genève.

LA STRATÉGIE MONDIALE

Lawrence Freedman

Préface de
Thierry de Montbrial
directeur de l'Institut français des relations internationales
professeur à l'Ecole polytechnique

Traduit de l'anglais par
Nicolas de Kerchove d'Ousselghem
administrateur de l'Institut européen
pour la paix et la sécurité

Bordas

Le présent ouvrage a été réalisé
avec la collaboration de

Claude Gossoncourt
pour la coordination générale

Bernard Fasbender et *Christine Callard*
pour la coordination technique

Edition originale :
© 1985 Equinox (Oxford) Ltd
ISBN : 0-333-38416-4

L'édition originale, *Atlas of Global Strategy*, a eu pour
artisans Graham Speake (editor), Nicholas Harris et Zoë
Goodwin (cartes), Bernard Higton (design), Linda Poley
(photos) et Clive Sparling (production).

Edition française :
© 1985 Bordas, Paris
ISBN : 2-04-012804-2
Dépôt légal : octobre 1985

Composition et films :
Optigraphic, Bruxelles.

Imprimé en septembre 1985
par G. Canale, à Turin, Italie

SOMMAIRE

Sujets illustrés

CHRONOLOGIE DES PRINCIPAUX EVENEMENTS SURVENUS DEPUIS 1945

1945

Mai   Fin de la guerre en Europe.

Juin   Création de l'Organisation des Nations-Unies.

Août   Destruction d'Hiroshima et de Nagasaki : fin de la guerre du Pacifique.

Novembre   Début des procès de Nuremberg. Les Anglo-Saxons offrent des informations nucléaires à l'ONU.

1946

Mars   Les Soviétiques se retirent de Mandchourie.

Juin   Le Plan Baruch est proposé à la première réunion de la Commission de l'Energie atomique de l'ONU.

Juillet   Premiers essais d'armes atomiques en temps de paix sur l'atoll de Bikini. Ces essais ont duré jusqu'en 1958.

1947

Janvier   Echec de la mission Marshall en Chine.

Mars   Doctrine Truman pour aider les « peuples libres ». Aide financière à la Grèce et à la Turquie.

Juin   Proposition d'un Plan Marshall (programme de coopération pour reconstruire l'Europe grâce à l'aide américaine.

Août   Indépendance et partition de l'Inde.

1948

Février   Coup d'Etat communiste en Tchécoslovaquie. Mise en place d'un gouvernement Gottwald en majorité communiste.

Mars   Traité de Bruxelles, signé par la Grande-Bretagne, la France, la Hollande, la Belgique et le Luxembourg.

Avril   Cessez-le-feu au Cachemire entre l'Inde et le Pakistan.

Mai   Naissance d'Israël. Attaque par les Arabes. (Egyptiens, Syriens, Jordaniens, Palestiniens).

Juin   Début du blocus de Berlin. La Yougoslavie se retire du bloc soviétique.

Novembre   H. Truman réélu président des USA.

1949

Avril   Armistice israélo-arabe. 12 nations signent le traité Nord-Atlantique.

Mai   Fin du blocus de Berlin.

Septembre   Explosion de la première bombe atomique soviétique. Fin du monopole nucléaire américain. Naissance de la République fédérale allemande.

Décembre   Repli des nationalistes chinois sur Formose. (600 000 exilés). Les communistes contrôlent le continent et créent la République populaire.

1950

Janvier   Décision US de construire la bombe à hydrogène.

Juin   Invasion du Sud par les Nord-Coréens.

Septembre   Débarquement US à Inchon.

Novembre   Contre-offensive chinoise contre les « Onusiens » sur le Yalu.

1951

Avril   Création de la Communauté européenne du charbon et de l'acier.

Octobre   La Grèce et la Turquie rejoignent l'OTAN.

1952

Mai   Proposition d'une Communauté européenne de défense.

Septembre   Création de l'OTASE, qui regroupe l'Australie, la G.-B., la Nouvelle-Zélande, les Philippines, la Thaïlande et les USA.

Octobre   Explosion de la 1re bombe atomique britannique. Etat d'urgence au Kenya.

Novembre   Election d'Eisenhower. Explosion de la 1re bombe thermonucléaire US.

1953

Mars   Mort de Staline.

Juillet   Armistice final en Corée, signé à Pan-Mun-Jom. USA et URSS accordent leur garantie.

Août   Explosion thermonucléaire soviétique.

1954

Janvier   Les E.-U. annoncent leur politique de représailles massives.

Mars   Bataille de Diên Biên Phu, dont la garnison française comporte 16 200 hommes.

Mai   Chute de Diên Biên Phu. Début de la première conférence de Genève.

Août   La France refuse la Communauté européenne de défense. La flotte américaine est chargée de défendre Formose.

Septembre   Pacte ANZUS (Australie, Nouvelle-Zélande et USA) signé à San Francisco dans le but de faire régner la sécurité militaire dans le Pacifique.

Sept./Déc.   Bombardements de Quemoy et Matsu.

Octobre   La RFA admise à l'ONU et autorisée à réarmer. Les Français quittent le Viêt-nam.

Novembre   Début des combats en Algérie.

1955

Avril   Les USA acceptent de donner des informations sur les armes nucléaires aux membres de l'OTAN. Début de la campagne de l'EOKA à Chypre.

Mai   Signature du Pacte de Varsovie. Occupation quadripartite de l'Autriche.

Septembre   La Tchécoslovaquie vend des armes à l'Egypte.

Novembre   Signature du Pacte de Bagdad qui, en 1959, débouchera sur le CENTO.

1956

Février   20e Congrès de l'URSS : début de la déstalinisation.

Juin   Répression par les Soviétiques d'une révolte d'ouvriers polonais. (113 morts et 300 blessés). Gomulka réhabilité.

Juillet   Nasser nationalise le canal de Suez.

Octobre   Répression par les Soviétiques d'un soulèvement en Hongrie. Trois colonnes blindées israéliennes envahissent le Sinaï.

Novembre   Eisenhower réélu. Paras français et britanniques à Port Saïd sur le canal de Suez.

Décembre   Français et Britanniques quittent le canal et Israël évacue le Sinaï.

1957

Mars   Le traité de Rome établit la CEE.

Mai   Explosion de la bombe thermonucléaire britannique.

Août   Indépendance de la Malaisie.

Octobre   Lancement par l'URSS du satellite *Spoutnik*. Accord nucléaire sino-soviétique.

1958

Mars   Contrôle absolu de Khrouchtchev en URSS.

Juin   De Gaulle revient aux affaires.

Août   Bombardement par les Chinois des îles nationalistes de Quemoy et Matsu.

Décembre   Le dictateur Batista chassé de Cuba. L'avocat Fidel Castro au pouvoir.

1959

Mars   Indépendance pour Chypre : fin de la guérilla de l'EOKA.

Juin   Rupture par l'URSS de l'accord nucléaire avec la Chine.

Août   Le Pacte de Bagdad devient le CENTO.

Septembre   Visite de Khrouchtchev aux USA.

Octobre   Formation du CENTO regroupant la Turquie, l'Irak, la G.-B., le Pakistan et l'Iran.

Décembre   La marine US acquiert son premier missile *Polaris*.

1960

Février   Première explosion nucléaire française à Reggane, dans le Sahara.

Mai   Un avion-espion *U-2* américain abattu au-dessus de l'URSS : avortement du sommet Est-Ouest de Moscou.

Juillet   Rappel des experts soviétiques en Chine.

Novembre   Kennedy élu président contre Nixon avec 49,7 % des voix.

Décembre   Offre US d'une force multilatérale nucléaire à l'Europe. Guerre civile au Laos.

1961

Avril   Echec du débarquement de la Baie des Cochons organisé par la CIA avec des réfugiés cubains. Premier vol habité dans l'espace par l'URSS.

Mai   Premier Américain dans l'espace. Cessez-le-feu au Laos.

Juillet   Deuxième crise de Berlin.

Août   Construction du mur de Berlin.

Décembre   L'Inde occupe Goa.

1962

Février   La G.-B. décide d'occuper Aden.

Mars   Signature à Evian du cessez-le-feu en Algérie.

Octobre   Crise des missiles cubains. Khrouchtchev annonce la rupture avec la Chine.

Novembre   Guerre sino-indienne. Les Chinois avancent de 18 km au-delà de la frontière, puis se retirent.

Décembre   Sommet de Nassau : MacMillan et Kennedy.

1963

Janvier   Rejet par la France de la Force nucléaire multilatérale.

Avril   Etablissement du « téléphone rouge » entre Washington et Moscou.

Juillet   Signature du traité interdisant les essais nucléaires dans l'atmosphère.

Novembre   Assassinat de Kennedy, remplacé par Johnson. Coup d'Etat contre Diêm à Saïgon.

1964

Août L'affaire du golfe du Tonkin devant le Congrès américain.

Octobre Première explosion atomique en Chine. Khrouchtchev démis et remplacé par une direction collégiale composée de Brejnev (premier secrétaire) et de Kossyguine (premier ministre).

Novembre Election du président Johnson contre B. Goldwater avec 61,1 %.

1965

Février Troupes US engagées au Viêt-nam. Début des bombardements au Nord.

Août Guerre indo-pakistanaise pour le Cachemire.

Octobre Coup d'Etat pro-communiste en Indonésie.

1966

Janvier Cessez-le-feu indo-pakistanais. Début de la Révolution culturelle chinoise.

Mars La France quitte le commandement militaire combiné de l'OTAN.

Avril Débarquement de troupes américaines en république dominicaine.

Août Accord de paix entre la Malaysia et l'Indonésie.

1967

Juin Guerre des Six-Jours au Proche-Orient. Pertes : Jordanie 6 094; Syrie 445; Egypte 20 000. Première explosion thermonucléaire chinoise.

Novembre Les Britanniques quittent Aden.

Décembre L'OTAN adopte la doctrine de la « réponse flexible ».

1968

Janvier Offensive du Têt au Viêt-nam. Décision britannique d'abandonner les bases militaires à l'est de Suez dès 1971.

Août Invasion de la Tchécoslovaquie par les troupes soviétiques, est-allemandes, polonaises et hongroises.

Septembre L'Albanie quitte le Pacte de Varsovie.

Novembre Richard Nixon élu président contre H.H. Humphrey avec 43,4 %.

1969

Mars Escarmouches sino-soviétiques en Mandchourie, sur la rivière Oussouri au sujet de l'île Damansky.

Juillet Annonce de la « doctrine Nixon » (Guam).

Novembre Signature du traité de non-prolifération nucléaire. Rencontre SALT (USA-URSS). Les USA renoncent à la guerre biologique et à l'initiative en matière d'armes chimiques.

Décembre Discussions germano-soviétiques à Moscou.

1970

Janvier Relations militaires entre l'Egypte et l'URSS.

Mai Américains et Sud-Vietnamiens entrent au Cambodge.

Août Traité URSS-RFA de non-agression.

Septembre Mort du raïs égyptien Gamal Abdel Nasser.

Décembre Normalisation des relations entre la république fédérale allemande et la république populaire de Pologne.

1971

Février Signature du traité de dénucléarisation des fonds marins.

Mai Un amendement proposant le retrait des forces américaines d'Europe refusé par le Congrès.

Juin Publication de documents du Pentagone.

Juillet Nixon accepte une invitation en Chine.

Septembre Accord nucléaire américano-soviétique (accident).

Décembre Guerre indo-pakistanaise : naissance du Bengladesh.

1972

Février Visite de Nixon en Chine.

Mai Visite de Nixon à Moscou. Signature de SALT I comprenant le traité de limitation des engins anti-missiles balistiques et un accord provisoire sur la limitation des armes offensives stratégiques.

Juin Deuxième partie de SALT I signée. Il s'agit d'un accord sur la prévention d'une guerre nucléaire.

Octobre L'Egypte demande le départ des conseillers soviétiques.

Novembre Réélection de Richard Nixon contre G. McGovern avec 60,7 %.

Décembre RFA et RDA reconnaissent réciproquement leur souveraineté.

1973

Janvier Signature du cessez-le-feu au Viêt-nam. Entrée du Danemark, de l'Irlande et de la Grande-Bretagne dans la CEE.

Juin Visite de Brejnev aux Etats-Unis.

Septembre Ouverture à Helsinki de la Conférence sur la sécurité et la coopération en Europe.

Octobre Conversations de Vienne sur une réduction mutuelle des forces. Quatrième guerre israélo-arabe, mieux comme sous le nom de « Guerre du Kippour ».

Novembre Limitation par le Congrès américain du pouvoir présidentiel d'envoyer des troupes outre-mer.

Décembre Quadruplement du prix du pétrole.

1974

Avril Coup d'Etat au Portugal : la « Guerre des Œillets » a commencé.

Mai Essai nucléaire en Inde.

Juillet Invasion turque à Chypre.

Août Démissionnaire, Nixon est remplacé par Gerald Ford.

1975

Avril Chute de Saïgon, rebaptisée Hô Chi Minh-Ville et de Pnom Penh, capital du Cambodge.

Juin Réouverture du canal de Suez.

Août Signature des accords d'Helsinki.

Octobre Arrivée de troupes cubaines en Angola.

1976

Septembre Mort de Mao Tsê-Tung.

Novembre Election de Carter à la présidence.

1977

Septembre Accord américano-soviétique pour reconduire SALT I.

Décembre L'URSS déploie des *SS-20* en Europe.

1978

Mai Session de l'ONU sur le désarmement

Décembre Invasion du Cambodge par le Viêt-nam. Normalisation des relations américano-chinoises.

1979

Janvier Le Shah quitte l'Iran. Les troupes tanzaniennes entrent en Ouganda.

Février Invasion chinoise au Viêt-nam.

Juin Signature du traité SALT II.

Juillet Fin du régime somoziste au Nicaragua. Somoza s'enfuit aux Etats-Unis avec sa fortune.

Septembre Dissolution du CENTO.

Novembre Prise de l'ambassade américaine à Téhéran par les étudiants iraniens. Soixante diplomates pris en otages.

Décembre Invasion soviétique de l'Afghanistan. L'OTAN annonce son intention de déployer 572 missiles *Pershing* et de croisière. Cessez-le-feu en Rhodésie.

1980

Janvier Suspension du débat sur SALT II au Sénat US.

Mai Mort de Tito en Yougoslavie.

Août Accord à Gdansk sur la formation du syndicat *Solidarité* en Pologne.

Septembre L'Irak attaque l'Iran.

Novembre Election de Ronald Reagan avec 50,7 % des voix.

1981

Novembre Début des négociations eurostratégiques de

Décembre Loi martiale en Pologne.

1982

Avril Des forces argentines occupent les îles Malouines, dépendant de la couronnes britannique.
L'armée israélienne entre au Liban.

Juin Ouverture à Genève des négociations START. Reprise des Malouines par les Britanniques.

Novembre Mort du président Brejnev, auquel succède Youri Andropov.

Décembre Levée de la loi martiale en Pologne.

1983

Mars Annonce par Reagan de l'« initiative de défense stratégique ».

Septembre Un avion de ligne sud-coréen abattu au-dessus de l'URSS.

Octobre Prise de La Grenade par des troupes US et des Caraïbes.

Novembre Arrivée en Europe des premiers missiles de croisière. Les négociateurs soviétiques interrompent les négociations eurostratégiques de Genève (INF).

Décembre Interruption des négociations START.

1984

Février Mort d'Andropov, remplacé par le président Tchernenko.

Novembre Réélection de Reagan.

1985

Mars Mort de Tchernenko, remplacé par le président Gorbachev.

PREFACE

RIEN n'est plus absurde que la guerre, mais rien n'est plus central et plus permanent dans la vie des peuples. L'avènement de l'âge nucléaire a, jusqu'à aujourd'hui, protégé la partie la plus développée du monde de conflits qui, autrement, auraient probablement eu lieu. Mais ce calme a quelque chose de terrifiant, puisqu'il repose sur la perspective d'une apocalypse en cas d'échec de la dissuasion. En outre, les conflits continuent dans le tiers monde aussi nombreux que dans le passé, les « théâtres extérieurs » apparaissant également comme un enjeu de la rivalité Est-Ouest.

La question de la guerre et de la paix fascine naturellement l'opinion. Nos journaux, nos radios et nos télévisions y font tous les jours une large place. Une bonne partie du temps de nos dirigeants est consacrée aux problèmes de sécurité. Ces sujets alimentent les conversations dites du « café du commerce », même quand elles se déroulent dans les dîners en ville. Il est incontestable, cependant, que très peu de gens, même au plus haut niveau de la classe politique, les abordent avec le minimum de connaissances organisées que requiert l'intelligence de toute matière complexe.

Le mérite de ce livre est de fournir ce minimum en moins de deux cents pages. L'auteur est reconnu comme l'un des grands experts mondiaux de la stratégie dans la génération de l'après-guerre. Le texte qu'il nous propose ici est accessible à tous, mais d'une grande précision. Il est admirablement associé à une abondante illustration. Le lecteur appréciera particulièrement la cartographie, cet auxiliaire indispensable du discours stratégique. Les concepts essentiels, qu'il s'agisse de la géopolitique (un mot si souvent utilisé à tort et à travers), des enjeux (l'accès aux matières premières, par exemple), des stratégies nucléaires, de la guerre classique, de la guerre chimique, de la guerilla ou du terrorisme, sont présentés avec clarté et à travers des exemples concrets.

Cet ouvrage comprend une sorte d'histoire résumée des principaux conflits d'après-guerre, mais aussi des tentatives de solution (détente, maîtrise des armements...), assortie d'une chronologie suffisamment détaillée. Il présente, avec un constant souci d'exactitude et de simplicité, les notions techniques nécessaires à la compréhension minimale de questions aussi complexes que l'initiative de défense stratégique (IDS) du président Reagan. La stratégie est aussi une science de nombres : compter les ogives, les vecteurs, les avions ou les chars, les hommes et leurs équipements, n'est pas chose aisée. L'idée d'équilibre des forces n'est facile qu'en surface. Ce livre offre à cet égard un guide sûr et permettra à ses lecteurs de mieux interpréter les faits et les débats dans le mouvement actuel des relations internationales.

L'auteur a voulu faire ici un travail objectif. Certains critiques lui feront inévitablement le reproche de ne pas y être complètement parvenu. Par exemple, les spécialistes des questions stratégiques dans notre pays seront évidemment frappés du peu de place que le concept français de dissuasion occupe dans ce volume. En fait, le professeur Friedman reflète la pensée anglo-saxonne traditionnelle, qui voit dans notre politique d'indépendance un facteur de division de l'Alliance atlantique et souligne le danger de la prolifération des armes nucléaires. Dans ce domaine particulièrement, le lecteur devra compléter son information.

La Stratégie mondiale n'en reste pas moins un magnifique ouvrage d'initiation, et mérite à ce titre l'accueil le plus favorable du public français.

Thierry de Montbrial
professeur à l'Ecole polytechnique
directeur de l'Institut français
des relations internationales
ancien directeur du Centre d'analyse et de prévision
du ministère des Relations extérieures

INTRODUCTION

Parce qu'elles savent combien catastrophiques seraient, pour l'humanité, les conséquences d'une *Troisième Guerre mondiale, les grandes puissances se montrent, à cet égard, extrêmement circonspectes ● La stratégie mondiale nous semble donc beaucoup plus sensible aux retombées de la décolonisation qu'aux péripéties calculées de la rivalité Est-Ouest ● En fait, les géopoliticiens ont trop tendance à s'obnubiler sur l'élément géographique et — comme c'est aussi le cas pour beaucoup d'autres concepts de stratégie mondiale — ils sous-estiment trop souvent les facteurs de politique locale.*

L'accession des Etats-Unis au rang de superpuissance a été illustrée en 1943 par Salvador Dali dans son Enfant Géopolitique observant la naissance de l'homme nouveau.

C'EST A JUSTE TITRE que les deux grands conflits qui ont ravagé la planète au cours du XXe siècle, sont appelés *guerres mondiales*. Rarcs sont en effet les régions du globe qui furent à l'abri des hostilités ou qui n'en subirent pas les répercussions. Les combats eux-mêmes connurent une extension considérable. Commencée en Europe, la Seconde Guerre mondiale trouva son épilogue dans le Pacifique. Toutes les grandes puissances y prirent part. Même celles qui, au début, tentèrent de prendre leurs distances, finirent par être entraînées.

Lorsque l'on évoque aujourd'hui une *Troisième Guerre mondiale*, on suppose que si des grandes puissances — et plus précisément les deux superpuissances — en venaient un jour à en découdre, toutes les autres nations seraient automatiquement entraînées dans une conflagration universelle, à côté de laquelle les guerres précédentes apparaîtraient comme des incidents mineurs, et au cours de laquelle les civils souffriraient autant, sinon davantage que les militaires. On sait déjà que les armes nucléaires, utilisées à une certaine dose, incendieraient forêts et cités, de sorte que la fumée ainsi dégagée ferait écran aux rayons du soleil. Les survivants connaîtraient alors *l'hiver nucléaire*, détruisant l'écologie de tout l'hémisphère septentrional, et d'une partie de celle de l'hémisphère austral.

Même dans ce type de catastrophe, la portée et la mobilité des armes modernes mises au service des intérêts planétaires des superpuissances auraient pour conséquence qu'un affrontement entre elles dans une région donnée du monde ne pourrait que s'étendre rapidement en d'autres lieux. Souvent, dans les scénarios de guerre future élaborés pour des films de télévision, c'est l'antagonisme de fractions rivales au Proche-Orient qui est à

l'origine de l'intervention des superpuissances, puis de leur affrontement. Dès lors, la crise gagne rapidement l'Europe, avec une focalisation sur Berlin. Et Cuba devient un pôle d'affrontement. L'extension du conflit est commandée par le caractère planétaire des intérêts des superpuissances, et elle est facilitée par l'efficacité des moyens de communication modernes. Le monde est aujourd'hui devenu un grand village, et la moindre étincelle risque de l'enflammer tout entier.

On pourrait attendre d'un ouvrage sur la *Stratégie mondiale* qu'il traite des préparatifs que suppose un tel conflit. En réalité, la thèse soutenue dans cet ouvrage est que les grandes puissances sont conscientes des conséquences qu'entraînerait, pour l'humanité, une Troisième Guerre mondiale. Et que cela les rend extrêmement réticentes à se laisser entraîner dans un conflit de ce type. En dépit des discours musclés et souvent alarmistes tenus par les dirigeants politiques (souvent dans

▲ *Voici le type d'opération qui a terni l'image de la stratégie américaine durant la guerre du Viêt-nam. Pour empêcher le Vietcong d'utiliser certains villages comme base d'opérations, ceux-ci étaient totalement détruits, même si tous les habitants n'étaient pas des sympathisants de l'ennemi. On voit ici un T-28 américain larguant une bombe au phosphore sur un village de montagne.*

Une Troisième Guerre mondiale ?

perfectionné et, d'autre part, par la complexité des relations internationales, qui ne se polarisent plus selon le modèle simpliste d'un affrontement entre les idéologies capitaliste et socialiste. Plus souvent qu'on ne le croit, les conflits ont pour origine des différends d'ordre purement régional, sans intervention d'une superpuissance. Ils se déroulent avec des effets limités aux seuls belligérants ou, au pire, à leurs proches voisins. Lorsqu'elles sont tentées d'intervenir, les puissances extérieures s'aperçoivent vite qu'elles ne servent que des intérêts locaux, et qu'elles risquent elles-mêmes d'en pâtir. En fait, *la stratégie planétaire est davantage axée sur la limitation des conflits que sur leur exploitation.*

Il existe, bien sûr, des tendances opposées à celle-là, et nous attirerons l'attention sur elles dans ce livre. Notre propos n'est en effet pas de mettre simplement en évidence la sagesse dont font preuve les grandes puissances armées jusqu'aux dents, ni de railler la folie des Etats de moindre envergure, qui cherchent toujours à régler leurs différends, ou à assouvir leurs ambitions, par des moyens violents. Ce que nous souhaitons, c'est de faire mieux comprendre la complexité des conflits internationaux et remettre en question quelques-uns de ces clichés qui, si souvent, servent de substitut à l'analyse critique lorsque la discussion s'égare sur les problèmes stratégiques d'un monde aussi déroutant et dangereux que le nôtre.

Géopolitique et stratégie

Par *stratégie*, nous entendons l'utilisation de moyens militaires en vue de réaliser des desseins politiques. Si nous insistons sur le caractère *politique* des objectifs de la stratégie, c'est bien pour indiquer que nous ne traiterons pas ici d'activités militaires trouvant en elles-mêmes leur propre justification, ou qui seraient menées pour l'amour de l'art. Les objectifs politiques sont variés : ils vont de la répression d'une insurrection à la défense du territoire contre un voisin envahissant. Sans parler des conquêtes impérialistes. L'inclination de certains dirigeants à utiliser (ou à menacer d'utiliser) la violence pour réaliser leurs objectifs s'explique par les limites de formes plus pacifiques de persuasion, bien que celles-ci ne soient pas exclues lorsqu'on tient à régler des différends de manière civilisée. L'aphorisme du président Theodore Roosevelt concernant la sagesse qu'il y a à parler aimablement, un bon bâton au bout du bras, montre combien cet homme d'Etat expérimenté était conscient de l'utilité, durant les conversations diplomatiques délicates, de garder en réserve une menace militaire...

l'intention de rassurer leurs alliés, de mettre en garde leurs adversaires ou de se faire entendre des non-alignés), les grandes puissances ont toujours attentivement veillé à ne pas se laisser déborder par leurs divergences, et à conserver le contrôle de la situation. Même contre des puissances de second rang, l'usage de la force militaire est désormais délicat. Ce phénomène s'explique, d'une part, par l'accession récente à l'indépendance d'un nombre importants d'Etats aujourd'hui dotés d'un matériel militaire

A nos yeux, l'usage de moyens militaires ne signifie pas seulement l'emploi effectif de

La seule frontière sûre pour Moscou : avec des Russes de chaque côté

troupes dans la conduite d'une guerre. Les moyens militaires sont aussi un argument de dissuasion, d'intimidation ou, à l'inverse, ils peuvent servir à rassurer des voisins inquiets. On appelle *tactique* la disposition et la manœuvre de forces armées au combat. La distinction entre *stratégie* et *tactique* est une question de niveau et de degré, l'une s'imbriquant dans l'autre. C'est en fonction des exigences globales d'une campagne que l'on jugera des tactiques à mettre en œuvre dans un engagement particulier. En revanche, la planification de la campagne devra tenir compte des possibilités tactiques.

Avant même d'examiner des facteurs tels que les différences d'ordre religieux, ethnique ou idéologique, nous pouvons déjà envisager les problèmes de sécurité qui se posent à un pays en fonction de sa situation géographique. S'il est entouré d'autres territoires qui lui coupent l'accès à la mer, il peut se sentir verrouillé dans ses frontières terrestres et exposé à plus de risques que tel autre pays, dont les ennemis potentiels se situent outre-mer. Mais une nation qui, pour ses approvisionnements en matières premières vitales, dépend de sources extérieures, doit se préoccuper des nations lointaines qui, si elles en avaient la volonté, auraient les moyens d'interrompre leurs livraisons. Dans ce cas, plus on doit pouvoir envisager des opérations militaires à longue distance, plus il faut se préoccuper d'aménager des bases à mi-distance, et de s'assurer l'accès de certains ports. La sécurité de ces bases et de ces ports finit par infléchir la politique. Un sentiment de vulnérabilité, lié à une menace réelle ou supposée, peut naître et provoquer la nécessité d'entretenir une présence militaire substantielle outre-mer.

Les pays continentaux ont leurs problèmes propres. Notamment de savoir s'ils sont exposés à une menace sur *un* ou sur *plusieurs* fronts. Durant ce siècle, le désir d'éviter une guerre sur deux fronts (ou, à tout le moins, de se mettre en position de la mener favorablement), a modelé les politiques de sécurité et de relations extérieures de l'Allemagne et de la Russie. « Pour qu'une frontière soit sûre, que faut-il de l'autre côté ? » A cette question, un ministre des Affaires étrangères du Tsar a jadis répondu : « Pour nous, la seule frontière sûre est celle où l'on trouverait des Russes de chaque côté. » Ce type de logique développe une politique d'expansion territoriale sous le couvert d'une légitime volonté d'assurer sa sécurité. Cette logique aide à comprendre pourquoi l'URSS tient tant à conserver un glacis de satellites en Europe orientale, et pourquoi ses troupes occupent aujourd'hui l'Afghanistan. Elle permet aussi d'expliquer certaines réactions de l'Etat d'Israël.

Une hostilité potentielle peut être définie non seulement par des différends idéologiques ou religeux, voire par une compétition pour la mainmise sur des matières premières ou un territoire, mais aussi, tout simplement, par la situation géographique. C'est ainsi que l'approche britannique traditionnelle de l'équilibre des forces en Europe était de considérer comme intolérable qu'un pays soit en mesure, à lui seul, de dominer le continent européen. En effet, une fois cette situation acquise, ce pays aurait pu concentrer les ressources nécessaires pour défier la Grande-Bretagne. Ce principe de base explique pourquoi les Anglais se sont opposés successivement aux visées expansionnistes de Napoléon, de Guillaume II, de Hitler et, aujourd'hui, à celles de l'Union soviétique. Pour ce faire, la Grande-Bretagne a dû compter de plus en plus sur l'aide des Etats-Unis. Lors des deux guerres mondiales, il a fallu chaque fois plusieurs années avant que les

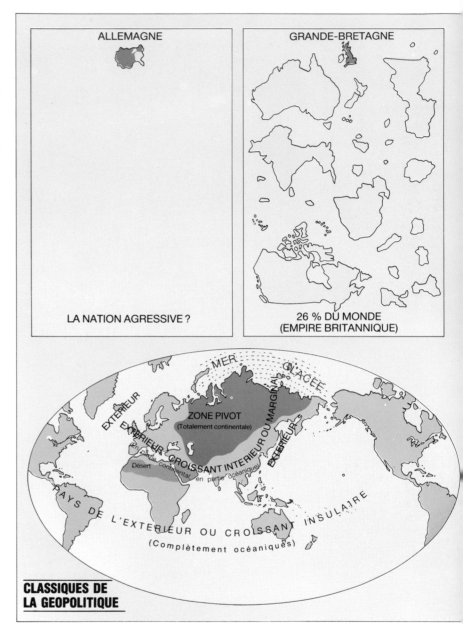

ALLEMAGNE

LA NATION AGRESSIVE ?

GRANDE-BRETAGNE

26 % DU MONDE
(EMPIRE BRITANNIQUE)

MER GLACÉE

EXTÉRIEUR

ZONE PIVOT
(Totalement continental)

EXTÉRIEUR CROISSANT INTÉRIEUR OU MARGINAL

EXTÉRIEUR

Désert Continental en partie océanique

PAYS DE L'EXTÉRIEUR OU CROISSANT INSULAIRE
(Complètement océaniques)

CLASSIQUES DE LA GEOPOLITIQUE

La géopolitique vit de la « théorie du domino » et de l'« arc de crise »

Ces deux cartes, publiées en 1942 par l'Américain Robert Strausz-Hupé, opposent l'image traditionnelle du vaste empire britannique à celle de l'Allemagne nazie, confinée en Europe. Or, en pratique, la taille n'entre pas dans la définition de l'agresseur. Ce dernier est celui qui a tiré le premier coup de feu ou a provoqué le conflit.

Ci-dessous à gauche: la vision du monde qu'avait, en 1919, Halford MacKinder. Dans la lutte d'influence que mènent les pays, les avantages, selon lui, vont aux Etats continentaux et, en particulier, à ceux qui, comme l'Union soviétique nouvellement créée, occupent la zone-pivot.

▼ *Voici le type de carte qui a fait du tort à la géopolitique. Associé de Haushofer, Gustav Fochler Hauke indique ici les régions d'Europe où, en 1937, les populations parlaient l'allemand.*

Américains ne reconnaissent que leurs intérêts étaient aussi liés à l'équilibre des forces en Europe. La formation de l'Organisation du Traité de l'Atlantique Nord (OTAN) a reflété la conviction de Washington que le défi soviétique était tel qu'il ne pouvait y avoir de doute quant aux engagements que les Etats-Unis prenaient pour le relever.

La première moitié de ce siècle vit le développement d'une école de géopolitique qui s'efforçait d'identifier des tendances profondes dans la politique internationale en se basant sur les données géographiques. L'usage que les Nazis firent de la géopolitique pour justifier leurs entreprises expansionnistes fit que le national-socialisme fut considéré comme le symbole du militarisme et donc comme une machine de guerre.

Le père de la géopolitique moderne est le géographe britannique Halford Mackinder, qui exposa pour la première fois ses idées en 1904, et ne cessa de les développer durant quarante ans. Selon Mackinder, l'Eurasie est en quelque sorte une île mondiale dont le *Heartland* (d'abord baptisé « zone pivot ») est inaccessible à la puissance maritime à cause de la nature infranchissable des régions polaires. Cette zone-pivot qui, pratiquement, équivaut à la Russie, joue un rôle-clé puisque, selon Mackinder, son contrôle rendrait possible celui de l'« île mondiale » eurasienne, voire celui du monde entier, par un enchaînement de bien mauvais augure.

Face aux puissances continentales se dressaient, dans le schéma de Mackinder, les puissances maritimes du « croissant interne », qui étaient adjacentes à la fois à la mer et à l'« île mondiale ». C'est ce que, plus tard, les géopoliticiens allaient appeler *rimlands*. Mackinder supposait que, dans ce combat, les puissances continentales devaient remporter la victoire, compte tenu des avantages qu'offraient les transports terrestres par rapport aux transports maritimes. Sur ce point, il s'opposait à des théoriciens tels que l'amiral américain Mahan, lequel prétendait que la maîtrise des mers offrait de vastes prolongements à cause du contrôle que l'on s'assurait ainsi sur les communications mondiales. Selon Mackinder, une fois les *rimlands* asservis, les puissances continentales seraient en mesure de défier les puissances du « croissant externe ». Elles resteraient invulnérables à une attaque directe par voie de terre, mais pourraient en outre se trouver en position favorable pour disputer la maîtrise des mers.

Ce type de raisonnement peut être contesté sur un certain nombre de points. Ainsi, jamais les communications terrestres à travers l'« île mondiale » et à l'intérieur de celles-ci n'ont été suffisamment développées pour permettre à l'Eurasie de devenir le centre de gravité de la politique mondiale, dans les conditions avancées par Mackinder. Les puissances périphériques de l'Eurasie (*rimlands*) et en particulier celles constituant l'Europe occidentale, ont pu — beaucoup plus grâce à leurs ressources économiques qu'à leurs seules communications internes — résister aux puissances du *heartland*, même si, au XXᵉ siècle, elles n'ont pu le faire qu'avec l'aide de leurs alliés du « croissant externe ».

En fait, ces théories ont été influencées par les expériences récentes d'impérialisme, dans lesquelles les grandes puissances avaient affermi leur position internationale par des accroissements de territoires. Cette vision péchait par sous-estimation des problèmes résultant d'une extension excessive répondant au besoin de garantir des territoires contre les menaces internes et externes.

La géopolitique finit par être discréditée à cause de l'usage qu'en firent ceux qui, comme l'Allemand Haushofer, la sollicitèrent pour justifier des conquêtes territoriales. Cet abus condamna à un oubli immérité les apports plus positifs et plus modestes de la géopolitique. Il n'empêche que certaines formes de raisonnement géopolitique sont toujours populaires. Ainsi la *théorie des dominos*, qui fut invoquée pour justifier la politique américaine en Indochine. En vertu de cette théorie, lorsqu'un pays succombe à un coup d'Etat communiste, ses voisins sont condamnés, par un effet d'entraînement, à subir le même sort, jusqu'à ce que toute une série de pays soient tombés, comme une rangée de dominos.

Avec moins de conviction, il est vrai, cette théorie a été appliquée dans d'autres parties du monde. Ainsi, au milieu des années 70, juste après l'invasion de Chypre par les troupes turques, après la « Révolution des Œillets » au Portugal et après la montée en puissance des partis communistes en Italie et en Espagne, puis de la gauche en France, l'OTAN commença à se faire du souci pour son flanc sud. Des cartes circulèrent, agrémentées de flèches rouges tourbillonnant autour de la Méditerrannée. Après quelques années, alors que la démocratie s'est affermie au Portugal, alors que les communistes ont manqué leur percée en Espagne et sont en constante perte de vitesse en France, ce souci persiste pourtant à l'OTAN. Ceci illustre le danger qu'il y a à camoufler la spécificité des causes et des effets derrière des similitudes superficielles. Au même ordre d'idées appartient la notion d'un *arc de crise*, qui connut une certaine vogue au début des années 80, et faisait référence à une série de points de troubles et de tensions, localisés dans une ellipse s'étendant de l'Afrique du Nord à l'Asie du Sud-Est. Cet *arc de crise* était dangereusement proche des sources et des voies d'approvisionnements des pays occidentaux, ce qui amenait ceux-ci à se demander si cette coïncidence était purement fortuite.

Les cartes peuvent mentir

Le fait que le Laos et le Cambodge passèrent sous le contrôle du Nord Viêt-nam communiste après que le Sud Viêt-nam eut subi le même sort, a été invoqué à l'appui de la justesse de cette théorie. Il est clair que les effets d'une guerre locale se répercutent nécessairement sur le voisinage et que ses effets sont malaisés à contenir : les réfugiés débordent des frontières et les rebelles prennent des raccourcis à travers des territoires réputés neutres, ce qui oblige leurs adversaires à leur couper la route. Les pays voisins sont souvent appelés à choisir le camp qui aura leur soutien mais, ce faisant, ils risquent d'en payer les conséquences s'ils ont aidé les vaincus.

Il n'est cependant pas automatique qu'un agresseur puissant et expérimenté trouve dans ses voisins des victimes toutes indiquées, matériellement à sa portée. Sans doute le Laos et le Kamputchéa (Cambodge) ne seraient-ils pas tombés entre les mains des forces vietnamiennes si, au départ, ces pays n'avaient pas été instables. A l'origine, la *théorie des dominos* voulait que la Chine soit, dans le sud-est asiatique, le « domino initial ». Cependant, la suite des événements infirma cette prédiction car il apparut vite qu'aucune affinité élective ne rapprochait Chinois et Vietnamiens. L'« effet domino » devait ensuite s'étendre à l'Indonésie, mais les communistes locaux — qui avaient initialement paru y renforcer leurs positions — furent défaits et décimés en 1965, sans avoir eu l'occasion de tirer un avantage moral quelconque de la victoire de leurs amis nord-vietnamiens.

A l'instar d'autres théories géopolitiques, celle-ci surestimait l'importance du facteur géographique, presque au point de suggérer que le destin des nations est inscrit dans leurs paramètres cartographiques. Les relations entre Etats sont gouvernées par un ensemble de facteurs qui dépassent largement les problèmes de proximité ou l'existence de barrières physiques comme les mers, les fleuves ou les chaînes de montagnes. La façon dont les nations s'organisent, les ressources dont elles disposent et leur aptitude à les exploiter, la nature de leurs croyances, de leurs angoisses ou de leurs aspirations, demeurent les éléments essentiels en matière de politique internationale.

La vision de la Terre qu'offre une carte peut, en outre, être profondément déroutante. La plupart des Occidentaux sont familiarisés avec la projection du monde établie au XVIᵉ siècle par le géographe flamand Mercator. Il s'agit d'une représentation plane de la Terre, dont l'orientation Nord-Sud place alternativement en son centre l'Europe occidentale et l'Amérique du Nord. Quelques-uns de nos archétypes politiques dérivent de cette projection. C'est ainsi que nous identifions les deux grands blocs en terme d'*Est* et d'*Ouest* (mais alors, où situer le Japon ?). De même, nous recourons aux

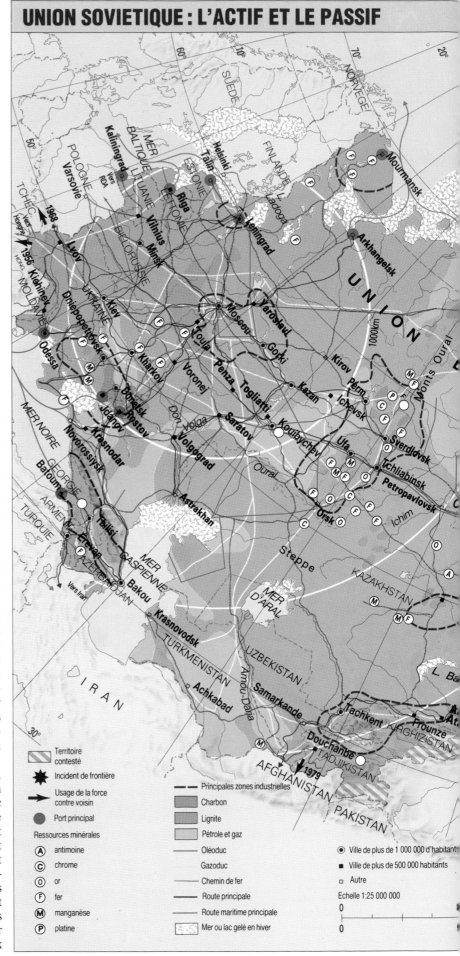

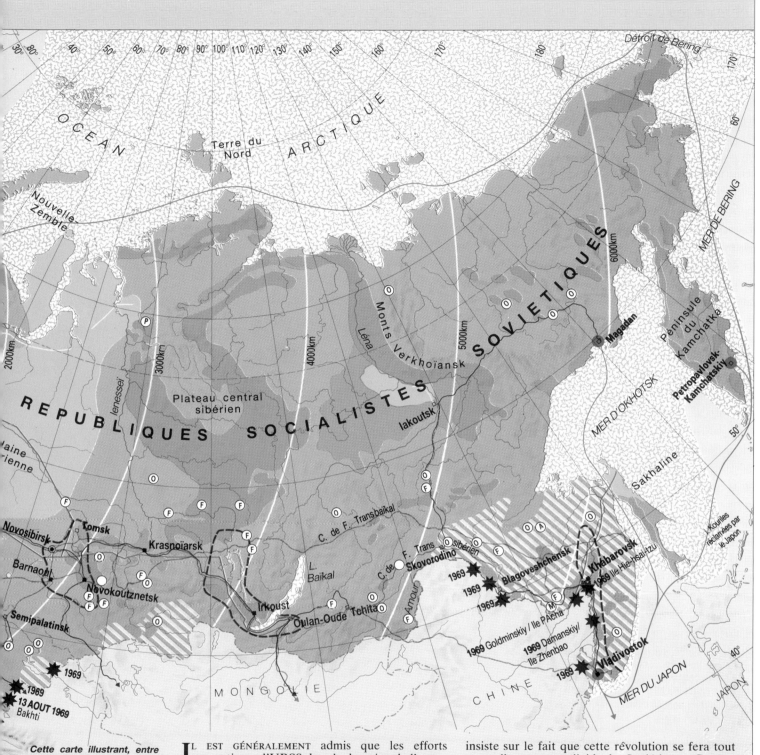

Cette carte illustrant, entre autres, les longues frontières, au tracé parfois contesté, de l'URSS, explique combien celles-ci constituent, pour le Kremlin, un souci important en matière de sécurité. On découvre aussi la dépendance croissante de l'est du territoire en matière de pétrole et de matières premières, et le fait que la majeure partie, tant de la population que de l'industrie se situe à l'ouest de l'Oural.

Enfin, cette carte témoigne de la pauvreté du pays en lignes de communications terrestres.

Il est généralement admis que les efforts consentis par l'URSS dans le domaine de l'armement, tant conventionnel que nucléaire, ont eu pour résultat que, sur certains plans, ce pays rivalise, voir dépasse les Etats-Unis. On sait aussi que le « lobby » militaire joue un rôle prépondérant dans la société soviétique, s'attachant les meilleurs cerveaux et dirigeant les industries de pointe. Enfin, il est connu que le Kremlin ne répugne pas, pour résoudre ses problèmes politiques, à faire état de sa puissance militaire.

D'aucuns craignent que celle-ci ait pour mission de répandre dans le monde l'idéologie révolutionnaire marxiste-léniniste. Bien sûr, le Kremlin n'a jamais caché son souhait de voir le « capitalisme » céder le pas aux « forces progressistes », mais il insiste sur le fait que cette révolution se fera tout naturellement, sans l'aide des Soviétiques. Constatons simplement que les résultats obtenus à ce jour ne sont guère impressionnants.

L'effondrement du régime soviétique par l'intérieur ne serait pas une solution car en cas de menace de ce type, les dirigeants moscovites pourraient être tentés de s'engager dans une aventure militaire dans le seul but de distraire le peuple de ses problèmes en ravivant le patriotisme russe. Devant cette situation, les pessimistes souhaitent le renforcement de la sécurité de leurs frontières. Et les optimistes estiment que, pour soutenir leur politique de réformes et affermir leur économie, les Soviétiques ont besoin d'un environnement politique stable.

LES CARTES ET LA GUERRE

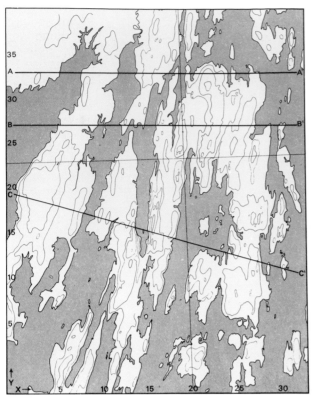

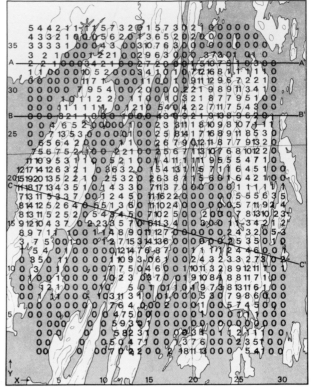

TRANSPORTEURS

12 MISSILES GUIDELINE

EQUIPEMENT LOURD

5 CHARIOTS

20 RESERVOIRS CYLINDRIQUE

TRANSPORT

ENTREPOTS

DANS LES IMAGES qu'évoque pour nous la guerre, les cartes interviennent juste après le fracas de la bataille. Cartes épinglées devant les officiers réunis pour recevoir leurs ordres avant le combat, cartes dominant les salles d'opération dans les quartiers généraux et sur lesquelles on reproduit les mouvements des troupes, cartes servant à expliquer pourquoi et comment on a gagné ou perdu du terrain... Pour le commandant général des forces engagées sur le front, les cartes sont les outils de base qui lui permettent de saisir la situation, de définir les options et d'identifier les obstacles à surmonter. On a dit de Napoléon que « durant toute sa vie et partout les cartes l'ont suivi, percées d'épingles aux têtes de couleurs qu'éclairaient la nuit vingt à trente bougies, et sur lesquelles évoluaient le compas. C'était l'autel devant lequel il priait, c'était un foyer, pour lui qui n'en avait pas ».

Il est aujourd'hui possible à un missile de franchir des milliers de kilomètres avant de s'écraser à quelques mètres seulement de sa cible. Sans cartes précises, les mécanismes de guidage sophistiqués cachés dans le nez de l'engin ne permettraient pas une telle précision. On sait que les cartes soviétiques courantes sont truffées d'inexactitudes *délibérées*, destinées à induire en erreur tout assaillant.

Les règles du jeu de la guerre

```
5 7 3 0 2 1 0 0 0 0 0
6 5 2 0 2 0 0 0 0 0 0 0
7 6 3 0 0 0 0 0 0 0 0
6 3 0 0 0 37 3 0 1 01 0
2 0 0 1 51 0 7 51 0 3 0 0
10 10 7 12 16 8 1 1 1 1 0
0 0 1 0 9 11 12 9 6 7 2 21 0
0 0 0 2 21 9 8 9 11 3 4 1 0
0 10 3 21 8 7 7 9 5 10 0
5 4 0 4 2 2 7 11 7 5 4 3 0 0
4 3 0 9 21 9 13 8 9 6 20 1
2 3 3 11 8 10 9 8 10 7 1 1 1
2 5 8 14 17 16 8 9 11 8 5 3 0
2 6 7 9 0 12 11 8 7 7 9 13 2 0
2 5 6 7 11 3 10 7 6 8 10 12 2 0
4 11 1 11 1 9 5 5 5 4 7 1 0
1 0 0 2 4 3 2 3 3 2 7 7 0 2
6 3 8 11 5 6 0 1 6 4 2 1 0 0
11 3 7 0 0 0 0 0 0 1 1 1 1 1
16 2 2 0 0 0 0 0 5 5 5 6 3 5
10 2 4 0 0 0 0 0 5 7 11 9 2 4
0 2 5 0 0 2 0 0 7 8 13 10 23
11 3 4 0 0 3 0 0 11 3 4 21 2
12 7 0 0 0 0 2 4 3 2 0 5 3
13 6 0 0 0 0 0 2 5 3 5 0 1 0
8 7 0 0 1 1 1 1 2 4 4 6 0 0 1
6 1 0 0 2 4 3 2 3 3 2 7 3 0 2
6 0 0 1 10 11 3 2 8 9 12 11 1 0 1
7 0 0 1 9 10 8 1 8 8 11 7 1 0 0
0 1 1 0 1 9 7 3 8 13 11 6 1 0 0
0 1 0 0 0 5 3 0 7 9 8 6 0 0 0
0 2 0 0 0 0 5 7 4 5 0 0 0
0 0 0 0 1 0 0 0 1 1 1 0 0 0
0 0 0 0 0 0 0 0 0 0 0 0 0
0 0 0 3 1 0 1 1 2 1 1 1 0 0
0 0 1 3 7 6 0 0 0 2 3 5 1 0 0
0 2 18 11 13 0 0 0 5 4 1 0 0
```

▲ *Le radar TERCOM installé dans le nez d'un missile de croisière permet à celui-ci de vérifier en cours de route si le terrain qui se déroule sous lui correspond bien aux informations dont on l'a nourri grâce aux photographies prises par satellites et stockées en mémoire* (voir p. 104).
On voit en haut comment une carte peut être reproduite sous forme de chiffres. Ce système permet aux missiles d'atteindre leur destination à basse altitude sans s'écraser en chemin sur quelque obstacle inattendu.
Bien entendu, l'information doit être régulièrement tenue à jour car, sinon, l'engin pourrait être surpris pas une construction nouvelle ou tout autre obstacle récent comme — et c'est possible dans l'hiver russe — une simple congère...

◄ *En octobre 1962, un avion-espion U-2 de la CIA prit des photos de l'île de Cuba, sur lesquelles on discerna l'implantation d'un site de missiles soviétiques* (voir p. 108). *L'affaire aurait pu rester secrète, mais Washington lui donna le maximum de publicité, afin de sensibiliser l'opinion publique.*

termes *Nord* et *Sud* pour traduire le fait que les Etats de l'hémisphère septentrional sont, d'une manière générale, plus industrialisés et plus riches que ceux de l'hémisphère austral.

Bien qu'elle reste une source utile de « sténographie politique », la vision « occidentale » du monde, nourrie par cette projection, peut conduire à une optique déformée de la réalité, telle que celle-ci est perçue dans d'autres régions du monde. Elle occulte notamment le fait que l'Est et l'Ouest se touchent par leurs extrémités, et exagère artificiellement les distances entre les masses continentales situées au sommet et à la base de la carte. Cela peut, entre autres, inspirer aux Nord-Américains un sentiment d'isolement fort trompeur. Si ceux-ci regardaient davantage par-dessus le pôle Nord, et moins à travers les bassins océaniques, l'URSS leur apparaîtrait beaucoup plus proche. Or c'est précisément par la route du pôle que transiteraient vers leurs objectifs les missiles américains et soviétiques...

Ces réserves doivent nous rester présentes à l'esprit chaque fois que l'on examinera les phénomènes stratégiques en se référant à des cartes. Elles encouragent une vue « olympienne » du monde, par laquelle on considère les choses de haut pour dégager de larges courants et des connexions qui ne peuvent apparaître de tout autre observatoire. Les projections passablement moins conventionnelles que l'on trouvera dans cet ouvrage procèdent d'un souci de fournir des perspectives nouvelles. Quelle que soit sa valeur, la vue macroscopique ne rend pas adéquatement compte des perceptions et des sentiments de ceux qui sont sur le terrain. Ce qui compte, en définitive, c'est que les hommes appelés à prendre les grandes décisions en temps de guerre comme en temps de paix, apprécient la position de leur pays dans la *réalité* des choses et la nature *exacte* des menaces et des situations auxquelles ils sont confrontés.

Les jeux de la stratégie

Les jeux sont une autre source de métaphores simplistes pour décrire la politique internationale, et devraient être manipulés avec la même prudence que les cartes géographiques. L'image de la stratégie internationale, décrite comme une sorte de grande « martingale » aux enjeux fabuleux, est un cliché fortement enraciné. Les attitudes des deux superpuissances incitent souvent à évoquer le goût des Américains pour le *poker*, exercice qui exige des nerfs solides et un don pour le « bluff » mais, lorsque l'on parle des Soviétiques, on pense à leur penchant pour les *échecs*, jeu dans lequel la victoire résulte d'une stratégie à long terme, froidement calculée.

Il existe des jeux de société extrêmement populaires, dans lesquels les joueurs se disputent la possession de parties du monde. On accumule ou l'on perd des forces militaires substantielles en les avançant ou en les retirant, en forgeant ou en dénonçant des alliances, jusqu'à ce qu'un des joueurs ait conquis la planète entière. Dans la réalité aussi, les responsables officiels de la défense et de la politique étrangère tentent d'anticiper les problèmes auxquels ils pourraient avoir à faire face à l'occasion d'une crise, ou de vérifier le bon fonctionnement des procédures qu'ils auraient à mettre en œuvre dans ce cas, par des jeux de simulation.

Il va sans dire qu'il ne faut pas attendre de ces jeux une correspondance fidèle avec la réalité. Par définition, ils sont simplifiés de manière à exclure des facteurs de complication qui s'inscriraient mal dans les règles, même s'ils étaient cruciaux dans le déroulement d'un conflit réel. Lorsque l'on joue pour se divertir, ou pour s'assurer d'un gain matériel, il est normal que les règles soient connues d'avance, et comprises des joueurs. Elles ne peuvent être élaborées en fonction des circonstances, une fois la partie engagée. Or, tel n'est pas le cas lorsque l'on joue pour sa survie...

Cela ne signifie pas que tous les conflits internationaux échappent à toute réglementation. Il n'est pas rare que, de part et d'autre, on reconnaisse que chacun subirait des pertes moins lourdes si, par exemple, il était tacitement convenu de ne pas bombarder des objectifs civils, ou de ne pas paralyser les centres économiques vitaux de l'adversaire. Des accords formels ont été conclus au sujet du traitement des prisonniers, ou de l'extension éventuelle du conflit à des pays tiers. Même en temps de paix, il existe des conventions qui visent à éviter d'inutiles provocations, telles que l'incitation à la discorde dans le camp adverse, ou l'interférence dans son schéma de gestion des crises. Cependant, plus un conflit s'envenime, plus il devient difficile d'assurer un respect strict des règles convenues. Dans quelle mesure l'un des camps peut-il menacer les intérêts fondamentaux de l'autre ? Quelles méthodes peut-il légitimement employer ? Comment savoir quand l'un des camp a « gagné » ?

Il est fort rare qu'un conflit se déroule sans que l'une ou l'autre des parties ne viole les règles établies. Lorsque l'un des deux camps est acculé à la défaite, la tentation est forte pour lui de modifier les règles. (C'est un des cas de figure que l'on appelle l'*escalade*). Le premier pas vers la victoire ne consiste-t-il pas à imposer des règles mieux appropriées aux atouts que l'on croit posséder ? Ainsi, les phases initiales d'un conflit prennent-elles souvent la tournure d'une compétition pour l'adoption de règles avantageuses. Le maréchal Montgomery a illustré ainsi la difficulté de traiter la conduite de la guerre à la manière

LE MONDE VU DE MOSCOU

NICARAGUA

USA

CUBA

⚓ **Havane**

Porto Rico
(USA)

CANADA

OCEAN ATLANTIQUE

Groenland
(DANEMARK)

5000

ISLANDE

Svalbard
(NORVEGE)

GB
NORVEGE

PORTUGAL
BENELUX DAN.
ESPAGNE FRANCE
RDA ✈
RFA
TCH POLOGNE
ITALIE HONG.
ROUM.
GRECE BULG.

URS

⊙**MOSCOU**

LIBYE **Lattaquié**
⚓ TURQUIE
ISRAEL SYRIE
IRAK
EGYPTE
IRAN AFGHANISTAN

PAKISTAN

CONGO
⚓ **Ile Dahlak**
Luanda ⚓
ETHIOPIE
S. YEMEN
⚓
ANGOLA
Aden ⚓
Socotra
(S. YEMEN)
SOMALIE

IND

MOZAMBIQUE
⚓
SEYCHELLES
⚓ **Diego Suarez**
AFRIQUE DU S.
⚓ **Beira**
⚓ **Maputo**
MADAGASCAR

OCEAN IND

Amis de l'Union soviétique

Pacte de Varsovie

Autres (traités d'amitié)

Adversaires de l'URSS

Possibilités soviétiques

✈ Base aérienne avancée

⚓ Mouillage

Un commerce à hauts risques

On a dit que «l'URSS est le seul pays entouré de puissances communistes hostiles». Elle a certainement peu de raisons de se sentir tranquille avec de tels voisins. La principale préoccupation des Soviétiques concerne l'Europe. Ils y ont certes établi un glacis les séparant de l'Ouest, mais ils ne peuvent accorder une totale confiance à leurs Etats-tampons. A l'est, l'URSS a comme voisin un autre géant communiste, la Chine. Mais celle-ci a pris une attitude d'opposant au régime de Moscou. Récemment, une situation instable dans le sud a obligé les Soviétiques à envoyer d'importantes troupes en Afghanistan.

d'un jeu : «*On compare souvent la stratégie à un jeu d'échecs. Et bien non, c'est tout à fait différent ! Aux échecs, vous poussez vos pièces, puis vous dites «Echec !»: quoi que vous fassiez, je vous materai en trois coups. Vous feriez donc aussi bien de passer la main, et de me laisser la victoire*». *A la guerre, il n'en va pas ainsi. Si vous dites «Echec !», votre adversaire peut parfaitement répliquer que vous faites erreur, et que le combat ne fait que commencer*».

Bien sûr, Montgomery se plaçait du point de vue tactique, lorsque deux armées sont engagées dans une bataille. Mais son opinion reste pertinente au regard de la grande stratégie, lorsque des hommes d'Etat doivent mettre en balance d'une part les coûts et les bénéfices que représente la poursuite des combats et, d'autre part, l'arrêt de ceux-ci. Au cours des deux siècles derniers, la conduite de la guerre a évolué du stade de l'activité relativement limitée à celui d'un processus dont les bornes ne peuvent être tracées ni dans le temps, ni dans l'espace, ni dans l'échelle de destructions. Et cela parce que l'on trouve sans cesse de nouveaux moyens pour échapper à la mise en échec.

La forme de guerre la plus simple serait celle où deux armées régulières manœuvreraient jusqu'à leur affrontement dans une rencontre décisive, dont l'issue déterminerait le règlement du différend qui a provoqué le conflit. Or l'instauration de la conscription a permis de reconstituer une armée après une défaite désastreuse. La production industrielle est en mesure d'assurer le remplacement rapide de l'équipement et des munitions. Le réseau ferroviaire permet, depuis des décennies, d'acheminer les renforts en hommes et en matériel vers le front, en vue de réactiver les engagements.

Si cette évolution a eu pour effet de rendre aléatoire un résultat décisif sur le terrain, désormais, les moyens aériens et navals fournissent l'occasion d'attaques «alternatives»: blocus de ports ennemis, pilonnage des villes ennemies pour contraindre l'adversaire à la soumission, etc. Et si tout cela ne suffit pas, il reste l'espoir que les savants mettent au point une arme nouvelle, assez ingénieuse pour renverser le cours des événements. C'est ainsi qu'au cours de la Première Guerre mondiale, on vit apparaître les chars blindés, les avions de combat et les armes chimiques. La Seconde Guerre mondiale fut l'occasion de tester les missiles et la bombe atomique.

Les guerres — et en particulier celles qui opposeraient les principales puissances industrielles — seraient donc l'occasion de compétitions tout autant en matière de production et de technologie que dans l'art du combat. Le risque ne concerne plus seulement les combattants, mais aussi les populations civiles et, finalement, à l'ère nucléaire, il en va de la survie même de la société et de la civilisation

Aujourd'hui les enjeux sont encore plus élevés

dont elle est porteuse. Les armes nucléaires représentent l'aboutissement logique de cette tendance, dont les implications étaient évidentes bien avant leur entrée en scène.

Tous ces facteurs constituent, pour les Etats, de puissants incitants à éviter de s'engager dans une guerre, en tout cas contre une nation ou groupe de nations d'une puissance équivalente à la leur. Le temps que l'attrition ait prélevé sa dîme, et que la puissance de l'adversaire soit sapée, le vainqueur lui-même risquerait fort d'être à bout de forces. Il faudrait donc que les enjeux soient particulièrement élevés pour qu'un pays décide de prendre un tel risque. En 1939, il a fallu que l'adversaire se montre intraitable et implacable pour que les démocraties se décident à entrer en guerre. En effet, les cicatrices de l'hécatombe de 1914-1918 étaient encore douloureuses.

Aujourd'hui, d'autres facteurs interviennent, qui empêchent certains pays de chercher à prendre l'avantage sur d'autres, pourtant nettement moins puissants. Dans les jeux de société qui invitent les participants à se lancer à la conquête du monde, ceux-ci traversent à volonté de vastes territoires, n'y rencontrant d'autre obstacle que ceux qui leur sont opposés par leur adversaire principal. En effet, ni les difficultés du terrain, ni ses occupants ne leur opposent la moindre résistance. Jusqu'en 1945, un tel schéma n'aurait pas été totalement irréaliste, dans la mesure où les belligérants

probables étaient maîtres d'une grande partie de la planète. Depuis, la décolonisation a multiplié le nombre des Etats indépendants, peu désireux de servir de passage obligé aux mouvements de troupes étrangères et de plus en plus aptes à s'opposer à ce genre de violation de leur territoire. Au même titre que les armes nucléaires, cette évolution a façonné la physionomie des conflits contemporains. Elle a rendu l'environnement international de moins en moins perméable à l'usage de la puissance militaire sous sa forme traditionnelle.

Un jeu d'échecs surréaliste

Imaginez un échiquier dont les cases refuseraient les *fous*, ou interdiraient le passage aux *cavaliers*, avant de disparaître elles-mêmes, soudainement. Imaginez le scénario de jeu suivant : alors que vous pratiquez un gambit, la plupart de vos pions se déclarent hors de combat; au fur et à mesure que vous lui prenez ses *tours*, voire sa *reine*, votre adversaire en exhibe d'autres; lorsque vous placez une pièce dans une case, elle y prend racine; alors que (malgré tout...) vous êtes prêt à conclure par un « échec et mat », vous vous apercevez que le *roi* adverse est soudain protégé par des pièces tombées du ciel... Enfin, imaginez un jeu qui ne vous oppose pas seulement à un adversaire, mais aussi à un arbitre assez curieux, qui

▲ *Le début de la Première Guerre mondiale a été marqué par l'utilisation du chemin de fer par les troupes envoyées au front. Ici, des soldats allemands saluent les photographes venus assister à leur départ.*

Quand les grandes puissances marchent sur des œufs

déciderait du « mat », quelle que soit la position des pièces sur l'échiquier. »

A l'évidence, un tel jeu exigerait une refonte des règles communément admises. Les capacités des joueurs devraient être plus que décuplées. Les mouvements devraient être étudiés en fonction d'un nombre minimal de cases, à n'importe quel moment de la partie. Chaque case devrait être appréciée par référence à ses caractéristiques propres, et pas seulement en fonction de ses relations avec celles qui seraient occupées par les pièces de l'adversaire. Il faudrait s'efforcer de contrôler à la fois la « loyauté » de ses propres pièces et la « subversion » dont seraient capables celles de l'adversaire. Il faudrait chercher à concevoir des pièces d'un type nouveau, susceptibles de prendre l'adversaire au dépourvu. Il faudrait enfin s'assurer un fournisseur fiable de pièces de rechange, chercher à entrer dans les bonnes grâces de l'arbitre, voire tenter d'influencer son jugement, d'une manière ou de l'autre. Une partie jouée conformément à ces règles (ou à cette absence de règles) deviendrait vite soit confuse, soit essentiellement défensive. La tentation serait de s'accrocher à ses positions, et

de ne s'avancer qu'avec la plus grande circonspection : moins on pourrait planifier, plus on chercherait à éviter les offensives risquées ou à s'aventurer sur des cases peu familières.

Si nous comparons ce jeu d'échecs surréaliste avec l'environnement stratégique contemporain, des similitudes apparaissent clairement. La cohésion des alliances est un facteur déterminant de l'évolution des conflits, de leur naissance à leur aboutissement. Mais il y en a d'autres : la configuration du commerce des armes, l'acquisition de bases outre-mer, le degré d'intérêt manifesté par les pays tiers et les Nations-Unies, et la stabilité interne des Etats parties au conflit. Tous ces facteurs sont de plus en plus malaisés à intégrer à l'avance dans l'organisation d'un conflit armé. La conduite victorieuse d'une guerre exige par conséquent autant de talents politiques que de vertus guerrières, et dépend largement du comportement et des attitudes de pays tiers — éléments largement hasardeux et incontrôlables.

Comme nous le verrons dans les pages qui suivent, l'appréhension de ces facteurs a rendu les grandes puissances de moins en moins enclines à s'engager dans des opérations militaires de grande envergure. Ceci ne signifie en aucune manière que de telles opérations soient désormais exclues, ni qu'un nombre croissant de puissances de second rang soient pour autant dissuadées de se lancer dans des aventures délaissées par les Grands. La diffusion de la puissance militaire et politique, en même temps qu'elle rendait plus difficile l'action « impérialiste » des grandes puissances aux quatre coins du monde, a également habilité les puissances de second rang à régler par les armes leurs conflits régionaux.

La difficulté croissante avec laquelle les grandes puissances se sont efforcées d'établir, par la force des armes, leur autorité au-delà de leurs propres frontières, a eu un nombre important de répercussions sur la politique internationale. D'abord, et avant tout, elle a servi de frein à la constitution (et au maintien) de vastes blocs de puissances. L'illustration la plus frappante de ce phénomène est l'incapacité dans laquelle se sont trouvées les anciennes puissances coloniales à conserver leurs empires. Toutes leurs tentatives — économiquement, politiquement et militairement coûteuses pour les pays métropolitains — en vue de neutraliser les mouvements de libération nationale se sont, au bout du compte, soldées par autant d'échecs.

Il n'a pas été plus facile de constituer des alliances ou des coalitions nouvelles. Les Etats-Unis ont certes réussi à conserver intacts leurs liens avec les principaux alliés d'après-guerre (le Canada, l'Europe occidentale, le Japon, l'Australie et la Nouvelle-Zélande), mais leurs autres alliances ont éclaté tant en Asie centrale

▼ *LA FRAGILITE DES AL-LIANCES. Voici les sourires échangés entre Mao Tse-tung et Nikita Krouchtchev en juillet 1957 lors de l'ultime rencontre entre les chefs chinois et soviétique, avant que leurs rapports ne s'enveniment.*

◄ Ci-contre: *sourires moins évidents lorsque, profitant des funérailles du chancelier Adenauer en avril 1967, le président allemand Heinrich Lübke tente de réconcilier le président Lyndon Johnson et Charles De Gaulle. L'année précédente, le président français avait en effet détaché ses forces du commandement militaire combiné de l'OTAN. Par la suite, il est apparu que le différend sino-soviétique était plus profond que celui opposant la France à ses alliés.*

Les sanctions économiques : résultats limités

◀ Le président Jimmy Carter posant en compagnie de son allié le shah d'Iran en novembre 1977. Deux ans plus tard, Mohamed Reza Pahlavi était détrôné...

▶ Cette carte montre bien pourquoi tant de gens considèrent que la vocation des Etats-Unis est d'être isolationniste. Nombre d'Américains considèrent que l'Atlantique est un fossé opportun séparant le Nouveau Monde d'une Europe décadente et querelleuse. Il n'est vraiment qu'à New York que l'on se sente concerné par la politique étrangère et, notamment aujourd'hui, par ce qui se passe en Amérique Centrale et dans les Caraïbes. Cependant, en dépit des distances, les Etats-Unis n'ont jamais pu se désintéresser de la politique internationale. En un siècle, le pays a été plongé dans deux guerres mondiales et, depuis 1945, il n'a eu d'autre choix que de jouer un rôle international prépondérant.

LE MONDE VU DE WASHINGTON

qu'en Asie du Sud-Est, et des pays dont l'amitié était considérée comme vitale pour les Etats-Unis, se sont retournés contre eux. Le plus important fut l'Iran.

Sur ce plan, l'Union soviétique n'a pas été mieux lotie, bien au contraire. Dès le début de la Guerre froide elle perdit, en Europe de l'Est, le contrôle de la Yougoslavie. Il est vrai que le maréchal Tito devait plus son pouvoir à ses propres efforts et au soutien du peuple qu'à l'appui de l'Armée Rouge. En 1961, l'Albanie se détachait à son tour du Pacte de Varsovie, tandis que la Roumanie cherchait à jouer un rôle de plus en plus indépendant au sein du Pacte, dont elle restait cependant un membre à part entière. Pire : L'Allemagne de l'Est, la Hongrie, la Tchécoslovaquie et la Pologne ont, tour à tour, été le théâtre de rébellions ou de divergences idéologiques, dont Moscou ne put venir à bout qu'en intervenant militairement. Seule la Bulgarie peut se targuer d'avoir toujours suivi fidèlement la ligne imposée par l'URSS. Hors d'Europe, l'Union soviétique a eu encore moins de chances encore dans ses efforts en vue de créer une puissante coalition. Au début des années 50, le mouvement communiste international était miné par la scission entre Soviétiques et Chinois, qu'opposaient de profondes divergences en matière d'idéologie, de politique étrangère et de revendications territoriales. (Une large part de leurs 7 250 km de frontière commune fait l'objet de contestations.) En l'occurrence, le problème n'était pas seulement la perte d'un allié mais, surtout, la brusque apparition, dans un voisinage immédiat, d'un ennemi aux réactions imprévisibles. D'une tout autre nature, mais d'une portée non négligeable, compte tenu de l'investissement consenti par les Soviétiques (le barrage d'Assouan notamment), fut la rupture avec l'Egypte, entamée en 1972 et concrétisée deux ans plus tard. A l'actif de la politique étrangère de Moscou figurent cependant un certain nombre d'« acquisitions » profitable : Cuba, le Viêtnam, l'Ethiopie et l'Afghanistan. Avec cette réserve de taille que tous ces pays sont si pauvres qu'ils représentent pour l'URSS un fardeau économique très lourd.

OCEAN INDIEN

Réunion (FRANCE)

SEYCHELLES

Diego Garcia (GB)

Trincomalee

Mogadishu

Mombasa

MOZAMBIQUE

SOMALIE

Masirah
Salalah
Muscat
Sib
OMAN

KENYA

ETHIOPIE

Berbera

AFRIQUE
DU SUD

ARABIE S.

PAKISTAN

BAHREIN

Manamah
IRAN

Dhahran

CONGO

ANGOLA

AFGHANISTAN

NDE

IRAK

Ras Banas

EGYPTE

Suda Bay

Simonstown

Incirlik

SYRIE ISRAEL

Hellenikon

TURQUIE

Crête

LIBYE

BULG. GRECE

ROUM. ALB.

Gaeta, Naples

HONG.

ITALIE

TCHEC.

Comiso

URSS

POLOGNE

RDA

La Maddalena

RFA FRANCE

Aviano

DAN.

BENELUX

ESP.

MAROC

Ascension
(GB)

Zaragoza

PORTUGAL

GB Torrejón

Rota

NORVEGE

Holy Loch

Svalbard
(NORVEGE)

ISLANDE

Açores (PORT.)

Groenland
(DANEMARK)

Keflavik

Lajes

Thule

OCEAN ATLANTIQUE

Sondrestrøm

Goose

Adak

Alaska
(USA)

CANADA

BERMUDES

WASHINGTON

Unalaska

Porto
Rico
(USA)

Roosevelt Roads

REP. DOM.

USA

HAITI

Ramey

CUBA

VENEZUELA

BRESIL

Guantanamo Bay

Howard

COLOMBIE

PARAGUAY

HONDURAS

NIC.

PANAMA

GUATEMALA

COSTA RICA

BOLIVIE

URUGUAY

MEXIQUE

SALVADOR

EQUATEUR

PEROU

ARGENTINE

CHILI

Amis des Etats-Unis

OTAN et ANZUS

Autres

Pacte de Rio

Adversaires des USA

Implantation militaire US

Base aérienne avancée

Base navale avancée

Mouillage

15 000km

12 500km

10 000km

7500km

5000km

2500km

23

Les caractéristiques des superpuissances : en quoi se ressemblent-elles ?

La maîtrise des ressources

Les restrictions apportées à l'usage de la force militaire ont conduit à une diversification croissances des formes de puissance. L'attention mondiale s'est focalisée sur la maîtrise des ressources vitales, que celles-ci soient d'ordre alimentaire, énergétique ou minéralogique. Ainsi, au cours des années 70, le pétrole est-il devenu une source de puissance d'autant plus importante qu'elle se révélait aussi génératrice d'immenses richesses. Il faut cependant noter que le commerce de ces ressources sert aussi bien les intérêts des consommateurs que ceux des fournisseurs, et que ni les uns, ni les autres, ne peuvent, sauf circonstances extrêmes, interrompre les échanges pour des raisons politiques sans mettre le marché en péril. La puissance conférée par la possession de réserves de ressources stratégiques est donc moins considérable que beaucoup ne l'ont imaginé. Elle ne peut être utilisée comme levier d'influence internationale que par des pays disposant d'un monopole, ou regroupés dans un cartel.

Dans le cas du pétrole, cet atout s'est même révélé temporaire, et les tentatives en vue de constituer de nouveaux blocs basés sur ces sources de puissance ont été bien éphémères. Des groupements plus durables ont été fondés sur des griefs communs (tel le « groupe des 77 », qui élabore une politique pour les pays du Tiers-Monde) mais, dans des coalitions de ce genre, le consensus général est rarement atteint. Les groupements d'Etats disparates découvrent rapidement que, dès que l'on entre dans les détails concrets et précis, ce qui les rassemble est en général plus ténu que ce qui les divise. Cette situation n'a donc pas engendré un ordre international nouveau basé sur la puissance économique ou la richesse en ressources, ordre qui eût pu offrir une alternative à l'ancien, fondé sur la puissance militaire. Ce à quoi on est arrivé, c'est plutôt à un mélange hybride des deux systèmes. Dans les chapitres suivants, nous explorerons le thème de la diffusion de la puissance et ses conséquences sur les formes contemporaines de la guerre. L'image qui s'en dégagera sera moins celle d'un conflit international essentiellement conduit par les deux blocs, que celle d'une certaine paralysie au niveau des superpuissances, phénomène dont la turbulence, au niveau inférieur, serait à la fois la cause et l'effet.

Avant d'examiner le développement de ce système international confus, une précision doit être apportée à propos du rôle des superpuissances. On a tendance à faire l'amalgame, c'est-à-dire à considérer que les Etats-Unis et l'URSS jouent un rôle similaire dans le système international. Bien sûr, ces deux pays ont en commun la puissance militaire, en particulier nucléaire, et la capacité d'agir sur la totalité de la planète. L'un comme l'autre s'étend sur de vaste territoires et possède une population de l'ordre de 240-270 millions d'habitants. Tous deux sont riches en ressources naturelles et leur survie n'est que très peu tributaire du commerce international. Là, cependant, s'arrêtent les similitudes.

Les Etats-Unis constituent un des centres de l'économie mondiale et la devise américaine sert au financement du commerce international. L'Union soviétique, de son côté, gravite à la périphérie de l'économie mondiale. Elle n'a pas en charge de vastes programmes d'assistance au développement et son rôle dans le commerce international est assez marginal. Par ailleurs, si les Etats-Unis sont une puissance maritime, l'URSS constitue essentiellement une puissance continentale. (Elle dispose cependant d'une formidable marine de guerre qui lui permet de projeter sa puissance sur tous les océans.)

Si l'on examine, sur la carte, les positions respectives de Moscou et de Washington, ont est frappé de voir combien proches de l'Union soviétique sont les pays dont les idéologies lui sont hostiles. En revanche, les Etats-Unis sont éloignés de leurs ennemis potentiels ainsi que des zones les plus troublées de la planète. La seule exception — mais elle est de taille — est celle de leur « arrière-cour » latino-américaine, jadis foyer traditionnel de problèmes mineurs, jamais directement menaçants pour la sécurité américaine. Il n'en va plus ainsi depuis que Moscou a fait de Cuba à la fois une puissance militaire à l'échelle régionale, une base de son système offensif avancé, et un levier actif de la déstabilisation du sous-continent sud-américain.

Il reste par ailleurs que sa proximité spécifique par rapport aux traditionnels foyers de troubles confère de l'Union soviétique l'avantage corrélatif de se trouver en meilleure position pour y envoyer rapidement des troupes. Là se situe toute la différence entre les problèmes posés par l'intervention soviétique dans un pays voisin comme l'Afghanistan, et ceux qu'ont dû résoudre les Américains pour combattre au Viêt-nam. De même, autant les Soviétiques pourraient facilement intervenir en Europe occidentale à partir de la RDA et de la Pologne, autant l'acheminement de renforts américains sur le théâtre européen poserait d'importants problèmes de logistique.

Si l'Union soviétique peut, en permanence, faire appel à des réserves disponibles, les Etats-Unis, en revanche, doivent surmonter une foule d'obstacles pour mettre sur pied une intervention militaire d'urgence, réclamant l'utilisation de bases outre-mer et une planification logistique très sophistiquée. Ces contrastes seront mis en lumière par les leçons que nous a fourni la politique internationale d'après guerre, et dont le survol historique va suivre.

L'ORDRE INTERNATIONAL EN MUTATION

1

La guerre froide *est née d'une forme perverse de la stabilité et a elle-même engendré l'OTAN et le Pacte de Varsovie* ● *Les premiers pas de la détente n'ont été franchis que pour ratifier le* statu quo ● *La rivalité manifestée par les superpuissances dans le Tiers-Monde a provoqué des craintes excessives* ● *On a surestimé aussi bien le besoin qu'ont les Occidentaux des matières premières venant des pays en voie de développement que l'influence dont disposent les Etats producteurs de pétrole* ● *Dans le monde moderne, la puissance militaire est de plus en plus partagée.*

En juillet 1945, après la défaite allemande, les trois « Grands » — Staline, Truman et Churchill — se rencontrèrent à Potsdam pour discuter de la configuration de l'Europe au terme du conflit.

Lorsqu'a pris fin la Seconde Guerre mondiale, les Etats-Unis et l'Union soviétique se sont retrouvés dans des situations bien différentes. Les Etats-Unis avaient soutenu le conflit sans fatigue apparente, engageant des forces importantes sur deux théâtres d'opération distincts et fournissant en outre du matériel militaire à leurs principaux alliés. Ceci sans manifester de signe d'épuisement. De fait, durant les années de guerre, leur économie se développa si rapidement qu'en 1945 leur produit national brut (PNB) représentait la moitié de la richesse mondiale ! Si l'on excepte l'attaque japonaise sur Pearl Harbour, le territoire américain était resté inviolé, si bien que la population américaine avait été en mesure de poursuivre son existence normale à l'abri des menaces aériennes et sans crainte d'une occupation ennemie, comme cela avait été le lot de la majorité des Européens, qui en sont toujours restés marqués. Si le problème de l'invasion des Etats-Unis par des troupes étrangères ne s'est jamais posé, en outre les pertes encourues par l'armée américaine jusqu'au débarquement de 1944 en Normandie furent relativement peu sévères. Bien sûr si, comme les plans le prévoyaient, il avait fallu entreprendre la conquête des îles japonaises, les stratèges eussent dû compter sur un million de morts (ce fut l'estimation officielle), mais l'ennemi capitula à temps et le massacre fut évité.

La mise en œuvre de la bombe atomique, qui compta dans la décision de Hiro-Hito de déposer les armes, témoigne, elle aussi,

1945 : LE GLAS DES EMPIRES

LE MONDE EN 1945. *La notion de «superpuissance» a été développée en 1944 par un auteur américain. Celui-ci la fondait sur la capacité d'un Etat de déployer, partout où cela était nécessaire, une force prépondérante. Selon lui, les superpuissances étaient au nombre de trois : l'Union soviétique, les Etats-Unis et la Grande-Bretagne. L'URSS étendit la zone qu'elle contrôlait au cours des dernières opérations de guerre, lorsque ses troupes libérèrent l'Europe* orientale, occupèrent une vaste zone d'Allemagne et s'approprièrent quelques îles nipponnes. Les Etats-Unis devinrent puissance dominante dans le Pacifique et jouèrent rapidement un rôle essentiel dans l'équilibre politique de l'Europe. Quant au statut britannique, il reposait sur sa situation antérieure et sur la capacité du Royaume-Uni à rétablir son autorité sur ses possessions d'outre-mer. Très vite, ceci se révéla impossible et les «Trois Grands» furent ramenés à «Deux Grands».

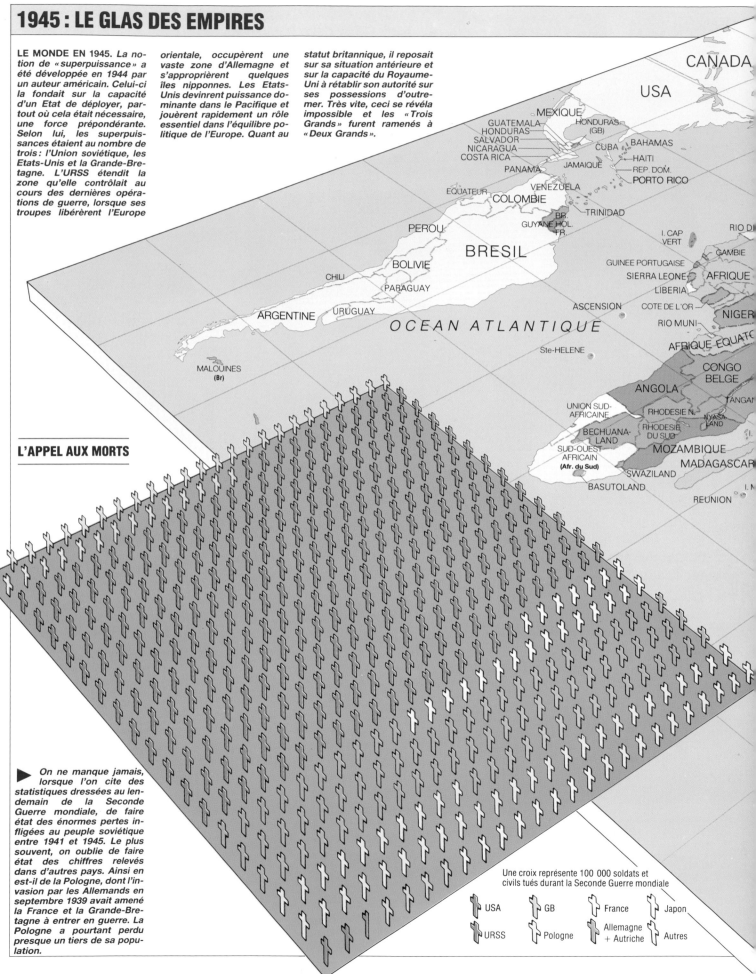

L'APPEL AUX MORTS

► *On ne manque jamais, lorsque l'on cite des statistiques dressées au lendemain de la Seconde Guerre mondiale, de faire état des énormes pertes infligées au peuple soviétique entre 1941 et 1945. Le plus souvent, on oublie de faire état des chiffres relevés dans d'autres pays. Ainsi en est-il de la Pologne, dont l'invasion par les Allemands en septembre 1939 avait amené la France et la Grande-Bretagne à entrer en guerre. La Pologne a pourtant perdu presque un tiers de sa population.*

Une croix représente 100 000 soldats et civils tués durant la Seconde Guerre mondiale

USA   GB   France   Japon

URSS   Pologne   Allemagne + Autriche   Autres

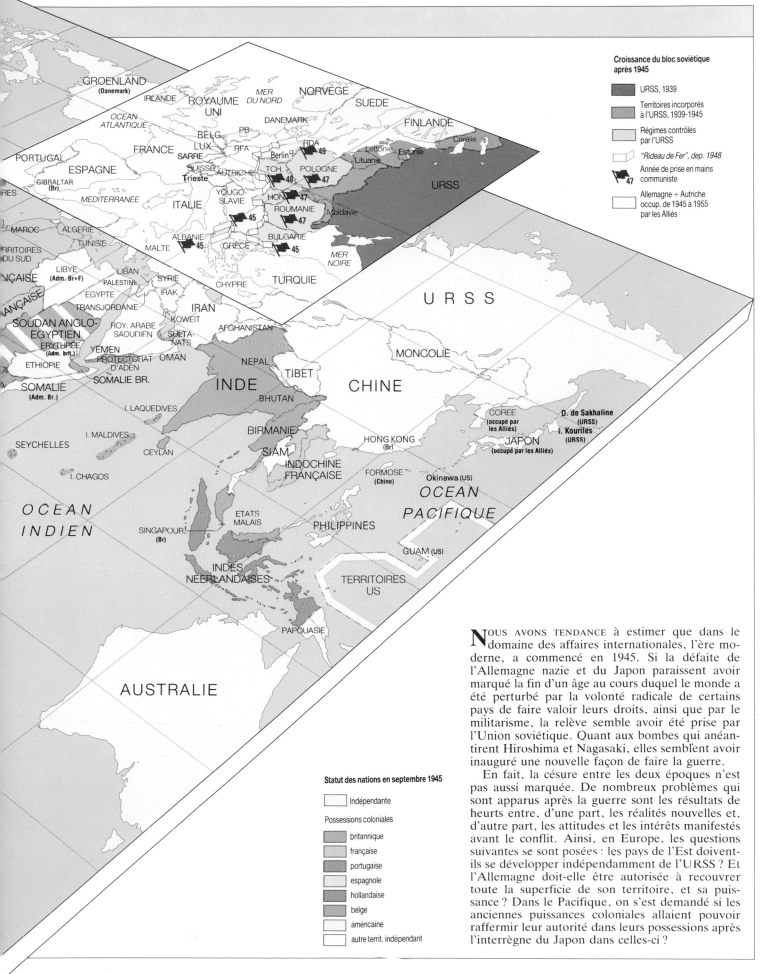

Croissance du bloc soviétique
après 1945

URSS, 1939

Territoires incorporés
à l'URSS, 1939-1945

Régimes contrôlés
par l'URSS

"Rideau de Fer", dep. 1948

Année de prise en mains
communiste

Allemagne + Autriche
occup. de 1945 à 1955
par les Alliés

Statut des nations en septembre 1945

Indépendante

Possessions coloniales

britannique

française

portugaise

espagnole

hollandaise

belge

américaine

autre territ. indépendant

Nous avons tendance à estimer que dans le domaine des affaires internationales, l'ère moderne, a commencé en 1945. Si la défaite de l'Allemagne nazie et du Japon paraissent avoir marqué la fin d'un âge au cours duquel le monde a été perturbé par la volonté radicale de certains pays de faire valoir leurs droits, ainsi que par le militarisme, la relève semble avoir été prise par l'Union soviétique. Quant aux bombes qui anéantirent Hiroshima et Nagasaki, elles semblent avoir inauguré une nouvelle façon de faire la guerre.

En fait, la césure entre les deux époques n'est pas aussi marquée. De nombreux problèmes qui sont apparus après la guerre sont les résultats de heurts entre, d'une part, les réalités nouvelles et, d'autre part, les attitudes et les intérêts manifestés avant le conflit. Ainsi, en Europe, les questions suivantes se sont posées : les pays de l'Est doivent-ils se développer indépendamment de l'URSS ? Et l'Allemagne doit-elle être autorisée à recouvrer toute la superficie de son territoire, et sa puissance ? Dans le Pacifique, on s'est demandé si les anciennes puissances coloniales allaient pouvoir raffermir leur autorité dans leurs possessions après l'interrègne du Japon dans celles-ci ?

La Guerre froide commence

de la maîtrise scientifique et technique qu'avaient atteint les Etats-Unis à la fin de la guerre. A cette époque, l'Amérique partageait encore avec la Grande-Bretagne la direction du monde occidental, mais ce dernier pays avait, au cours des deux guerres mondiales, épuisé ses ressources et l'empire, sur lequel reposait son statut international, allait bientôt disparaître. Nous étions donc au début du « siècle américain »... L'expérience vécue par l'URSS a été totalement différente. Les estimations les plus modérées des pertes soviétiques entre 1941 et 1945 font état de 20 millions de morts, dont plus de 12 millions de civils. Certains avancent même le chiffre de 24 millions !

Cette guerre avait cependant transformé l'Union soviétique en une puissance militaire de premier rang. A sa tête, Joseph Staline était donc, en 1945, en position favorable pour discuter du monde d'après-guerre avec ses alliés britanniques et américains. D'autant plus d'ailleurs que ses troupes occupaient alors de vastes territoires dont il s'agissait de définir le sort. Au cours de la rude négociation qui s'engagea sur l'avenir de l'Europe, Staline fit savoir qu'il entendait conserver ces territoires sous le contrôle de l'URSS afin, expliquait-il, de verrouiller les routes d'invasion traditionnelles, et de constituer ainsi une sorte de glacis de sécurité.

Joseph Staline ne se faisait guère d'illusion quant à l'adhésion de Roosevelt et de Churchill à ses vues. Il n'avait pas tout à fait tort car, même si la guerre avait inspiré au monde occidental un respect nouveau pour le courage des Soviétiques et la puissance de leur armée, la méfiance à l'égard de leur régime subsistait. A peine sortis d'une guerre menée contre un Etat totalitaire, les alliés occidentaux étaient peu enclins à favoriser la création, en Europe de l'Est, de régimes coercitifs.

A ceci, il convient d'ajouter que les Etats-Unis étaient, par définition, hostiles à la notion de « sphères d'influence » dominées par les grandes puissances. Les Américains souhaitaient donc que l'on mît davantage l'accent sur le système de sécurité collective élaboré au sein des Nations-Unies.

Cette organisation, alors dominée par des Etats amis ou dépendant des Etats-Unis, n'inspirait guère la confiance des Soviétiques et, s'ils avaient accepté d'y jouer un rôle, c'était surtout pour pouvoir exercer leur *veto* chaque fois qu'une décision leur déplaisait. Cependant, plus l'URSS déployait d'efforts pour consolider son glacis européen, plus ses interlocuteurs occidentaux voyaient dans cette démarche un défi à la démocratie. En outre régnait alors la crainte de voir ce glacis s'étendre. En effet, au lendemain de la guerre, des partis communistes puissants étaient apparus en France, en Italie et surtout en Grèce, où les militants de l'EAM s'étaient un moment emparés d'Athènes, et où

une guerre civile était engagée. Une mainmise communiste sur ces pays aurait complètement bouleversé l'équilibre des forces en Europe mais, d'autre part, les mesures prises pour contrecarrer ce processus étaient considérées par les Soviétiques comme une volonté d'effriter leur glacis protecteur.

Dans cet esprit, l'URSS considérait l'aide économique américaine accordée à l'Allemagne pour se relever de ses ruines comme un encouragement à la renaissance d'une nation hostile à l'URSS. C'est ainsi d'ailleurs que débuta la « Guerre froide »...

Bien que les puissances occidentales fussent opposées à l'instauration d'un système coercitif communiste en Europe de l'Est, elles ne pouvaient pas grand-chose pour s'y opposer. Aussi lorsqu'elles se déclarèrent enfin résolues à ne plus tolérer une extension de la mainmise en Europe, les Soviétiques furent-ils très surpris de ce qu'on a appelé la politique du *containment* (arrêt).

La méfiance réciproque encouragea la constitution d'alliances. En 1949 fut signé le Traité de l'Atlantique Nord, auquel s'ajouta bientôt une organisation militaire. Le but de l'OTAN était essentiellement d'impliquer les Etats-Unis dans les affaires européennes. En effet, les pays d'Europe occidentale étaient conscients de leur incapacité d'affronter seuls l'URSS, surtout dans l'état d'épuisement dans lequel ils se trouvaient au lendemain de la guerre. D'autre part, ils craignaient que, suivant leur penchant naturel, les Américains ne fussent tentés de prendre à nouveau leurs distances par rapport aux querelles du « vieux continent ». En réplique à la constitution de l'OTAN, l'Union soviétique mit sur pied, en 1955, le Pacte de Varsovie.

On ne se rendait pas compte, à l'époque, qu'un ordre assez stable était en train de s'installer en Europe, parce que les frontières entre les deux camps n'étaient pas encore délimitées de façon précise et définitive. Au lendemain de la guerre, l'Allemagne se trouva divisée en quatre zones d'occupation, que se partageaient Américains, Soviétiques, Britanniques et Français. A échelle réduite, une même partition avait été instaurée à Berlin, qui se trouvait profondément enclavée dans la zone d'occupation soviétique. Les trois secteurs occidentaux de Berlin furent vite considérés comme une vitrine de l'Ouest en plein milieu de l'Allemagne de l'Est, qui fonctionnait comme un miroir aux alouettes. Cela n'eut pas l'heur de plaire aux Soviétiques. En 1948, les Occidentaux durent monter un pont aérien pour briser le blocus dans lequel l'URSS avait tenté d'enfermer la ville. L'affaire finit par s'estomper, mais non le refus de certains Allemands d'avaliser la division permanente de leur pays en deux nations rivales et antagonistes. Lors d'une autre crise de Berlin, en 1961, les

▼ *En juin 1948, afin de prévenir toute tentative d'intégration de l'ancienne capitale au sein de l'Allemagne fédérale, l'Union soviétique a bloqué toutes les routes, voies ferrées et canaux reliant l'Ouest à Berlin, alors que cette ville comportait des secteurs britannique, américain et français. Jusqu'en septembre 1949, les 2,5 millions de Berlinois « occidentaux » furent ravitaillés par un incessant pont aérien. On voit ici des enfants attendant l'atterrissage d'un appareil américain. Comme en témoigne le document ci-dessous, des millions de sacs de charbon transitèrent par les airs.*

Soviétiques érigèrent, pour stopper le flot de réfugiés est-allemands fuyant leur zone, une séparation entre leur secteur et les trois autres, que l'on baptisa « le mur de la honte ». En fait, on réalisa à ce moment-là qu'aucun des deux camps n'était prêt à prendre des risques majeurs pour modifier le *statu quo*.

Ce fut sans doute la dernière fois que des divisions entre Européens ont été à deux doigts d'enclencher un processus de guerre. Mais l'ampleur et la gravité même des désaccords furent finalement les ferments de la stabilité politique en Europe. Depuis, les deux systèmes économiques, politiques et sociaux se sont, en dépit de leur rivalité, developpés en vases clos. De chaque côté, on a tout mis en œuvre pour maintenir un minimum d'homogénéité idéologique, d'interdépendance économique, de conformisme politique et d'intégration militaire, au sein des alliances respectives. Les deux interventions militaires soviétiques qui ont troublé cette paix (Hongrie en 1956 et Tchécoslovaquie en 1968) n'ont concerné que le camp socialiste et n'ont eu pour but que d'étouffer toute velléité de transgression des normes internes au bloc. Par ailleurs, les efforts diplomatiques qui avaient finalement abouti à la mise sur pied de la conférence d'Helsinki sur

la Sécurité et la Coopération en Europe (1973 et 1975) ont surtout été consentis pour consacrer la normalisation des rapports entre les deux blocs.

L'équilibre entre les forces de l'OTAN et celles du Pacte de Varsovie est connu et l'on s'en accommode. L'Union soviétique elle-même semble préférer ce type d'opposition larvée, mais stable, au vide que laisserait le retrait des troupes américaines d'Europe. Surtout si ce vide militaire devait être comblé par des forces allemandes.

Si l'antagonisme Est-Ouest ne s'est pas révélé aussi explosif qu'on aurait pu le craindre, c'est qu'en réalité il repose sur une situation de paralysie militaire. En dépit du face à face permanent de troupes importantes et en nombre inégal, on voit mal quel avantage militaire immédiat pourrait, pour l'un ou l'autre camp, compenser le risque d'une guerre nucléaire, danger toujours latent. La question qui se pose pour l'avenir est de savoir si un risque de conflit pourrait découler d'une explosion de colère populaire survenant dans un pays de l'Europe de l'Est. De nombreux scénarios ayant pour thème le début d'une Troisième Guerre mondiale débutent par une insurrection politique en Europe orientale. Un peu du type de celle

LE DEMANTELEMENT DES EMPIRES

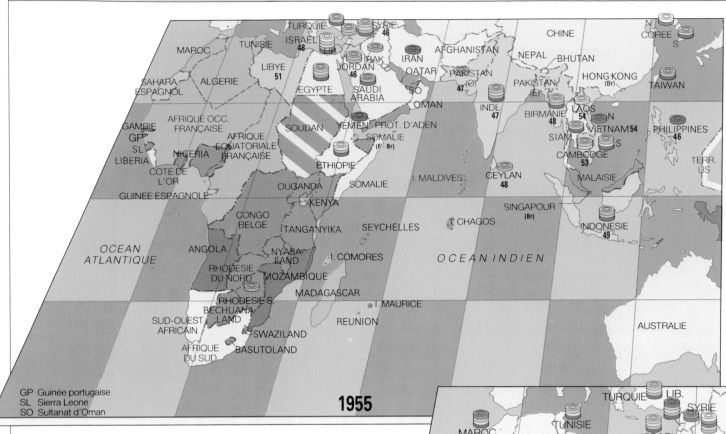

GP Guinée portugaise
SL Sierra Leone
SO Sultanat d'Oman

1955

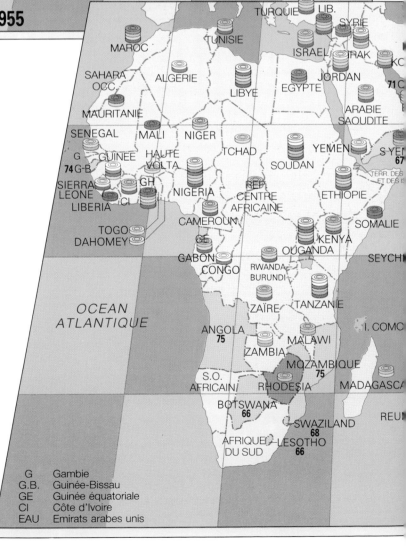

G   Gambie
G.B. Guinée-Bissau
GE   Guinée équatoriale
CI   Côte d'Ivoire
EAU   Emirats arabes unis

▲ *En 1955, bien que la Grande-Bretagne ait alors quitté le sous-continent indien et abandonné la Palestine, bien que la France ait renoncé à l'Indochine, et que les Hollandais fussent en voie d'être chassés d'Indonésie, la plus grande partie du monde était encore sous le contrôle de l'Europe. Pourtant, en Afrique, on pouvait déjà sentir les «vents du changement».*

DURANT LES DEUX DÉCENNIES qui suivirent la Seconde Guerre mondiale, l'anti-colonialisme est apparu comme une force politique particulièrement puissante. Les grandes nations coloniales, et en particulier la France et la Grande-Bretagne, éprouvèrent de grandes difficultés à maintenir leur autorité dans leurs territoires d'outre-mer, non seulement face à l'hostilité des populations autochtones, mais aussi face au concept d'auto-détermination brandi par celles-ci, et pour lequel les Alliés s'étaient battus pendant cinq ans. Chacune à sa manière, et pour des raisons différentes, les deux grandes puissances finirent par inclure l'auto-détermination dans leur programme de révision idéologique.

Le glas de l'ère coloniale sonna lorsque, en 1947, la Grande-Bretagne octroya l'indépendance à l'Inde. Il fallut encore trente ans pour que ce processus jouât en faveur de la plupart des autres colonies qui le réclamaient mêmes si elles étaient trop petites pour subsister comme Etats indépendants. Une fois les empires coloniaux démantelés, de nouvelles alliances et des organisations supranationales prirent la relève (voir p. 46, bas). Toutes ne se révélèrent pas aussi solides et cohésives que celles qu'elles devaient replacer. Ce sont les associations contractées entre la France et la Grande-Bretagne d'une part, et leurs anciennes colonies d'autre part, qui paradoxalement, comptent parmi les plus efficaces et les plus résistantes.

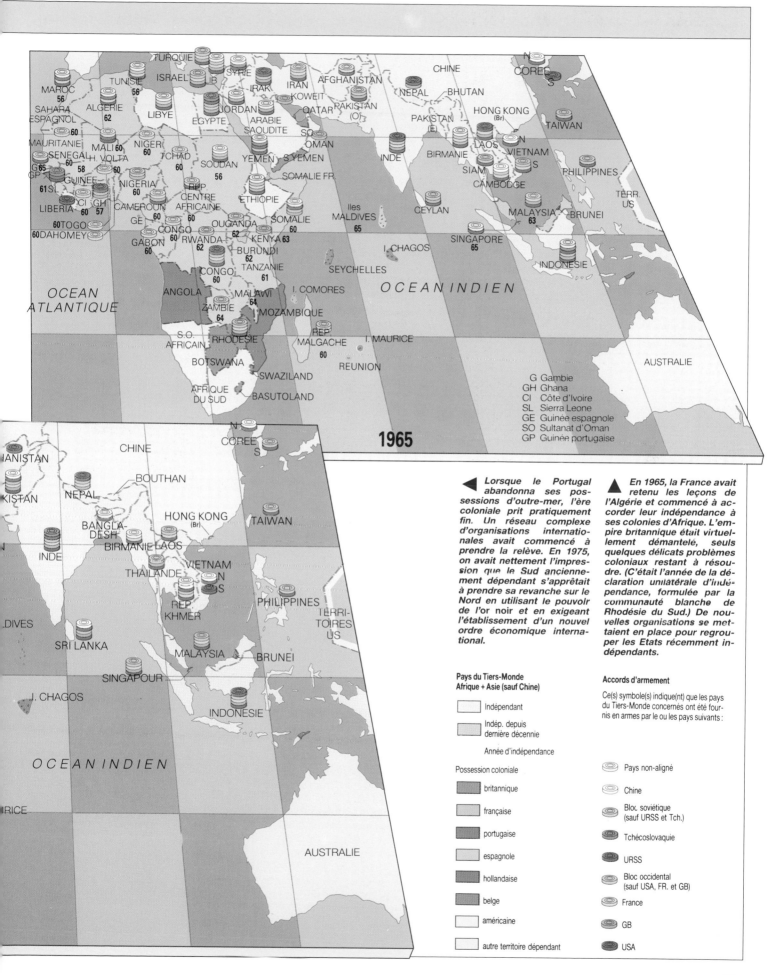

1965

G   Gambie
GH   Ghana
CI   Côte d'Ivoire
SL   Sierra Leone
GE   Guinée espagnole
SO   Sultanat d'Oman
GP   Guinée portugaise

◀ Lorsque le Portugal abandonna ses possessions d'outre-mer, l'ère coloniale prit pratiquement fin. Un réseau complexe d'organisations internationales avait commencé à prendre la relève. En 1975, on avait nettement l'impression que le Sud anciennement dépendant s'apprêtait à prendre sa revanche sur le Nord en utilisant le pouvoir de l'or noir et en exigeant l'établissement d'un nouvel ordre économique international.

▲ En 1965, la France avait retenu les leçons de l'Algérie et commencé à accorder leur indépendance à ses colonies d'Afrique. L'empire britannique était virtuellement démantelé, seuls quelques délicats problèmes coloniaux restant à résoudre. (C'était l'année de la déclaration unilatérale d'indépendance, formulée par la communauté blanche de Rhodésie du Sud.) De nouvelles organisations se mettaient en place pour regrouper les Etats récemment indépendants.

Pays du Tiers-Monde
Afrique + Asie (sauf Chine)

☐ Indépendant

☐ Indép. depuis dernière décennie

Année d'indépendance

Possession coloniale

☐ britannique

☐ française

☐ portugaise

☐ espagnole

☐ hollandaise

☐ belge

☐ américaine

☐ autre territoire dépendant

Accords d'armement

Ce(s) symbole(s) indique(nt) que les pays du Tiers-Monde concernés ont été fournis en armes par le ou les pays suivants :

◎ Pays non-aligné

◎ Chine

◎ Bloc soviétique (sauf URSS et Tch.)

◎ Tchécoslovaquie

◎ URSS

◎ Bloc occidental (sauf USA, FR. et GB)

◎ France

◎ GB

◎ USA

Avantages et désavantages

qu'on a vu naître en Pologne ces dernières années. Il ne fait pas de doute que l'Union soviétique considère la sauvegarde de l'orthodoxie idéologique qu'elle prescrit, et de la fidélité à l'alliance qu'elle domine, comme des éléments vitaux pour sa sécurité. Elle serait donc prête à prendre des risques extrêmes s'ils devaient se trouver sérieusement menacés.

De son côté, l'OTAN a clairement fait savoir qu'elle n'entendait pas intervenir dans une dispute interne au bloc de l'Est, quelle que puisse être la sympathie des Occidentaux pour les groupes dissidents de l'Est. Ainsi donc, même si l'Europe doit rester une zone « chaude » dans les rapports Est-Ouest, un risque de guerre ne pourrait survenir que dans le cas où l'URSS se révélerait incapable de réprimer une révolte dans un pays sous sa dépendance.

La détente

La stabilité du système était suffisamment reconnue de par et d'autre à la fin des années 60 pour que l'on estime opportun de régulariser cette situation. Différents accords conclus dans ce contexte servirent à « normaliser » les relations entre les deux Etats allemands, et à confirmer le statut actuel de Berlin, tout en facilitant les contacts entre les deux parties de l'ex-capitale.

L'absence d'affrontement brutal entre les deux camps ne signifiait pas pour autant que les différends qui les opposaient fussent insignifiants. Les modes de vie étaient tellement dissemblables qu'au lieu de fraterniser, les deux systèmes se montraient les dents. Ce fut le cas, notamment, lorsqu'on agita les principes des Droits de l'Homme. Pour le bloc soviétique, la notion de libre circulation des gens et des idées constitue un défi fondamental et, sur ce plan, rien de concret ne peut être réalisé.

Sur le plan économique, les choses ne se déroulent pas mieux. Du côté occidental, on était persuadé que la création d'un réseau complexe de relations commerciales serait de nature à préserver la paix. On disait volontiers dans les milieux d'affaires américains qu'« *un Soviétique bien gras serait d'un tempérament plus pacifique qu'un Soviétique famélique* ». Pour les pays de l'Est, l'intérêt des contacts commerciaux était surtout l'occasion de combler certaines lacunes de leurs structures économiques et, en particulier, un retard certain en matière de technologie dans les secteurs civils de l'économie. L'importation, par le bloc communiste, de technologie occidentale, aidait certainement à l'amélioration de l'économie des pays concernés, mais elle permettait surtout à ceux-ci de consacrer au secteur militaire des ressources qui, sans cela, eussent dû être partagées avec le secteur civil. Une telle forme

de coopération Est-Ouest permettait aussi aux pays du bloc oriental de faire l'économie de réformes structurelles coûteuses. Cependant, tous comptes faits, l'introduction de la technologie occidentale n'a pas véritablement fourni à l'Est une panacée. Sa transplantation dans les économies socialistes s'est souvent révélée malaisée et, quand cette technologie ne découlait pas d'une forme d'espionnage économique, son coût d'acquisition a souvent conduit l'un ou l'autre pays de l'Est à l'endettement, de sorte que, finalement, ces pays ont vu grandir d'autant leur dépendance à l'égard de Moscou. Considérée dans cet esprit, on peut dire que la détente a plus servi à renforcer le système des blocs, qu'elle n'a aidé à l'affaiblir.

Si les rares avantages de la détente ont été assez bien perçus en Europe occidentale, ils le furent beaucoup moins en Amérique, où la déception fut vive. Comparés aux espoirs fondés au début des années 70, les maigres résultats de la détente semblaient ridicules. On s'attendait à plus qu'à la ratification du *statu quo* en Europe, et à la reconnaissance des dangers d'une guerre nucléaire...

Cependant, ce qui sapa à la fois la détente et une partie des négociations qui en découlaient, ce fut moins cette constatation désabusée que la persistance de conflits se déroulant non pas en Europe, mais dans ce qu'il est convenu d'appeler le Tiers-Monde.

Les relations Est-Ouest et le Tiers-Monde

Au cours des années 50 et 60, alors que, l'une après l'autre, les anciennes colonies accédaient à l'indépendance, on s'attendait à ce que leurs dirigeants optent soit pour le modèle de développement industriel occidental, soit pour celui des Etats socialistes. Chaque camp s'attacha donc à gagner les esprits et les cœurs des populations nouvellement indépendantes, puisqu'aussi bien l'idée que celles-ci puissent tendre vers une forme de neutralisme paraissait irréaliste. Durant la première décennie, les Etats-Unis n'eurent de cesse d'intégrer un certain nombre de pays-clé du Tiers-Monde au sein d'alliances de leur cru, façonnées sur le patron de l'OTAN. Certaines d'entre elles, telles le CENTO pour l'Asie Centrale et l'OTASE pour l'Asie du Sud-Est, survécurent jusque dans les années 70.

Là où les puissances coloniales s'opposaient aux mouvements de libération nationale (comme ce fut le cas pour la France en Indochine, puis en Algérie), l'URSS n'eut guère de peine à gagner la sympathie de ceux qui luttaient pour leur indépendance. De leur côté, les Américains escomptaient que leur politique anti-coloniale et leur dynamisme économique leur permettraient de faire mieux que contrebalancer les atouts soviétiques.

▶ *Si les Etats-Unis ont accordé un important soutien international au Shah d'Iran, c'est que Washington comptait sur celui-ci pour veiller aux intérêts occidentaux dans cette région vitale que constitue le Golfe persique. Mais, lorsque le peuple iranien se tourna contre son empereur, il manifesta aussi sa colère contre les Etats-Unis. En novembre 1979, l'admission du Shah dans un hôpital américain fut le prétexte, pour des étudiants révolutionnaires iraniens, à investir l'ambassade US de Téhéran, et d'y retenir en otage quelque 60 diplomates. Après leur tentative avortée de libérer ces otages par les armes (voir p. 132), les Américains semblent avoir exercé des pressions diplomatiques et économiques, qui amenèrent les Iraniens à libérer leurs prisonniers en janvier 1981, au moment où le président Carter abandonnait sa fonction.*

▶ *Il est peu d'organisations qui se soient opposées de façon aussi spectaculaire à l'hégémonie soviétique en Europe centrale que le syndicat polonais Solidarité. C'est en brandissant la menace d'une arme typiquement ouvrière — la grève générale — que Solidarité réussit à arracher au gouvernement de Varsovie une série de concessions. On voit ici le responsable du syndicat libre, Lech Walesa, discutant avec des amis lors d'un rassemblement, en octobre 1980, devant le monument des chantiers navals de Gdansk. Quatorze mois plus tard, Solidarité était déclaré illégal et la loi martiale proclamée. Le fait que le mouvement ait été supprimé ne signifie pas qu'il ait disparu.*

La bataille pour le Tiers-Monde

Cette compétition des deux superpuissances pour accaparer l'amitié des peuples du Tiers-Monde était basée sur l'idée erronée que les structures politiques et économiques naissantes dans ces pays nouvellement indépendants devaient nécessairement ressembler aux deux types coexistant dans le monde. En réalité, ces nouvelles nations eurent plutôt tendance à se forger une identité bien distincte, qui était le reflet de la culture, des traditions et des situations locales.

Cela n'empêcha pas les Etats-Unis et l'Union soviétique de s'obstiner à voir, dans chaque conflit éclatant quelque part dans le Tiers-Monde, l'empreinte de son adversaire. Quels que fussent leurs intérêts propres, ou le soutien populaire dont ils disposaient, les dirigeants locaux étaient appréciés à l'aune de leur allégeance à l'une ou l'autre des deux superpuissances.

Chaque fois que les Etats-Unis croyaient discerner une inspiration communiste dans une opposition à un régime considéré comme pro-occidental, ils prenaient le risque d'intervenir plus ou moins directement pour lui faire échec. Nous parlerons ultérieurement plus en détails de la guerre du Viêt-nam, qui coûta la vie à quelque 46 000 Américains. A ce stade, contentons-nous de rappeler l'effet produit sur l'opinion américaine par cette intervention militaire destinée, au départ, à défendre certains intérêts.

Les troupes américaines n'avaient pas été entraînées pour mener d'interminables campagnes de guérilla dans des zones rurales. Elles étaient mieux adaptées aux batailles classiques et les dirigeants de Washington avaient été contraints de constater que ce type de guerre, essentiellement politique, ne pouvait être conduit avec succès par des armées représentant des régimes irrémédiablement impopulaires aux yeux des populations locales.

Malheureusement pour elle, l'Union soviétique n'avait pas tiré sa propre leçon de la guerre du Viêt-nam. L'idéologie et la doctrine soviétiques ont profondément ancré dans les esprits le respect de la force militaire. Et l'URSS ne dispose pas, comme les Etats-Unis, dans sa panoplie diplomatique, des atouts économiques susceptibles d'intéresser et d'amadouer les dirigeants du Tiers-Monde dont elle cherche à s'assurer, sinon la sympathie, du moins la collaboration. Ainsi donc, l'influence de l'URSS dans le Tiers-Monde est en grande partie tributaire de l'existence de conflits, car ses articles d'exportations les plus demandés sur les marchés d'outre-mer sont généralement ses Kalachnikovs, ses équipements et ses conseillers militaires...

Tandis que, de 1961 à 1964, les Américains pataugeaient dans le bourbier vietnamien, l'Union soviétique en profitait pour investir massivement dans la recherche en vue d'accroî-

1985 : LE MONDE POST-IMPERIAL

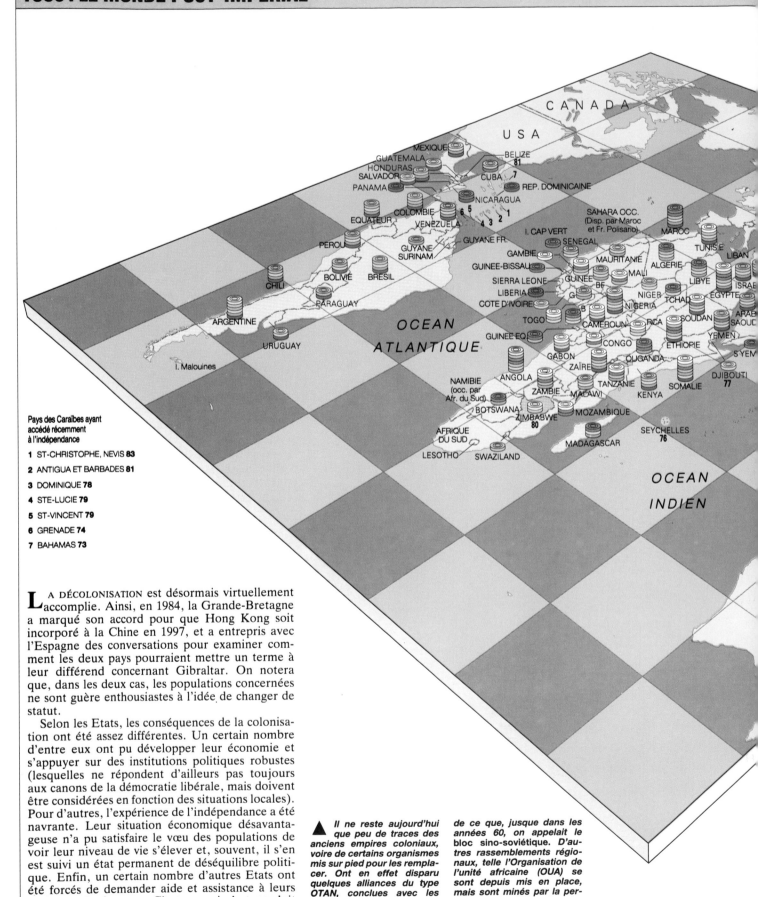

CANADA

USA

MEXIQUE
GUATEMALA
HONDURAS
SALVADOR
PANAMA
BELIZE
81
CUBA 7
REP. DOMINICAINE
NICARAGUA
COLOMBIE
EQUATEUR
VENEZUELA
6 5
4 3 2 1
SAHARA OCC.
(Disp. par Maroc
et Fr. Polisario)
MAROC
PEROU
GUYANE FR.
GUYANE
SURINAM
I. CAP VERT
SENEGAL
GAMBIE
GUINEE-BISSAU
SIERRA LEONE
LIBERIA
COTE D'IVOIRE
MAURITANIE
ALGERIE
TUNISIE
LIBAN
MALI
GUINEE
BF
NIGER
LIBYE
ISRAE
EGYPTE
G
NIGERIA
TCHAD
ARAB
SAOUD
BOLIVIE
BRESIL
CHILI
PARAGUAY
ARGENTINE
URUGUAY
I. Malouines
OCEAN
ATLANTIQUE
TOGO
GUINEE EQ.
GABON
ZAÏRE
CAMEROUN
CONGO
B
RCA
SOUDAN
ETHIOPIE
OUGANDA
YEMEN
S YEM
DJIBOUTI
77
NAMIBIE
(occ. par
Afr. du Sud)
ANGOLA
ZAMBIE
BOTSWANA
ZIMBABWE
80
AFRIQUE
DU SUD
LESOTHO
SWAZILAND
MALAWI
TANZANIE
KENYA
MOZAMBIQUE
MADAGASCAR
SOMALIE
SEYCHELLES
76
OCEAN
INDIEN

Pays des Caraïbes ayant
accédé récemment
à l'indépendance

1 ST-CHRISTOPHE, NEVIS **83**

2 ANTIGUA ET BARBADES **81**

3 DOMINIQUE **78**

4 STE-LUCIE **79**

5 ST-VINCENT **79**

6 GRENADE **74**

7 BAHAMAS **73**

L A DÉCOLONISATION est désormais virtuellement accomplie. Ainsi, en 1984, la Grande-Bretagne a marqué son accord pour que Hong Kong soit incorporé à la Chine en 1997, et a entrepris avec l'Espagne des conversations pour examiner comment les deux pays pourraient mettre un terme à leur différend concernant Gibraltar. On notera que, dans les deux cas, les populations concernées ne sont guère enthousiastes à l'idée de changer de statut.

Selon les Etats, les conséquences de la colonisation ont été assez différentes. Un certain nombre d'entre eux ont pu développer leur économie et s'appuyer sur des institutions politiques robustes (lesquelles ne répondent d'ailleurs pas toujours aux canons de la démocratie libérale, mais doivent être considérées en fonction des situations locales). Pour d'autres, l'expérience de l'indépendance a été navrante. Leur situation économique désavantageuse n'a pu satisfaire le vœu des populations de voir leur niveau de vie s'élever et, souvent, il s'en est suivi un état permanent de déséquilibre politique. Enfin, un certain nombre d'autres Etats ont été forcés de demander aide et assistance à leurs anciens colonisateurs. C'est ce qui s'est produit dans plusieurs cas en Afrique francophone.

▲ *Il ne reste aujourd'hui que peu de traces des anciens empires coloniaux, voire de certains organismes mis sur pied pour les remplacer. Ont en effet disparu quelques alliances du type OTAN, conclues avec les Etats-Unis en vue d'établir une sorte de ceinture autour* *de ce que, jusque dans les années 60, on appelait le bloc sino-soviétique. D'autres rassemblements régionaux, telle l'Organisation de l'unité africaine (OUA) se sont depuis mis en place, mais sont minés par la persistance de différends entre les membres.*

Pays du Tiers-Monde
(sauf Chine)

Récemment indépendant
(depuis 1975)

80 Année d'indépendance

Accords d'armement

Ce(s) symbole(s) indique(nt) que les pays
du Tiers-Monde concernés ont été fournis en armes par le ou les pays suivants :

Pays non-aligné

Chine

Bloc soviétique
(sauf URSS et Tchécoslovaquie)

Tchécoslovaquie

URSS

Bloc occidental
(sauf USA, France et GB)

France

GB

USA

URSS

CHINE

JAPON

COREE N.

COREE S.

HONG KONG
(Br)

TAIWAN

OCEAN
PACIFIQUE

JORDANIE

SYRIE

IRAK

AFGHANISTAN

PAKISTAN

NEPAL

BHUTAN

INDE

BANGLADESH

BIRMANIE

THAILANDE

LAOS

VIETNAM

KAMPUCHEA

MALAYSIA

BRUNEI **84**

PHILIPPINES

INDONESIE

SINGAPOUR

PAPOUASIE
NOUV. GUINEE

AUSTRALIE

B BENIN

BF BURKINA-FASO

RCA REP. CENTRAFRICAINE

G GHANA

K KOWEIT

Q QATAR

EAU EMIRATS ARABES UNIS

▼ *Robert Mujabwe, pre-
mier ministre du Zim-
babwe, Etat ayant récem-
ment accédé à l'indépen-
dance, en conversation avec
son collègue et voisin, le président Kaunda, de Zambie,
lors d'une conférence tenue
en 1980 par l'Organisation de
l'Unité africaine.*

Zimbab

tre sa puissance militaire. Ce faisant, elle se dotait des moyens pour faire valoir sa prédominance aux quatre coins du monde. Saisissant plus les occasions qui se présentaient que suivant un plan préétabli, l'URSS profita de ses outils militaires nouveaux pour transporter par la voie des airs vers certains pays africains des cohortes de combattants cubains ou est-allemands. L'Ethiopie et l'Angola, notamment, bénéficièrent de cette « aide technique ».

Le moment pour mener une telle politique était mal choisi. En effet, beaucoup, aux Etats-Unis, considérèrent cette activité soviétique comme contraire à l'esprit de la détente. C'était oublier que, pour le Kremlin, la *coexistence pacifique* (terminologie utilisée par les Soviétiques pour traduire la détente) n'excluait en aucune manière l'application des préceptes de l'internationalisme prolétarien, au premier rang desquels figure le soutien aux mouvements de libération nationale. Et, d'ailleurs, les dirigeants soviétiques n'auraient-ils pas eu beau jeu de répondre que les premiers accords établissant la détente avaient été signés au moment même où les forces américaines étaient massivement engagées au Viêt-nam ?

Cependant, l'inquiétude manifestée par les Etats-Unis tenait moins à l'intensité de l'activité soviétique dans les pays du Tiers-Monde qu'au fait que nombre de ces activités se manifestaient à proximité de leurs frontières, et dans des zones d'importance cruciale pour l'avenir des économies occidentales. Les pays du bloc occidental prenaient en effet de plus en plus conscience de leur dépendance sans cesse accrue à l'égard d'un certain nombre de pays du Tiers-Monde, en particulier les nations du Proche-Orient, productrices en pétrole.

Cette activité soviétique alimenta chez beaucoup la conviction que le Tiers-Monde, plutôt que l'Europe, devenait le champ clos de la confrontation entre les deux superpuissances. Certains avançaient même que le fait d'avoir réussi à bloquer l'expansion soviétique en Europe avait incité le Kremlin à s'orienter dans d'autres directions. Dans la mesure où les économies occidentales dépendaient de l'importation de matières premières d'importance vitale, un double danger était à prévoir : soit la déstabilisation politique, soit l'invasion de pays producteurs. Les nations occidentales devaient aussi se soucier de la vulnérabilité des produits eux-mêmes. Transportés par mer, ceux-ci courraient le risque d'être interceptés par ceux qui eussent voulu priver l'Occident de ses approvisionnements essentiels. Mais les risques de pénurie ne se bornaient pas à d'éventuelles actions militaires. Vers le milieu des années 70, un rapport de la CIA fit penser que l'URSS était sur le point de passer de sa position d'exportateur de pétrole à celle d'importateur et, quand on sait combien l'Union soviétique est pauvre en devises étrangères, on pouvait se

Les lignes de communication stratégiques occidentales menacées

douter que ce type d'achat risquait de se dérouler suivant des méthodes fort peu orthodoxes.

Si des doutes pouvaient subsister à ce sujet, un simple coup d'œil sur la carte eut suffi pour les dissiper. En entrant en Afghanistan, les Soviétiques se rapprochaient encore de l'Iran, ce qui leur permettait de mieux exploiter les troubles agitant cet Etat, important producteur de pétrole. En fomentant une insurrection dans le sultanat d'Oman, l'URSS espérait sans doute prendre en tenaille cette voie de communication vitale que constitue le détroit d'Ormuz, par lequel transitent 40 % du pétrole consommé par les Occidentaux. Déjà, en nouant des relations amicales avec le gouvernement marxiste du Yémen du Sud, les Soviétiques s'étaient assurés une position de contrôle à l'un des deux autres passages obligés de la route du pétrole : le détroit de Bab-el-Mandeb, au débouché de la mer Rouge. Sur l'autre rive, ils s'étaient abouchés avec les dirigeants éthiopiens d'Addis-Abeba, sacrifiant du coup les liens qu'ils avaient entretenus jusque là avec la Somalie voisine. Plus au sud, en Afrique, des gouvernements de gauche avaient entre temps pris le pouvoir dans les anciennes colonies portugaises d'Angola et de Mozambique. Et les Soviétiques comptaient aussi pouvoir profiter de la disparition du pouvoir blanc en Rhodésie (aujourd'hui Zimbabwe) en attendant la fin de la mainmise de l'Afrique du Sud sur la Namibie et, pourquoi pas, l'écroulement du pouvoir blanc en Afrique du Sud elle-même. Non seulement un tel scénario eut permis à l'URSS de maîtriser mieux encore les voies de communication maritimes occidentales, mais l'eut rendue maîtresse des réserves les plus importantes du monde en matière de minéraux « stratégiques ». Ceux qui, précisément, sont indispensables à la poursuite de l'activité industrielle dans les pays occidentaux et, surtout, à la production des armements et matériels vitaux pour leur sécurité.

Ce scénario, dont les conséquences n'ont pas échappé aux hommes politiques occidentaux, a eu une influence considérables sur leurs décisions. A la suite de l'invasion soviétique en Afghanistan, et de la chute du Shah d'Iran, en 1979, les Américains ont accéléré leurs préparatifs d'intervention militaire d'urgence dans la région du golfe Persique.

Le président Carter fit savoir que les Etats-Unis considéraient avoir des intérêts vitaux danc cette région, et qu'ils entendaient les défendre, si ceux-ci étaient menacés. Mais, comme il s'agissait plus d'intérêts économiques qu'idéologiques, on comprend qu'une telle intervention ait contribué à enraciner l'idée que le Tiers-Monde se muait effectivement en théâtre majeur de la confrontation entre l'Est et l'Ouest.

Bien sûr, une telle interprétation de la réac-

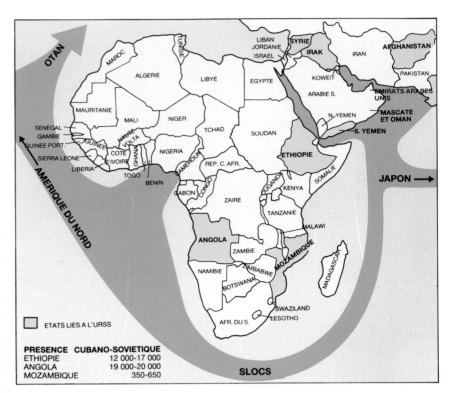

ETATS LIES A L'URSS

PRESENCE CUBANO-SOVIETIQUE
ETHIOPIE	12 000-17 000
ANGOLA	19 000-20 000
MOZAMBIQUE	350-650

tion américaine ne pouvait totalement résister à l'examen. Mais, comme nous le verrons lorsque nous examinerons en détails les problèmes se posant dans chacune de ces zones « chaudes », aucun des divers mouvements opérés par les Soviétiques ne peut, à coup sûr, être considéré comme une progression délibérée en vue de menacer la « veine jugulaire de l'Occident ».

Il n'est pas d'exemple de pays tombé de but en blanc dans l'orbite soviétique. Dans tous les cas, l'URSS ou ses alliés furent appelés, soit à la suite d'un différend avec les Occidentaux, soit en remerciement de services rendus (Cuba, Ethiopie, Yémen ou Viêt-nam), soit pour venir au secours de dirigeants locaux pro-soviétiques en difficulté (Angola ou Afghanistan). La situation interne des pays concernés était toujours déterminante et il ne s'agissait jamais d'une pression externe. En aucun cas, les Occidentaux ne jouissaient, dans ces pays, d'une position solide. Ou bien les colonisateurs en avaient été chassés, ou bien, ayant perdu le soutien populaire, les dirigeants pro-occidentaux avaient été renversés. Ainsi, l'Afghanistan avait depuis longtemps suivi une politique étrangère favorable à son voisin soviétique, même si sa politique intérieure ne répondait pas à l'orthodoxie communiste. L'URSS n'a d'ailleurs pas toujours tiré avantage de la détérioration des positions occidentales dans le Tiers-Monde.

Il serait également exagéré de dire que les interventions de l'URSS (ou celles exécutées par procuration par les Cubains ou les Vietnamiens) ont été aussi décisives qu'on aurait pu s'y attendre.

LA MENACE SOVIETIQUE

Présentée au Congrès américain par le président de l'état-major combiné, cette carte montre de manière assez classique la vulnérabilité des lignes de communication stratégiques occidentales (SLOCs) face à l'intervention éventuelle d'Etats sous obédience soviétique.

L'interventionnisme soviétique : un record minable

SOLDATS CUBAINS EN ANGOLA EN 1976. *On considère généralement les Cubains comme étant les représentants de l'URSS en Afrique, et il est évident qu'ils n'auraient pu s'implanter en Angola d'abord, puis en Ethiopie, sans l'aide et la logistique soviétiques. Pourtant Fidel Castro a des raisons personnelles de s'intéresser particulièrement aux affaires du Tiers-Monde. En qualité de membre influent du club des nations non-alignées, Cuba a pu faire accepter ses hommes par des pays africains qui auraient refusé des troupes soviétiques par crainte de représailles américaines. L'administration de Washington aurait cependant bien voulu intervenir, mais elle en a été empêchée par le Congrès, peu soucieux de se lancer dans de nouvelles aventures «coloniales».*

Par ailleurs, les relations que l'Union soviétique entretient avec ses protégés ne sont pas toujours idylliques. En témoignent les expériences vécues avec la Chine, le Soudan, l'Egypte, la Somalie et d'autres Etats de moindre importance, dont l'amitié fut non seulement perdue, mais se transforma en franche inimitié. Plusieurs raisons expliquent ce phénomène. La première est la tendance qu'ont les Soviétiques à se comporter de manière irritante, voire «colonialiste». Cette attitude est de nature à heurter très vite l'esprit farouchement indépendant des dirigeants locaux. L'autre raison essentielle est l'évidente indifférence manifestée par les Soviétiques à l'égard des problèmes économiques qui se posent dans les pays concernés. Cette incapacité de s'intéresser à des problèmes de ce niveau semble d'ailleurs être propre aux deux superpuissances. Le Kremlin a, en outre, gravement sous-estimé la réaction des Etats islamiques lorsqu'il décida de prendre le parti du gouvernement éthiopien contre les séparatistes érythréens ou somaliens. Il n'en n'a pas tenu compte non plus lorsqu'il envahit l'Afghanistan.

Nous avons vu que, pour les Occidentaux, les inquiétudes inspirées par les activités militaires et diplomatiques soviétiques concernaient pour une bonne part la région du golfe Persique, l'océan Indien et l'Atlantique Sud, c'est-à-dire les points clef sur les voies maritimes de transport du pétrole et d'autres matières premières stratégiques. Peut-être ces inquiétudes ont-elles été exagérées. Bien sûr, toute atteinte aux approvisionnements occidentaux en pétrole constituerait un *casus belli* mais, pour qui s'y risquerait, l'opération ne

serait pas profitable. Elle ne serait en effet pas de nature à désarmer et à immobiliser sur le champ les forces occidentales. Au cours des premières phases d'une guerre conventionnelle, les routes maritimes réellement menacées seraient vraisemblablement celles qui permettent, d'un côté de l'Atlantique à l'autre, d'acheminer des renforts en hommes et en matériel nécessaires pour soutenir un combat en Europe.

Toute autre considération mise à part, si les Soviétiques voulaient *réellement* supprimer tout ravitaillement occidental en pétrole du Proche-Orient, il leur serait plus facile de couper l'alimentation à la source que de chercher à intervenir en cours de route.

Pouvoir mesurer exactement les objectifs soviétiques et jauger sans erreur la vulnérabilité de l'influence occidentale dans le Tiers-Monde sont des objectifs importants, dans la mesure où l'élaboration de la politique occidentale est fonction des réponses à ces questions. Ainsi, une interprétation pessimiste des activités soviétiques dans le Tiers-Monde a rapidement étouffé les velléités d'un retour à la politique abstentionniste, qui avaient vu le jour aux Etats-Unis après le désastre du Viêt-nam. Elle a, au contraire, conduit à des préparatifs militaires dans l'optique d'interventions «coup de poing». Et cela a été vrai aussi, tant pour la France que pour la Grande-Bretagne. La nouvelle force américaine de déploiement rapide (RDF), dont nous parlerons dans le chapitre suivant, apparaît comme le symbole d'une détermination nouvelle à prendre toutes les mesures nécessaires pour défendre, partout dans le monde, les intérêts américains et occidentaux.

A propos de l'Amérique Centrale, une vive controverse a porté sur le point de savoir si la déstabilisation de cette région était téléguidée de Moscou (avec l'aide de Cuba et du Nicaragua), ou si elle était simplement la résultante de décennies de pauvreté, de corruption et de répression infligées par des gouvernements trop longtemps soutenus par Washington.

Les matières premières du Tiers-Monde

A l'arrière plan de bien des considérations évoquées plus haut, on retrouve la thèse selon laquelle les Occidentaux deviennent à ce point dépendants du Tiers-Monde pour leur approvisionnements en matières premières que cette dépendance peut être exploitée, soit par les producteurs eux-mêmes, soit par l'URSS en vue de créer la pénurie chez ses adversaires.

Comme tant d'explications sommaires mises en avant pour expliquer des conflits internationaux, la thèse de l'influence des matières premières demande à être nuancée. Il faut d'abord remarquer que le fait, pour les Occi-

LA PUISSANCE DU PETROLE

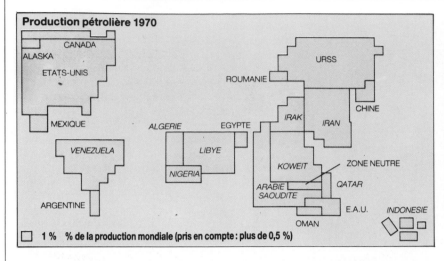

Production pétrolière 1970

□ 1 % % de la production mondiale (pris en compte : plus de 0,5 %)

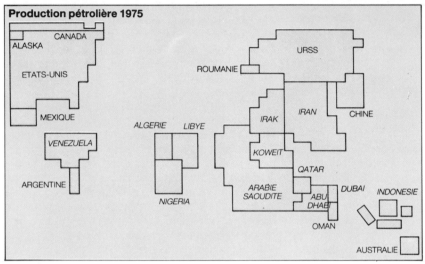

Production pétrolière 1975

Production pétrolière 1980

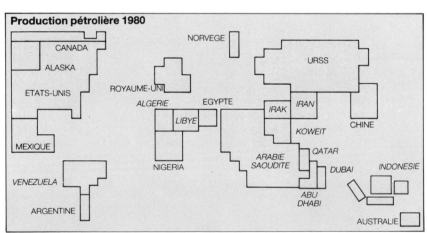

Uɴ ᴅᴇs ᴇ́ᴠᴇ́ɴᴇᴍᴇɴᴛs les plus importants des années 70 aura été l'émergence de la puissance des pays producteurs de pétrole, en partticulier ceux du Moyen-Orient. La croissance économique du monde industrialisé d'après guerre, fondée sur le prix peu élevé du pétrole, a été brutalement stoppée par l'ascension soudaine de celui-ci, lorsque les producteurs arabes décidèrent d'user de leur contrôle sur la production pour infléchir la politique généralement pro-israélienne des pays consommateurs occidentaux. Cependant, les augmentations répétées du prix du baril incitèrent ces derniers à réduire leur consommation et à s'adresser à d'autres fournisseurs. Il en résulta qu'au début des années 80 l'offre excéda la demande et que la position de force des pays producteurs commença à décliner.

LES MARCHANDS DE PÉTROLE DES ANNÉES 80

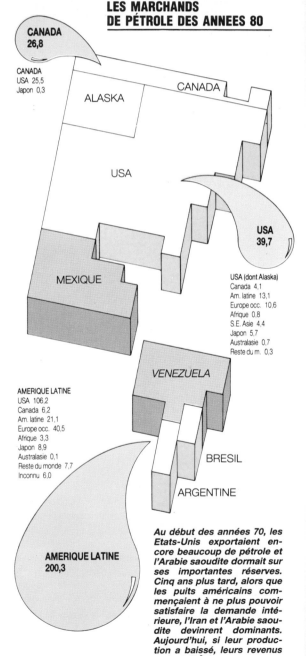

Au début des années 70, les Etats-Unis exportaient encore beaucoup de pétrole et l'Arabie saoudite dormait sur ses importantes réserves. Cinq ans plus tard, alors que les puits américains commençaient à ne plus pouvoir satisfaire la demande intérieure, l'Iran et l'Arabie saoudite devinrent dominants. Aujourd'hui, si leur production a baissé, leurs revenus restent élevés.

Lorsque, en 1980, à la suite de la révolution iranienne, la production de pétrole fut interrompue dans ce pays, et qu'une menace de pénurie s'ensuivit, l'Arabie saoudite se trouva en position dominante sur le marché. En 1985, la demande est tombée et l'OPEP ne peut plus aussi facilement contrôler les prix.

□ 1 % (pourcentage de la production mondiale)

LIBYE Membre de l'OPEP

Exportations en millions de tonnes ainsi que pays ou régions-clients
2,7

Réserves/production : en fin d'année, on divise les réserves de pétrole par la production de l'année écoulée. Cela donne le nombre d'année de pompage possible au même rythme).

50
30
15

Le changement de position des pays producteurs de pétrole est illustré par la guerre qui oppose deux membres importants de ce «club» : l'Iran et l'Irak. Tous deux ont été obligés, pour financer leur guerre, de vendre le maximum de produit, et leurs stratégies ont consisté à gêner au maximum les exportations de l'ennemi.

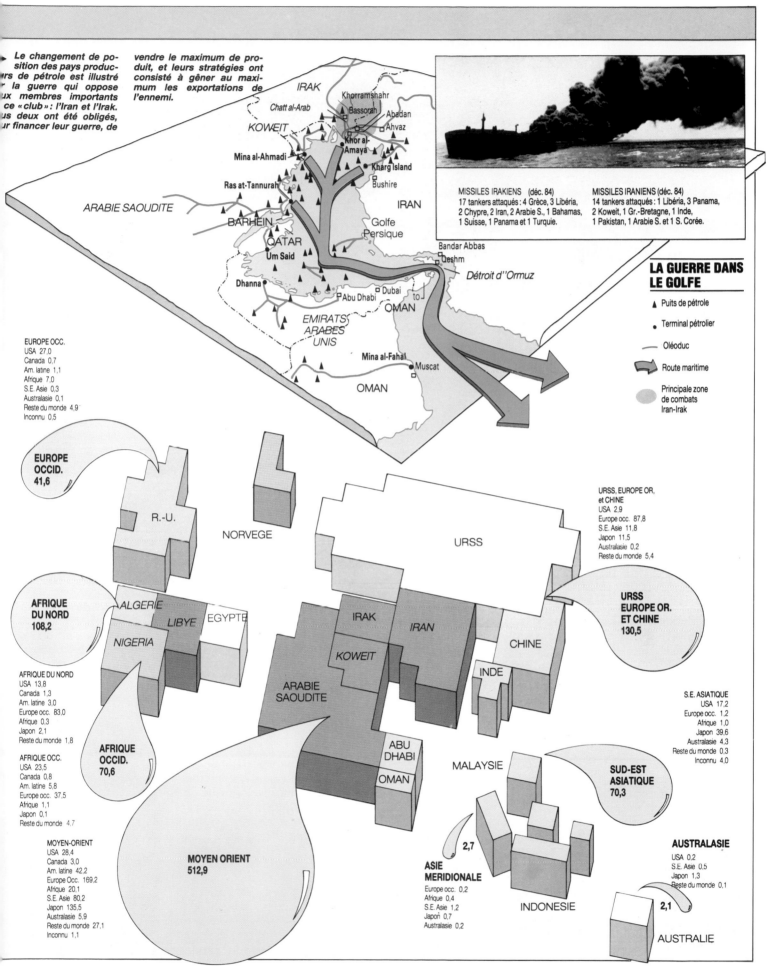

LA GUERRE DANS LE GOLFE

IRAK
Chatt al-Arab
Khorramshahr
Bassorah
Abadan
KOWEIT
Ahvaz
Khor al-Amaya
Mina al-Ahmadi
Kharg Island
Ras at-Tannurah
Bushire
IRAN
BARHEIN
Golfe Persique
QATAR
Um Said
Bandar Abbas
Qeshm
Dhanna
Détroit d''Ormuz
Abu Dhabi
Dubai
to
OMAN
EMIRATS ARABES UNIS
Mina al-Fahal
Muscat
OMAN
ARABIE SAOUDITE

MISSILES IRAKIENS (déc. 84)
17 tankers attaqués : 4 Grèce, 3 Libéria, 2 Chypre, 2 Iran, 2 Arabie S., 1 Bahamas, 1 Suisse, 1 Panama et 1 Turquie.

MISSILES IRANIENS (déc. 84)
14 tankers attaqués : 1 Libéria, 3 Panama, 2 Koweit, 1 Gr.-Bretagne, 1 Inde, 1 Pakistan, 1 Arabie S. et 1 S. Corée.

▲ Puits de pétrole
● Terminal pétrolier
— Oléoduc
Route maritime
Principale zone de combats Iran-Irak

EUROPE OCC.
USA 27,0
Canada 0,7
Am. latine 1,1
Afrique 7,0
S.E. Asie 0,3
Australasie 0,1
Reste du monde 4,9
Inconnu 0,5

EUROPE OCCID. 41,6

R.-U.

NORVEGE

URSS

URSS, EUROPE OR, et CHINE
USA 2,9
Europe occ. 87,8
S.E. Asie 11,8
Japon 11,5
Australasie 0,2
Reste du monde 5,4

AFRIQUE DU NORD 108,2

ALGERIE
LIBYE
EGYPTE
NIGERIA

IRAK
IRAN
KOWEIT
CHINE
INDE

URSS EUROPE OR. ET CHINE 130,5

AFRIQUE DU NORD
USA 13,8
Canada 1,3
Am. latine 3,0
Europe occ. 83,0
Afrique 0,3
Japon 2,1
Reste du monde 1,8

ARABIE SAOUDITE

S.E. ASIATIQUE
USA 17,2
Europe occ. 1,2
Afrique 1,0
Japon 39,6
Australasie 4,3
Reste du monde 0,3
Inconnu 4,0

AFRIQUE OCC.
USA 23,5
Canada 0,8
Am. latine 5,8
Europe occ. 37,5
Afrique 1,1
Japon 0,1
Reste du monde 4,7

AFRIQUE OCCID. 70,6

ABU DHABI
OMAN

MALAYSIE

SUD-EST ASIATIQUE 70,3

MOYEN-ORIENT
USA 28,4
Canada 3,0
Am. latine 42,2
Europe Occ. 169,2
Afrique 20,1
S.E. Asie 80,2
Japon 135,5
Australasie 5,9
Reste du monde 27,1
Inconnu 1,1

MOYEN ORIENT 512,9

ASIE MERIDIONALE
Europe occ. 0,2
Afrique 0,4
S.E. Asie 1,2
Japon 0,7
Australasie 0,2

2,7

INDONESIE

AUSTRALASIE
USA 0,2
S.E. Asie 0,5
Japon 1,3
Reste du monde 0,1

2,1

AUSTRALIE

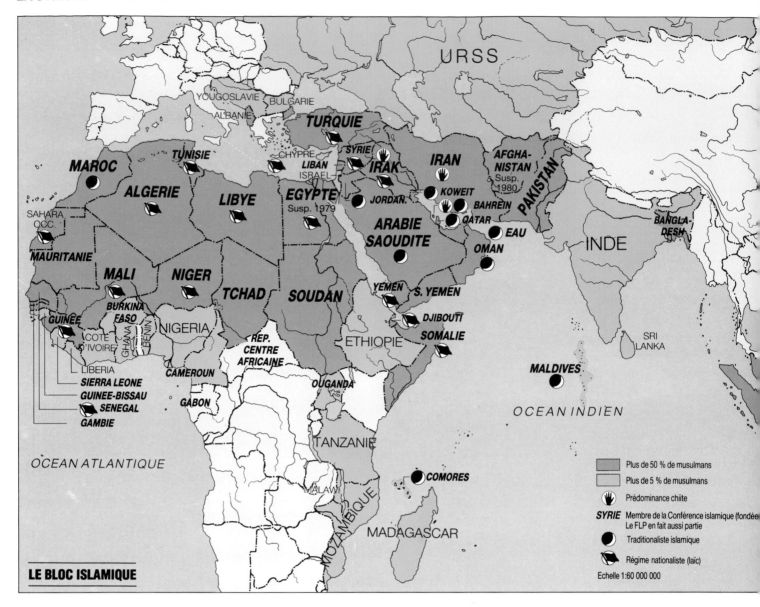

LE BLOC ISLAMIQUE

Plus de 50 % de musulmans

Plus de 5 % de musulmans

Prédominance chiite

SYRIE Membre de la Conférence islamique (fondée) Le FLP en fait aussi partie

Traditionaliste islamique

Régime nationaliste (laïc)

Echelle 1:60 000 000

dentaux, de tirer de pays producteurs du Tiers-Monde quelques-uns des produits qui leur sont indispensables ne les rend pas pour autant vulnérables.

Cette vulnérabilité n'existerait que si ces producteurs exerçaient un contrôle *total* sur les produits concernés, et s'ils étaient capables de prendre des initiatives de nature à avoir un impact immédiat et irrémédiable sur les économies occidentales. En outre, même si ces conditions étaient remplies, il se pourrait que les producteurs se découvrent être plus vulnérables à l'interruption de livraisons, que les destinataires habituels de ces produits. Certains Etats, politiquement hostiles aux pays occidentaux, n'hésitent cependant pas à commercer avec eux, et seraient bien marris s'ils devaient cesser ces échanges, car leurs économies subiraient alors un préjudice considérable.

Lorsqu'on évoque les guerres qui, dans le passé, ont éclaté pour des raisons de matières premières, il convient de préciser que ces conflits n'eurent pas comme opposants producteurs et clients, mais qu'ils se déroulèrent entre pays qui se disputaient la maîtrise, le monopole de certaines ressources clef. Même si ce type de compétition reste une source potentielle de conflit international, les cas qui se présentent sont de plus en plus rares.

L'exemple le plus frappant est aujourd'hui fourni par les océans. Au cours de ce siècle on a vu s'effilocher la vieille notion selon laquelle la haute mer échappait à toute juridiction nationale. En effet, les revendications émises par les Etats riverains ont abouti à ce que la limite traditionnelle des eaux territoriales passe successivement de 3 à 20 milles, puis à 200 milles. Dans le même temps, nous avons été les témoins d'une foule de contestations concernant les droits de pêche, l'accès aux ressources minérales du plateau continental, et il y eut même des controverses quant à la liberté de navigation. Ce type de conflit subsiste entre l'Islande et la Grande-Bretagne, et exista entre l'Espagne et nombre de pays de la CEE. Au bout de huit années de négociations, la troisième conférence des Nations-Unies, consacrée aux Droits de la Mer (UNCLOS) a débouché sur un code qui définit une limite de 12 milles

▲ *Avec l'avènement de la puissance pétrolière, l'Islam a acquis une force politique importante. Mais une force politique divisée par un certain sectarisme religieux et une opposition fondamentaliste à la modernisation.*

La dépendance occidentale vis-à-vis du Tiers-Monde est surestimée

marins pour les eaux territoriales proprement dites, et une zone *économique* exclusive de 200 milles, dans les limites de laquelle l'Etat concerné contrôle à la fois l'exploitation des minéraux et les droits de pêche.

Certaines puissances maritimes, parmi les plus importantes, n'ont pas encore ratifié ce code, souvent parce que les ressources potentielles les plus intéressantes du fond des océans semblent se situer bien au-delà des zones qui leur sont attribuées. Les technologies nouvelles dont disposent les pays les plus développés permettent à ceux-ci d'exploiter les ressources minérales offertes par les fonds marins sous forme de nodules. Ces derniers contiennent du nickel, du cobalt, du titane, du vanadium, du cuivre et, surtout, du manganèse. Les pays dont les sociétés privées sont déjà équipées pour extraire ces nodules sont avides d'en récolter les bénéfices, et craignent par-dessus tout qu'on leur ferme ce marché.

On imagine souvent les pays occidentaux beaucoup plus dépendants qu'ils ne le sont en réalité des matières premières en provenance du Tiers-Monde. En matière de produits alimentaires, le bloc occidental est auto-suffisant et, dans ce domaine, ce sont au contraire les pays en voie de développement qui sont demandeurs. La sécheresse qui règne dans une partie du Tiers-Monde, et la famine endémique qui en découle, le démontrent à suffisance. Hormis le pétrole (dont ils ne sont pas dépourvus), les Etats-Unis extraient suffisamment de minéraux pour couvrir largement leurs besoins. A quelques exceptions près cependant. L'Europe s'approvisionne souvent au Canada, en Australie et en Afrique du Sud. Autant en tout cas que dans les pays du Tiers-Monde. Peu de pays, ou groupes de pays, disposent, sur le marché du minerai, d'une position suffisamment dominante pour en tirer un bénéfice économique et politique significatif, comme c'est le cas de l'OPEP en matière de pétrole.

La vulnérabilité des nations occidentales est par contre patente en ce qui concerne une série de minéraux (chrome, or, manganèse, platine, vanadium et asbeste) dont les fournisseurs presque exclusifs sont l'Union soviétique et l'Afrique du Sud. Actuellement, l'hostilité éventuelle de l'un ou l'autre de ces fournisseurs inspire moins de crainte que de voir l'Afrique du Sud sombrer dans le désordre à la suite d'une révolte noire contre le régime d'apartheid. Le degré de vulnérabilité de chacun des pays acheteurs dépend à la fois de l'emploi qu'il fait de ces minéraux (certains servent notamment à la fabrication d'aciers spéciaux), et de la disponibilité, sur d'autres marchés, de minéraux de substitution.

Bien entendu, le pétrole est le produit qui, nécessairement, place les nations occidentales sous la dépendance d'une série de pays du Tiers-Monde. Cette constatation a, durant les

années 70, tellement préoccupé les milieux politiques occidentaux, qu'elle a pris le pas sur le problème des relations Est-Ouest. La guerre israélo-arabe d'octobre 1973 a provoqué l'embargo sur le pétrole et, en un an, le prix brut a quadruplé. Dès lors, les Occidentaux ont compris qu'ils ne pouvaient plus longtemps ignorer les intérêts politiques et économiques de pays arabes, producteurs importants d'or noir. Ainsi donc, tandis que ces nations s'enrichissaient, les pays industriels s'enfonçaient dans une récession sans fin. Par la force des choses, les fournisseurs de pétrole devenaient acheteurs de produits occidentaux, mettant ainsi nos pays sous une autre forme de dépendance vis-à-vis d'eux.

Les prévisions avancées par les spécialistes tablaient sur une pénurie de pétrole pour les années 80. Elles n'étaient pas fondées car la récession a, entre temps, freiné la demande. La hausse du coût de l'énergie a encouragé les pays qui la subissaient à recourir à d'autres sources, telles que le charbon et le nucléaire. De nouvelles réserves d'hydrocarbures, contrôlées cette fois par des pays non membres de l'OPEP (cette organisation ne regroupe que les pays dont la production de pétrole constitue le *principal* produit d'exportation), ont été mises en exploitation en Alaska, au Mexique et en mer du Nord. Dès lors, les prix du brut se sont mis à baisser. Comptant sur un enrichissement régulier, les producteurs de l'OPEP qui s'étaient lancés dans de vastes programmes d'industrialisation et de modernisation, se sont vus obligés, pour compenser la chute des prix, d'accroître leur rythme de production, ce qui n'a fait qu'aggraver la pléthore. L'OPEP est gravement affaiblie par cette situation.

Rien n'illustre mieux le déclin de la position des pays producteurs de pétrole que la guerre entre l'Irak et l'Iran. Dès le début du conflit entre ces deux géants de l'or noir, chacun s'efforça de neutraliser la production de l'autre, soit en attaquant des pétroliers, soit en gênant la circulation de ceux-ci dans le détroit d'Ormuz, quitte à faire capoter les marchés financiers occidentaux. Au début, le pire était à craindre et, pourtant, le monde occidental s'est très vite accommodé de cette situation explosive : les attaques à la roquette contre les navires ravitailleurs en pétrole ont eu une répercussion plus importante sur l'économie des belligérants que sur celle des clients eux-mêmes.

Bien sûr, si la demande s'accélérait et si les puits récents venaient à tarir, la situation ne manquerait pas de se retourner en faveur des pays traditionnellement producteurs. Il faut bien constater que la surabondance de pétrole sur le marché en 1985 incite certains à puiser plus que de raison dans les réserves accumulées. D'autre part, le développement du réseau de centrales nucléaires ne s'est pas déroulé

▼ *Rassemblées pour la prière lors du deuxième sommet islamique de Lahore en 1974, ces personnalités témoignent de la variété, tant des sectes que des régimes dans les pays musulmans.*

LES RESSOURCES ET RESERVES STRATEGIQUES

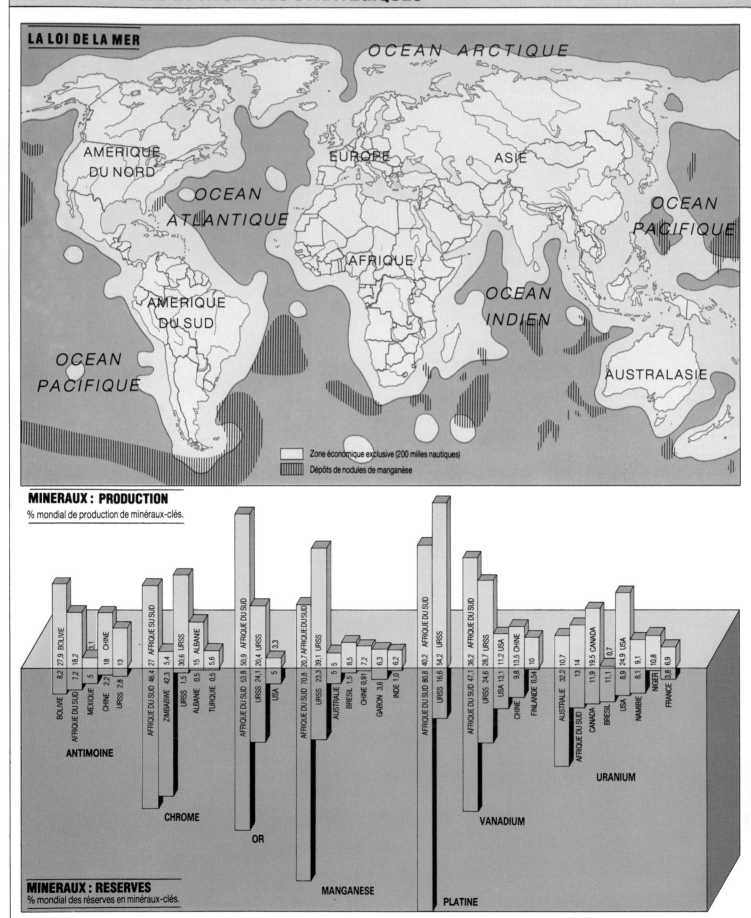

LA LOI DE LA MER

OCEAN ARCTIQUE

AMERIQUE DU NORD

EUROPE

ASIE

OCEAN ATLANTIQUE

OCEAN PACIFIQUE

AFRIQUE

AMERIQUE DU SUD

OCEAN INDIEN

OCEAN PACIFIQUE

AUSTRALASIE

☐ Zone économique exclusive (200 milles nautiques)
▥ Dépôts de nodules de manganèse

MINERAUX : PRODUCTION
% mondial de production de minéraux-clés.

ANTIMOINE

BOLIVIE 27,9 | AFRIQUE DU SUD 18,2 | MEXIQUE 3,1 | CHINE 18 | URSS 13

CHROME

AFRIQUE DU SUD 27 | ZIMBABWE 5,4 | URSS 30,6 | ALBANIE 15 | TURQUIE 5,6

OR

AFRIQUE DU SUD 50,9 | URSS 20,4 | USA 3,3

MANGANESE

AFRIQUE DU SUD 20,7 | URSS 39,1 | AUSTRALIE 5 | BRESIL 8,5 | CHINE 7,2 | GABON 6,3 | INDE 6,2

PLATINE

AFRIQUE DU SUD 40,2 | URSS 54,2

VANADIUM

AFRIQUE DU SUD 36,2 | URSS 28,7 | USA 11,2 | CHINE 13,5 | FINLANDE 10

URANIUM

AUSTRALIE 10,7 | AFRIQUE DU SUD 14 | CANADA 19,5 | BRESIL 0,7 | USA 24,9 | NAMIBIE 9,1 | NIGER 10,8 | FRANCE 6,9

MINERAUX : RESERVES
% mondial des réserves en minéraux-clés.

ANTIMOINE : BOLIVIE 8,2 | AFRIQUE DU SUD 7,2 | MEXIQUE 5 | CHINE 2,2 | URSS 2,8

CHROME : AFRIQUE DU SUD 46,4 | ZIMBABWE 42,3 | ALBANIE 0,5 | TURQUIE 0,5

OR : AFRIQUE DU SUD 53,8 | URSS 24,1 | USA 5

MANGANESE : AFRIQUE DU SUD 70,8 | URSS 23,3 | AUSTRALIE 5 | BRESIL 1,5 | CHINE 0,91 | GABON 3,6 | INDE 1,0

PLATINE : AFRIQUE DU SUD 80,8 | URSS 16,6

VANADIUM : AFRIQUE DU SUD 47,1 | URSS 24,6 | USA 13,1 | CHINE 9,8 | FINLANDE 0,54

URANIUM : AUSTRALIE 32,2 | AFRIQUE DU SUD 13 | CANADA 11,9 | BRESIL 11,1 | USA 8,9 | NAMIBIE 8,1 | NIGER 3,8

▶ La «guerre de la morue» a constitué un curieux épisode au cours duquel deux alliés — la Grande-Bretagne et l'Islande — s'affrontèrent dans des escarmouches, vers le milieu des années 70. Elle avait pour origine l'appui accordé par la flotte britannique à ses pêcheurs qui entendaient traîner leurs chaluts dans des eaux traditionnellement exploitées, mais que les Islandais voulaient se réserver.

◀ Les méthodes modernes de pêche et les recherches sous-marines en matière de minéraux pétroliers ou autres ont rendu les Etats particulièrement conscients de la valeur potentielle de toute mer adjacente. Le désir d'étendre le contrôle des Etats sur les ressources maritimes s'est concrétisé par la conférence des Nations-Unies du 12 octobre 1982, au terme de laquelle 119 pays signèrent la Convention du droit de la mer.

▼ Une zone d'intérêt concerne les minéraux nécessaires à la marche des industries occidentales (notamment pour la production de l'acier), et pour lesquels l'Afrique du Sud (souvent de conserve avec l'URSS) est le producteur dominant. La crainte est qu'un bouleversement politique en Afrique du Sud perturbe un jour sévèrement le ravitaillement.

ON A COUTUME D'ENTENDRE que la lutte pour la mainmise sur les matières premières est à la base des guerres que se livrent les grandes puissances. Sans doute cela était-il vrai au siècle dernier, mais cette quête semble avoir aujourd'hui une importance marginale. Il est en effet généralement moins coûteux d'acheter les matières premières dont on a besoin sur les marchés libres que de se lancer dans une guerre aléatoire pour s'en approprier. Surtout lorsque, comme pour les minéraux stratégiques, ce sont précisément d'autres Etats industrialisés qui sont les principaux fournisseurs.

MINÉRAUX : LES IMPORTATIONS CEE

▲ On voit, en haut, la canonnière islandaise Thor abordant la frégate britannique HMS Andromeda au début de 1976.

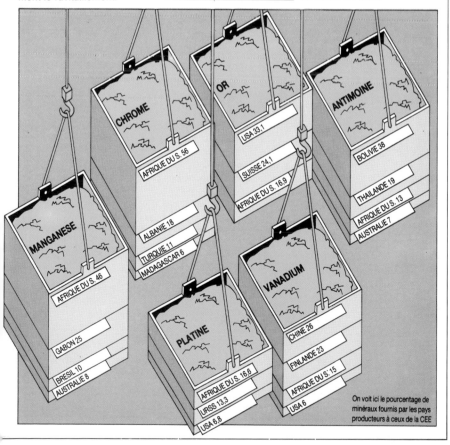

On voit ici le pourcentage de minéraux fournis par les pays producteurs à ceux de la CEE

La récession a fait baisser la demande en pétrole

comme prévu dans certains pays, qui risquent, le cas échéant, de manquer d'une énergie de substitution. L'OPEP qui, malgré ses avatars, ne s'est pas disloquée, pourrait donc bien un jour remonter la pente mais, en attendant, son influence ne cesse de décliner.

Une lutte des classes à l'échelle mondiale ?

Tous comptes faits, c'est plutôt le Tiers-Monde qui, encore de nos jours, dépend des pays industrialisés. Et ceci est particulièrement vrai pour les nations les plus pauvres, les plus affamées, qui sont tributaires de l'aide des nations «riches» pour le maintien d'un niveau de vie à peine décent, voire pour leur survivance. Cependant, il ne faut pas oublier que le Tiers-Monde ne regroupe pas que des pays pauvres. Le Tiers-Monde comprend, notamment en Asie, un certain nombre d'Etats dont l'industrialisation s'accélère. S'inspirant de l'exemple japonais, ces pays s'infiltrent en force sur les marchés mondiaux, où ils imposent leurs produits manufacturés. D'autres disposent d'un vaste potentiel économique qui n'a pu jusqu'ici être exploité à cause de la corruption ou de l'incompétence des gouvernants. Dans certains cas aussi, les tentatives d'industrialisation de ces pays potentiellement riches ont été brisées par les taux d'intérêts qui ont lourdement grevé les emprunts de financement des travaux.

La conscience des inégalités flagrantes du système international actuel, où l'on voit la richesse répartie entre quelques pays industrialisés tandis que les autres luttent contre les plaies économiques qui s'accumulent; la croyance que la faiblesse économique de beaucoup de pays du Tiers-Monde est une séquelle de l'exploitation coloniale antérieure; la frustration inspirée par l'incapacité dont font preuve les pays riches à consacrer 0,7 % de leur PNB à l'aide au développement des autres nations; l'irritation née des contraintes politiques qu'engendre cette aide — voilà des facteurs qui conduisent de nombreux observateurs à prédire une révolte radicale des pays du Tiers-Monde contre l'ordre établi. On se dirigerait donc, au niveau mondial, vers la situation développée, sur un plan réduit, par les théoriciens marxistes : la révolte des masses opprimées contre l'élite dirigeante.

A l'échelle du globe, le Sud exigerait du Nord ploutocrate une redistribution de la richesse internationale. Mais cette lutte des classes n'a pas encore pris forme. Bien sûr, nombre de pays pauvres du Tiers-Monde rendent ouvertement le système économique international responsable des problèmes qu'ils ont à affronter, mais leurs tentatives d'organisation commune pour faire face à ceux-ci n'ont

Le Sud misérable va-t-il affronter le Nord opulent ?

guère produit de résultats probants. Le « Groupe des 77 » (aujourd'hui plus nombreux que ce chiffre) est un conglomérat de nations du Tiers-Monde cimenté par le sentiment que les règles du jeu ont été établies pour ne favoriser que le monde industrialisé. Au sein du Groupe, les options politiques sont diverses, voire opposées, et provoquent d'interminables négociations qui débouchent sur de laborieux arbitrages. Ce Groupe semble d'ailleurs ne fonctionner et ne subsister que dans la mesure où les chances de voir les propositions aboutir sont réduites. En effet, lorsqu'un choix concret doit être fait, les disparités des opinions et des intérêts rendent les discussions ardues et les décisions — quand il y en a — vaines. On trouve en effet, au sein du Groupe des 77, à la fois des pays frôlant la faillite et d'autres qui amassent des réserves financières grâce au produit de leur sol. Chez certains, l'économie en est aux premiers stades de l'industrialisation, tandis que d'autres Etats sont bien plus développés. La plupart des pays en voie de développement ont été, plus que les nations riches, frappés par la hausse des prix des produits pétroliers, mais les rares mesures prises par les pays producteurs en vue de les protéger n'ont pratiquement pas amélioré leur situation.

Les arguties utilisées au sein du Groupe des 77 pour parvenir à un consensus confèrent aux propositions du groupe un caractère passablement irréel. Une politique qui vise à attaquer de front les intérêts du monde industrialisé et ceux des grandes sociétés multinationales implantées dans les pays du Tiers-Monde a peu de chances de mener bien loin. S'il est facile d'adopter des résolutions de ce genre dans des enceintes internationales où le Tiers-Monde réunit sans peine une majorité, une telle attitude n'influence guère les pays industrialisés et ne les pousse guère à consentir d'importants transferts de ressources. Sur le plan des relations riches-pauvres, nous en sommes au stade de la résolution, et non de la révolution.

Bien sûr, le Tiers-Monde a pour lui la force du nombre, mais les dirigeants politiques savent mieux que personne combien les masses démographiques pèsent peu sur la scène internationale, même s'il s'agit de populations aussi nombreuses que celles de l'Inde et de la Chine (respectivement 1 100 et 1 300 millions en l'an 2000). Les énormes besoins alimentaires de ces pays absorbent une grande part des énergies et des réserves en devises. La surpopulation représente plus un frein qu'un aiguillon à la modernisation. Elle épuise les potentiels administratifs et les choses se compliquent lorsque ces masses de population ne sont pas homogènes, lorsqu'elles rassemblent de nombreux groupes ethniques, culturels ou religieux différents. Le cas de l'Inde est, sur ce plan, significatif. D'ailleurs, un des handicaps de nombreux pays indépendants depuis peu est que leurs frontières, héritées de convenances coloniales, sont donc très artificielles et ne tiennent aucun compte de la localisation des ethnies.

Il faudrait donc que la pression des peuples déshérités s'exprime beaucoup plus fortement pour que le *statu quo* actuel soit réellement menacé. Aujourd'hui, seules les principales puissances disposent de moyens assez musclés pour modifier l'ordre établi. Leur monopole a certes été parfois brisé, notamment grâce au pétrole, mais les pays disposant depuis peu des moyens de peser sur le cours de l'Histoire ne s'en servent qu'au profit d'objectifs limités, qui se situent bien en deçà de la perspective d'un renversement de l'ordre mondial actuel.

Le nouvel ordre international

De ce qui précède, il ne faut pas conclure que les anciennes grandes puissances coloniales poursuivent leur jeu traditionnel. La décolonisation n'a peut-être pas aboli toute forme de dépendance vis-à-vis des anciens maîtres, notamment sur le plan économique, mais la souveraineté des nouveaux Etats implique un certain pouvoir. Et un droit à la parole, qui s'exprime au sein d'organisations internationales telles que les Nations-Unies. D'autre part, profitant de la compétition Est-Ouest, certains nouveaux Etats mettent aux enchères leur allégeance et, ce faisant, s'assurent des profits importants.

Lorsque fut créée, en 1945, l'organisation des Nations-Unies, cette assemblée ne comptait que cinquante membres, dont vingt étaient des pays latino-américains. Il ne s'en trouvait pratiquement pas relevant des continents asiatique et africain. Quarante ans plus tard, le nombre des membres de l'ONU s'élève à 158. Certains Etats, minuscules et à peine viables, exercent, au même titre que les grandes nations, leur droit de vote à l'Assemblée générale. Cette égalité dans les voix n'est possible que parce que le pouvoir *réel* est exercé par le Conseil de Sécurité, au sein duquel les cinq membres permanents (Chine, Etats-Unis, France, Grande-Bretagne et Union soviétique) disposent chacun d'un droit de *veto*. Dans la pratique, l'ONU est, le plus souvent, condamnée à l'impuissance et à la stérilité.

En 1961, un certain nombre de pays « non-alignés » se sont réunis à Belgrade pour s'organiser en vue de stigmatiser cette paralysie des Nations-Unies, due surtout à la mésentente entre les superpuissances. Ces pays non-alignés entendaient aussi veiller à ce que des solutions nouvelles, susceptibles de résoudre les problèmes internationaux, puissent être mises en œuvre. Ce groupe de pays non-alignés a été fondé par les dirigeants de pays alors récemment indépendants (tels Nehru pour l'Inde et

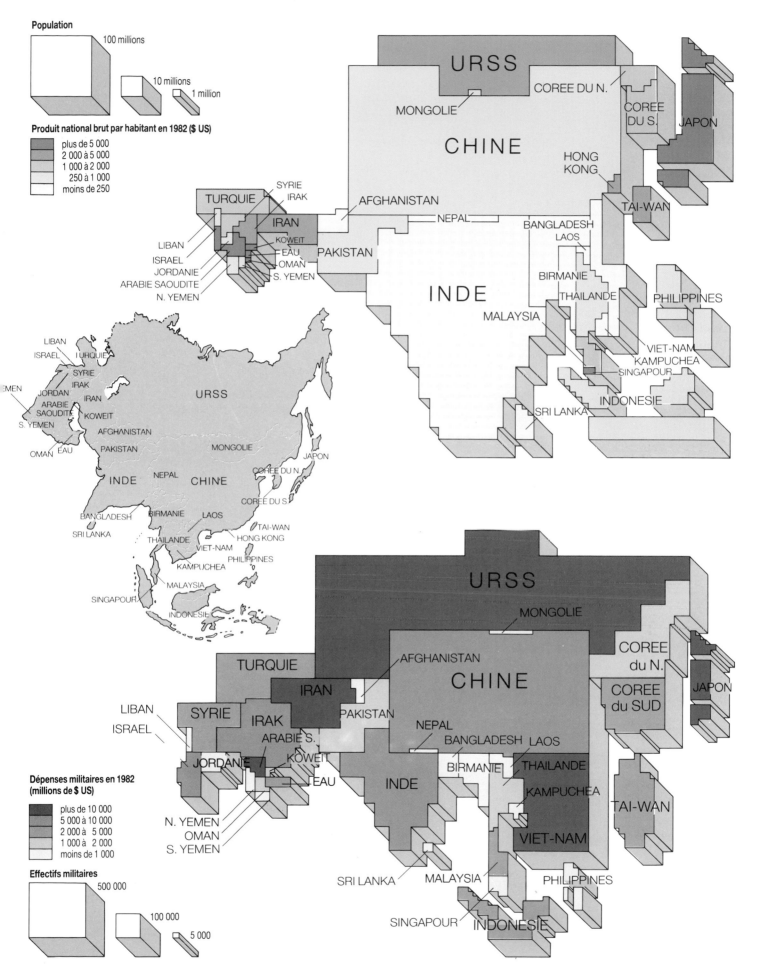

Population
100 millions
10 millions
1 million

Produit national brut par habitant en 1982 ($ US)
plus de 5 000
2 000 à 5 000
1 000 à 2 000
250 à 1 000
moins de 250

URSS
MONGOLIE
COREE DU N.
COREE DU S.
JAPON
CHINE
HONG KONG
TAI-WAN
TURQUIE
SYRIE
IRAK
AFGHANISTAN
NEPAL
BANGLADESH
LAOS
IRAN
LIBAN
KOWEIT
E AU
OMAN
PAKISTAN
ISRAEL
JORDANIE
S. YEMEN
BIRMANIE
PHILIPPINES
ARABIE SAOUDITE
N. YEMEN
INDE
THAILANDE
MALAYSIA
VIET-NAM
KAMPUCHEA
SINGAPOUR
SRI LANKA
INDONESIE

LIBAN
ISRAEL
TURQUIE
SYRIE
IRAK
MEN
JORDAN
IRAN
ARABIE
SAOUDITE
KOWEIT
S. YEMEN
OMAN EAU
AFGHANISTAN
PAKISTAN
MONGOLIE
JAPON
URSS
INDE
NEPAL
CHINE
COREE DU N.
COREE DU S.
BANGLADESH
BIRMANIE
LAOS
TAI-WAN
SRI LANKA
THAILANDE
HONG KONG
VIET-NAM
KAMPUCHEA
PHILIPPINES
MALAYSIA
SINGAPOUR
INDONESIE

URSS
MONGOLIE
AFGHANISTAN
CHINE
COREE du N.
COREE du SUD
JAPON
TURQUIE
IRAN
PAKISTAN
NEPAL
LIBAN
SYRIE
IRAK
BANGLADESH
LAOS
ISRAEL
ARABIE S.
NEPAL
BIRMANIE
THAILANDE
TAI-WAN
JORDANIE
KOWEIT
E AU
INDE
KAMPUCHEA
Dépenses militaires en 1982
(millions de $ US)
plus de 10 000
5 000 à 10 000
2 000 à 5 000
1 000 à 2 000
moins de 1 000
N. YEMEN
OMAN
S. YEMEN
VIET-NAM
SRI LANKA
MALAYSIA
PHILIPPINES
Effectifs militaires
500 000
100 000
5 000
SINGAPOUR
INDONESIE

LES ALLIANCES INTERNATIONALES

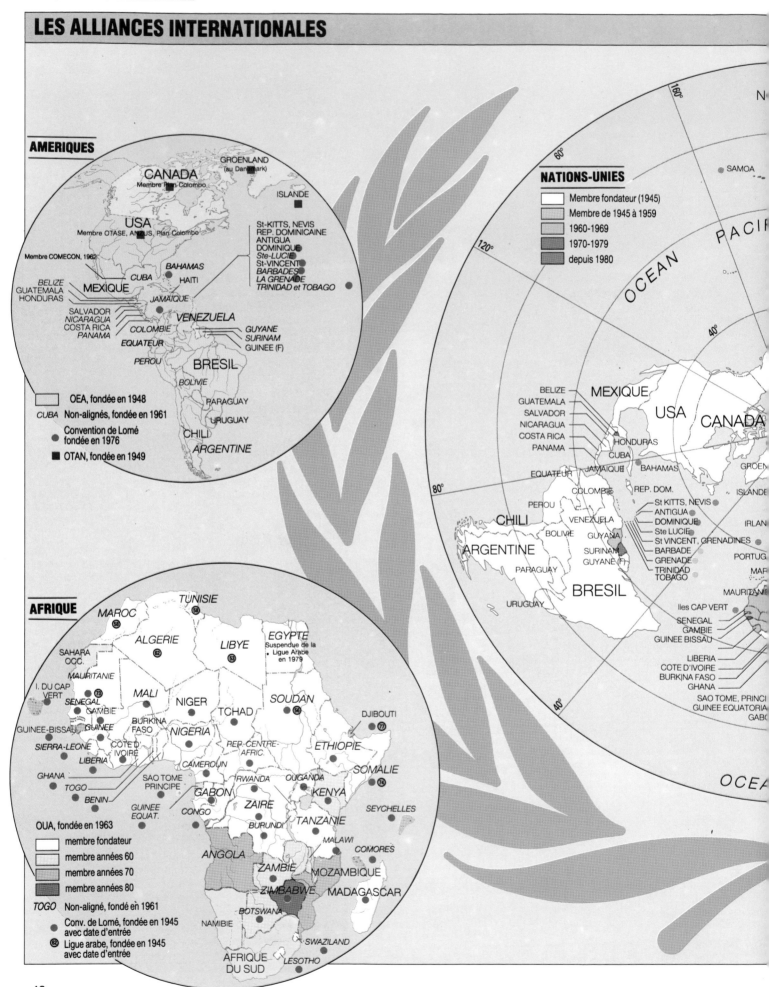

AMERIQUES

GROENLAND
(au Danemark)

CANADA
Membre Plan Colombo

ISLANDE

USA
Membre OTASE, ANZUS, Plan Colombo

St-KITTS, NEVIS
REP. DOMINICAINE
ANTIGUA
DOMINIQUE
Ste-LUCIE
St-VINCENT
BARBADES
LA GRENADE
TRINIDAD et TOBAGO

Membre COMECON, 1962

BAHAMAS
CUBA
HAITI

BELIZE
GUATEMALA
HONDURAS

MEXIQUE

JAMAIQUE

SALVADOR
NICARAGUA
COSTA RICA
PANAMA

VENEZUELA

COLOMBIE
EQUATEUR

GUYANE
SURINAM
GUINEE (F)

PEROU

BRESIL

BOLIVIE

PARAGUAY

URUGUAY

CHILI

ARGENTINE

	OEA, fondée en 1948
CUBA	Non-alignés, fondée en 1961
●	Convention de Lomé fondée en 1976
■	OTAN, fondée en 1949

NATIONS-UNIES

	Membre fondateur (1945)
	Membre de 1945 à 1959
	1960-1969
	1970-1979
	depuis 1980

SAMOA

N

OCEAN   PACIF

BELIZE
GUATEMALA
SALVADOR
NICARAGUA
COSTA RICA
PANAMA

MEXIQUE

USA   CANADA

HONDURAS
CUBA
JAMAIQUE   BAHAMAS

GROEN

EQUATEUR

COLOMBIE   REP. DOM.
ISLANDE

PEROU   St KITTS, NEVIS
ANTIGUA
IRLAN

CHILI   VENEZUELA   DOMINIQUE
Ste LUCIE

BOLIVIE   St VINCENT, GRENADINES

ARGENTINE   GUYANA   BARBADE
PORTUG

SURINAM   GRENADE

GUYANE (F)   TRINIDAD
TOBAGO   MAR

PARAGUAY   BRESIL   MAURITANIE

URUGUAY

Iles CAP VERT

SENEGAL
GAMBIE
GUINEE BISSAU

LIBERIA
COTE D'IVOIRE
BURKINA FASO
GHANA

SAO TOME, PRINCI
GUINEE EQUATORIA
GABO

OCEA

AFRIQUE

TUNISIE
⑤⑧

MAROC
⑤⑧

ALGERIE
⑥②

LIBYE
⑤③

EGYPTE
Suspendue de la
Ligue Arabe
en 1979

SAHARA
OCC.

MAURITANIE

I. DU CAP
VERT
⑦③

MALI

NIGER

TCHAD

SOUDAN
⑤⑥

DJIBOUTI
⑦⑦

SENEGAL

GAMBIE

BURKINA
FASO

GUINEE-BISSAU

GUINEE

NIGERIA

ETHIOPIE

SIERRA-LEONE

COTE D'
IVOIRE

REP. CENTRE-
AFRIC.

SOMALIE
⑦④

LIBERIA

GHANA

CAMEROUN

GABON

SAO TOME
PRINCIPE

OUGANDA

KENYA

SEYCHELLES

TOGO

BENIN

GUINEE
EQUAT.

CONGO

ZAIRE

RWANDA

BURUNDI

TANZANIE

MALAWI

COMORES

ANGOLA

ZAMBIE

MOZAMBIQUE

ZIMBABWE

MADAGASCAR

BOTSWANA

NAMIBIE

SWAZILAND

AFRIQUE
DU SUD

LESOTHO

OUA, fondée en 1963

	membre fondateur
	membre années 60
	membre années 70
	membre années 80

TOGO	Non-aligné, fondé en 1961
●	Conv. de Lomé, fondée en 1945 avec date d'entrée
㊲	Ligue arabe, fondée en 1945 avec date d'entrée

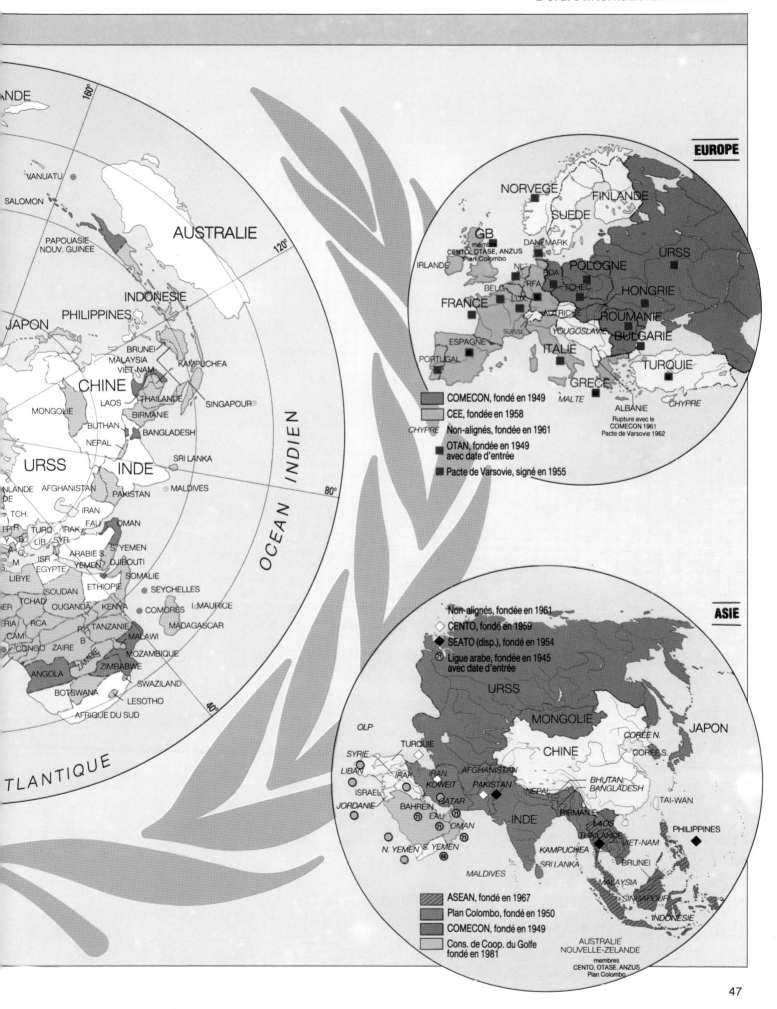

EUROPE

NORVEGE FINLANDE
SUEDE
GB DANEMARK URSS
membre
CENTO, OTASE, ANZUS POLOGNE
Plan Colombo NL
IRLANDE BDA HONGRIE
RFA TCHEC.
BELG.
FRANCE LUX. ROUMANIE
AUTRICHE
SUISSE YOUGOSLAVIE BULGARIE
ESPAGNE ITALIE TURQUIE
PORTUGAL GRECE
MALTE ALBANIE CHYPRE
Rupture avec le
COMECON 1961
Pacte de Varsovie 1962

COMECON, fondé en 1949
CEE, fondée en 1958
CHYPRE Non-alignés, fondée en 1961
■ OTAN, fondée en 1949
avec date d'entrée
■ Pacte de Varsovie, signé en 1955

ASIE

Non-alignés, fondée en 1961
◇ CENTO, fondé en 1959
◆ SEATO (disp.), fondé en 1954
⑦ Ligue arabe, fondée en 1945
avec date d'entrée

URSS
MONGOLIE
COREE N.
JAPON
OLP CHINE COREE S.
TURQUIE
SYRIE AFGHANISTAN
LIBAN IRAK IRAN BHUTAN
KOWEIT PAKISTAN BANGLADESH
ISRAEL NEPAL
JORDANIE BAHREIN BIRMANIE
⑦ QATAR TAI-WAN
⑦ EAU ⑦ INDE LAOS
⑦ OMAN THAILANDE PHILIPPINES
N. YEMEN S. YEMEN ⑦ KAMPUCHEA VIET-NAM
⑥⑧ SRI LANKA BRUNEI
MALDIVES MALAYSIA
SINGAPOUR
INDONESIE

ASEAN, fondé en 1967
Plan Colombo, fondé en 1950
COMECON, fondé en 1949
Cons. de Coop. du Golfe
fondé en 1981

AUSTRALIE
NOUVELLE-ZELANDE
membres
CENTO, OTASE, ANZUS
Plan Colombo

VANUATU
SALOMON
AUSTRALIE
PAPOUASIE
NOUV. GUINEE
INDONESIE
JAPON PHILIPPINES
BRUNEI
MALAYSIA KAMPUCHEA
VIET-NAM
CHINE SINGAPOUR
LAOS THAILANDE
MONGOLIE BIRMANIE
BUTHAN
NEPAL BANGLADESH
URSS INDE SRI LANKA
MALDIVES
NLANDE AFGHANISTAN
DE PAKISTAN
TCH.
IRAN
TURQ. EAU OMAN
LIB. SYR.
ARABIE S. S. YEMEN
ISR YEMEN DJIBOUTI
EGYPTE
LIBYE SOMALIE
SOUDAN ETHIOPIE SEYCHELLES
TCHAD OUGANDA KENYA COMORES I. MAURICE
RCA TANZANIE MADAGASCAR
CONGO ZAIRE MALAWI
ZAMBIE MOZAMBIQUE
ANGOLA ZIMBABWE
BOTSWANA SWAZILAND
LESOTHO
AFRIQUE DU SUD

OCEAN INDIEN
TLANTIQUE

Nouvelles alliances et nouvelles rivalités

N'Krumah pour le Ghana). D'autres fondateurs (notamment Tito de Yougoslavie) appartenaient à des pays résolus à marquer leur indépendance par rapport aux deux Blocs, et à sortir de l'immobilisme d'un système international bipolarisé.

Avec le temps, les divergences entre les pays non-alignés ont miné l'aptitude du mouvement à dépasser le stade de la simple dénonciation rhétorique de la course aux armements, et celui des incantations relatives à une distribution plus équitable des richesses mondiales. A la fin des années 70, la réalité même du non-alignement fut mise en cause, lorsque Fidel Castro, utilisant son rôle de président, en profita pour se faire l'avocat de l'URSS, présentée par lui comme le meilleur soutien des positions et des intérêts des non-alignés. Cette attitude fut alors vigoureusement critiquée au sein même du groupe et l'invasion de l'Afghanistan par les Soviétiques réduisit à néant l'argumentation de Castro.

L'héritage le plus frappant que nous laisse le mouvement des non-alignés est l'évidence qu'une majorité des pays concernés refusent de se lier trop étroitement à chacun des deux blocs. En tant qu'instrument d'une diplomatie positive, le mouvement des non-alignés a, depuis, été supplanté par des groupements plus restreints, mieux capables de faire valoir de façon concrète certains problèmes locaux. Deux de ces groupements « régionaux » — la Ligue arabe et l'Organisation des Etats américains — ont été fondés dans les années qui suivirent la Seconde Guerre mondiale, et n'ont cessé d'étendre leur influence. Leur efficacité est fonction de leur cohésion interne et de la nature des problèmes posés. Plus ces groupes sont étoffés (et donc plus disparates leurs membres), plus faible est leur influence. C'est ainsi que l'Organisation de l'Unité africaine (OUA), créée dans les années 60, arrive sans trop de peine à exprimer une répulsion commune à l'égard de l'apartheid pratiqué en Afrique du Sud, mais elle s'épuise dans la recherche de solutions visant à résoudre les querelles qui se font jour entre les membres. L'OUA s'est enfermée dans des règles rigides et l'une d'elles est le respect strict des frontières existantes. Les Etats qui refusent d'observer ces règles, ou qui ne croient pas l'Organisation capable de les faire respecter, ont une tendance à faire appel à des pays puissants, étrangers à la région, pour intervenir en leur faveur quand ils sont sur le point d'être perdants dans un conflit local. Quant à l'Organisation des Etats américains (OEA), ses orientations sont fortement tributaires des relations entre les pays latino-américains d'une part, et les Etats-Unis de l'autre. Ces relations sont pour une bonne part fonction des divisions idéologiques qui se font jour dans cette partie du monde. On pense notamment à Cuba et au Nicaragua.

Le problème majeur de ces organisations est que, si elles réussissent à s'affirmer à côté des grandes puissances, dans le même temps, les conflits qui traditionnellement les opposent ravivent leurs rivalités internes. Rivalités qui passaient à l'arrière-plan pendant les décennies que dura leur lutte commune contre l'impérialisme, mais qui sont aujourd'hui exacerbées par des problèmes nouveaux, nés de la compétition qui se développe dans le cadre de l'établissement d'un nouvel équilibre des forces.

Ce sont les plus récentes et les plus restreintes (quant au nombre de leurs membres) de ces organisations régionales qui se révèlent aujourd'hui les plus efficaces. L'association des nations du Sud-Est asiatique (ANSEA) fut créée en 1967, et le Conseil de coopération du golfe Persique en 1981.

La puissance d'intervention internationale, qui a échappé aux grands blocs, reste toutefois l'apanage de quelques Etats puissants sur le plan régional, et non celui de groupements d'Etats. Parfois, à l'instar d'Israël ou de l'Afrique du Sud, ces puissances sont relativement isolées politiquement de leurs voisins. D'autres, en revanche, comme l'Arabie saoudite, exercent une réelle influence sur leur région. Dans certains cas, plusieurs Etats se disputent la prééminence régionale. D'une manière générale, ils fondent leur influence sur leur supériorité économique mais, pour des pays comme l'Inde ou la Chine, la taille seule suffit à insuffler le respect.

Pour approfondir le thème de la diffusion de la puissance, nous allons montrer, à travers une analyse des modèles de conflits internationaux contemporains, pour quelles raisons les anciennes grandes puissances ont de plus en plus de peine à décider de l'issue d'affrontements ayant pour cadre des régions lointaines, et comment des puissances régionales ou locales en sont arrivées à régler entre elles et à leur manière les différends qui les opposaient.

En juin 1967, le Conseil de Sécurité des Nations-Unies enjoignit fermement aux différents belligérants engagés dans le conflit israélo-arabe de respecter un cessez-le-feu immédiat.

2

LA GUERRE CHANGE D'ASPECT

De moins en moins, les grandes puissances éprouvent le goût d'arbitrer des conflits, qu'il s'agisse de guerres coloniales marquant le glas des empires, de guérillas entraînant des changements de régimes ou de classiques affrontements entre Etats ● La logistique est aujourd'hui l'élément d'appréciation qui autorise ou non toute intervention militaire et, à ce titre, elle réfrène les éventuelles velléités guerrières des grandes puissances ● Côté américain, cela concerne particulièrement la Force de déploiement rapide ● Le commerce des armes conventionnelles est encouragé par les grandes puissances : non seulement la prolifération des armes leur évite de devoir intervenir personnellement, non seulement elle contribue à maintenir la stabilité sur le plan régional, mais... elle rapporte gros. On gagne donc sur tous les plans ● Le « Club nucléaire » reste toujours un cercle très fermé.

LES DANGERS QUI POURRAIENT RÉSULTER d'un conflit entre les deux superpuissances sont tels que celles-ci — nous l'avons vu plus haut — en sont arrivées à entretenir entre elles des rapports relativement stables, reposant sur l'équilibre de leurs forces.

Ce *modus vivendi* semble cependant parfois mis en péril par l'antagonisme que manifestent les deux blocs à propos du Tiers-Monde, chacun créditant l'autre de sombres projets ou d'ambitions abusives. Et pourtant, dans ces pays déshérités, l'Est et l'Ouest accumulent bien des déceptions...

Lorsque l'on passe en revue les conflits récents, on constate que si certains ont opposé des pays sans liens étroits avec l'un ou l'autre bloc, d'autres ont vu l'affrontement de nations appartenant à la même famille géopolitique.

Bien que les pays d'obédience communiste soient moins nombreux que ceux qui relèvent de la démocratie à l'occidentale, les relations qu'ils entretiennent entre eux sont parfois mouvementées. Ainsi la puissance soviétique a-t-elle été amenée à remettre sur le droit chemin des pays du bloc de l'Est qui s'étaient fourvoyés sur des voies peu orthodoxes, et elle n'a pas hésité à remplacer *manu militari* un gouvernement communiste afghan jugé indocile et turbulent. Par ailleurs, l'Asie est le théâtre d'affrontements permanents ou de luttes d'influence entre l'Union soviétique, la Chine, le Viêt-nam et les Khmers Rouges, bien que tous se réclament du marxisme.

Si le bloc occidental a su se constituer une « famille » plus nombreuse que celle de l'Est, cela tient aux liens étroits qui unissent les Etats-Unis à bon nombre d'Etats latino-américains et caraïbes; à ceux qu'entretiennent la Grande-Bretagne et les pays membres du Commonwealth, ainsi qu'à ceux qui persistent entre les pays francophones d'Afrique et leurs anciens colonisateurs français et belges.

Au sein de cette grande famille éclatent pourtant de temps à autre des querelles qui permettent aux pays concernés de tester la loyauté des autres. Dans de telles circonstances, le plus affecté par la brouille est le « chef de famille », à qui revient la charge de rétablir des relations plus saines au sein de son groupe. On constate cependant que plus un membre de la famille est impliqué dans un conflit d'intérêt local, moins il se sent soutenu par le leader de son groupe. Le sentiment de frustration qui en découle tend à relâcher les liens qui l'unissent au « chef de famille » et provoquent parfois des comportements inattendus.

Chaque superpuissance éprouve naturellement le sentiment que toute dissension au sein de sa propre famille a tendance à affaiblir sa position dans ses relations avec les pays subordonnés. Il est donc difficile de dire si les intérêts des nations du Tiers-Monde sont mieux servis en temps de tension internationale ou durant une ère de détente. Dans le premier cas, elles peuvent jouer les superpuissances l'une contre l'autre, mais au prix

Mésintelligences dans la famille

d'immixions plus grandes dans leurs propres affaires. Dans le second, le risque d'ingérence est réduit mais, en revanche, ces nations peuvent voir leurs intérêts sacrifiés sur l'autel de la bonne entente entre les Grands.

Il n'empêche que si les superpuissances continuent à considérer leurs relations mutuelles comme la pierre angulaire de toute leur diplomatie, dans la pratique, celle-ci est loin d'être mobilisée pour consolider cet objectif. En effet, trop souvent elle s'emploie à éviter que des affrontements surgis dans son propre camp ne s'enveniment au point de nuire à ce que chaque superpuissance considère comme essentiel : l'intégrité de son bloc par rapport à l'autre.

C'est ainsi qu'en 1982 l'administration Reagan, qui accusait l'Union soviétique d'être la source de toutes les tensions internationales, découvrit que ses pires cauchemars en politique étrangère avaient pour cause ses trois alliés les plus fidèles, à savoir l'Israël de Menahem Begin, l'Argentine du général Galtieri et la Grande-Bretagne de Margaret Thatcher !

Depuis la fin de la Seconde Guerre mondiale, et la décolonisation qui suivit, bien des choses ont changé sur la scène internationale qui ont brouillé la vieille partie de cartes. Ainsi le Japon, puissance au dynamisme économique extraordinaire, échaudé par son expérience antérieure, a jusqu'ici renoncé à jouer un rôle quelconque en politique internationale. D'autres Etats, tel l'Iran, se sont au contraire démesurément gonflés. Et certains, en dépit de leur puissance démographique ou de leur richesse, ont été amenés à comprendre que leur influence ne pouvait vraiment s'exercer que sur un plan « régional ». C'est le cas notamment de la Chine, de l'Inde et de l'Arabie saoudite.

L'émergence, au cours des trente dernières années, d'une centaine de nouveaux Etats souverains a sapé les formes traditionnelles de la politique de puissance. Les frustrations et les ressentiments de beaucoup de ces Etats nouvellement indépendants sont souvent partagés par d'autres, indépendants de plus longue date, mais dont les représentants restent relégués au bas de la liste des préséances internationales.

Cette conjoncton de mauvaises humeurs n'a pas, faute d'entente, débouché sur la création — pourtant plusieurs fois ébauchée — d'un tiers bloc de puissances, capable de défier les deux Grands ou de remettre en cause l'ordre international établi. Le seul défi sérieux de ce type a été la création, dans les années 70, de l'organisation des pays exportateurs de pétrole (OPEP) mais, aujourd'hui, une multitude de querelles très localisées portent en elles le germe de conflits ouverts.

Les superpuissances sont d'autant plus irritées de voir des risques de guerre dévastatrice prendre leur source dans des pays du Tiers-Monde que, le plus souvent, les événements

qui réclament leur intervention se déroulent dans des régions jugées par elles comme présentant un intérêt tout à fait secondaire. Cette « marginalisation » leur semble d'autant plus justifiée que toute intervention armée dans ce type de pays éloigné pose des problèmes logistiques et budgétaires importants et que, la plupart du temps, il ne s'agit souvent pour elles que d'arbitrer des différends dont les arcanes sont d'une subtilité malaisément perceptible.

Qu'est-ce que c'est qu'une guerre ?

Depuis 1945, les grandes puissances ont eu tendance à baptiser « opération de police » leurs interventions armées à l'étranger, et à

▲ *Dans l'article 9 de sa constitution du 3 novembre 1946, le Japon s'interdit de faire la guerre et même de disposer d'un potentiel de guerre. Cependant, il conserve le droit de disposer d'une Force d'auto-défense, à laquelle il consacre chaque année un pour cent de son Produit national brut. Or, comme le PNB japonais n'a cessé de grandir, ce 1 % représente aujourd'hui un budget considérable. De leur côté, les Américains font pression sur leurs anciens ennemis pour que ceux-ci en fassent davantage, notamment pour assurer la protection des routes maritimes essentielles dans la région. Cette photo représente des membres de la Force d'auto-*

défense (on en compte 250 000) à la parade.

faire croire que ces entreprises étaient dénuées de tout intérêt personnel. En fait, ce type d'intervention leur posait tellement de problèmes qu'il se fit de plus en plus rare, surtout lorsque la région incriminée n'offrait pas d'intérêt stratégique, économique ou politique. Cette démobilisation des «gendarmes de la paix» eut pour conséquence que l'on vit bientôt proliférer toutes sortes de conflits locaux qui, précédemment, eussent été étouffés dans l'œuf.

Dans ce domaine, la variété des conflits est telle qu'il est malaisé de dénombrer les «vraies guerres» qui se sont déroulées depuis 1945. Selon une estimation raisonnable, celles-ci tourneraient autour du chiffre de 150 et auraient provoqué la mort de quelque vingt millions de personnes! Mais, répétons-le, ce type de statistique est imprécis et ne peut être manié qu'avec précaution.

D'ailleurs, il convient avant tout de s'entendre sur ce qu'il convient d'appeler «guerre». Faut-il, pour que ce terme soit retenu, qu'il y ait un nombre important de victimes? Une étude académique avait avancé le nombre minimum de mille, mais ce critère est extrêmement arbitraire. Ainsi, par exemple, le conflit des Malouines de 1982 serait un cas limite.

Certaines guerres débutent par des actions offensives tellement puissantes que le pays agressé capitule pratiquement sans combat. Il faut aussi établir un distinguo dans le cas de révoltes populaires, de désordres civils et d'incidents de frontières. Ces actions peuvent par-

LES CONFLITS DEPUIS 1945

L'OBSERVATION selon laquelle la *dissuasion nucléaire* a permis une paix de 40 ans et une stabilité en politique internationale ne vaut que pour l'Europe. Dans la plupart des autres parties du monde (avec la notable exception de l'Australasie), les conflits ont été nombreux. Les guerres n'ont été ni moins fréquentes, ni moins violentes. Le principal changement a été le déclin des guerres coloniales et l'épanouissement des vieilles guerres opposant des Etats du Tiers-Monde. Le plus souvent, ces conflits ont eu pour motifs soit des problèmes de frontières, soit une volonté populaire d'auto-détermination. Rarement, il s'est agi de combats pour la mainmise sur des richesses naturelles.

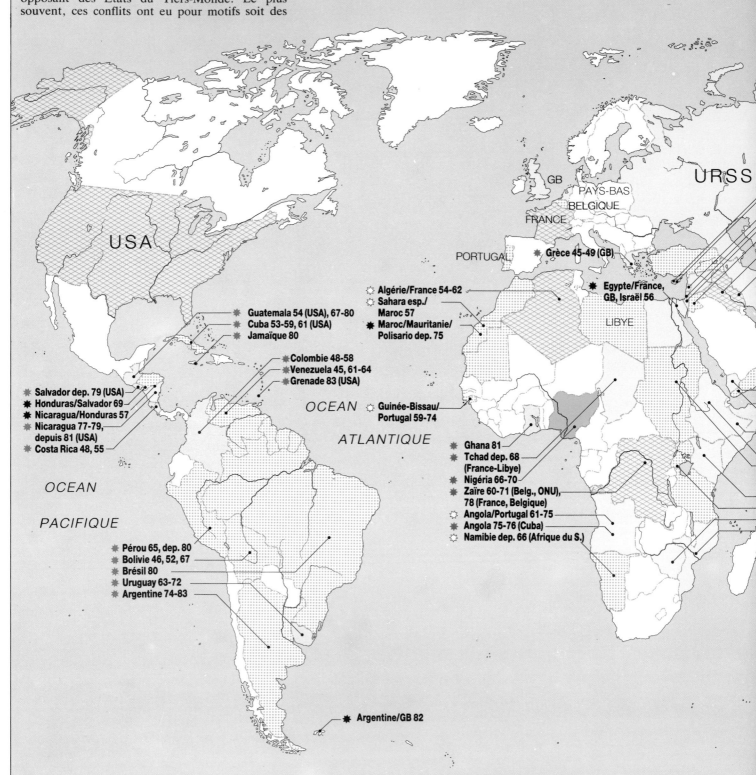

GB
PAYS-BAS
BELGIQUE
FRANCE
URSS

PORTUGAL

Grèce 45-49 (GB)

USA

☼ Algérie/France 54-62
☼ Sahara esp./
   Maroc 57
✳ Maroc/Mauritanie/
   Polisario dep. 75

✳ Egypte/France,
   GB, Israël 56

LIBYE

✳ Guatemala 54 (USA), 67-80
✳ Cuba 53-59, 61 (USA)
✳ Jamaïque 80

✳ Colombie 48-58
✳ Venezuela 45, 61-64
✳ Grenade 83 (USA)

OCEAN

☼ Guinée-Bissau/
   Portugal 59-74

✳ Salvador dep. 79 (USA)
✳ Honduras/Salvador 69
✳ Nicaragua/Honduras 57
✳ Nicaragua 77-79,
   depuis 81 (USA)
✳ Costa Rica 48, 55

ATLANTIQUE

✳ Ghana 81
✳ Tchad dep. 68
   (France-Libye)
✳ Nigéria 66-70
✳ Zaïre 60-71 (Belg., ONU),
   78 (France, Belgique)
☼ Angola/Portugal 61-75
✳ Angola 75-76 (Cuba)
☼ Namibie dep. 66 (Afrique du S.)

OCEAN

PACIFIQUE

✳ Pérou 65, dep. 80
✳ Bolivie 46, 52, 67
✳ Brésil 80
✳ Uruguay 63-72
✳ Argentine 74-83

✳ Argentine/GB 82

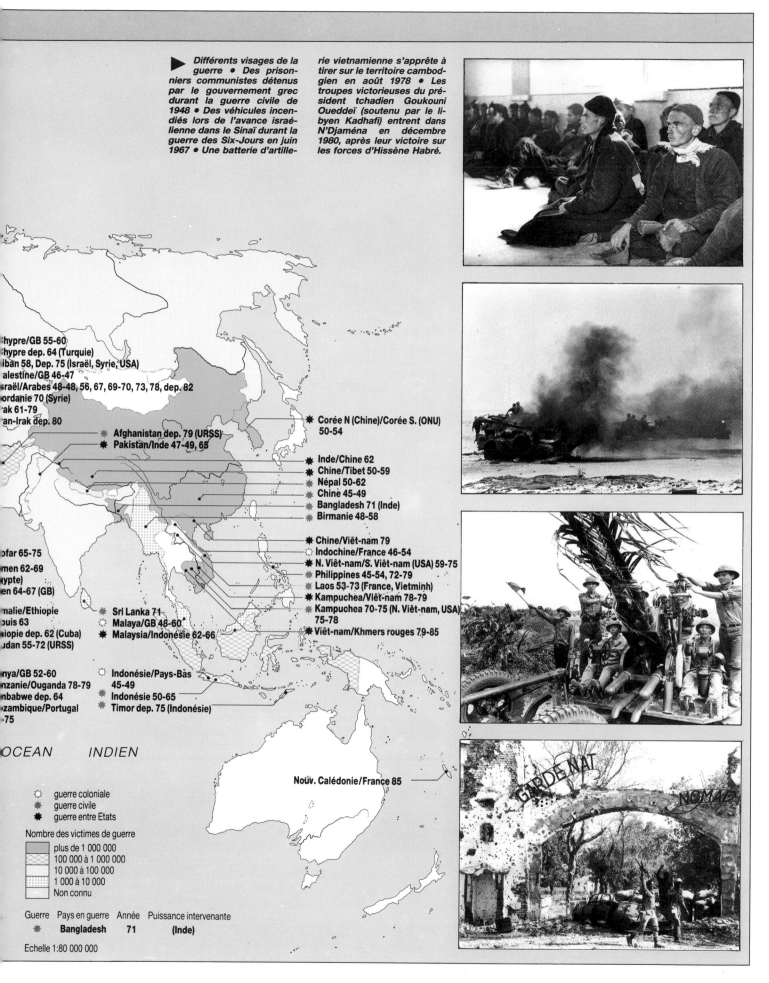

Différents visages de la guerre ● Des prisonniers communistes détenus par le gouvernement grec durant la guerre civile de 1948 ● Des véhicules incendiés lors de l'avance israélienne dans le Sinaï durant la guerre des Six-Jours en juin 1967 ● Une batterie d'artillerie vietnamienne s'apprête à tirer sur le territoire cambodgien en août 1978 ● Les troupes victorieuses du président tchadien Goukouni Oueddeï (soutenu par le libyen Kadhafi) entrent dans N'Djaména en décembre 1980, après leur victoire sur les forces d'Hissène Habré.

Chypre/GB 55-60
Chypre dep. 64 (Turquie)
Liban 58, Dep. 75 (Israël, Syrie, USA)
Palestine/GB 46-47
Israël/Arabes 48-48, 56, 67, 69-70, 73, 78, dep. 82
Jordanie 70 (Syrie)
Irak 61-79
Iran-Irak dep. 80

Afghanistan dep. 79 (URSS)
Pakistan/Inde 47-49, 65

Corée N (Chine)/Corée S. (ONU) 50-54

Inde/Chine 62
Chine/Tibet 50-59
Népal 50-62
Chine 45-49
Bangladesh 71 (Inde)
Birmanie 48-58

Chine/Viêt-nam 79
Indochine/France 46-54
N. Viêt-nam/S. Viêt-nam (USA) 59-75
Philippines 45-54, 72-79
Laos 53-73 (France, Vietminh)
Kampuchea/Viêt-nam 78-79
Kampuchea 70-75 (N. Viêt-nam, USA) 75-78
Viêt-nam/Khmers rouges 79-85

Dofar 65-75
Yémen 62-69
Egypte
Yémen 64-67 (GB)

Somalie/Ethiopie
Djibouti 63
Ethiopie dep. 62 (Cuba)
Soudan 55-72 (URSS)

Sri Lanka 71
Malaya/GB 48-60
Malaysia/Indonésie 62-66

Kenya/GB 52-60
Tanzanie/Ouganda 78-79
Zimbabwe dep. 64
Mozambique/Portugal -75

Indonésie/Pays-Bas 45-49
Indonésie 50-65
Timor dep. 75 (Indonésie)

OCEAN   INDIEN

Noùv. Calédonie/France 85

○ guerre coloniale
✳ guerre civile
✴ guerre entre Etats

Nombre des victimes de guerre
plus de 1 000 000
100 000 à 1 000 000
10 000 à 100 000
1 000 à 10 000
Non connu

Guerre	Pays en guerre	Année	Puissance intervenante
✳	**Bangladesh**	**71**	**(Inde)**

Echelle 1:80 000 000

Aux guerres coloniales ont succédé les guerres de régimes

fois se solder par un véritable carnage, mais être limitées dans leurs effets. Faut-il, pour qu'une guerre soit une guerre, qu'elle soit officiellement déclarée ? Si c'est le cas, il n'y a pratiquement pas eu de guerre depuis 1945, car ce type d'intervention diplomatique semble être totalement tombé en désuétude.

La guerre depuis 1945

Nous avons déjà souligné l'élément de preuve négatif le plus important : le type de guerre le plus redouté n'a pas eu lieu. Mis à part les affrontements de 1969 entre l'URSS et la Chine, à un moment où ce dernier pays était sur le point d'accéder au rang de puissance nucléaire, aucun combat réel n'a opposé des puissances détentrices de ce type d'armement. Il est aussi caractéristique qu'à peu d'exceptions près, depuis 1945, les guerres se sont déroulées sur des théâtres éloignés du territoire des pays industrialisés.

Au cours des quinze années qui ont suivi la fin de la Seconde Guerre mondiale, les conflits les plus courants furent des guerres coloniales, séquelles du démantèlement des anciens empires européens. Les anciennes puissances coloniales résistèrent avec une conviction et une efficacité variables à la très forte aspiration des peuples dominés à maîtriser leur propre destin.

Les Britanniques soutinrent beaucoup de combats de retardement, mais furent assez vite convaincus qu'il fallait s'incliner devant l'inévitable. Nombre de leurs guerres coloniales po-

tentielles trouvèrent leur solution à un stade où les engagements se limitaient à des opérations de police contre des groupes nationalistes clandestins. La France, par contre, soutint des conflits prolongés en Indochine, puis en Algérie, avant de renoncer. Elle s'efforce désormais de maintenir des liens aussi étroits que possibles avec ses anciennes colonies.

Au milieu des années 60, les empires coloniaux étaient tous moribonds, à l'exception toutefois de l'empire portugais, qui subsista plus longtemps que les autres. Cependant, l'interminable guerre coloniale qu'il mena en Afrique fut une des causes du renversement du régime du président Caetano en 1974. En fait, l'empire portugais ne survécut pas à Salazar. La Guinée-Bissau, les îles du Cap Vert, le Mozambique et l'Angola accédèrent bientôt à l'indépendance. Dans ce dernier pays, une âpre lutte oppose les fractions rivales dans une compétition pour le pouvoir, dont l'issue est encore incertaine.

L'ère coloniale fut effectivement révolue le jour où, en 1980, la Grande-Bretagne réussit enfin à transférer le pouvoir à un gouvernement majoritaire au Zimbabwe, quinze ans après l'indépendance unilatérale proclamée par un gouvernement minoritaire blanc. Depuis lors, les querelles qui ont donné du fil à retordre aux dirigeants politiques britanniques, n'ont plus été des guerres coloniales, mais concernaient quelques parcelles de l'empire dont les habitants entendaient demeurer britanniques et dépit des visées irrédentistes de leurs voisins. Exemples : le Guatemala sur Belize, l'Espagne sur Gibraltar, l'Argentine sur les Malouines.

La disparition du colonialisme donna le jour à une nouvelle forme de guerre. Des gouvernements, nantis d'une expérience limitée et dotés d'une autorité relative, accédèrent au pouvoir dans des pays aux frontières contestées (à la fois de l'intérieur et de l'extérieur), et dont les populations nourrissaient souvent des espérances irréalistes. Ces facteurs d'instabilité conduisirent à de nombreux affrontements que l'on pourrait qualifier de « guerres de régime », dans la mesure où ils avaient surtout pour enjeu la structure politique des pays concernés. Ce phénomène ne s'applique pas exclusivement à des pays nouvellement indépendants, mais peut indifféremment affecter n'importe quel pays subissant un changement interne substantiel.

Les « guerres de régime » peuvent être de deux types. Il y a d'abord celles qui, en termes d'engagement de forces régulières, demeurent essentiellement des guerres civiles, souvent fomentées par des mouvements sécessionnistes ou insurrectionnels. Tous les continents ont de nombreux exemples de guerres de ce type : la Chine dans les années 40, Cuba dans les années 50, le Nigéria dans les années 60, le Nicaragua dans les années 70. Au second type appartien-

▲ L'Union Jack, *emblème britannique, est ramené au Zimbabwe, ex-Rhodésie, en avril 1980. La Grande-Bretagne fut soulagée de s'être dépêtrée elle-même de l'embarrassant problème de politique étrangère dans lequel l'avait plongé, en 1965, le gouvernement blanc de Rhodésie, lorsqu'il déclara unilatéralement l'indépendance du pays.*

◄ *Après le coup d'Etat militaire du 25 avril 1974, ces soldats portugais, qui ont contribué à renverser le président Marcello Caetano, sont applaudis par les civils.*

nent celles dans lesquelles une puissance extérieure intervient directement au profit d'une des parties en présence. La France et le Grande-Bretagne se sont, l'une et l'autre, senties obligées d'intervenir à maintes reprises avec des forces réduites pour maintenir des régimes qu'elles avaient mis en place au moment de l'accession à l'indépendance. La politique de la Grande-Bretagne à l'est de Suez fut longtemps dominée, pour une large part, par la responsabilité de la sécurité de gouvernants de la première génération. Seules des considérations d'ordre économique et budgétaire la contraignirent, à la fin des années 60, à s'en désengager dans cette partie du monde. La politique française en Afrique est, encore aujourd'hui, motivée par ce genre de considérations. Les Etats-Unis se sont efforcés de rester à l'écart des guerres coloniales, mais ont été

impliqués dans des guerres de régime, souvent influencées par des considérations de rivalité avec l'URSS. L'exemple le plus frappant en est évidemment le Viêt-nam.

Le dernier type de conflit pourrait être qualifié de « guerre inter-Etats ». Comparé aux autres catégories, ce genre de conflit paraît assez suranné. La « guerre inter-Etats » implique, comme son nom l'indique, des engagements entre forces régulières de deux pays rivaux, engendrés par des motifs économiques ou politiques. Cela peut inclure des tentatives d'ingérences dans les affaires des Etats voisins ou avoir pour but la modification de l'équilibre régional. Pendant de longues années, cette tradition a été maintenue par les Indiens et les Pakistanais d'une part, les Israéliens et les pays arabes de l'autre, avec une alternance d'initiatives et de succès.

Les guerres inter-États ne cachent pas des conflits Est-Ouest

Des guerres indo-pakistanaises éclatèrent en 1947, 1965 et 1971; des conflits israélo-arabes surgirent en 1948, 1956, 1967 et 1973.

Il est frappant de constater la fréquence accrue de ce type de guerre au cours de la dernière décennie. Nous avons vu des conflits opposant le Viêt-nam (à peine réunifié après trente ans de guerre civile) au Cambodge et à la Chine; Israël à l'OLP et aux Syriens au Liban; l'Ethiopie à la Somalie; l'Iran à l'Irak; la Grande-Bretagne à l'Argentine. On a vu en outre de nombreux conflits se situant à la limite entre les guerres de régime et les guerres inter-Etats, comme l'invasion de l'Afghanistan par l'URSS, l'intervention militaire américaine à la Grenade, celle de la Tanzanie en Ouganda, de la France au Tchad et au Zaïre, de Cuba et de l'Afrique du Sud en Angola, sans compter les nombreux imbroglios d'Amérique Centrale.

Ces guerres n'ont pas été systématiquement — comme certains exégètes se sont efforcés de le démontrer — un reflet de la lutte opposant les blocs de l'Est et de l'Ouest. En effet, il a bien fallu souvent constater que leur origine résidait en fait dans des conflits d'ordre purement régional, voire local. Ainsi, lorsqu'en 1977 l'Ethiopie et la Somalie entreprirent d'envoyer leurs troupes au massacre pour s'assurer le contrôle de l'Ogaden, chacun des belligérants était soutenu par « sa » superpuissance mais, en plein conflit, les « sponsors » furent soudainement intervertis, ce qui semble bien prouver qu'Ethiopiens et Somaliens, plutôt que de défendre une cause mondiale, entendaient plus modestement résoudre, avec les armes du plus offrant, un conflit très localisé.

Chacun a pu constater l'unanimité avec laquelle les pays occidentaux apportent leur soutien moral aux résistants afghans combattant contre l'occupation de leur pays par les Soviétiques. Il est cependant patent que ces rebelles au gouvernement communiste de Kaboul professent un credo idéologique et religieux fort proche de celui des dirigeants révolutionnaires de l'Iran voisin, qui ne portent pas précisément les Etats-Unis dans leur cœur.

L'influence des superpuissances

Chaque fois qu'une des deux superpuissances a engagé directement ses forces, elle l'a fait dans un pays voisin. L'Afghanistan et la Grenade en sont des exemples. Ce faisant, l'URSS et les Etats-Unis se sont comportés davantage comme des *puissances régionales* qu'à titre de puissance mondiale. La persistance de guerres de régime dans leurs anciennes colonies a amené la France et la Grande-Bretagne à y

◀ *Près de l'hôtel Hilton de Beyrouth, en octobre 1975, ces Phalangistes chrétiens subissent le feu d'éléments musulmans au cours des combats de rues qui ravagent la capitale libanaise.*

L'implication des superpuissances dans les conflits locaux

engager des forces bien plus souvent que les Etats-Unis, mais souvent à une échelle relativement réduite.

En dehors de ces quelques interventions, les grandes puissances assistent généralement en spectatrices à la plupart des conflits, n'y prenant qu'une part marginale, quel que soit l'intérêt qu'elles manifestent pour leur issue.

Il n'empêche que, lorsque des guerres éclatent ou lorsqu'elles semblent imminentes, la première chose que l'on se pose est de savoir si une grande puissance va s'y trouver impliquée et, dans l'affirmative, si cela va contribuer à apaiser les esprits, ou à atiser le feu. La zone troublée va-t-elle voir l'étincelle d'un conflit majeur ? La réaction naturelle des médias est alors non seulement d'envoyer sur place des correspondants de guerre, mais aussi de sonder les intentions de Washington et de Moscou.

La présomption demeure qu'en définitive le cours de la plupart des guerres est nécessairement déterminé par les superpuissances. Celles-ci peuvent ne pas intervenir elles-mêmes, se contentant de fournir des armes et renseignements à l'un ou l'autre des belligérants. Elles peuvent aussi témoigner de leur préoccupation en envoyant une escadre croiser dans les eaux limitrophes de la zone de combats, ou un avion-radar AWACS surveiller les opérations en cours. Dans la majorité des crises de ce genre, les Soviétiques réagissent en lançant dans l'espace une série de satellites-espions, qui les tiennent parfaitement informés.

Toute cette activité manifestée par les superpuissances peut traduire l'intérêt qu'elles portent à ces conflits, voire l'anxiété réelle qu'elles éprouvent concernant leur déroulement. Souvent, il ne s'agit que d'un effort en vue de peser sur les événements, sans pour autant d'ailleurs que cette tentative aboutisse. Les instigateurs de tels conflits sont conscients que, dans ces circonstances, ils s'exposent à de fortes pressions de la part des superpuissances et tiennent généralement compte de cette éventualité dans leurs calculs. La plupart du temps, ceux qui cherchent un soutien à l'extérieur le font au détriment de leurs propres intérêts. Les pays qui se trouvent en position de faiblesse dans un conflit local sont tentés de s'assurer une aide étrangère en essayant de donner à ce conflit une dimension mondiale.

La plupart du temps, lorsque se produit l'intervention d'une grande puissance dans ce type de conflit, elle n'a pour but que de rétablir au plus vite le *statu quo ante*. Les Etats-clients, qui escomptaient le soutien de « leur » super-puissance dans un différend qui les opposait à un voisin doté d'un autre « sponsor », ont souvent été amèrement déçus.

Le plus bel exemple date de 1958, lorsque la Chine entreprit de faire pression sur T'ai-wan, où les troupes nationalistes, battues en 1949,

s'étaient réfugiées avec leurs familles. Occupées également par les soldats de Tchang Kai-Chek, les îles Quemoy et Matsu furent bombardées à partir du continent tout proche. Si les Américains assurèrent immédiatement les Nationalistes de leur appui, les Soviétiques, de leur côté, se montrèrent beaucoup plus discrets et prudents dans leur soutien aux communistes chinois, déclarant ne vouloir intervenir militairement qu'au cas où une offensive nationaliste serait lancée contre le continent. Moscou n'entendait donc pas appuyer une tentative de réunification de la Chine par la conquête militaire de T'ai-wan.

Inévitablement, les pays qui s'en remettent à d'autres pour leur sécurité arrivent à s'inquiéter des arrière-pensées que peut nourrir leur protecteur et du prix qu'ils auront à payer. A différentes reprises, les alliés des Etats-Unis ont manifesté ce type d'anxiété. Ceci est particulièrement vrai des pays bénéficiaires d'une « couverture nucléaire » accordée à l'époque où les Américains bénéficiaient d'une supériorité totale dans ce domaine. Supériorité aujourd'hui bien mise en cause. Ceci ne signifie pas que ces alliés aient une alternative à cette dépendance vis-à-vis des Etats-Unis, mais ils s'efforcent, quand c'est possible, de limiter la portée de cette dépendance, soit en s'assurant un potentiel nucléaire propre, soit en rendant leurs forces conventionnelles les plus efficaces possibles. Parallèlement, les grandes puissances ont cherché à réduire le poids de leurs engagements à l'égard de pays tiers. Parfois — comme ce fut le cas lorsque la Grande-Bretagne mit un terme à ses responsabilités à l'est de Suez — les engagements connaissaient une fin brutale. Plus souvent, cependant, le désen-

► *L'avion de détection électronique AWACS, capable d'exercer une surveillance parfaite sur un territoire étendu, est devenu l'équivalent chinois moderne de la canonnière. Non armé, il ne constitue pas, comme cette dernière, une provocation, mais il permet aux alliés et « clients » des Etats-Unis (en l'occurrence l'Arabie saoudite) de détecter très vite les mouvements incongrus d'opposants éventuels.*

▼ *En 1958, à partir du continent, les communistes chinois entreprirent de bombarder les îles nationalistes fortifiées de Quemoy et Tatsu, dans le détroit de Formose. Ceci pour tester à la fois l'aide qu'ils pouvaient attendre des Soviétiques, et celle qu'apporteraient les Américains à T'aï-wan. Pékin fut déçu sur les deux plans. On voit ici des soldats nationalistes se préparant à une invasion communiste de Quemoy.*

LES ACTIONS TERRORISTES

L A FRÉQUENCE DES ACTIONS TERRORISTES contribue à créer dans le public un sentiment de désordre au niveau mondial. Ces actions prennent des formes diverses : pose de bombes, prise d'otages, enlèvements et assassinats. De 1973 à 1982, on a comptabilisé quelque 6 500 attentats terroristes qui ont fait plus de 11 000 victimes, dont un tiers ont perdu la vie. Les plus visés sont, dans l'ordre, les diplomates, les hommes d'affaires, les militaires et les hommes politiques. Pourtant, de nombreuses victimes n'avaient que peu de rapports avec les motifs invoqués par les terroristes. L'Europe occidentale a davantage souffert de ce fléau que les autres régions du monde. Elle précède le Moyen-Orient et l'Amérique latine. Pourtant, ce sont les citoyens nord-américains et leurs biens qui sont les plus visés.

La liste est longue des groupes politiques qui ont choisi de se faire connaître et entendre en commettant des actes de terreur. Leur raisonnement est que les autorités en place préfèrent céder plutôt que voir se répéter des actions homicides. Les méthodes utilisées ne sont pas nécessairement compliquées et ne font le plus souvent appel qu'à des armes de poing et à des explosifs. Plus les moyens de communications sont modernes, plus les sociétés sont vulnérables et plus grands sont les dégâts. Les terroristes (c'est d'ailleurs rarement le qualificatif dont ils s'affublent) parcourent de longues distances à la recherche du « talon d'Achille » de l'adversaire. L'appétit dont font preuve les médias en la matière les assure qu'un maximum de publicité sera donné à leurs méfaits les plus sanglants, et qu'ainsi l'attention du public se focalisera sur leur cause. C'est pourquoi les manifestations homicides de groupuscules du Moyen-Orient ont tendance à se dérouler dans les rues des villes occidentales, presque sous les fenêtres des journaux.

LE TERRORISME PALESTINIEN (1970-1972)

Le tableau ci-dessous témoigne que l'OLP a utilisé des méthodes terroristes pour s'imposer lors d'éventuelles discussions politiques réglant les problèmes du Proche-Orient. L'OLP est particulièrement consciente des changements qui pourraient amener la Jordanie à prendre des décisions en son nom au cours de négociations.

ACTIONS TERRORISTES

Fév. 1970 Le FPLP (front pop. pour la lib. de la Palestine) fait exploser en vol un avion de ligne suisse : 55 morts.
10 fév. Une grenade palestinienne fait un mort israélien et 11 blessés à l'aéroport de Munich.

22 juil. Un commando palestinien prend en otage les passagers d'un avion grec et réclame la libération de 7 terroristes détenus en Grèce.

6 sept. Le FPLP s'empare de 3 avions de ligne (2 américains et 1 suisse) et manque la prise d'un quatrième. Un avion est dirigé sur Le Caire, les autres sur l'aéroport jordanien de Dawson.
7 sept. Un avion américain explose au Caire.
9 sept. Détournement sur Dawson d'un avion britannique.
12 sept. Les 3 avions bloqués à Dawson sont détruits. Le 29 sept., les otages sont libérés par les Jordaniens.

15 sept. Affrontements entre réfugiés palestiniens et forces jordaniennes.
18 sept. Intervention syrienne en faveur de l'OLP.
22 sept. Départ des troupes syriennes. La crise se termine par la victoire des Jordaniens.
28 sept. Mort de Nasser, remplacé par Sadate.

Décembre Le plan de paix Rodgers est ranimé.

8 fév. 1971 L'ONU demande à l'Egypte et à Israël une acceptation publique de la résolution 242 du Conseil de Sécurité.

Janv./fév. 1972 Israël attaque les bases de guérilla de l'OLP dans le Sud-Liban, en guise de représailles contre des incursions de terroristes palestiniens en Israël.

15 mars Le roi Hussein propose la réunification de la Jordanie, de la Cis-Jordanie et de la bande de Gaza en un Royaume arabe uni.

Avril Augmentation du nombre des observateurs de l'ONU.

Juin Violentes attaques aériennes israéliennes dans le Sud-Liban.

Sept. Les raids israéliens atteignent la vallée de la Bekaa. A chaque mission, le nombre des avions s'accroît, ainsi que le nombre des bombes lancées.

24 oct. Israël montre sa volonté de répondre au feu par le feu. Des lettres piégées postées à Belgrade arrivent aux bureaux des responsables OLP au Liban, en Egypte, en Libye et en Algérie.

8 déc. Mahmoud Hamshari, délégué de l'OLP à Paris, est tué par une bombe placée dans son téléphone. Wael Awaiter, représentant du Fatah à Rome, est abattu dans la rue.

6 nov. A Tel Aviv, deux bombes sur un bus : mort d'un passager.

7 juil. 1971 Une roquette palestinienne fait 4 morts à Tel Aviv.
28 nov. Au Caire, l'OLP assassine le premier ministre jordanien.

EVENEMENTS POLITIQUES

Déc. 1969 Les USA dévoilent le plan de paix Rodgers : reddition par Israël des territoires occupés en 1967 en échange de la reconnaissance par les pays arabes de l'intégrité territoriale d'Israël.

26 juin 1970 Initiative de paix américaine visant à mettre fin à la guerre d'usure le long du canal de Suez.

24 juil. Nasser accepte la proposition de cessez-le-feu ; la Jordanie et Israël suivent.

7 août Le cessez-le-feu provoque des tensions dans le monde arabe, opposant d'une part l'Egypte et la Jordanie et, d'autre part, la Syrie, l'Irak et les Palestiniens.

◄ Colonne de gauche : *en octobre 1984, l'Armée républicaine irlandaise (IRA) a failli massacrer une bonne partie du gouvernement britannique — y compris son chef, Margaret Thatcher — lorsqu'elle fit exploser une bombe au Grand Hôtel de Brighton, à la fin du Congrès du parti conservateur. Cinq personnes furent tuées et deux attachés de cabinet s'en tirèrent avec quelques blessures.*

15 déc. *Septembre Noir* tente en vain d'assassiner l'ambassadeur jordanien à Londres.
16 déc. Echec similaire à Genève.

6 fév. 1972 *Septembre Noir* fait sauter deux raffineries à Rotterdam.
8 fév. Une usine fabriquant des générateurs électriques pour Israël saute à Hambourg.
22 fév. Détournement par les Palestiniens d'un avion allemand vers Aden. Reddition de l'appareil et des passagers contre une rançon de 5 millions de dollars.

Avril Un commando palestinien est arrêté en Israël avant d'avoir pu faire sauter un hôtel bondé de touristes.
8 mai Détournement, par *Septembre Noir*, d'un appareil de la Sabena, forcé d'atterrir à Tel-Aviv. Déguisés en mécaniciens, des paras israéliens prennent l'avion d'assaut : un passager et deux terroristes tués.
31 mai Trois *kamikaze* japonais œuvrant pour l'OLP tuent 23 personnes et en blessent 28 à l'aéroport israélien de Lod.

5 sept. Sept terroristes *Septembre Noir* prennent 9 athlètes israéliens en otage au village olympique de Munich. Dans la fusillade qui suit, les otages, 5 terroristes et un policier sont tués.
9 sept. En quelques jours, 50 lettres piégées sont expédiées d'Amsterdam. Deux autres envois sont postés en Malaysia et en Inde.

29 oct. Détournement d'un avion de la Lufthansa. Sous la menace de faire exploser l'appareil en vol, les terroristes rescapés de Munich sont libérés.

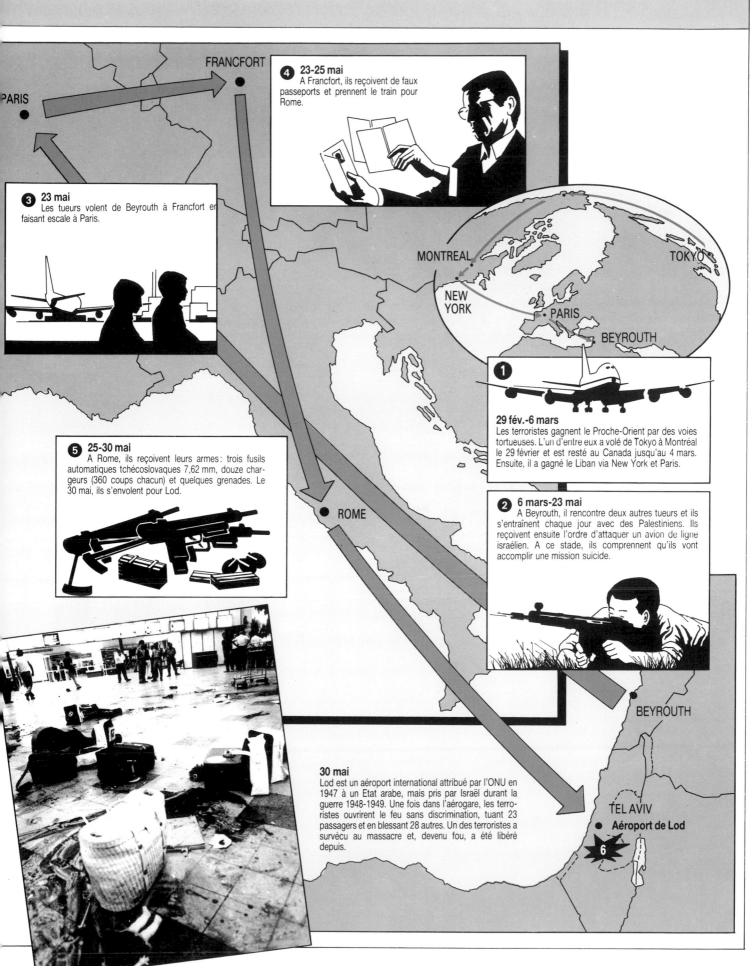

FRANCFORT

PARIS

4 **23-25 mai**
A Francfort, ils reçoivent de faux passeports et prennent le train pour Rome.

3 **23 mai**
Les tueurs volent de Beyrouth à Francfort en faisant escale à Paris.

MONTREAL

TOKYO

NEW YORK

PARIS

BEYROUTH

1

29 fév.-6 mars
Les terroristes gagnent le Proche-Orient par des voies tortueuses. L'un d'entre eux a volé de Tokyo à Montréal le 29 février et est resté au Canada jusqu'au 4 mars. Ensuite, il a gagné le Liban via New York et Paris.

5 **25-30 mai**
A Rome, ils reçoivent leurs armes : trois fusils automatiques tchécoslovaques 7,62 mm, douze chargeurs (360 coups chacun) et quelques grenades. Le 30 mai, ils s'envolent pour Lod.

ROME

2 **6 mars-23 mai**
A Beyrouth, il rencontre deux autres tueurs et ils s'entraînent chaque jour avec des Palestiniens. Ils reçoivent ensuite l'ordre d'attaquer un avion de ligne israélien. A ce stade, ils comprennent qu'ils vont accomplir une mission suicide.

BEYROUTH

30 mai
Lod est un aéroport international attribué par l'ONU en 1947 à un Etat arabe, mais pris par Israël durant la guerre 1948-1949. Une fois dans l'aérogare, les terroristes ouvrirent le feu sans discrimination, tuant 23 passagers et en blessant 28 autres. Un des terroristes a survécu au massacre et, devenu fou, a été libéré depuis.

TEL AVIV
Aéroport de Lod
6

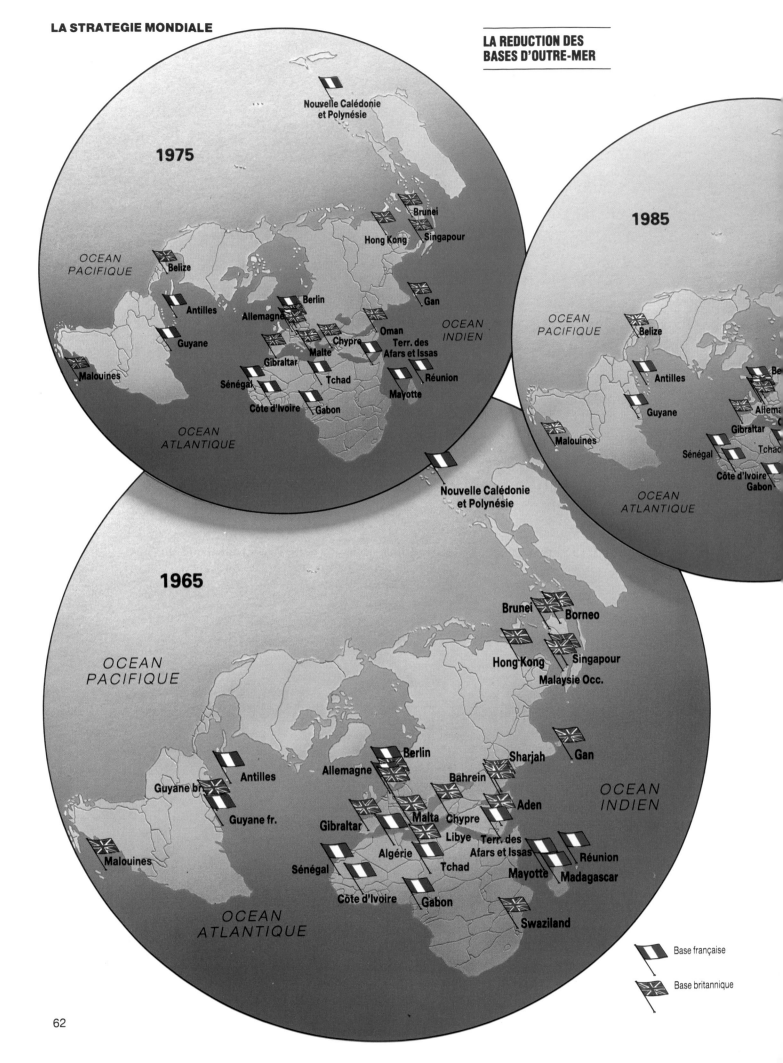

1975

OCEAN
PACIFIQUE

Nouvelle Calédonie
et Polynésie

Belize

Antilles

Guyane

Malouines

Berlin

Allemagne

Chypre

Gibraltar

Malte

Sénégal

Côte d'Ivoire

Gabon

Tchad

Oman

Terr. des
Afars et Issas

Réunion

Mayotte

Brunei

Hong Kong

Singapour

Gan

OCEAN
INDIEN

OCEAN
ATLANTIQUE

1985

OCEAN
PACIFIQUE

Belize

Antilles

Guyane

Malouines

Sénégal

Gibraltar

Côte d'Ivoire

Gabon

Tchad

Allemagne

OCEAN
ATLANTIQUE

1965

OCEAN
PACIFIQUE

Nouvelle Calédonie
et Polynésie

Guyane br.

Antilles

Guyane fr.

Malouines

Berlin

Allemagne

Gibraltar

Malte

Chypre

Algérie

Libye

Sénégal

Côte d'Ivoire

Gabon

Tchad

Brunei

Borneo

Hong Kong

Singapour

Malaysie Occ.

Sharjah

Gan

Bahrein

Aden

Terr. des
Afars et Issas

Réunion

Mayotte

Madagascar

Swaziland

OCEAN
INDIEN

OCEAN
ATLANTIQUE

Base française

Base britannique

62

La fidélité aux superpuissances

Entre 1965 et 1975, le nombre des hommes de troupe britanniques basés hors de la zone de l'OTAN a diminué d'environ 75 %. Dix ans plus tard, cette tendance a semblé quelque peu s'être renversée puisque environ 4 000 militaires britanniques stationnent dans l'Atlantique Sud avec pour mission de protéger d'un éventuel retour offensif des Argentins, un nombre moitié moindre d'habitants des Malouines. Pourtant, la contribution britannique de 100 hommes à peine à la Force multinationale de Beyrouth en 1983-1984 indique la répugnance de Londres à engager des troupes nombreuses dans une partie du monde où, pourtant, le Royaume-Uni a jadis joué un rôle militaire dominant.

Au contraire des Britanniques, les Français ont maintenu une force militaire permanente et importante en Afrique francophone, notamment à la base de Djibouti. Ils disposent de troupes spécialisées capables d'intervenir rapidement sur une assez longue distance. Cela a permis à la France de continuer à exercer une influence considérable dans ses anciennes colonies.

gagement s'est accompagné de l'octroi aux alliés des moyens leur permettant de mener seuls leurs combats, notamment en leur fournissant, à des conditions avantageuses, les armements, équipements et matériels militaires les plus modernes. Ce phénomène a eu des conséquences importantes, que nous analyserons plus loin.

Si des pays envisagent de déclencher une guerre, ils doivent donc compter sans la coopération active de leurs alliés. Mais ce qui leur importe, c'est de pouvoir agir sans interférence extérieure, et que la victime de leur agression ne soit pas activement secourue. Une action militaire de ce type doit donc être envisagée en tenant compte, non seulement de l'appréciation du rapport des forces entre les belligérants, mais aussi des attitudes et des réactions éventuelles des Etats tiers, sans parler de la capacité interne de résistance de l'Etat agressé. Ainsi, en 1971, l'Inde présuma pertinemment que le Pakistan pourrait aisément être divisé en deux — la partie orientale devenant le Bengladesh — et que, selon toute vraisemblance, ni la Chine, ni les Etats-Unis ne feraient grandchose pour sauver l'unité du Pakistan. En 1973, le président égyptien Anouar al-Sadate estima correctement l'impact qu'une nouvelle guerre israélo-arabe pouvait avoir, à ce moment, sur la politique étrangère américaine. Il avait en effet perçu le désir qu'avait la Maison Blanche d'améliorer ses relations avec les Etats arabes non-inféodés à Moscou. De même, au début de 1979, la Chine ne se trompa guère en escomptant que l'Union soviétique s'abstiendrait d'aider directement le Viêt-nam si ce pays, agresseur du Cambodge, était victime d'une opération punitive. En revanche, en 1980, l'Irak se méprit en croyant que l'isolement international de l'Iran, et le chaos interne qui régnait dans ce pays, en faisaient une proie vulnérable.

C'est lorsque les choses tournent mal et que, en désespoir de cause, il devient nécessaire d'appeler à son secours une puissance extérieure, que cette dernière se trouve en position d'exercer une réelle influence. Une des plus dramatiques illustrations de cette situation fut la guerre israélo-arabe de 1973. A cette époque, les Américains considéraient que s'il était vital qu'Israël ne sorte pas vaincu d'un conflit, une bonne « secousse » devrait cependant l'amener à comprendre qu'il était temps de conclure un accord avec ses voisins arabes. En outre, Washington estimait que si le président égyptien sortait d'une guerre avec un prestige accru, il n'en aurait que plus d'autorité pour mener une diplomatie « constructive ». Israël dépendait étroitement des Etats-Unis pour ses approvisionnements en munitions et équipements militaires divers, et ce d'une façon plus criante après les revers que ses troupes avaient essuyés au cours des premiers engagements. Il suffit donc aux Américains de retarder légèrement leurs livraisons pour obliger leur allié à manquer le pas. Mais, dès que le pont aérien acheminant le matériel se mit à fonctionner efficacement, les Israéliens furent en mesure de renverser rapidement le cours des opérations. Vers la fin, ils en étaient arrivés à encercler la 3e Armée égyptienne et se préparaient à asséner un coup décisif lorsque les Soviétiques prévinrent Washington qu'ils étaient prêts à intervenir pour empêcher que cette action ne se déroule. Bien sûr, la Maison Blanche mit le Kremlin en garde contre toute initiative dans ce sens mais, dans le même temps, elle fit pression sur les Israéliens pour que ceux-ci s'abstiennent d'aller trop loin et de frapper trop fort.

Ceci est un exemple classique du rôle déterminant que joue une superpuissance dans le déroulement d'un conflit. Moins de dix ans plus tard cependant, deux situations contraires furent observées, au cours desquelles les Américains éprouvèrent de grandes difficultés à contrôler leur alliés. En 1982, l'Argentine et la Grande-Bretagne, toutes deux étroitement liées aux Etats-Unis, s'affrontèrent pour la suprématie sur les îles Malouines. Très rapidement, Alexander Haig, alors secrétaire d'Etat américain, proposa ses bons offices en vue d'élaborer un compromis avant que les affrontements ne prennent un tour trop grave. Bien qu'il fût vraisemblable qu'en l'absence de concessions substantielles de la part de l'Argentine les Etats-Unis allaient être obligés d'aider la Grande-Bretagne dans son entreprise de reconquête, ces concessions ne furent pas obtenues. Une fois le conflit réellement engagé, et la Grande-Bretagne à deux doigts de la victoire, Washington tenta de persuader Londres de laisser la porte ouverte à des négociations sur le statut futur des îles contestées. Là aussi, la diplomatie américaine enregistra un échec.

Plus tard, dans la même année, l'armée israélienne pénétra au sud-Liban avec l'intention affichée de nettoyer la région frontalière des éléments palestiniens qui bombardaient les villages israéliens implantés en Galilée. Enhardis par leurs succès initiaux, les Israéliens devinrent vite plus ambitieux et décidèrent de pousser plus avant, afin d'expulser du Liban toute l'Organisation de Libération de la Palestine (OLP). Le massacre qui s'ensuivit et le frein que cette opération représentait pour la réalisation de la politique américaine de rapprochement israélo-arabe, provoquèrent la mauvaise humeur de Washington, d'autant que les Etats-Unis étaient conscients de ne pouvoir, cette fois, freiner l'impétuosité des Israéliens.

La différence entre ces deux derniers exemples et le premier cité réside dans le degré de dépendance à l'égard de la superpuissance. Dans les deux derniers cas, les belligérants n'avaient pas besoin de l'aide américaine pour poursuivre la lutte qu'ils avaient engagée.

Le ravitaillement de la Force de déploiement rapide

La logistique

Le fait de disposer d'approvisionnements suffisants pour soutenir une armée en campagne revêt une importance capitale. Souvent, certains ne jugent une armée que par les effectifs qu'elle peut aligner et par l'arsenal dont elle dispose. Si, comme l'a noté un général américain, *« le succès dans une guerre consiste à arriver le plus vite possible avec le plus grand nombre »*, on peut considérer comme primordial l'art de déplacer des forces bien approvisionnées

C'est la *logistique* qui détermine la vitesse avec laquelle une armée peut se déplacer, et c'est pourquoi l'art de la guerre s'est développé parallèlement à la modernisation des moyens de transport. Les liens entre le développement des chemins de fer et les phases initiales de la Première Guerre mondiale ont souvent été soulignés. Ce qui nous préoccupe ici, c'est le mouvement des forces militaires sur de longues distances, ou encore l'approvisionnement des troupes déjà en place, pour leur permettre d'engager le combat au terme de leur déplacement. La consommation d'équipement et de munitions dans une guerre moderne intensive serait nettement plus élevée qu'elle ne l'a été jadis. Pendant la Première Guerre mondiale, 65 tonnes de matériel, en moyenne, étaient livrées quotidiennement aux armées en campagne. Ce chiffre est monté à 675 tonnes durant la Seconde Guerre mondiale et, depuis, il n'a cessé de grimper : 1 000 tonnes par jour au Viêt-nam et 2 000 tonnes au cours de la guerre israélo-arabe de 1973 !

Lorsqu'un pays s'engage dans un conflit sérieux, il s'expose à subir tôt ou tard des carences, voire une pénurie dans des secteurs vitaux. L'examen de ce facteur particulier permet de se rendre compte des difficultés auxquelles doivent faire face les grandes puissances, non seulement lorsqu'elles entreprennent de monter elles-mêmes de vastes opérations, mais aussi lorsqu'elles sont appelées, *ex abrupto*, à appuyer une opération montée par un autre pays. On peut se rendre compte de ce type d'efforts en examinant les plans d'interventions établis par la Force américaine de déploiement rapide (RDF). Celle-ci a été constituée pour réagir rapidement en cas de crise en un point quelconque du monde. Notamment au Proche-Orient, si d'aventure les Soviétiques décidaient de s'en prendre aux Etats du golfe Persique. Dans ce cas, les distances à parcourir au départ des Etats-Unis sont de l'ordre de 11 250 km par voie aérienne directe, et de 13 000 km par bateau (si le canal de Suez est navigable). Un trajet de 19 000 km sur mer serait nécessaire si le canal était bloqué.

C'est en 1980 que fut décidée la mise sur pied de la RDF, les Etats-Unis craignant alors une intervention de l'URSS dans une région capi-

tale pour le ravitaillement en pétrole du monde libre. A l'époque, il eut fallu deux jours pour amener un bataillon à pied d'œuvre dans la région du Golfe, et un mois pour qu'y prenne pied une division de 1 300 *Marines*. Il n'existait en effet aucun moyen de transport rapide par mer, et les seules bases logistiques de quelque importance étaient celles de Diego Garcia, dans l'océan Indien, et de d'Incirlik, en Turquie. Pour soutenir la nouvelle force d'intervention, les Américains s'attelèrent à l'amélioration des capacités de transport tant aériennes que maritimes. C'est ainsi qu'ils mirent en action de gigantesques avions-cargo Lockheed *Galaxy* C-5, capables de transporter du matériel à concurrence de 120 tonnes, et des navires transrouliers d'un type nouveau.

L'Egypte et le Maroc ont marqué leur accord pour que des bases aériennes situées sur leur territoire servent, le cas échéant, d'escales techniques. D'autre part, des « droits d'accès en cas de nécessité » ont été accordés pour les bases aériennes et ports de mer du Sultanat d'Oman, de Somalie et du Kenya.

Peu convaincus des motivations réelles des Etats-Unis, les pays directement concernés par une intervention éventuelle de la RDF n'ont pas donné leur accord pour mettre leurs bases

▲ *Du 16 au 18 septembre 1982, en dépit de la présence, toute proche, d'éléments de l'armée israélienne, des Phalangistes libanais ont massacré des centaines de Palestiniens dans les camps de réfugiés de Sabra et de Chatila, non loin de Beyrouth.*

Combien de temps faudrait-il aux Américains pour atteindre le Golfe ?

▲ *En haut:*
Sous l'œil ému du président égyptien Sadate, accolade du premier ministre israélien Begin et du président américain Carter après la signature, à Camp David, de l'accord de paix entre Israël et l'Egypte, en 1979.

militaires à la disposition des Etats-Unis. Bien sûr, ils conçoivent que les Américains veuillent les protéger d'une éventuelle agression soviétique, mais ils n'en craignent pas moins que Washington décide un jour d'utiliser sa Force d'intervention, soit pour venir en aide à Israël, soit pour s'assurer le contrôle du pétrole arabe. Tout ce que les Etats-Unis ont pu faire, c'est de confier à des pays comme l'Arabie saoudite un matériel militaire sophistiqué — entre autres des avions-radar AWACS — en espérant que, le cas échéant, ils pourraient servir à leurs propres besoins. Par ailleurs, la RDF peut compter sur des dépôts de matériel installés dans les pays les plus favorables aux Occidentaux, c'est-à-dire à Ras Banas, en Egypte, et à Nasirah, dans le Sultanat d'Oman. Mais, pour l'esssentiel, elle s'en remet au prépositionnement de bateaux chargés des approvisionnements nécessaires au soutien logistique d'une brigade de marine cantonnée à Diego Garcia.

En cas de crise, il faudrait en principe 48 heures aux Etats-Unis pour amener à pied d'œuvre les unités d'un bataillon aéroporté et les effectifs d'une brigade. Ces forces s'équiperaient du matériel entreposé sur place, mis à leur disposition par des Etats amis, ou acheminé par mer, à partir de Diego Garcia, par des navires prépositionnés. La couverture aérienne serait fournie par des unités transitant par les bases d'Arabie saoudite et d'autres Etats du Golfe. Durant les deux semaines qui suivraient, une division de légère 16 000 hommes pourrait être acheminée, et il faudrait un mois pour que cinq à sept divisions américaines se retrouvent dans la région.

A partir de 1987, lorsque seront disponibles les avions et les navires en cours de construction, les Etats-Unis espèrent raccourcir considérablement ces délais.

A supposer même que tout se passe selon les plans établis, il n'est pas sûr que les effectifs mis en œuvre seraient en quantité suffisante. Adversaire présumé, l'Union soviétique, du fait de la proximité géographique, dispose d'un avantage qui lui permettrait d'acheminer des forces plus aisément et plus rapidement que les Etats-Unis. Cependant, certains estiment que les facteurs de distance ne sont pas prépondérants. Bien sûr, l'URSS a une frontière commune avec l'Iran, mais les forces stationnées tout au long ne sont pas maintenues à un haut degré de préparation. En cas de crise, elles devraient être renforcées et le mouvement de troupes qui en découlerait permettrait aux Américains de savoir en temps utile qu'une offensive se prépare.

La voie de pénétration terrestre conduisant de la frontière soviétique aux régions pétrolifères d'Iran comporte quelque 1 950 km de routes exécrables, traversant deux chaînes montagneuses. D'autre part, le parachutage de troupes aéroportées autour des champs pétrolifères laisserait ces troupes dépourvues de couverture aérienne, à moins que l'URSS n'ait réussi à conclure un accord avec un Etat comme la Syrie, qui mettrait à sa disposition ses bases aériennes.

Compte tenu de ces difficultés, la question reste ouverte de savoir si les Soviétiques seraient à même de concentrer les troupes nécessaires avant l'expiration du délai de deux semaines nécessaire aux Américains pour amener des forces substantielles. D'autre part, certains mettent en évidence le fait que l'existence même d'une Force américaine d'intervention oblige les Soviétiques à envisager un accrochage militaire avec celle-ci et, même si la confrontation tournait au désavantage des Etats-Unis, on se trouverait devant le risque d'une escalade rapide, débouchant sur une confrontation nucléaire... De ce fait, la RDF peut être considérée comme un élément important de dissuasion.

Bien plus délicate serait la perspective d'intervention américaine dans le cadre d'un conflit régional. Dans ce cas, il s'agirait moins d'amener en temps utile des forces substantielles pour faire face à un ennemi d'une puissance égale ou supérieure, mais d'éviter que la RDF se trouve embourbée dans une situation chaoti-

Le succès militaire est fonction de la compréhension du contexte politique

que. Les schémas d'interventions américaines en vue de se rendre maître de la production pétrolière d'Arabie saoudite, par exemple, se heurtent au problème de la vulnérabilité des troupes occupantes et des installations dont elles se seraient emparées, face à la résistance locale et aux actions de sabotage. Les Américains conservent en mémoire l'expérience qu'ils ont vécue au sein de la Force multinationale d'intervention au Liban, après l'invasion israélienne de 1982 à 1984.

Cette funeste aventure a permis aux Américains de dégager une leçon, jusqu'ici rarement prise en compte par ceux qui mettaient sur pied des opérations militaires d'intervention. A savoir que si l'on ne comprend pas bien le contexte politique local dans lequel va se dérouler l'opération, on va au devant d'un cuisant échec militaire. Les lourds problèmes logistiques déjà évoqués plus haut, ainsi que les diverses conséquences qu'entraîne un engagement de durée indéterminée, sont des arguments supplémentaires qui alimentent le moulin des opposants systématiques à ce type d'intervention lointaine. Et l'on comprend que, de plus en plus, les grandes puissances préfèrent mener leurs actions militaires par combattants interposés : il est plus simple, moins coûteux et moins douloureux d'offrir des armes que de s'en servir soi-même.

« Simple », avons-nous dit ? Ce n'est peut-être pas le mot juste. Car il n'est pas toujours simple d'être le pourvoyeur d'armes. Nous avons déjà évoqué plus haut l'effort massif de réapprovisionnement d'Israël par les Etats-Unis, intervenu pendant la guerre de 1973. Le 12 octobre, six jours après que les Egyptiens eussent franchi le canal de Suez, le président Nixon avait décrété la mise sur pied, d'urgence, d'un pont aérien, et la seule base disponible entre les Etats-Unis et le Proche-Orient était celle de Lajes, aux Açores. Des avions *Skyhawk* et *Phantom* effectuèrent le trajet par leurs propres moyens et l'on embarqua dans d'énormes avions-cargo des blindés, des canons autotractés, des hélicoptères, des missiles antichars, des munitions et des pièces détachées. C'est ainsi que, de la mi-octobre à la mi-novembre, 566 vols acheminèrent en Israël quelque 22 400 tonnes de fret. Ce pont aérien engloutit plus de carburant que n'en utilisa l'armée israélienne durant les hostilités.

De son côté, l'URSS a fourni à ses clients arabes 15 000 tonnes de matériel, par la voie des airs, et il en arriva aussi par mer. Cette contribution, plus réduite, eut cependant un impact plus direct sur les opérations militaires, car la proximité géographique des Soviétiques leur permit d'accélérer en temps voulu les réapprovisionnements.

Une telle opération fournit sans doute aux Américains une emprise politique plus grande sur le gouvernement de Jérusalem, mais les

LA FORCE AMERICAINE DE DEPLOIEMENT RAPIDE

APRÈS L'INVASION de l'Afghanistan par les Soviétiques en décembre 1979, le président Carter avertit Moscou que les centres pétroliers du Proche-Orient constituaient, pour les Etats-Unis, une *zone d'intérêt vital*, et que tout mouvement soviétique supplémentaire dans la région provoquerait une riposte américaine immédiate. La Force de déploiement rapide (FDR) mise sur pied par Washington est considérée comme devant concrétiser ce message. Cependant, au Proche-Orient, certains estiment que la FDR n'est pas seulement une menace pour l'URSS, mais aussi pour tout Etat arabe qui se hasarderait à contrer les intérêts des Etats-Unis. Compte tenu de l'appui permanent et important accordé par les Américains à Israël, même les Etats arabes les plus conservateurs et les moins communistes ne sont pas sûrs que leurs intérêts coïncident nécessairement avec ceux des Etats-Unis.

Faire intervenir des forces américaines dans une situation de crise au Moyen-Orient ne serait pas une mince affaire. Une des raisons en est que les pays qui seraient susceptibles de recevoir l'aide de la FDR éprouvent des sentiments mitigés quant à ce type de mission, et ne semblent pas être prêts à accueillir longtemps, sur leurs territoires, des bases américaines importantes.

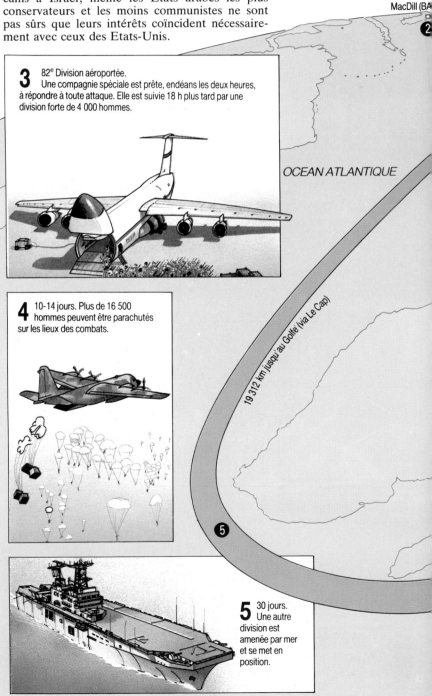

MacDill (BA

3 82e Division aéroportée.
Une compagnie spéciale est prête, endéans les deux heures, à répondre à toute attaque. Elle est suivie 18 h plus tard par une division forte de 4 000 hommes.

OCEAN ATLANTIQUE

19 312 km jusqu'au Golfe (via Le Cap)

4 10-14 jours. Plus de 16 500 hommes peuvent être parachutés sur les lieux des combats.

5 30 jours.
Une autre division est amenée par mer et se met en position.

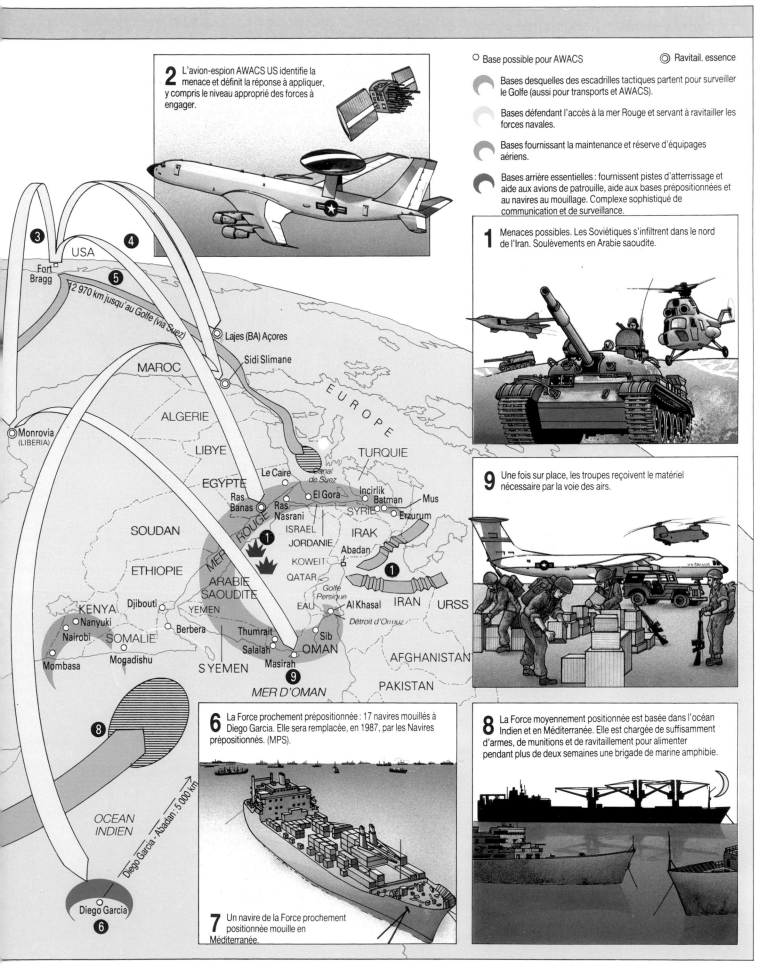

2 L'avion-espion AWACS US identifie la menace et définit la réponse à appliquer, y compris le niveau approprié des forces à engager.

○ Base possible pour AWACS   ◎ Ravitail. essence

Bases desquelles des escadrilles tactiques partent pour surveiller le Golfe (aussi pour transports et AWACS).

Bases défendant l'accès à la mer Rouge et servant à ravitailler les forces navales.

Bases fournissant la maintenance et réserve d'équipages aériens.

Bases arrière essentielles : fournissent pistes d'atterrissage et aide aux avions de patrouille, aide aux bases prépositionnées et au navires au mouillage. Complexe sophistiqué de communication et de surveillance.

1 Menaces possibles. Les Soviétiques s'infiltrent dans le nord de l'Iran. Soulèvements en Arabie saoudite.

9 Une fois sur place, les troupes reçoivent le matériel nécessaire par la voie des airs.

6 La Force prochement prépositionnée : 17 navires mouillés à Diego Garcia. Elle sera remplacée, en 1987, par les Navires prépositionnés. (MPS).

7 Un navire de la Force prochement positionnée mouille en Méditerranée.

8 La Force moyennement positionnée est basée dans l'océan Indien et en Méditerranée. Elle est chargée de suffisamment d'armes, de munitions et de ravitaillement pour alimenter pendant plus de deux semaines une brigade de marine amphibie.

USA
Fort Bragg
12 970 km jusqu'au Golfe (via Suez)
Lajes (BA) Açores
Sidi Slimane
MAROC
ALGERIE
Monrovia (LIBERIA)
LIBYE
EUROPE
TURQUIE
EGYPTE
Le Caire
Canal de Suez
Incirlik
Batman
Mus
Ras Banas
Ras Nasrani
El Gora
Erzurum
SYRIE
ISRAEL
IRAK
JORDANIE
Abadan
SOUDAN
MER ROUGE
KOWEIT
QATAR
ETHIOPIE
ARABIE SAOUDITE
Golfe Persique
EAU
Al Khasal
IRAN
URSS
KENYA
Djibouti
YEMEN
Détroit d'Ormuz
Nanyuki
Berbera
Thumrait
Sib
Nairobi
SOMALIE
Salalah
OMAN
AFGHANISTAN
Mombasa
Mogadishu
S YEMEN
Masirah
PAKISTAN
MER D'OMAN
OCEAN INDIEN
Diego Garcia - Abadan : 5 000 km
Diego Garcia

LE CONVOI DES MALOUINES

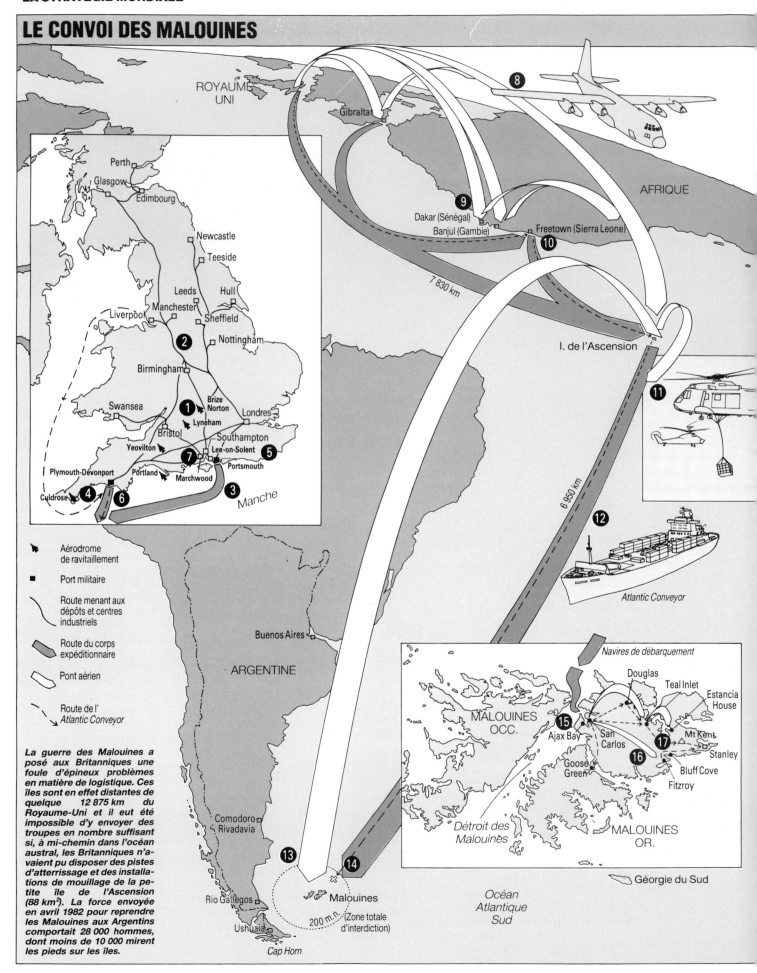

Légende:
- Aérodrome de ravitaillement
- Port militaire
- Route menant aux dépôts et centres industriels
- Route du corps expéditionnaire
- Pont aérien
- Route de l'*Atlantic Conveyor*

La guerre des Malouines a posé aux Britanniques une foule d'épineux problèmes en matière de logistique. Ces îles sont en effet distantes de quelque 12 875 km du Royaume-Uni et il eut été impossible d'y envoyer des troupes en nombre suffisant si, à mi-chemin dans l'océan austral, les Britanniques n'avaient pu disposer des pistes d'atterrissage et des installations de mouillage de la petite île de l'Ascension (88 km²). La force envoyée en avril 1982 pour reprendre les Malouines aux Argentins comportait 28 000 hommes, dont moins de 10 000 mirent les pieds sur les îles.

ROYAUME UNI

Perth
Glasgow
Edimbourg
Newcastle
Teeside
Leeds
Hull
Liverpool
Manchester
Sheffield
Nottingham
Birmingham
Swansea
Brize Norton
Londres
Lyneham
Bristol
Southampton
Yeovilton
Lee-on-Solent
Plymouth-Dévonport
Portland
Portsmouth
Marchwood
Culdrose
Manche

Gibraltar
AFRIQUE
Dakar (Sénégal)
Banjul (Gambie)
Freetown (Sierra Leone)
7 830 km
I. de l'Ascension
6 950 km

Atlantic Conveyor

Buenos Aires
ARGENTINE
Comodoro Rivadavia
Rio Gallegos
Ushuaia
Cap Horn
Malouines
200 m.n. (Zone totale d'interdiction)

Navires de débarquement
Douglas
Teal Inlet
Estancia House
MALOUINES OCC.
Ajax Bay
San Carlos
Mt Kent
Stanley
Goose Green
Bluff Cove
Fitzroy
Détroit des Malouines
MALOUINES OR.
Géorgie du Sud
Océan Atlantique Sud

Ce qu'il en coûte de soutenir les actions militaires des autres

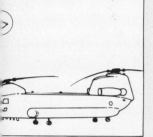

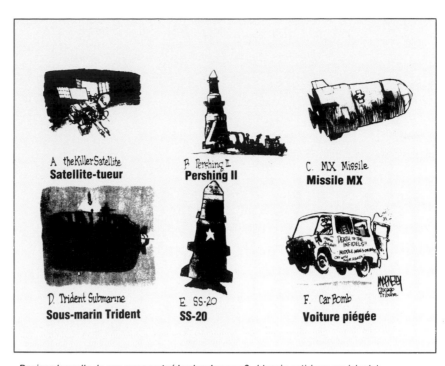

A. the Killer Satellite **Satellite-tueur** — B. Pershing II **Pershing II** — C. MX Missile **Missile MX**

D. Trident Submarine **Sous-marin Trident** — E. SS-20 **SS-20** — F. Car Bomb **Voiture piégée**

« Devinez laquelle de ces armes a tué le plus de gens ? » (dessin satirique américain).

Israéliens avaient été quelque peu marris d'avoir dû exposer au monde leur degré de dépendance vis-à-vis des Etats-Unis. D'autre part, cette prise de position américaine eut des conséquences politiques et économiques néfastes pour Washington. En effet, plusieurs de ses alliés européens avaient, durant le conflit, adopté une attitude plus favorable aux Arabes et s'étaient donc refusés à participer au réapprovisionnement militaire d'Israël. Dans ces conditions, les Etats-Unis se retrouvèrent en tête de liste de l'embargo pétrolier dressé par les pays producteurs arabes du Golfe. A la Maison Blanche, on en tira la conclusion que s'il se révélait nécessaire d'aider matériellement un pays ami menacé de destruction, mieux valait s'y prendre *avant* que les hostilités n'éclatent...

Le commerce des armes

Comme les grandes puissances témoignent de moins en moins d'enthousiasme à se laisser entraîner dans des aventures militaires lointaines, les pays du Tiers-Monde qui, longtemps, ont pu compter sur leur aide et leur arbitrage ont tendance à chercher à se doter eux-mêmes des moyens nécessaires pour faire face à d'éventuels conflits armés régionaux. Curieusement, ces pays ont été encouragés dans cette voie par les grandes puissances, qui se trouvent désormais devant un nouveau problème : toute intervention de leur part dans certaines régions déshéritées du globe ferait désormais courir à leurs forces de très gros risques.

Si l'on ne manque pas d'informations concernant le commerce des armes, les implications diverses qu'il engendre n'ont pas encore été déterminées parce qu'on a davantage tendance à considérer ce négoce sous l'angle de la morale que comme un problème stratégique. L'opinion publique a tendance à stigmatiser les fournisseurs d'armes, accusés par elle de tirer un large profit de la vente d'instruments de mort à des gouvernants qui seraient mieux avisés de consacrer leurs ressources aux besoins réels de leur peuple. On a dit que cette volonté des clients d'acquérir sans cesse des armements plus performants est engendrée par les techniques commerciales sophistiquées des marchands d'armes, et par une conception dévoyée de la « grandeur nationale ». Les considérations de sécurité semblent jouer un rôle marginal dans les motivations des acheteurs. Si, au départ, ces considérations intervenaient dans les motivations des fournisseurs, c'est parce que les pays du Nord industrialisé persistaient à vouloir exercer un contrôle sur les pays du Sud, officiellement indépendants, par le biais des fournitures d'armes. En fait, dans la pratique, l'influence s'est exercée dans le sens inverse. Les pays marchands d'armes se sont rendu compte que, non seulement toute rupture des fournitures constituait un important manque à gagner pour leur industrie, mais que cela avait un impact immédiat sur le plan politique. En effet, un gouvernement se voyant refuser une livraison d'armes se considérait comme offensé.

Le commerce des armes a connu son apogée dans les années 70, mais les prémisses du phénomène se situent au cours de la décennie précédente. Le coût économique et politique sans cesse croissant du stationnement de forces

d'intervention importantes outre-mer conduisit les grandes puissances à inciter les pays amis à assurer eux-même une part plus importante de leur sécurité. Quitte à confier à la « main-d'œuvre » locale le soin d'utiliser des équipements sophistiqués. Ce changement de politique a d'ailleurs été annoncé par le président Nixon en 1970. Un autre facteur décisif pour alimenter d'autres pays en armes a été le désir commun aux pays occidentaux d'améliorer leur balance des paiements. Enfin, l'agressivité de la politique commerciale américaine provoqua une compétition effrénée pour les grosses commandes d'armes, qui obligea notamment les

▲ *Des troupes américaines en action durant l'opération Bright Star (Etoile brillante), qui se déroula fin 1981 en Egypte, dans le sultanat d'Oman, en Somalie et au Soudan, afin de tester la capacité des fantassins, des Marines et des aviateurs à conjuguer leurs efforts et*

Un marché de vendeurs

apparut que la vente d'armes était un bon moyen pour y parvenir. Le « boom » que connurent les « marchands de canons » dans les années 70 peut être attribué aux pays producteurs de pétrole, qui s'inscrivirent pour 75 % des commandes. Sur ce marché, l'Iran menait la danse. Entre 1974 et 1975, le Shah commanda 400 avions de combat, 500 hélicoptères, 730 chars, 18 navires de guerre et des milliers de missiles. Ce gaspillage fut encouragé par les Etats-Unis, heureux d'avoir trouvé un aussi bon client et qui comptaient sur lui pour exercer, à leur place, une influence apaisante dans la région du golfe Persique.

Plus le volume du commerce des armes s'accroissait, plus les implications stratégiques se mirent à inspirer des inquiétudes. On commença, dans certains milieux, à se rendre compte que la vente·d'armes modernes dépassait le simple transfert d'équipements militaires en surplus. La croissance éléphantesque de certaines forces armées provoquait une distorsion dans l'organisation économique et politique des pays concernés. Désormais, il ne s'agissait plus seulement de vendre des armes : les clients commandaient des casernes, des bases aériennes ou navales, des hôpitaux de campagne, et réclamaient le service après-vente, c'est-à-dire les spécialistes du mode d'emploi. La technologie ne débarquait plus seule, elle était livrée avec les instructeurs, ingénieurs et techniciens, voire avec les opérateurs chargés d'utiliser eux-mêmes le matériel trop sophistiqué. Au milieu des années 70, un rapport du Congrès américain observait, non sans inquiétude, que quelque 15 000 civils américains seraient appelés, avant la fin de la décennie, à séjourner en Iran dans le cadre des contrats de fournitures diverses signées avec ce pays. Et les parlementaires de craindre qu'un jour ces techniciens divers ne soient pris en otage à l'occasion d'une éventuelle révolution. Ou bien que les Etats-Unis ne finissent par trop s'identifier à la politique régionale menée par le Shah.

Le cas de l'Iran illustre un problème d'une autre nature. L'association étroite de ce pays avec l'Occident et la distorsion généralisée de son économie, provoquée par les achats extravagants du Shah, contribuèrent au délabrement de la condition sociale et politique du pays. Cette situation intérieure finit, en 1979, par une explosion populaire qui conduisit au départ précipité du Shah, et à l'avènement d'un régime fondamentaliste islamique dirigé par l'ayatollah Khomeiny. Considérés comme les soutiens fidèles du Shah, les Etats-Unis et la Grande-Bretagne devinrent les ennemis jurés du nouveau régime. Une inimitié féroce remplaçait brutalement l'influence à long terme escomptée par ces deux puissances.

Sous le règne du Shah, il était difficile de refuser à ce potentat les armes qu'il avait

combattre ensemble dans le cadre de la Force de déploiement rapide (FDR).

Français et les Britanniques à relever le défi.

Après la guerre du Yom Kippour, lorsque les prix du pétrole quadruplèrent très rapidement, le marché des armes s'emballa. Les pays industrialisés s'étaient donné comme objectif de récupérer au maximum les « pétrodollars » qui affluaient vers le Proche-Orient. Et il leur

Carter n'a pas réussi à contrôler le marché des armes

choisies. Les contrats qu'il signait étaient mirifiques pour les industriels américains et, comme nous l'avons dit plus haut, refuser une livraison d'armes est souvent perçu par le client comme un véritable affront. Une telle décision reflète en effet généralement l'idée que le fournisseur se fait de la stabilité politique de son client, de ses facultés de paiement, ou de la compétence technique de ses militaires. D'autre part lorsque — comme dans le cas du Shah — ce même client est en position de peser sur le prix du pétrole, et lorsqu'il joue un rôle essentiel pour le maintien de l'équilibre dans une région clef, on prend bien soin de ne pas l'offenser.

A la fin des années 70, le président Carter ne ménagea pas ses efforts pour mettre un peu d'ordre dans le commerce international des armements. Il insista pour que chaque contrat soit soigneusement étudié, et pour que tout racolage commercial soit proscrit. Il entreprit des conversations avec d'autres pays fournisseurs en vue d'examiner les possibilités d'établir un contrôle international du commerce des armes. Enfin, il promit que les Etats-Unis ne seraient pas « le premier fournisseur à introduire dans une région de nouvelles armes dont l'achat conférerait à l'acquéreur une capacité de combat d'un type nouveau ou d'une efficacité largement supérieure ».

Cette généreuse initiative ne fut pas couronnée de succès. Les autres pays fournisseurs d'armes firent la sourde oreille et virent dans la modération présidentielle l'occasion d'élargir leur marché au détriment des industriels américains. La position prise par Carter provoqua, d'autre part, un tollé chez les clients potentiels, qui se plaignirent des « pressions impérialistes » visant à leur refuser les moyens d'une défense moderne et à les confiner dans un état d'arriération militaire.

Alors que le président Carter hésitait à vendre des armes sophistiquées au Pakistan, la France et la Grande-Bretagne, en livrant à ce pays des avions Jaguar, lui forcèrent la main. D'autant que, paralèlement, parvenait d'Islamabad le bruit selon lequel, faute d'armements conventionnels suffisants, le Pakistan se verrait sans doute obligé d'envisager la fabrication d'un armement nucléaire. Enfin, comme l'invasion de l'Afghanistan par les Soviétiques plaçait le Pakistan en première ligne, la question fut définitivement résolue...

Comme on peut le voir sur la carte, il ne subsiste que peu de régions dans le monde où les avions, voire les missiles les plus sophistiqués ne sont pas encore opérationnels. Certains systèmes sont vendus à l'exportation avant même qu'ils ne figurent dans les arsenaux des pays vendeurs ! Plus déterminants encore, pour le contrôle des armements, apparaissent les efforts déployés par quantité de pays pour devenir autonomes en matière de production,

voire d'exportation de matériels militaires. Heureusement, l'auto-suffisance en matière de technologie militaire est une question de degrés : souvent, certains composants essentiels doivent être achetés à l'étranger.

Dans certains cas, le développement d'industries d'armement, a été stimulé par des perspectives purement commerciales mais, le plus souvent, il répond à des craintes quant à l'accès futur à des technologies de pointe. Ainsi, l'Afrique du Sud a été soumise à l'embargo décrété par les Nations-Unies, ce qui l'a conduite à mettre sur pied sa propre industrie d'armements. De même Israël, lâché par la France de De Gaulle, en 1967, et très consciente de sa dépendance à l'égard des Etats-Unis, a mis au point différents types d'armements, dont certains se sont révélés être d'excellents produits d'exportation. La Corée du Sud et T'ai-wan ont été animés par des considérations du même ordre. Au cours des dernières années, les pays non-communistes autres que les Etats-Unis et les principaux pays d'Europe occidentale ont accru de 8 à 20 % leur pénétration du marché des armements.

Ainsi, dans le même temps où il apparaissait évident que la livraison d'armes sophistiquées à n'importe quel pays solvable comportait des risques, les chances d'instaurer un contrôle international de ce commerce s'amenuisaient. Les ventes semblaient bien correspondre à une

▲ *Une firme britannique a tiré grand avantage du fait que ses produits ont été utilisés lors de la guerre des Malouines et ont en quelque sorte, de ce fait, reçu le label « Essayé au combat ».*

Les progrès constants réalisés en matière de technologie militaire ont pour corollaire que de nombreux équipements nouveaux n'ont jamais été testés au combat réel. Les cibles d'exercice sont une chose, la pratique sur le terrain en est une autre. Il résulte de cette situation que lorsque des conflits (comme ceux du Proche-Orient) opposent des forces disposant d'un matériel relativement sophistiqué, chaque détail des engagements est décortiqué, non seulement pour en tirer des leçons stratégiques et tactiques, mais aussi pour évaluer les performances des armes et équipements mis en œuvre.

Presque partout, le marché est aujourd'hui saturé

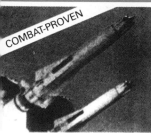

Harrier, four British
British Task Force in the
and determined air
on attacking aircraft, and
stems in production today
climatic and operational

ave provided such
phibious forces operating

lantic

ea Dart, the long-range ship-
unted area-defence system, denied the
my the use of high-level reconnaissance
high-level air attack. It imposed upon
my aircraft the use of patterns of approach
strike which significantly increased their
erability to the close-range systems and
led these systems to account for large
bers of attacking aircraft.

Sea Harrier missile integration programmes.

demande, et non découler des artifices de vendeurs trop entreprenants. Elles semblaient donc devoir se poursuivre tant que la demande serait soutenue. Si, en fait, la demande a décliné depuis les années 70, cela n'a pas été à cause d'un contrôle international plus strict, ni parce que les pays acheteurs se sont affranchis de leurs craintes en matière de sécurité. Il semble que depuis 1975 quelque 116 nations relevant de ce qu'il est convenu d'appeler le Tiers-Monde ont dépensé près de 150 milliards de dollars en armements. Environ un tiers du pactole est allé aux Etats-Unis, un autre tiers à l'URSS et le reste a bénéficié à une variété d'autres pays fournisseurs et tête desquels figurent la France et la Grande-Bretagne. Sur base des contrats signés pour la plupart dans les années 70, les livraisons ont plafonné vers 1980 et, depuis, les contrats nouveaux se sont raré-fiés. Les fournisseurs sont souvent obligés d'octroyer des crédits avantageux et les clients, pour leurs part, éprouvent de plus en plus de difficultés de trésorerie. Cependant, la princi-pale explication de ce marasme dans le com-merce internationale des armes réside dans le fait que, dans de nombreuses régions du monde, le marché est saturé.

La prolifération nucléaire

Un des secteurs où la diffusion des armes nucléaires meurtrières a été contrôlée avec plus de succès qu'on aurait pu l'espérer est celui des armes nucléaires. Depuis la fin des années 50, le monde a été régulièrement mis en garde contre les dangers d'une «épidémie nuclé-aire», qui risquerait de porter d'un à une vingtaine le nombre des Etats maîtrisant un arsenal nucléaire.

Ceux qui se préoccupent de limiter la dissé-mination des armes nucléaires se heurtent au fait qu'une bonne part de la technologie de la bombe est commune à celle de l'industrie nucléaire civile. Or, si la diffusion de la techno-logie nucléaire civile s'est faite sur une aussi grande échelle, c'est qu'à l'origine on espérait voir les Etats se satisfaire de l'«atome pacifi-que» et ne pas prétendre à la maîtrise de «l'atome guerrier». En 1953, le président Ei-senhower lançait un programme baptisé «*Atome pour la paix*», dont le but était de transférer la technologie civile à l'ensemble du monde non-communiste. De cette manière, on espérait dissuader les pays amis d'engager des programmes personnels de recherche, et diri-ger leurs efforts vers des technologies impro-pres aux applications militaires, basées sur l'utilisation d'uranium enrichi fourni par les Etats-Unis eux-mêmes. Contrairement à ces espérances, de nombreux pays se lancèrent dans des programmes qui, en définitive, les rendaient moins dépendants des Etats-Unis. A l'époque, la possession d'armes nucléaires et le statut de grande puissance étaient intimement

▶ *Le dessinateur Lurie nous livre son propre commentaire sur cette ten-dance que l'on a à utiliser la guerre comme terrain d'es-sai pour les nouvelles armes. Incidemment, il attire notre attention sur le fait que les armes utilisées dans les deux camps aux Malouines, avaient été fabriquées par des pays membres de l'OTAN.*

LE COMMERCE DES ARMES

L E COMMERCE DES ARMES suppose une telle inter-connection entre l'industrie et la politique que l'on ne sait jamais si les contrats ont été conclus en vue de gagner de l'argent ou pour influencer l'évolution politique du pays acheteur. Durant les deux décennies qui ont suivi la Seconde Guerre mondiale, le commerce concernait le plus souvent des forces militaires en place, auxquelles on vendait, à des prix généralement très bas, du matériel dépassé ou de surplus. Progressivement, la demande en systèmes plus sophistiqués et l'entrée en lice de nouveaux pays exportateurs d'armes ont mis davantage l'accent sur l'aspect commercial des tractations.

Toute tentative pour bien cerner le commerce des armes échoue assez vite, faute de disposer de statistiques fiables. Si les contrats les plus spectaculaires — portant notamment sur la vente d'avions

de combat dotés de la plus haute technologie — sont parfaitement connus, on sait peu de choses d'autres tractations portant sur des sujets moins spectaculaires mais non moins lucratifs, tels que la construction de casernes ou l'entraînement de pilotes. Le montant des sommes engagées est parfois surestimé car, sur ce marché, on trouve encore des crédits très avantageux. Certains pays exigent le secret, car ils ne veulent pas dévoiler leur potentiel militaire en affichant leurs achats d'armes.

On peut se faire une idée de la diffusion mondiale de la puissance militaire en dessinant sur une carte l'expansion des systèmes sophistiqués, tels les avions de combat modernes. Une autre approche consiste à prendre en compte le développement d'industries d'armement dans des pays qui, auparavant, étaient importateurs de ces produits.

Pays du Tiers-Monde ayant acquis des missiles sophistiqués et des avions

avant 1964

entre 1965 et 1974

depuis 1975

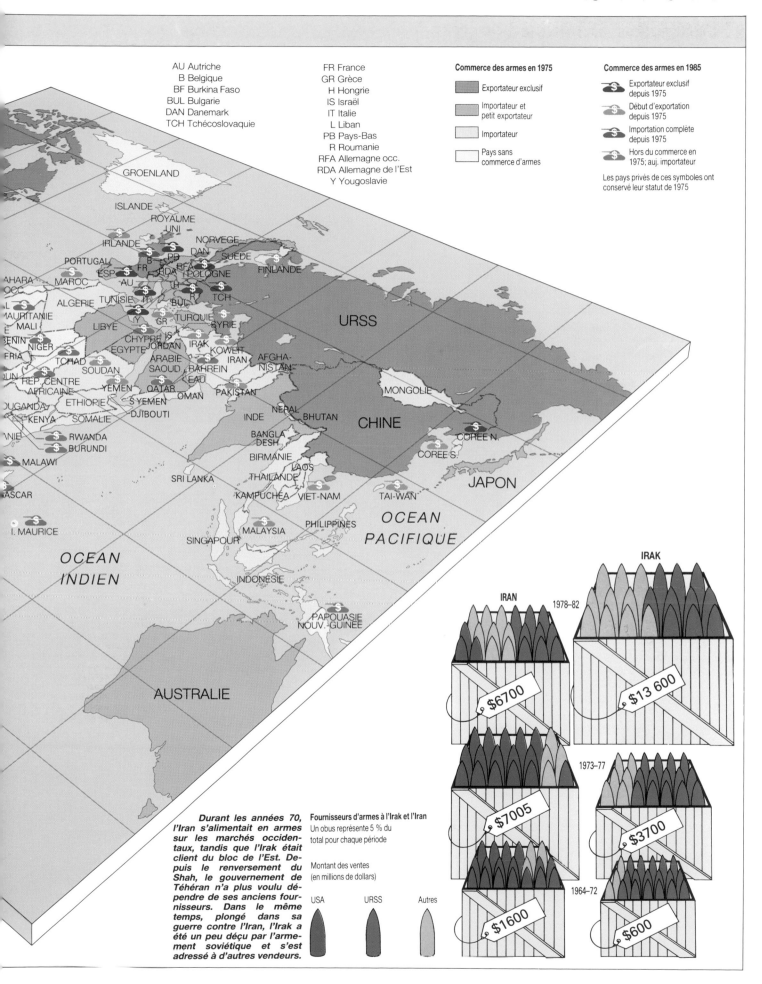

AU Autriche
B Belgique
BF Burkina Faso
BUL Bulgarie
DAN Danemark
TCH Tchécoslovaquie

FR France
GR Grèce
H Hongrie
IS Israël
IT Italie
L Liban
PB Pays-Bas
R Roumanie
RFA Allemagne occ.
RDA Allemagne de l'Est
Y Yougoslavie

Commerce des armes en 1975

Exportateur exclusif

Importateur et petit exportateur

Importateur

Pays sans commerce d'armes

Commerce des armes en 1985

Exportateur exclusif depuis 1975

Début d'exportation depuis 1975

Importation complète depuis 1975

Hors du commerce en 1975; auj. importateur

Les pays privés de ces symboles ont conservé leur statut de 1975

IRAK

IRAN   1978–82

$6700

$13 600

1973–77

$7005

$3700

1964–72

$1600

$600

Durant les années 70, l'Iran s'alimentait en armes sur les marchés occidentaux, tandis que l'Irak était client du bloc de l'Est. Depuis le renversement du Shah, le gouvernement de Téhéran n'a plus voulu dépendre de ses anciens fournisseurs. Dans le même temps, plongé dans sa guerre contre l'Iran, l'Irak a été un peu déçu par l'armement soviétique et s'est adressé à d'autres vendeurs.

Fournisseurs d'armes à l'Irak et l'Iran
Un obus représente 5 % du total pour chaque période

Montant des ventes (en millions de dollars)

USA   URSS   Autres

Il n'y a toujours officiellement que cinq Etats « nucléaires »

liés. Ainsi, lorsque la Chine communiste récupéra le fauteuil occupé par T'ai-wan au Conseil de Sécurité de l'ONU, il apparut que les cinq membres permanents du Conseil étaient précisément les cinq seules puissances nucléaires. Il est aussi important de se souvenir que, jusqu'à la fin des années 60, le problème de la prolifération des armes nucléaires semblait devoir se limiter aux pays industrialisés.

L'administration Eisenhower tenta de détourner ses alliés de recherches personnelles dans ce domaine en leur proposant des accords dits de « double-clé », concernant des systèmes d'armes à courte portée. Beaucoup se satisfirent de ce type d'arrangement. La Grande-Bretagne avait déjà entrepris de se doter d'une capacité de frappe nucléaire en se basant sur la technologie mise au point avec les Américains durant la Seconde Guerre mondiale. L'Allemagne fédérale n'avait été autorisée à se réarmer qu'à condition de se cantonner aux armes conventionnelles. L'Italie s'était interdit la possession d'armes nucléaires et, fidèle à sa vocation neutraliste, la Suède avait adopté la même position.

Le vrai problème était posé par la France qui, sous la conduite du président De Gaulle, cherchait à retrouver son rang de grande puissance mondiale après les humiliations qu'elle avait subies au cours des années 40 et 50. La France commença, dès les années 50, à mettre sur pied sa propre force de frappe, qui allait devenir une source importante de frictions avec les Etats-Unis au cours de la décennie suivante.

Les Américains craignaient que l'effort lié à ce développement engloutisse les ressources de la France, ressources nécessaires pour couvrir ses besoins les plus urgents, notamment dans le domaine des armements conventionnels. Ils prévoyaient donc un accroissement de la vulnérabilité de leur allié mais, surtout, une complication extrême des procédures de décision en cas de guerre. De leur côté, les Français faisaient valoir qu'à l'ère nucléaire les alliances étaient d'une fiabilité douteuse et que la seule dissuasion crédible consistait dans le fait de disposer de sa propre force de frappe. C'est ainsi que, plutôt que de céder aux pressions américaines, la France se retira du commandement intégré de l'OTAN.

Les Soviétiques, de leur côté, avaient à faire face à des problèmes similaires avec leur allié chinois. Pékin voulait disposer d'armes nucléaires pour soutenir sa politique étrangère, mais Moscou considérait les Chinois comme trop téméraires pour assumer ce genre de responsabilité. L'URSS refusa donc son aide et fit tout pour entraver la réalisation du programme nucléaire chinois. Cela eut pour effet d'exacerber la tension existant entre les deux

Photo, prise en 1978, du Centre indien de recherche atomique à Trombay. Il porte le nom de Homi Bhabba, qui fut le premier président de la Commission indienne de l'énergie atomique. Les installations de retraitement de Trombay ont permis à l'Inde d'extraire suffisemment de plutonium de son réacteur Cirus (livré sans garanties par le Canada) pour lui permettre d'effectuer son explosion nucléaire « pacifique » en 1974.

LE CLUB NUCLEAIRE

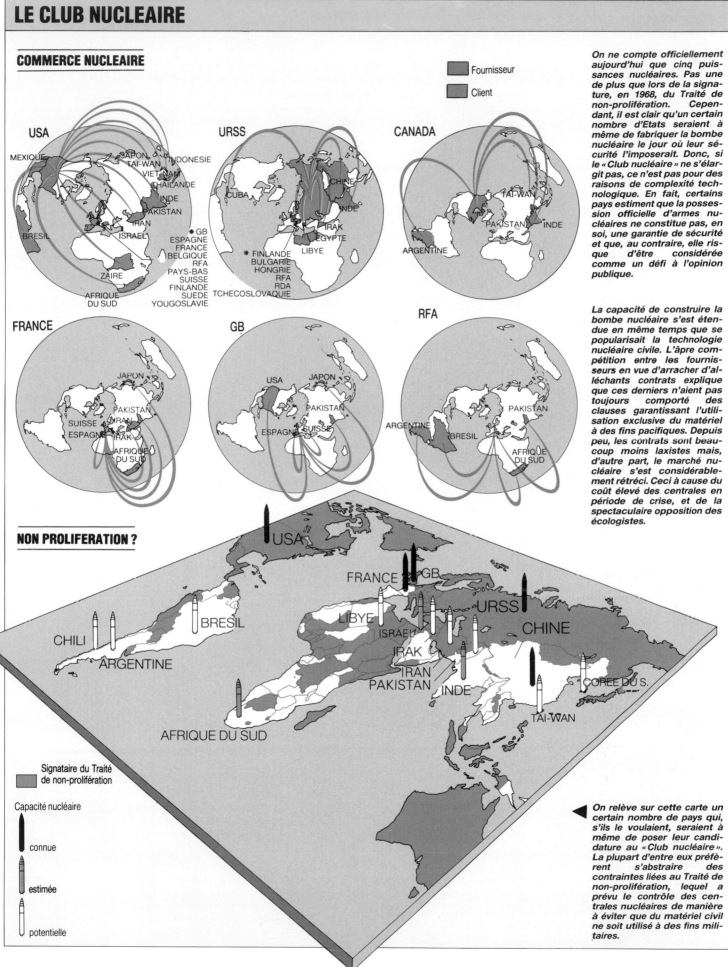

COMMERCE NUCLEAIRE

Fournisseur
Client

USA

MEXIQUE
JAPON
TAI-WAN
VIET-NAM
THAILANDE
INDONESIE
INDE
PAKISTAN
IRAN
ISRAEL
BRESIL
* GB
ESPAGNE
FRANCE
BELGIQUE
RFA
PAYS-BAS
SUISSE
FINLANDE
SUEDE
YOUGOSLAVIE
ZAIRE
AFRIQUE
DU SUD

URSS

CUBA
CHINE
INDE
IRAK
EGYPTE
LIBYE
* FINLANDE
BULGARIE
HONGRIE
RFA
RDA
TCHECOSLOVAQUIE

CANADA

TAI-WAN
PAKISTAN
INDE
ARGENTINE

FRANCE

JAPON
PAKISTAN
SUISSE
IRAN
ESPAGNE
IRAK
AFRIQUE
DU SUD

GB

USA
JAPON
PAKISTAN
ESPAGNE
SUISSE

RFA

ARGENTINE
BRESIL
PAKISTAN
AFRIQUE
DU SUD

NON PROLIFERATION ?

USA
FRANCE
GB
BRESIL
CHILI
ARGENTINE
LIBYE
ISRAEL
IRAK
IRAN
PAKISTAN
INDE
URSS
CHINE
COREE DU S.
TAI-WAN
AFRIQUE DU SUD

Signataire du Traité
de non-prolifération

Capacité nucléaire

connue

estimée

potentielle

On ne compte officiellement aujourd'hui que cinq puissances nucléaires. Pas une de plus que lors de la signature, en 1968, du Traité de non-prolifération. Cependant, il est clair qu'un certain nombre d'Etats seraient à même de fabriquer la bombe nucléaire le jour où leur sécurité l'imposerait. Donc, si le « Club nucléaire » ne s'élargit pas, ce n'est pas pour des raisons de complexité technologique. En fait, certains pays estiment que la possession officielle d'armes nucléaires ne constitue pas, en soi, une garantie de sécurité et que, au contraire, elle risque d'être considérée comme un défi à l'opinion publique.

La capacité de construire la bombe nucléaire s'est étendue en même temps que se popularisait la technologie nucléaire civile. L'âpre compétition entre les fournisseurs en vue d'arracher d'alléchants contrats explique que ces derniers n'aient pas toujours comporté des clauses garantissant l'utilisation exclusive du matériel à des fins pacifiques. Depuis peu, les contrats sont beaucoup moins laxistes mais, d'autre part, le marché nucléaire s'est considérablement rétréci. Ceci à cause du coût élevé des centrales en période de crise, et de la spectaculaire opposition des écologistes.

◀ On relève sur cette carte un certain nombre de pays qui, s'ils le voulaient, seraient à même de poser leur candidature au « Club nucléaire ». La plupart d'entre eux préfèrent s'abstraire des contraintes liées au Traité de non-prolifération, lequel a prévu le contrôle des centrales nucléaires de manière à éviter que du matériel civil ne soit utilisé à des fins militaires.

Le Traité de non-prolifération de 1970 a évité une épidémie

pays communistes et les conduisit à la rupture. Cependant, les Chinois surprirent les deux superpuissances par la rapidité avec laquelle ils passèrent d'un premier essai de bombe atomique (1964) à l'explosion d'une bombe à hydrogène (1967). A la fin des années 60, les Soviétiques avaient laissé entendre aux Chinois qu'ils pouvaient s'attendre à une attaque préventive de leur part et, de leur côté, les Etats-Unis avaient prévu de dépenser des milliards de dollars pour mettre sur pied un système de défense contre les missiles intercontinentaux chinois, que l'on estimait devoir être opérationnels au début des années 70. Cette anticipation pessimiste accusait une erreur d'une quinzaine d'années : seul un ICBM chinois, testé en 1980, serait aujourd'hui opérationnel.

Dans le cadre de leurs efforts en vue de faire pression sur la France et la Chine, et pour décourager tout Etat tenté de suivre leur exemple, les superpuissances n'ont pas manqué de parrainer maintes tentatives visant à faire obstacle à la prolifération nucléaire. Le traité de Moscou (1963) d'interdiction partielle des essais, auquel 111 Etats (mais non la France et la Chine) ont apporté leur adhésion, accrut la difficulté d'accéder au rang de puissance nucléaire, car il interdisait les essais dans l'espace atmosphérique. Si les essais souterrains demeurent autorisés, ils ne sont toutefois pas absolument nécessaires à la mise au point des armes nucléaires. En 1974, l'Inde fit exploser un engin en alléguant qu'elle n'enfreignait pas l'interdiction dans la mesure où elle n'avait en vue que des applications pacifiques...

Un pas plus significatif fut accompli en 1968 avec le Traité de non-prolifération des armes nucléaires, qui est entré en vigueur en 1970 et a, depuis, été ratifié par 115 Etats. Ce fut le résultat d'une sorte de marchandage entre les Etats nucléaires et les Etats non-nucléaires. En échange de la renonciation, par les seconds, à l'arme nucléaire, les premiers leur accordaient les bénéfices pacifiques de l'énergie nucléaire et la promesse de s'entendre sur le désarmement et le contrôle des armements.

On peut dire que le Traité de non-prolifération fut un succès dans la mesure où il réussit à geler la situation de 1970, c'est-à-dire à ce que le nombre des puissances nucléaires n'augmente pas, du moins officiellement. Pourtant, le Traité ne put empêcher que la technologie nucléaire se répande jusque dans certains pays du Tiers-Monde. Et il a perdu progressivement son efficacité dans la mesure où des restrictions au transfert de technologies dites « sensibles » ont dû être établies par les puissances nucléaires. En effet, bien que « civiles », ces technologies entraient pour une bonne part dans l'élaboration d'armes. D'autre part, au fil du temps, les nations signataires se sont aperçues que les deux superpuissances ne parvenaient pas à se mettre d'accord en matière de

désarmement ou de contrôle. On comprend que, dans ces conditions, le Traité ait été perçu comme une duperie par nombre d'Etats.

De nombreux pays soupçonnés de vouloir posséder leur propre frappe nucléaire — Israël, Afrique du Sud, Inde, Pakistan, Brésil, Argentine et Chili — s'étaient évidemment abstenus d'adhérer au Traité et tout ce que l'on pouvait espérer, c'est qu'ils ne bénéficient pas, de la part d'autres, des moyens d'accès à la technologie nécessaire.

Ayant son siège à Vienne, l'Agence internationale de l'Energie atomique a la responsabilité de vérifier, grâce à des inspections systématiques, que rien d'illicite ne se trame dans les installations nucléaires civiles. Autrement dit, elle s'assure que les centrales contrôlées ne sécrètent aucun matériel fissile.

Il faut cependant remarquer qu'un certain nombre d'installations antérieures à la signature du Traité ne sont pas soumises au contrôle de l'Agence. Il en est ainsi, par exemple, des réacteurs achetés au Canada par l'Inde, ou à la France par Israël.

En outre, certains pays à velléités nucléaires, comme l'Afrique du Sud et l'Argentine, ont réussi, seuls, à mettre sur pied des industries nucléaires sophistiquées. Autre raison d'inquiétude : la perspective de profits importants à l'exportation pourrait conduire certains Etats à proposer des technologies « sensibles » et à faire preuve de laxisme dans l'application des clauses de sauvegarde.

A la suite de la hausse importante des prix du pétrole, intervenue depuis 1973-1974, le nucléaire est apparu comme une source d'énergie alternative intéressante, et les réacteurs nucléaires ont fait l'objet d'un commerce animé.

L'intérêt commença à se porter sur les secteurs « sensibles » de l'enrichissement de l'uranium et du retraitement du combustible. En 1974, peu après les « essais pacifiques » de l'Inde, l'Allemagne fédérale conclut avec le Brésil un accord concernant ces technologies. Ces deux événements donnèrent à penser que la technologie nucléaire tendait à échapper à tout contrôle.

Aux Etats-Unis, en particulier, on avait tendance à considérer cette prolifération comme une épidémie contre laquelle aucun Etat n'était vraiment immunisé. Une épidémie provoquée par une fièvre technologique particulièrement virulente. La thérapie la plus indiquée paraissait être un surcroît de modération de la part des fournisseurs de technologie nucléaire. Cependant, aux yeux de beaucoup, cette attitude paraissait refléter un alarmisme injustifié, peu conforme à l'engagement pris de partager les bénéfices de l'énergie nucléaire. Les plus cyniques y voyaient une manœuvre visant à geler une situation qui donnait aux pays occidentaux un avantage relatif. Le principal résultat de la pression américaine fut que

▶ *C'est en 1964, lorsque ses bombardiers Mirage IV devinrent opérationnels, que la France devint une puissance nucléaire effective. Depuis, elle a mis en silos, sur le plateau d'Albion, des missiles S3 d'une portée de 3 500 km, et s'est offert une flotte de sous-marins nucléaires, vecteurs d'engins balistiques. Cinq sont opérationnels, le sixième est en chantier et un septième est prévu.*

Depuis peu, le M4, nouveau missile destiné à ces submersibles, est entré en service. Chacun des M4 transporte, sur une distance de 5 à 6 000 km, six têtes nucléaires de 150 KT, qui sont chacune l'équivalent de 150 000 tonnes de TNT.

Davantage que d'autre pays, la France fait confiance aux vertus de la dissuasion nucléaire et ce, parfois, au détriment de l'équipement de ses forces conventionnelles. En développant ses capacités nucléaires, elle s'est abstraite de toute dépendance militaire vis-à-vis des Américains. S'appuyant sur sa force nucléaire stratégique (FNS), la France insiste sur le fait que toute attaque contre son territoire déclencherait une riposte nucléaire résolue. Si cette menace est crédible, se pose pourtant le problème de la responsabilité de la France vis-à-vis de ses alliés, et le fait de savoir si elle se sentirait concernée par des événements graves survenant en Europe centrale.

En 1966, la France a quitté le Commandement militaire intégré de l'OTAN et il ne semble pas qu'elle veuille revenir sur cette décision. Depuis, cependant, elle a multiplié les signes indiquant sa volonté d'une plus grande coopération militaire avec ses alliés, notamment en RFA.

L'ambiguïté de la doctrine française est illustrée par le missile nucléaire de courte portée (120 km) Pluton (à droite). Cet engin, déployé sur des châssis de chars AMX 30, est doté d'une tête réduite à 15 KT. Ce n'est donc pas une arme stratégique de dissuasion, mais bien une arme tactique qui serait utilisée contre des envahisseurs, voire contre des formations ennemies se dirigeant vers la France à travers le territoire allemand, quitte à augmenter de la sorte les dégâts provoqués par les opérations de guerre dans ce pays allié.

A qui le tour ?

l'on agrémenta désormais les contrats de clauses de sauvegarde plus strictes. Le problème perdit cependant de son acuité en même temps que s'amoindrissait l'intérêt pour l'énergie nucléaire, et le commerce des réacteurs connut un ralentissement spectaculaire.

La France, qui avait refusé de signer le Traité de non-prolifération, avait ratifié une série d'accords avec la Corée du Sud, le Pakistan et l'Irak. Des pressions américaines provoquèrent l'annulation des deux premiers contrats, ce qui n'empêcha pas le Pakistan de poursuivre dans la voie nucléaire par des voies détournées. L'Irak ayant refusé de rompre son contrat avec la France entreprit la construction d'un réacteur à Osirak mais, le 7 juin 1981, peu avant sa mise en service, l'usine fut détruite par un raid aérien israélien.

Nous en sommes aujourd'hui au point où un certain nombre de pays disposent — ou sont sur le point de disposer — de la maîtrise dans le domaine nucléaire, mais s'abstiennent de passer aux actes pour des raisons politiques. Ils tiennent cette possibilité en réserve pour le cas où leur sécurité leur imposerait de sauter le pas. Le seul fait de laisser entendre que l'on dispose d'une « option nucléaire » constitue un facteur d'avantage stratégique. Ainsi, Israël a fait usage de sa capacité nucléaire putative pour persuader les Américains de renouveler son stock de matériel conventionnel, et pour intimider ses voisins arabes. En septembre 1977, après que l'URSS ait fait état de l'imminence de l'événement, de fortes pressions furent exercées sur l'Afrique du Sud pour la dissuader de procéder aux essais d'une bombe nucléaire dans le désert du Kalahari. Ces essais n'eurent pas lieu mais, depuis, l'Afrique du Sud est membre officieux du Club atomique...

Les relations qu'il entretient avec les superpuissances ont, pour tout pays, une implication importante dans le domaine de la sécurité. Les Etats qui ont su se dégager de la tutelle des deux Grands cherchent à faire la preuve de leur indépendance en accédant au Club nucléaire. Les autres, qui sont toujours assujettis à l'une ou l'autre grande puissance, craignent de perdre un jour ce parrainage protecteur et pensent trouver dans la voie nucléaire les moyens d'une politique indépendante. Des considérations de cet ordre ont inspiré les Israéliens, les Pakistanais et, dans une moindre mesure, les Sud-Coréens et les Chinois de T'ai-wan.

De ce point de vue, la prolifération nucléaire peut être considérée comme fonction des tensions internes à la famille occidentale, que nous décrivions au début de ce chapitre. Tant qu'elles apparaissent fermes et durables, il y a peu de chances que les garanties de sécurité offertes par les Etats-Unis soient abandonnées au profit d'une option nucléaire indépendante. Cela fait partie du contexte général de la diffusion internationale de la puissance.

Comme les conflits régionaux se font de plus en plus virulents au fur à mesure que s'accumulent, un peu partout, les stocks d'armes conventionnelles, les grandes puissances, décontenancées par l'objet de ces querelles, ont tendance à prendre leurs distances vis-à-vis de pays amis jugés belliqueux, qui avaient jusque là joui de leur protection. Mais un pays ainsi négligé cherchera à combler sa frustration en se portant candidat à l'option nucléaire. Et ce phénomène ne fera qu'accroître la réticence de la puissance protectrice à se trouver engagée avec ce partenaire dont les voisins, inquiets, chercheront, eux aussi, à se doter d'une capacité nucléaire propre.

Cette spirale est déjà engagée en Asie. La Chine a consacré son indépendance à l'égard de l'URSS en procédant à des essais nucléaires. L'Inde, qui avait mené une guerre frontalière avec la Chine en 1962, en tira ses conclusions et choisit de développer sa propre option. Après les essais indiens en 1974, les Pakistanais firent connaître leur détermination de ne pas être en reste. Leur président, Ali Bhutto, déclara même : « S'il le faut, mes concitoyens mangeront de l'herbe, mais le Pakistan deviendra puissance nucléaire ».

Les pays arabes ont été stimulés par l'exemple d'Israël et le colonel libyen Kadhafi s'est efforcé de se procurer une bombe « toute faite » sur le marché. En dépit du raid sur Osirak, l'Irak pourrait bien finalement être le premier pays à fabriquer une bombe « arabe », ce qui ne fait pas l'affaire de son rival iranien, lequel ne peut donc se tenir à l'écart de tels développements. Il en va de même pour le Japon, l'Australie ou l'Indonésie, qui suivent attentivement ces péripéties.

Il ne faut cependant pas surestimer cette tendance. Une capacité nucléaire militaire reste extrêmement difficile à réaliser, car elle implique des investissements scientifiques et financiers considérables. Et, quand on est arrivé à produire des armes nucléaires, reste à résoudre le problème du lancement de celles-ci en quantités suffisantes. D'autre part, l'émergence d'une nouvelle capacité nucléaire agit sur les pays voisins comme une provocation, ce qui multiplie les risques de tension, de course aux armements classiques, voire d'actions préventives. Elle peut aussi conduire à la rupture des relations bienveillantes entretenues jusque là avec une grande puissance.

Toutes ces raisons expliquent pourquoi la dissémination de la puissance militaire nucléaire a été beaucoup plus réduite que prévu. Mais le nombre croissant de pays capables de se hisser au niveau nucléaire le jour où ils le souhaiteront, et le dérèglement croissant du système international créent cependant le risque de voir, dans un certain nombre de pays, la balance pencher finalement en faveur de l'option nucléaire.

3

LA COURSE AUX ARMES NUCLEAIRES

Même si, tant à l'Est qu'à l'Ouest, on n'est pas encore arrivé à produire l'arme nucléaire de « première frappe » à effet décisif, ce qui détruisit Hiroshima en 1945 n'est plus aujourd'hui qu'une « bombinette »... ● La crainte de voir l'adversaire réussir une percée technologique en matière nucléaire alimente une âpre compétition, tant sur le plan offensif que défensif ● La vulnérabilité des silos nucléaires aux attaques adverses a conféré aux sous-marins un rôle essentiel dans la stratégie de « deuxième frappe », ou riposte ● Le missile balistique intercontinental Trident II bénéficie à la fois d'une grande précision et de l'invulnérabilité qu'offre le submersible ● En Europe, les armes nucléaires jouent un rôle dissuasif capital, mais elles paralysent considérablement la diplomatie des grandes puissances.

Ce nuage familier en forme de champignon, révélateur d'une explosion nucléaire, s'élève au-dessus de l'atoll de Mururoa après un essai français en 1983. De nombreux Etats du Pacifique se sont élevés contre ces expériences, craignant qu'ils ne polluent leur atmosphère, mais la France n'a pas signé le traité de 1963 interdisant les essais dans l'atmosphère.

DEPUIS 1945, LA MENACE NUCLÉAIRE projette son ombre sur la politique internationale. La destruction des deux villes japonaises d'Hiroshima et de Nagasaki avaient, de façon dramatique, brusquement dévoilé à l'humanité les terrifiantes perspectives tracées par l'exploitation militaire de l'énergie nucléaire. Depuis, ces sombres perspectives n'ont cessé de se concrétiser et, en une sorte d'escalade infernale, les armes nucléaires sont devenues toujours plus nombreuses, plus « performantes » et plus puissantes. Cependant, en dépit d'une tension internationale permanente traversée de crises parfois très aiguës, jamais, jusqu'ici, un engin nucléaire n'a servi pour assouvir une colère...

Sans doute doit-on s'en réjouir, mais peut-être aussi est-il naturel de s'inquiéter de la pérennité de ce succès de la dissuasion réciproque, dont la durée est aussi rassurante que le fait de savoir qu'une compagnie d'aviation a fonctionné pendant de nombreuses années sans accuser d'accident grave. Faut-il applaudir à la performance ou déduire de la « loi des séries » que la compagnie en question devrait connaître prochainement une catastrophe aérienne ? On comprend que l'inquiétude soit encore plus vivement ressentie dans un domaine où tout « accident » serait si dévastateur qu'il faudrait un miracle pour qu'une société civilisée puisse émerger des ruines.

Nous examinerons donc, dans ce chapitre, les chances de durée que peut avoir la dissuasion nucléaire. Est-il exact, comme certains l'ont prétendu au cours de ces dernières années, qu'une combinaison d'innovations techniques et de doctrines nouvelles est en train de déstabiliser l'*équilibre de la terreur* ? Un équilibre nucléaire peut-il subsister durant des périodes de tension prolon-

De la course contre Hitler est née l'option nucléaire

gées, ou survivre à l'espèce de turbulence politique qui semble se propager aux quatre coins du monde ? On ne peut répondre à ces questions sans tenir compte de quelques-unes des controverses contemporaines. Ceci exige une analyse du développement des arsenaux nucléaires et de leur impact sur la politique mondiale au cours des quatre dernières décennies. L'explication de ce qui a conduit à la situation actuelle devrait logiquement nous permettre d'identifier les sources d'instabilité future.

Le départ de la course aux armements nucléaires

S'il y eut un moment où l'expression *course aux armements nucléaires* fut particulièrement appropriée, c'est au début des années 40, lorsque savants américains et britanniques tentaient de gagner de vitesse leurs confrères qui, en Allemagne nazie, menaient eux aussi, semblait-il, des recherches en vue de mettre au point une bombe atomique. Il existait en effet, en Allemagne, un projet de ce genre, mais celui-ci ne bénéficiait guère du soutien de hautes personnalités, ni de ressources comparables à celles accordées aux chercheurs alliés. D'autre part, l'émigration de très nombreux savants et chercheurs d'origine allemande avait eu pour conséquence que leurs connaissances faisaient défaut dans les laboratoires du IIIe Reich, mais servaient dans les centres de recherches alliés.

Lorsque, au prix de millions de dollars, le projet *Manhattan* se concrétisa par le premier essai réussi d'une bombe atomique dans le désert du Nouveau-Mexique, nous étions en juillet 1945 et, l'Allemagne étant déjà défaite, il paraissait évident que la course à la bombe atomique avait été menée à sens unique. Cependant, le Japon se battait toujours et les Américains disposaient de cette arme nouvelle, susceptible de mettre un terme à la guerre. Le 6 août 1945, les habitants d'Hiroshima furent donc les premières victimes d'une attaque nucléaire et, trois jours plus tard, ceux de Nagasaki subissaient le même sort. Ceci se passait cinq jours avant la reddition du Japon, qui intervint le 14 août 1945.

Si, depuis, cet emploi de la bombe a soulevé beaucoup de critiques, le lien incontestable entre cette utilisation et la fin de la guerre contribua, de manière immédiate, à la renommée de l'arme nouvelle. En outre, l'hostilité grandissante entre les alliés du temps de guerre créait un contexte dans lequel la possession d'une telle arme offrait des perspectives rassurantes.

On sait aujourd'hui qu'en combinant ses propres efforts de recherches avec les renseignements fournis par des espions, tel Klaus Fuchs, infiltrés dans le projet américain, l'Union soviétique était déjà bien avancée dans

HIROSHIMA ET NAGASAKI

LA PREMIÈRE BOMBE ATOMIQUE fut lâchée sur Hiroshima par l'*Enola Gay*, un bombardier américain B-29 parti des îles Mariannes. L'explosion se produisit le 6 août 1945 à 8 h 15. A la fin de cette même année, environ 140 000 personnes étaient décédées des suites de la bombe. La mort d'un grand nombre d'entre elles peut être attribuée aux effets à long terme de la radioactivité. La seconde bombe fut lancée le 9 août 1945 à 11 h 02 sur Nagasaki. Sur la liste des objectifs, cette localité arrivait après la ville de Kokura, mais celle-ci fut épargnée grâce aux nuages qui, ce jour-là, obscurcissaient son ciel. A Nagasaki, le nombre des victimes s'éleva à environ 70 000 personnes.

La décision de soumettre ces deux villes à un bombardement atomique a été fortement critiquée. Le point de vue américain de l'époque était que le Japon, bien qu'au bord de la défaite, refuserait obstinément de capituler et continuerait à se battre avec un maximum de férocité. Seule l'invasion totale du Japon, programmée pour novembre 1945, pouvait conduire à la victoire, mais il était prévisible qu'une opération d'une telle envergure allait coûter aux Alliés un nombre considérable de vies humaines.

Les dirigeants américains, tenaient alors la décision entre leurs mains, envisagèrent la possibilité de démontrer au Japonais la puissance de la nouvelle bombe, sans pour autant infliger à la population civile des dommages massifs. Ils y renoncèrent cependant, de peur que l'expérience ne paraisse pas assez convaincante, que les Japonais ne parquent les prisonniers américains dans la zone prévue pour l'explosion, ou qu'un échec ne fortifie au contraire la résolution nippone. Il ne semble pas que l'on ait sérieusement envisagé de renoncer à l'utilisation de la bombe : trop de sang allié avait été versé, trop de frustrations s'étaient accumulées, trop d'argent et d'efforts avaient été investis dans ce projet avec l'espoir qu'il mettrait rapidement fin à la guerre, pour que l'on pût en faire l'impasse. La reddition du Japon, immédiatement après Nagasaki, confirma qu'ils avaient pris une sage décision.

▲ *L'hôpital Sei d'Hiroshima se trouvait exactement sous la bombe atomique lorsque celle-ci explosa. Ce qu'il en reste a été conservé au sein de ce qui est devenu un «parc commémoratif de la paix». Chaque jour, des milliers de pèlerins venus des quatre coins du monde, viennent se recueillir dans ce parc et visiter le musée consacré à la bombe du 6 août 1945.*

▶ *La ville d'Hiroshima est bâtie sur le delta de la rivière Ota qui, coulant des montagnes situées au nord, se jette dans la mer intérieure Seto. L'explosion s'est produite juste au-dessus du cœur de cette cité aménagée sur une zone plate. C'est ce qui explique l'ampleur des destructions.*

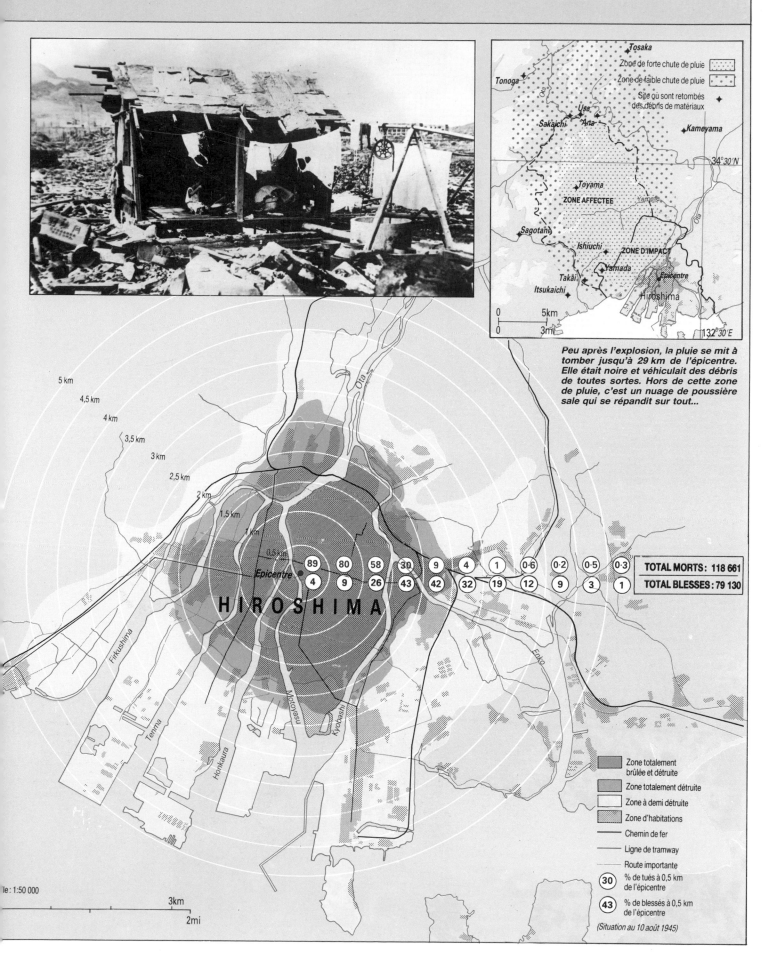

Zone de forte chute de pluie

Zone de faible chute de pluie

Site où sont retombés des débris de matériaux

Tosaka

Tonoga

Usa

Sakaïchi *Ana*

Kameyama

34°30'N

Toyama

ZONE AFFECTÉE *Yamate*

Sagotaki

Ishiuchi **ZONE D'IMPACT**

Takaï *Yamada*

Itsukaïchi *Épicentre*

Hiroshima

0   5km

0   3mi

132°30'E

Peu après l'explosion, la pluie se mit à tomber jusqu'à 29 km de l'épicentre. Elle était noire et véhiculait des débris de toutes sortes. Hors de cette zone de pluie, c'est un nuage de poussière sale qui se répandit sur tout...

5 km

4,5 km

4 km

3,5 km

3 km

2,5 km

2 km

1,5 km

1 km

0,5 km

Épicentre

H I R O S H I M A

| 89 | 80 | 58 | 30 | 9 | 4 | 1 | 0·6 | 0·2 | 0·5 | 0·3 |
| 4 | 9 | 26 | 43 | 42 | 32 | 19 | 12 | 9 | 3 | 1 |

TOTAL MORTS: 118 661

TOTAL BLESSÉS: 79 130

Firkushima

Tenma

Honkaura

Motoyasu

Kyoboshi

Enko

Zone totalement brûlée et détruite

Zone totalement détruite

Zone à demi détruite

Zone d'habitations

Chemin de fer

Ligne de tramway

Route importante

(30) % de tués à 0,5 km de l'épicentre

(43) % de blessés à 0,5 km de l'épicentre

(Situation au 10 août 1945)

le : 1:50 000

3km

2mi

LA DEFAITE DU JAPON

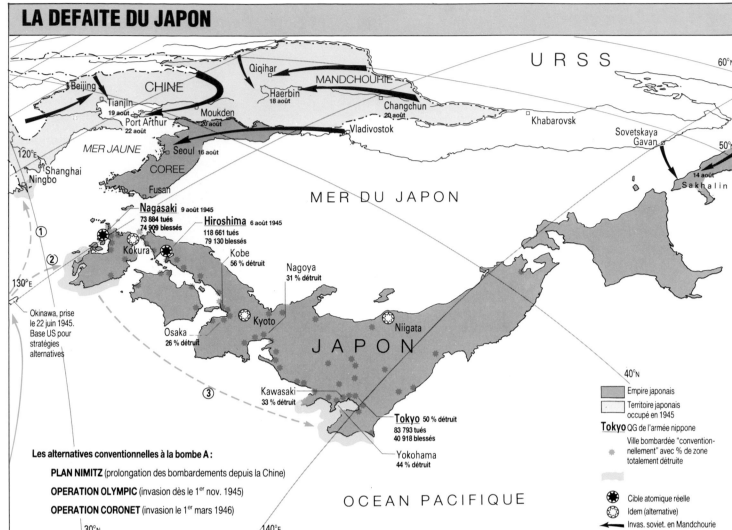

U R S S

Qiqihar

MANDCHOURIE

CHINE

Beijing

Tianjin
19 août

Moukden
20 août

Port Arthur
22 août

Haerbin
18 août

Changchun
20 août

Khabarovsk

Vladivostok

Sovetskaya
Gavan

14 août

Sakhalin

MER JAUNE

Seoul 16 août

Shanghai
Ningbo

COREE

Fusan

MER DU JAPON

60°N

50°N

120°E

①

②

130°E

Okinawa, prise
le 22 juin 1945.
Base US pour
stratégies
alternatives

Nagasaki 9 août 1945
73 884 tués
74 909 blessés

Kokura

Hiroshima 6 août 1945
118 661 tués
79 130 blessés

Kobe
56 % détruit

Nagoya
31 % détruit

Kyoto

Niigata

Osaka
26 % détruit

J A P O N

40°N

③

Kawasaki
33 % détruit

Tokyo 50 % détruit
83 793 tués
40 918 blessés

Yokohama
44 % détruit

Empire japonais

Territoire japonais
occupé en 1945

Tokyo QG de l'armée nippone

Ville bombardée "convention-
nellement" avec % de zone
totalement détruite

Cible atomique réelle

Idem (alternative)

Invas. soviet. en Mandchourie

Les alternatives conventionnelles à la bombe A :

PLAN NIMITZ (prolongation des bombardements depuis la Chine)

OPERATION OLYMPIC (invasion dès le 1er nov. 1945)

OPERATION CORONET (invasion le 1er mars 1946)

30°N

140°E

OCEAN PACIFIQUE

IL EST CLAIR AUJOURD'HUI pour beaucoup que le Japon aurait rendu les armes avant l'invasion américaine, projetée pour le mois de novembre 1945.

On oublie en effet souvent que les explosions de Hiroshima et de Nagasaki, pour effroyables qu'elles furent, ne constituèrent pas, au début du mois d'août, le seul problème que durent affronter les dirigeants politiques de Tokyo. En effet, trois jours après Hiroshima et la veille de l'explosion de Nagasaki, l'URSS avait subitement déclaré la guerre au Japon et envahi la Mandchourie.

Dans ces conditions, on peut se demander aujourd'hui si les deux bombes atomiques de 1945 ont réellement servi au rétablissement de la paix. Mais ceux qui trouvent irraisonnée la décision prise par Harry Truman ne tiennent compte ni du lieu où elle fut prise, ni de l'atmosphère de l'époque. Avec le recul du temps, on peut se convaincre de l'inutilité de la destruction de deux villes et du massacre de civils qui s'ensuivit. Mais, le plus grave, c'est qu'il semble bien que certains avaient quelque intérêt à ce que ces bombes explosent. A ce sujet, deux suppositions ont été avancées.

La première est que les responsables du projet *Manhattan* (fabrication de la bombe A) tenaient beaucoup à l'expérimenter sur des villes japonaises, simplement pour voir comment elle fonctionnait. La seconde a, comme arrière-plan, les tiraillements qui se faisaient jour entre les Alliés, au cours des dernières phases de la guerre. Tiraille-

ments qui devaient, quelques années plus tard, déboucher sur la *Guerre froide*. Alors que les «Grands», sûrs de leur victoire, échangeaient leurs vues sur ce que, d'après eux, devait être l'avenir de l'Europe, d'importants conflits d'intérêt étaient apparus et, à Washington, certains auraient pensé qu'une démonstration de force atomique était susceptible de calmer les Soviétiques dans leurs revendications.

En fait, on a vu par la suite que des troupes d'occupation sur les territoires revendiqués étaient finalement plus efficaces, dans les batailles diplomatiques, que la crainte de la bombe.

▲ *La dernière phase de la Seconde Guerre mondiale : après avoir été, durant une brève période, maître du Pacifique, le Japon se prépare à défendre opiniâtrement ses propres îles avec une armée de volontaires, mais sans marine ni aviation. A ce moment, le Japon a déjà souffert de bombardements conventionnels massifs — y compris celui de Tokyo en mars 1945 — dont les effets ont été comparables aux bombardements atomiques qui allaient se produire à Hiroshima et Nagasaki. Ces pilonnages conventionnels n'avaient pas stoppé la mise au point de la bombe A car l'état-major de l'aviation US considérait celle-ci comme un simple coup supplémentaire à asséner à l'ennemi avant l'offensive de débarquement prévue.*

◄ *Le Japon a reconnu sa défaite en signant l'armistice le 2 septembre 1945 à bord du cuirassé américain Missouri, ancré dans la baie de Tokyo.*

La bombe soviétique de 1961 était 3 700 fois plus puissante que celle d'Hiroshima

la réalisation de sa propre capacité nucléaire. La *vraie* course aux armements nucléaires avait débuté en catimini ! En 1949, les Soviétiques procédèrent aux essais de leur bombe atomique et les Américains réagirent en passant à la bombe à fusion thermonucléaire, terrain sur lequel leurs adversaires ne tardèrent pas à les suivre. Au début des années 50, le potentiel nucléaire américain représentait une menace terrifiante pour l'URSS. Il allait encore falloir longtemps à celle-ci avant d'être en mesure de menacer le territoire américain grâce à ses bombardiers à long rayon d'action, vecteurs de bombes. Mais l'Europe était depuis longtemps dans son collimateur. Bientôt, Américains et Soviétiques rivalisèrent de vitesse pour déployer les premières batteries opérationnelles de missiles balistiques intercontinentaux (ICBM), puis pour armer de semblables engins une armada de sous-marins. Apparurent ensuite les missiles anti-missiles balistiques et, peu après, les engins dotés d'ogives multiples.

Toute cette activité, assortie de part et d'autre d'un flot ininterrompu d'innovations technologiques et d'une escalade rapide dans la dimension et la complexité des arsenaux nucléaires, créa une atmosphère de course fébrile aux armements. On a tellement utilisé ces termes qu'ils sont devenus un cliché, aussi est-il bon d'y regarder de plus près. Une *course aux armements* implique qu'il y ait quelque part une arrivée, une étape qui permette à un des compétiteurs de savoir s'il a acquis une supériorité suffisante pour pouvoir se retourner avec quelque chance de succès contre son adversaire. A tout le moins, cela suggère un effort, un *rush* final dans chaque camp pour faire en sorte que l'autre ne puisse s'assurer un tel avantage. Cela présuppose en tout cas que cette activité est étroitement liée au degré d'antagonisme opposant les deux camps, et que cette tension non seulement alimente l'acquisition d'armes nouvelles, mais aussi s'en nourrit.

Les arsenaux

Les explosions d'Hiroshima et Nagasaki développaient une puissance de l'ordre de 15 kilotonnes soit 15 000 tonnes de TNT (trinitrotoluène). Des valeurs de cet ordre seraient aujourd'hui classées tout juste au-dessus de la catégorie des armes dites « tactiques », qui ont leur utilité sur le champ de bataille, mais sont insuffisantes pour jouer une rôle stratégique. Encore qu'une perversion de style tende aujourd'hui à recourir à l'adjectif « stratégique » pour qualifier des attaques dirigées contre les principaux centres politiques, militaires et économiques du territoire ennemi. Depuis que le processus de *fission*, propre aux bombes atomiques, a été supplanté, au début des années 50, par le processus de *fusion* de la bombe à

hydrogène, les puissances explosives ont atteint l'équivalent de 25 mégatonnes, soit 25 millions de tonnes de TNT, dans le cas de certains parmi les plus gros missiles soviétiques. En 1961, l'URSS a même expérimenté un monstrueux engin atteignant une puissance de 56 mégatonnes, en dépit du fait qu'aucun missile construit jusque là n'eût une capacité d'emport suffisante pour véhiculer une charge aussi considérable. La puissance de la plupart des ogives modernes s'échelonne entre une et cinq mégatonnes (MT). Lorsque plusieurs ogives sont emportées par un seul missile, leur puissance individuelle se mesure en centaines de kilotonnes (KT).

Pour mieux comprendre dans quelle mesure la capacité des armes nucléaires c'est développée, jetons un coup d'œil sur des sous-marins américains de la classe Ohio. Chacune de ces unités transporte 24 missiles *Trident 1* . Chaque missile est « mirvé », c'est-à-dire qu'il est doté d'ogives multiples indépendamment guidables vers leur objectif. Les huit ogives équipant le *Trident 1* ont une puissance individuelle de 100 kilotonnes, de sorte qu'**un seul sous-marin de la classe Ohio peut attaquer 192 objectifs distincts avec des ogives dont chacune est environ six fois plus puissante que la bombe qui détruisit Hiroshima !** Chacun de ces sous-marins représente à peine un pour cent de la puissance stratégique américaine, compte non tenu des armes à portée intermédiaire que les Américains entretiennent en Europe. En proportion du total des armes nucléaires existant dans le monde, cela peut représenter quelque 0,3 pour cent. A la fin des années 80, les Etats-Unis envisagent de mettre en service les *Trident 2*, encore plus puissants et pouvant emporter jusqu'à 14 ogives chacun. La Grande-Bretagne aussi envisage de se doter d'engins de ce type. La situation est telle que des capacités qui ont provoqué tant d'horreur et d'appréhension dans les années 40 apparaissent aujourd'hui presque insignifiantes...

Maintenant que les deux camps possèdent des dizaines de milliers d'ogives, il est clair qu'il existe une surabondance substantielle de capacité nucléaire disponible. C'est à quoi l'on se réfère habituellement en parlant de « surcapacité meurtrière » (*overkill*), formule souvent associée à l'idée reçue selon laquelle il est peu raisonnable de conserver une telle capacité de destruction, alors qu'il est possible de détruire tant de fois la planète. Combien de fois au juste la planète peut-elle être détruite ? Les choses ne sont pas aussi simples que cela, car ce truisme présuppose que chaque camp serait capable de lancer sur l'ennemi *la totalité* du mégatonnage dont il dispose. Or, si l'un des deux était capable de se doter des moyens de détruire un grand nombre des engins ennemis dans une attaque surprise, ou de les intercepter en vol avant qu'ils n'atteignent leurs objectifs,

CIBLE : NEW YORK

Qu'arriverait-il si, soudain, une bombe d'un mégatonne explosait au-dessus de la pointe méridionale de Manhattan, dans le cœur même d'une ville aussi peuplée que New York ? Les effets immédiats d'une telle explosion nucléaire ne sont évidemment pas descriptibles. Il est difficile et très douloureux d'imaginer toutes les tragédies individuelles qu'une telle catastrophe engendrerait.

12 km
Le vent souffle à 55 km/h. Légers dommages aux immeubles. Les arbres perdent leurs branches. Incendies sporadiques. Les gens sont aveuglés par la lumière de l'explosion. Sévères brûlures au 2e degré. Ampoules sur la peau.

8 km
Rafales de vent à 150 km/h. Les lignes téléphoniques sont coupées. Un arbre sur trois est déraciné. Les herbes et plantes sont en feu.

6,5 km
A 260 km/h, le vent balaie les immeubles fort endommagés. Les vêtements s'enflamment. A long terme, risque possible, pour la population, de subir une dose mortelle de radiation, à cause des retombées.

5 km
A 470 km/h, le vent balaie tout. Les maisons sont détruites, les grands immeubles et ponts sont fort endommagés. La chaleur attaque l'aluminium, aux carrosseries de voitures, au revêtement des toits et calcine le bois. Brûlures fatales, peau carbonisée.

Les explosions nucléaires dégagent une énergie sous forme de souffle, de radiations thermiques (souvent sous forme de lumière visible), d'impulsion d'énergie électrique et magnétique et, enfin, sous forme de retombées radioactives. De tout cela, c'est le souffle, constituant près de la moitié de l'énergie développée, qui cause le plus de dégâts car il provoque un changement brusque de la pression d'air, capable de broyer des immeubles, et un vent qui balaye tout sur son passage. Les radiations thermiques prennent la forme d'un éclair qui précède le souffle de quelques secondes, et qui peut rendre aveugle tout observateur dans un rayon de plusieurs kilomètres. Elles provoquent de sévères brûlures et enflamment tout matériau combustible situé dans une vaste zone. Les gens exposés à d'intenses radiations ionisantes seront très malades ou en perdront la vie, selon la dose subie, leur âge ou leur état de santé. Lorsque les plus grosses armes nucléaires sont utilisées, les radiations ionisantes ne provoquent qu'une faible proportion de blessés. En effet, dans ce cas, le souffle est plus mortel, et l'effet des radiations thermiques est plus grand.

3 km
A 760 km/h, la bourrasque rase grands immeubles et ponts. Les maisons s'envolent en fétus. Voitures et camions sont projetés au loin. La majorité des arbres sont réduits en cendres. L'incendie fait rage. La dose de radiation est mortelle mais, dans cette zone, gens et animaux sont tués par le souffle et la chaleur.

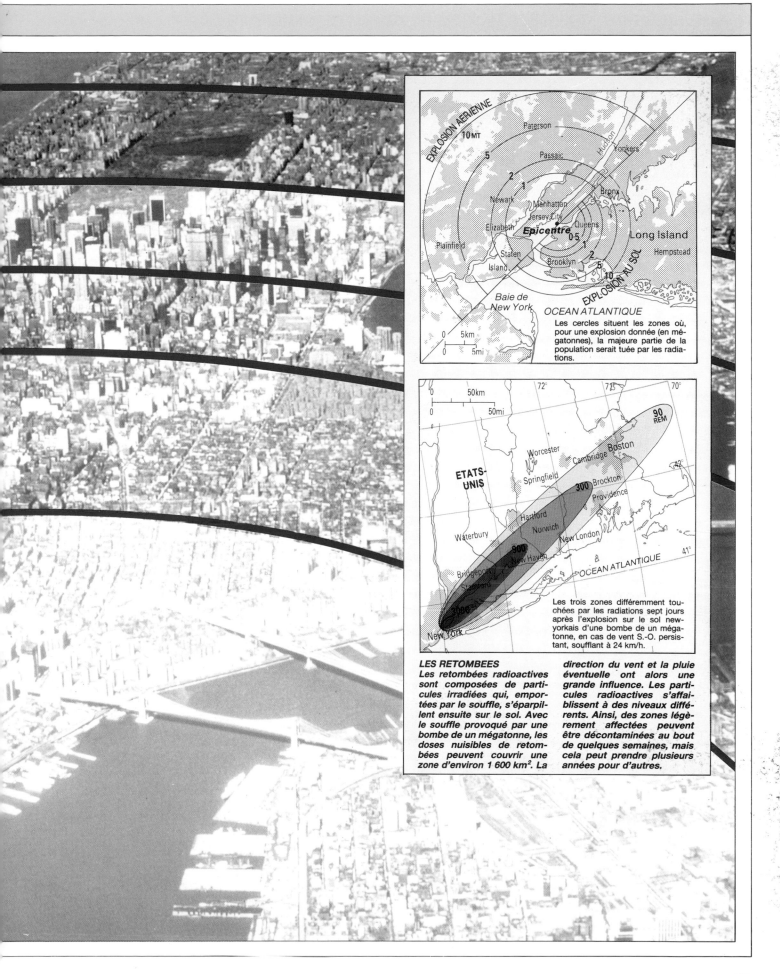

EXPLOSION AÉRIENNE
10MT
Paterson
5
Passaic
Hudson
Yonkers
2
1
Bronx
Newark
Manhattan
Jersey City
Queens
Elizabeth
0·5
Long Island
1
Plainfield
Epicentre
Hempstead
2
Staten
Brooklyn
5
Island
10
EXPLOSION AU SOL
Baie de
New York
OCÉAN ATLANTIQUE
0   5km
0   5mi

Les cercles situent les zones où, pour une explosion donnée (en mégatonnes), la majeure partie de la population serait tuée par les radiations.

0   50km
0   50mi
72°   71·5   70°
90 REM
Worcester
Cambridge
Boston
ÉTATS-UNIS
Springfield
300
Brockton
42°
Providence
Hartford
Waterbury
Norwich
900
New London
41°
Bridgeport
New Haven
OCÉAN ATLANTIQUE
Stamford
New York

Les trois zones différemment touchées par les radiations sept jours après l'explosion sur le sol newyorkais d'une bombe de un mégatonne, en cas de vent S.-O. persistant, soufflant à 24 km/h.

LES RETOMBÉES

Les retombées radioactives sont composées de particules irradiées qui, emportées par le souffle, s'éparpillent ensuite sur le sol. Avec le souffle provoqué par une bombe de un mégatonne, les doses nuisibles de retombées peuvent couvrir une zone d'environ 1 600 km². La direction du vent et la pluie éventuelle ont alors une grande influence. Les particules radioactives s'affaiblissent à des niveaux différents. Ainsi, des zones légèrement affectées peuvent être décontaminées au bout de quelques semaines, mais cela peut prendre plusieurs années pour d'autres.

Le surplus de capacité nucléaire est considéré comme une assurance contre une attaque de «première frappe»

l'ennemi pourrait avoir le sentiment qu'il n'est plus en mesure d'infliger avec certitude, à titre de représailles, des dommages d'un niveau inacceptable pour l'adversaire, et qu'il risque de se trouver dès lors à la merci de celui-ci.

La destruction mutuelle assurée

La capacité de désarmer l'ennemi, et l'aptitude de ce dernier à provoquer une attaque surprise, sont qualifiées de «capacité de première frappe». Il faut cependant noter qu'étant donné l'horreur des conséquences d'un nombre même réduit d'explosions nucléaires, lancer une première frappe n'aurait guère de sens, à moins qu'elle ait des chances raisonnables d'être *totalement* efficace. Un succès partiel équivaudrait à s'attirer les représailles de la part des forces ennemies demeurées intactes. Une «capacité de deuxième frappe» définit par référence l'aptitude à conserver des forces suffisantes pour être en mesure d'infliger des représailles dévastatrices, même après avoir essuyé une première frappe assénée par surprise. Au cours des années 60, les Américains ont tenté de définir ce concept de façon plus précise comme une «capacité de destruction assurée», ce qui, en l'occurrence, signifiait la capacité de détruire de 20 à 25 pour cent de la population soviétique et de 50 à 70 pour cent de son potentiel industriel. L'existence d'une telle capacité de part et d'autre fut alors décrite comme la «destruction mutuelle assurée», souvent évoquée sous l'abréviation anglaise ironique de MAD (*Mutual Assured Destruction* — MAD en anglais signifie «insensé» ou «fou»).

On s'accorde généralement à penser que, si l'un des deux camps s'assurait une capacité de première frappe, cela déstabiliserait considérablement l'équilibre des relations entre puissances nucléaires. Il existe des deux côtés de bons esprits qui contestent que la destruction mutuelle assurée équivaille réellement à la stabilité. Mieux vaudrait, selon eux, que chaque camp ait les mains libres à l'égard du potentiel nucléaire de l'autre. Du temps où les Etats-Unis disposaient d'un monopole nucléaire, cette situation leur paraissait tout naturellement préférable à la situation inverse.

Au moment où l'URSS rattrapait les Etats-Unis, Robert Oppenheimer, qui dirigeait les travaux de recherches du programme nucléaire américain, observa que les deux superpuissances étaient devenues semblables à deux scorpions enfermés dans la même bouteille : si l'un des deux tentait de tuer l'autre, il pouvait s'attendre à être tué lui aussi.

Chacune des puissances nucléaires étant capable de détruire l'autre, un système de dissuasion mutuelle parut s'établir, dans lequel ni l'Est, ni l'Ouest n'aurait osé faire un premier pas qui se serait révélé suicidaire.

« BEBE, TU VIENS JOUER AVEC UNE BELLE BALLE ?... »

Tout ceci supposait qu'aucun des deux camps ne serait capable d'une véritable première frappe. Jusqu'ici, en dépit de sombres prédictions annonçant une évolution opposée, cette supposition s'est révélée fondée. Ceci n'a pas empêché la persistance de la conviction qu'il pourrait se produire un jour une percée technologique qui perturberait de façon décisive l'équilibre des avantages, permettant à la puissance favorisée de libérer son propre potentiel des contraintes auxquelles le soumettait la puissance nucléaire de son adversaire. *Une telle évolution bouleverserait les relations entre superpuissances.* Celle qui en bénéficierait pourrait penser en termes de victoire dans une guerre nucléaire.

▲ *Dès qu'il en fut question, la bombe atomique a posé à l'humanité un choix terrifiant entre la vie et la mort. Le dessinateur David Low est d'avis qu'on n'a pas fait le bon choix, soit parce que les hommes manquaient de maturité, soit à cause de leur apathie. Il reconnaît cependant que l'atome proposé par les savants présente à la fois un aspect positif et un aspect négatif.*

Offensive et défensive

Une telle percée exigerait que son bénéficiaire soit capable, soit de se défendre contre une

Une percée qui déstabiliserait la défense ne semble pas possible dans un avenir prévisible

attaque nucléaire ennemie, soit de détruire les forces nucléaires de l'ennemi par une attaque-surprise ou, mieux, qu'il soit capable de combiner ces deux actions. Ce qui a caractérisé la course aux armements nucléaires, c'est davantage la perspective d'avancées dans l'un ou l'autre de ces domaines que la simple accumulation compétitive de mégatonnes et de systèmes d'armes.

Les mesures défensives sont généralement qualifiées, tantôt de passives, tantôt d'actives. Les premières sont généralement connues sous la dénomination « défense civile ». Bien que, dans une certaine mesure, la population pourrait être protégée contre les bombes nucléaires, on est convaincu dans la plupart des pays que, face à un adversaire résolu, on ne peut guère faire grand-chose dans ce domaine. Le mieux qu'un Etat puisse espérer, c'est préserver l'ossature de son appareil administratif, ainsi qu'un minimum de services assurant la légalité et l'ordre public au lendemain d'une attaque de grande envergure.

Les mesures actives comprennent notamment les défenses anti-aériennes et anti-missiles. La Seconde Guerre mondiale a mis en lumière les possibilités offertes par la combinaison du radar pour détecter les raids aériens, et des avions de combat pour intercepter les appareils ennemis. La mise en service des missiles sol-air a exposé les attaques aériennes à un danger plus grand encore, qui a stimulé les recherches en vue de mettre au point des avions de combat capables de voler à plus grandes vitesses et à plus haute altitude, ainsi que des contre-mesures électroniques destinées à brouiller les radars ennemis.

Le rôle croissant des missiles dans les missions offensives menaçait, du fait de leur vitesse, de poser à la défense des problèmes insurmontables. Il fallait mettre au point un système permettant de détecter très rapidement les engins et, ensuite, d'en permettre l'« acquisition » par les missiles d'interception avec un maximum de précision. L'interception proprement dite posait moins de problèmes que l'identification en temps utile des missiles et de leur trajectoire. Même lorsque, dans les années 60, ces problèmes parurent avoir trouvé leur solution grâce à la mise au point de radars et de systèmes d'analyse des données d'une extrême sophistication, ces progrès furent contrebalancés par des avances technologiques réalisées, au profit de l'offensive, dans les domaines du brouillage des radars, de la manœuvrabilité des avions, des leurres et, surtout, des ogives multiples.

A la fin des années 60, les programmes de recherche et de développement en matière de défense anti-missiles balistiques s'étaient essoufflés, tant aux Etats-Unis qu'en Union soviétique. En mai 1972, les deux pays tombèrent d'accord sur les termes d'un des plus importants accords de contrôle des armements, visant à limiter de part et d'autre les déploiements de missiles anti-missiles balistiques.

Ceci ne signifie pas que les superpuissances ont perdu tout espoir d'une percée technologique éventuelle en matière de défense anti-missile. Au contraire, elles ont pris soin de maintenir en activité des programmes de recherches. En mars 1983, le président Reagan donne le feu vert à des recherches en vue d'examiner la « faisabilité » d'un système de défense basé dans l'espace et recourant à des formes d'utilisation de l'énergie dirigée. C'est ce qu'on a, un peu vite, baptisé « la guerre des étoiles ». Bien que ces recherches se poursuivent activement, il est extrêmement difficile de déterminer comment l'énergie nécessaire pourrait être produite en quantité suffisante à partir d'un système spatial et comment surmonter les problèmes posés par la couverture d'immenses étendues, par la détection et l'identification d'objets individuels dans l'espace, tout en déjouant les contre-mesures variées qui peuvent être mises en œuvre à bon compte.

Si une « première frappe » ne pouvait plus escompter aucune défaillance de la défense, son succès ne pourrait reposer que sur la réussite d'une attaque par surprise. Dans les années 50, la crainte de voir les Soviétiques mettre en service des missiles balistiques avant les Américains soulevait une grande inquiétude. Ceci aurait permis à l'URSS de détruire au sol les bombardiers du *Strategic Air Command*, surpris avant qu'une alerte ait permis de leur faire prendre l'air. En réalité, ce furent les Américains qui gagnèrent la course des missiles et les Soviétiques qui durent se préoccuper de la vulnérabilité de leurs forces à une première frappe. C'est une des raisons pour lesquelles ils cherchèrent à renforcer leurs moyens d'atteindre les Etats-Unis en transportant des missiles à Cuba à la fin de 1962. La crise qui en résulta sera analysée plus loin (*voir page 108-109*).

La vulnérabilité des missiles

L'introduction de missiles balistiques intercontinentaux, au cours des années 60, apaisa les craintes de premières frappes. A l'époque, ces armes ne paraissaient pas d'une grande efficacité. Basées au sol, elles devaient être entreposées dans des silos souterrains protégés contre tout impact direct par du béton armé — et les missiles de l'époque ne pouvaient prétendre à la précision voulue. Les engins balistiques lancés à partir de sous-marins étaient encore moins vulnérables. Ils représentaient la source principale de stabilité dans l'équilibre stratégique, dans la mesure où ils bannissaient pratiquement la possibilité d'une première frappe déterminante. L'aptitude de ces sous-marins à sillonner les océans sans être détectés est leur

VAUT-IL MIEUX SE DEFENDRE OU ATTAQUER ? UN CHOIX QUI EVOLUE...

Si L'ON CONSIDÈRE la course aux armements à laquelle se livrent depuis près de quatre décennies Américains et Soviétiques, on peut considérer que si celle-ci s'exprime parfois en termes quantitatifs (on parle souvent du nombre accru d'ogives), l'essentiel se joue surtout sur le plan qualitatif. Chaque camp, en effet, craint que l'adversaire ne s'assure une avance technologique susceptible de faire pencher la balance en sa faveur. Dans ces conditions, chacun s'efforce d'innover afin de contrer anticipativement les innovations adverses. Ce qui conduit immanquablement à progresser, chacun de son côté et à un rythme sans cesse accéléré, dans la mise au point d'armes de plus en plus sophistiquées. On a même dit que la course se joue au sein même de chaque pays. En effet, il est d'une part des équipes de scientifiques qui s'efforcent de mettre au point certains projets d'armes et, d'autre part, dans le même temps, d'autres équipes qui cherchent déjà la parade rendant ces armes obsolètes dès avant leur mise en fabrication. Ceci pour le cas où l'adversaire ferait la même découverte...

Bien sûr, d'autres facteurs entrent en compte pour expliquer la fulgurante croissance qualitative de l'arsenal des deux superpuissances au cours de ces trente dernières années. Mais, tant pour Moscou que pour Washington, le souci sous-jacent durant cette période a été d'être à tout prix *up-to-date* en matière d'armement, tant offensif que défensif. Si, dans un camp, on était parvenu à mettre au point soit une « première frappe » absolue, soit une arme capable d'intercepter à coup sûr tout missile ennemi avant qu'il n'atteigne son objectif, cela aurait constitué pour cette nation une réelle supériorité. Cet objectif (ou cette crainte) a donc exercé une profonde influence sur la politique des deux superpuissances en matière d'armement.

Au lendemain de la Seconde Guerre mondiale on s'est surtout attaché à mettre au point des missiles à courte portée, ainsi que des fusées

destinées à annihiler toute attaque d'avions ennemis. Sans l'avènement de l'arme nucléaire, de tels perfectionnements en matière de défense anti-aérienne eussent pu faire pencher la balance en faveur de l'un ou l'autre camp. En effet, pour échapper aux pièges de la défense ennemie, les avions attaquants auraient dû soit voler plus haut (quitte à ce que leurs bombardements perdent en précision), soit évoluer plus bas (avec comme corollaires une consommation en carburant plus élevée, un rayon d'action plus réduit et moins de sécurité).

Comme, au fil des années, le nombre d'appareils susceptibles d'emporter une bombe nucléaire s'accroissait, les organismes chargés de la défense du territoire réclamaient sans cesse un renforcement de leur potentiel. Auparavant, dans le cadre d'opérations conventionnelles, on considérait qu'une

Au cours de ces trois dernières décennies, on s'est plus attaché à produire des armes en grand nombre qu'à les perfectionner. Ce diagramme illustre le rythme des changements intervenus en ce qui concerne les missiles et les bombardiers. On remarquera que les Soviétiques aiment tester une grande variété de modèles, tandis que les Américains étudient longuement une arme avant de la produire.

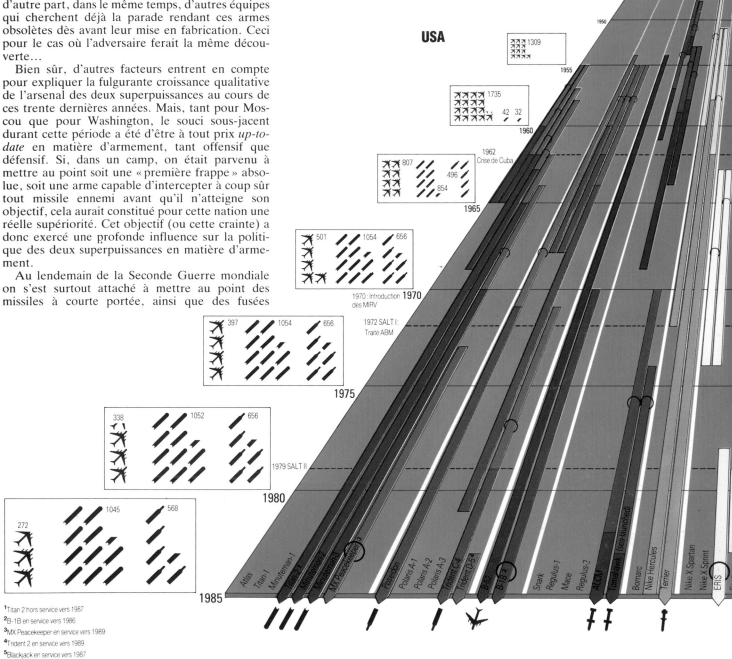

[1] Titan 2 hors service vers 1987
[2] B-1B en service vers 1986
[3] MX Peacekeeper en service vers 1989
[4] Trident 2 en service vers 1989
[5] Blackjack en service vers 1987

Attaque

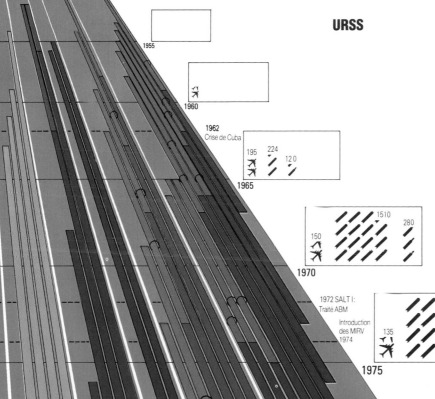

perte de 10 % des appareils, soutenue au fil de quelques raids, était acceptable et permettait encore d'annihiler une attaque aérienne adverse. Désormais, avec les armes nucléaires, si jamais deux engins ennemis passaient outre la défense, celle-ci devrait être considérée comme ayant failli à sa mission.

Finalement, ce n'est pas la défense antiaérienne qui a provoqué la mise au rancart des bombardiers, alors principaux vecteurs de bombes nucléaires, mais bien le fait que, de plus en plus, les bases terrestres de missiles se révélaient vulnérables. Elles étaient de moins en moins protégées par l'onéreuse couverture d'avions en perpétuelle alerte. En revanche, il apparut que les missiles pouvaient soit être cachés dans des silos renforcés, soit être embarqués sur tous les océans par des sous-marins virtuellement invulnérables parce que

difficiles à détecter, à traquer et à intercepter.

Des deux côtés on s'est efforcé de mettre au point une défense capable de s'opposer aux missiles balistiques ennemis. Le vrai problème était moins de produire des missiles anti-engins balistiques (ABM) capables d'atteindre en vol et de détruire les missiles intrus, que de fabriquer des radars aptes à identifier les engins ennemis et à prévoir leur trajectoire. En outre, il importait de disposer d'ordinateurs susceptibles de traiter les informations recueillies et de les transformer en ordres pour les missiles de défense.

En marge de ces préoccupations, l'Union soviétique a entrepris, durant les années 60, d'entourer Moscou d'un système de défense anti-missiles. Dans le même temps, les Etats-Unis ont choisi de peaufiner leurs engins offensifs. L'aspect le plus spectaculaire de cette recherche a été la mise en service de « véhicules de rentrée à têtes multiples indépendamment dirigées vers leur objectif » (MIRV).

Cette initiative a évidemment considérablement accru l'arsenal d'ogives nucléaires et a sonné le glas des réseaux de défense par missiles anti-engins balistiques. D'ailleurs, en 1972, le président Nixon et Leonid Brejnev signèrent un traité restreignant le nombre des engins ABM. Dès lors, le principe de l'attaque l'emportait sur les impératifs de défense et seule l'invulnérabilité relative des sous-marins donnait encore à la défense le moyen de s'exprimer en cas de conflit.

Cependant, depuis les années 80, la défense semble avoir repris du poil de la bête. En mars 1983, Reagan a donné le feu vert à un programme tendant à réaliser un système de défense anti-engins balistiques *basé dans l'espace*. C'est ce qu'on a très vite appelé « la guerre des étoiles ». Mais, même si Reagan n'envisage pas de résultats pratiques avant la fin de ce siècle, sa décision n'a pas manqué d'inquiéter Moscou et elle est sans doute à la base de la reprise, à Genève, de négociations globales sur le désarmement.

Les sous-marins vecteurs de missiles balistiques contribuent à l'équilibre

plus grand atout, même si leur mobilité est jusqu'ici contrebalancée par une réduction de la précision des coups qu'ils peuvent porter.

Quels que soient les progrès accomplis dans la technique de lutte anti-sous-marine, il y a encore beaucoup à faire avant que tous les sous-marins ennemis puissent être simultanément détectés, poursuivis et détruits. Les contre-mesures aussi se perfectionnent. Les sous-marins nucléaires modernes sont bien plus silencieux que leurs prédécesseurs et, ils peuvent patrouiller longtemps dans de vastes étendues. Dans un avenir prévisible, ils sont donc appelés à rester le pilier des moyens de seconde frappe. Il faut noter que la France et la Grande-Bretagne, confrontées à des contraintes bien plus sévères que les deux super grands, mais résolues à rester dans la course, ont concentré l'essentiel de leur effort nucléaire sur des forces composées de sous-marins vecteurs d'engins balistiques.

Une des raisons pour lesquelles, à l'instar des superpuissances, elles ont été forcées de se reposer sur des sous-marins est la vulnérabilité croissante de toutes les forces basées à terre. Beaucoup d'attention a été consacrée aux ICBM terrestres, au moment de leur introduction en masse au début des années 60 : leur dispersion sur de vastes étendues et leur installation dans des silos sous-terrains renforcés les faisaient apparaître comme pratiquement invulnérables. Si un ennemi voulait détruire tous les missiles intercontinentaux au cours d'une attaque par surprise, il était obligé d'y consacrer au moins deux fois plus d'ICBM qu'il ne pourrait espérer en détruire. L'amélioration de la précision de ces missiles balistiques n'a guère modifié cette proportion, dans la mesure où l'on n'était jamais certain de la fiabilité d'armes individuelles. Ce qui a fait la différence, c'est l'introduction du « mirvage », c'est-à-dire de têtes multiples guidables indépendamment, sur les lanceurs individuels. Ce développement ne signifia pas seulement la faillite des efforts en vue de mettre au point des systèmes de défenses anti-missiles balistiques efficaces, dans la mesure où chaque missile allait désormais exiger un beaucoup plus grand nombre d'intercepteurs; il signifiait aussi que la charge d'*un seul* missile pourrait désormais détruire *plusieurs* missiles au sol. Ceci bouleversait les rapports traditionnels. Désormais, là où jusqu'alors il fallait au moins deux ICBM pour en détruire un, une force d'ICBM dotée d'une précision suffisante allait pouvoir détruire une force largement plus importante, à condition qu'elle l'attaque par surprise.

Ce développement a dominé la politique stratégique américaine au cours des années 70. Les Etats-Unis gelèrent leur arsenal d'ICBM tout juste au-dessus du nombre de 1 000 unités, conformément aux plafonds convenus au cours

des négociations sur le contrôle des armements, tandis que l'Union soviétique déployait une force plus importante de 1 400 missiles, dont chacun était plus grand que ceux des Etats-Unis. Bien que ceux-ci eussent été les premiers à introduire les missiles mirvés, l'avantage que s'était assuré l'URSS en quantité et en puissance était tel qu'elle aurait pu exploiter plus efficacement cette nouvelle technologie. Les Américains furent obsédés par l'idée qu'une première frappe soviétique, recourant uniquement aux ICBM, pouvait annihiler leur capacité de riposte par des représailles appropriées, tout en laissant aux Soviétiques la disposition d'une force d'intimidation intacte. Ils pouvaient toujours riposter, mais à un niveau faisant de leurs représailles une opération bien plus meurtrière pour les civils que pour les militaires. Seuls les ICBM étaient suffisamment précis pour attaquer des objectifs militaires; s'ils étaient passés par profits et pertes, à la suite d'une première frappe soviétique, les Américains en auraient été réduits à lancer leurs missiles restants à partir de sous-marins, c'est-à-dire avec une précision réduite, sur des cités constituant des objectifs plus étendus.

Ce scénario a toujours été exagéré. Il n'est pas prouvé que le Kremlin ait jamais partagé la confiance des Américains dans la fiabilité et l'efficacité de la technologie soviétique en matière de missiles; et il n'est pas certain que les Américains, quoi qu'ils en disent officiellement, ne lanceraient pas leurs missiles dès l'annonce d'une attaque, ne laissant pour cibles aux missiles soviétiques que des silos vides. Enfin, il ne faut pas perdre de vue que même le type d'attaque « chirurgicale » évoqué par ce scénario ferait des millions de victimes, et qu'il serait hasardeux dans ces conditions d'escomp-

▲ *Bien que de nouveaux systèmes ne cessent d'être créés pour rendre plus efficace la lutte anti-sous-marine, les nations nucléaires accroissent régulièrement leur flotte dissuasive de submersibles nucléaires destinés au transport et au lancement de missiles balistiques. En haut: le sous-marin français Le Tonnant lancé en 1977, qui est appelé à emporter 16 missiles M-4 à six têtes de 150 kt et d'une portée de 7 400 km. Ci-dessus: essai de lancement de missiles américains Trident emportant chacun huit têtes dirigées chacune sur un objectif différent.*

LA GUERRE ANTI-SOUS-MARINE

*Les craintes américaines
dans les années 70*

Compte tenu de la précision de plus en plus grande des missiles nucléaires, toutes les bases militaires terrestres constituent désormais des cibles vulnérables à une attaque par surprise. Cela a conduit à un regain d'intérêt pour les sous-marins, beaucoup moins repérables et capables d'emporter des missiles balistiques ou de croisière.

Les sous-marins jouent aussi un rôle important dans la lutte contre les navires de surface en cas de guerre conventionnelle, ainsi que dans la destruction des submersibles ennemis. Un gros effort a donc été consenti en matière de guerre anti-sous-marine (ASW). Bien que les Occidentaux conservent une avance dans ce domaine, de chaque côté on dispose du matériel nécessaire pour rendre la vie dure aux sous-mariniers. Ce diagramme donne une idée de la variété des méthodes utilisées pour détecter, traquer et détruire les submersibles ennemis. Le principal outil de détection est le sonar et les principales armes de destruction sont les charges profondes et les torpilles.

❶ *Lancement d'un ASROC : soit une torpille se dirigeant au son, soit une charge profonde.*

❷ *Détection par sonde acoustique pendue à un hélicoptère.*

❸ *Réseau de surveillance acoustique (SOSUS).*

❹ *Observation par satellite.*

❺ *Détection radar ou sonar par d'autres sous-marins.*

❻ *Avion ASW (ex. Orion) avec sonar aérien, radar et détection d'anomalies.*

❼ *Torpilles dirigées par son vers l'objectif.*

❽ *Sonde radar tirée par navire.*

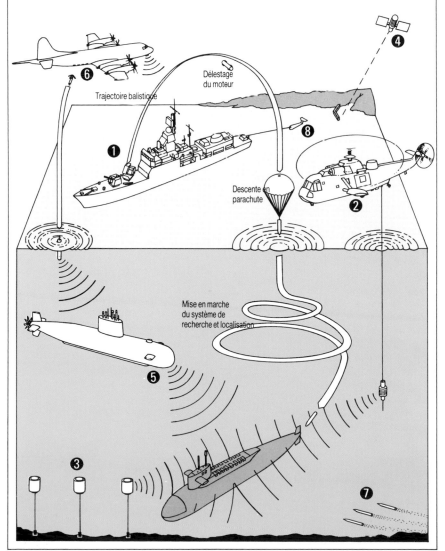

Trajectoire balistique

Délestage du moteur

Descente en parachute

Mise en marche du système de recherche et localisation

ter en retour, de la part des Américains, une attitude de soumission.

Quelles que soient ses faiblesses, ce scénario a lourdement pesé sur la politique américaine, et les réponses qu'il a suscitées ont façonné la configuration actuelle de l'équilibre stratégique. Parmi ces réponses, trois peuvent être identifiées, mais une seule peut être considérée comme une réussite. Le succès de cette politique a été de mettre sur pied des moyens américains soutenant la comparaison avec ceux de leurs adversaires. L'adaptation de missiles de croisière de haute précision aux vieux B-52 a valu à ces bombardiers de bénéficier d'un nouveau sursis. Plus important encore, les missiles de la génération future — les *Trident 2* — lancés par sous-marins seront les premiers du genre à afficher des précisions du même ordre que celles des ICBM. Par conséquent, la perte éventuelle de leurs ICBM ne devrait plus empêcher les Etats-Unis de riposter en proportion de l'attaque dont ils auraient été l'objet.

La politique américaine a été moins heureuse dans la recherche des moyens tendant à réduire la vulnérabilité de ses forces basées à terre. La route du contrôle des armements fut parsemée d'échecs, parce que les Soviétiques n'étaient pas prêts à brader l'avantage qu'ils s'étaient assurés dans le domaine des gros ICBM. L'attitude américaine a toujours consisté à plaider en faveur d'une réduction parallèle de l'arsenal basé à terre et des armes stratégiques basées en mer. A vrai dire, cette position a souvent été présentée de façon plutôt unilatérale. Ainsi, les plafonds proposés pour les ICBM « mirvés » étaient fixés à un niveau commodément aligné sur l'inventaire de l'arsenal américain de l'époque. On sait que l'Union soviétique, en tant que puissance continentale, est longtemps apparue beaucoup plus faible sur le plan naval que les Etats-Unis, nation d'orientation traditionnellement plus maritime. Bien que l'URSS possède aujourd'hui plus de sous-marins que les Etats-Unis, les missiles qui les équipent sont relativement moins sophistiqués et moins performants. D'autre part, il semble que les Soviétiques éprouvent quelque difficulté à maintenir simultanément opérationnel un nombre suffisant de sous-marins. Dans ces conditions, on conçoit que l'URSS se repose essentiellement sur ses missiles balistiques intercontinentaux, qui représentent toujours les trois quarts de sa capacité stratégique.

Bien que le principe du contrôle bilatéral des armements ait été critiqué aux Etats-Unis parce que ses modalités ne rendaient pas moins vulnérables les ICBM en silos, un autre créneau de la politique de défense américaine — l'accroissement des forces — ne s'est pas révélé plus payant. Pendant plus de dix ans, les Américains ont étudié une variété de schémas devant permettre à une nouvelle génération

La grande sage du M-X est née du désir de survivre à une attaque-surprise

d'ICBM — le M-X — de survivre à une attaque par surprise. Plus de deux cents suggestions ou études furent passées au crible. Cela allait du lancement de missiles à partir d'une plate-forme aérienne à leur déplacement dans un réseau de tranchées sous-terraines, voire le long d'une piste parsemée de nombreux abris, de façon à ce que les Soviétiques ne sachent jamais où les engins se trouvent.

On évoqua aussi le concept du *dense pack* (grappe serrée), qui consisterait à stationner les missiles si près les uns des autres que les impulsions électromagnétiques dégagées par les premières explosions de missiles adverses produiraient un « effet fratricide » d'incapaci-tant sur les missiles ennemis suivants. Quand cette dernière suggestion fut émise fin 1982 par l'administration Reagan, elle fut davantage considérée comme une démonstration de l'é-puisement des concepteurs que comme une proposition sérieuse. Toutes les autres idées avaient auparavant été repoussées pour des raisons pratiques, relevant pour la plupart de considérations financières et de protection de l'environnement. Finalement, le Président fit appel à une commission bipartite dont la conclusion fut : le problème fondamental de la vulnérabilité des missiles intercontinentaux basés à terre est sans doute insoluble mais, à tout prendre, il est moins important qu'on ne le croyait... La commission proposa qu'un certain nombre de missiles *M-X* soit déployé dans les silos fixes existants, et que l'on se mette au travail pour élaborer un missile beaucoup plus petit et non « mirvé », baptisé *Midgetman*.

La conclusion à long terme de cette *saga* pourrait être que les Américains se réorientent dans une autre direction que celle des ogives multiples. En réponse aux pressions du Congrès, l'administration Reagan a ajouté à son plan de négociations sur le contrôle des armements la notion de désescalade (*build-down*), qui plaide en faveur du retrait de quelques ogives anciennes chaque fois que l'on rend opérationnelle une nouvelle ogive. La réaction soviétique à cette suggestion n'a pas été positive, peut-être parce que la formulation n'était pas claire, et aussi parce que, fin 1983, les relations entre superpuissances avaient pris une tournure assez précaire. Il n'en reste pas moins qu'il s'agit là d'une perspective intéres-sante, susceptible de supprimer des éléments d'instabilité qui continuent à perturber l'équili-bre stratégique.

Toute notion de relative stabilité est absente de l'argumentation des superpuissances. Au-cun des deux camps ne semble disposé à reconnaître que leurs relations sont équili-brées. Cela s'explique entre autres par la différence qu'ils éprouvent à se convaincre que les disparités quantitatives ne sont pas vraiment déterminantes.

Nous traiterons du contrôle des armements

LE DEPLOIEMENT INTERCONTINENTAL AMERICAIN

Avant de mettre sur pied, dans les années 60, une force de missiles balistiques, la dissuasion stratégique américaine s'était longtemps fondée sur une armada de bombardiers à long rayon d'action, dont beaucoup sont toujours opération-nels. Mais, comme les ICBM, terrés dans leurs silos, paraissaient trop vulnérables, le Pentagone paria davantage sur les ICBM destinés à être lancés par sous-marins nucléaires. Le quatrième stade consiste désormais à armer avions et sous-marins d'une foule de missiles de croisière.

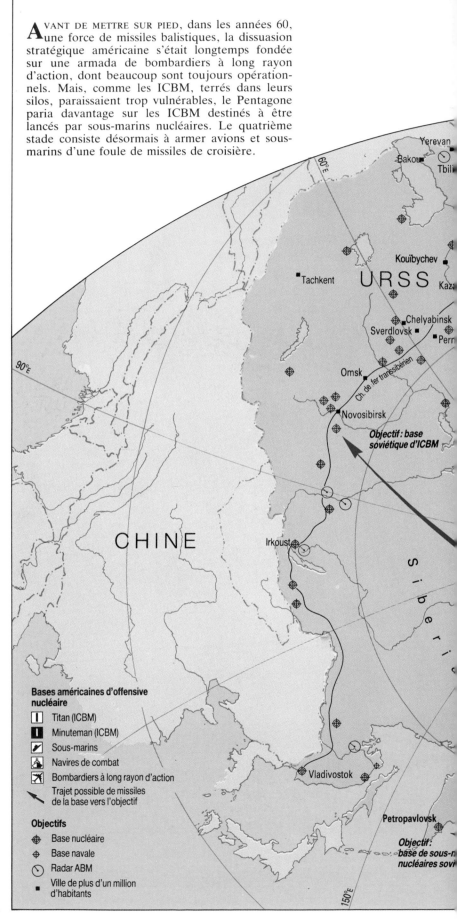

Bases américaines d'offensive nucléaire

- [T] Titan (ICBM)
- [M] Minuteman (ICBM)
- Sous-marins
- Navires de combat
- Bombardiers à long rayon d'action
- Trajet possible de missiles de la base vers l'objectif

Objectifs

- Base nucléaire
- Base navale
- Radar ABM
- Ville de plus d'un million d'habitants

Objectif : base soviétique d'ICBM

Objectif : base de sous-ma nucléaires sovi

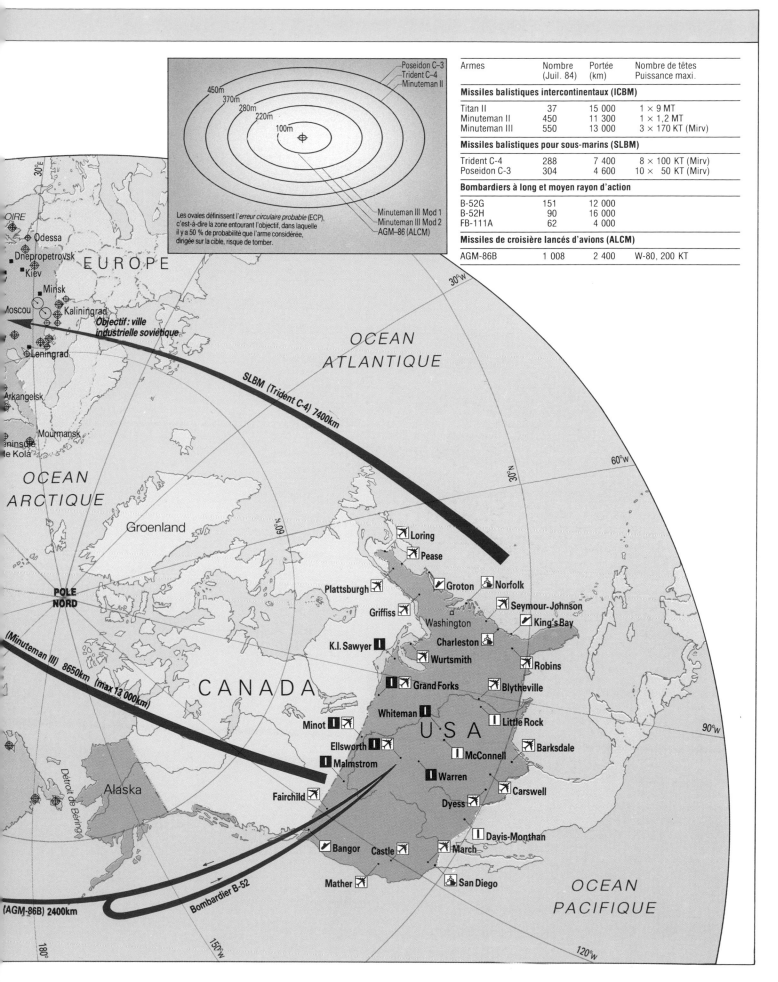

Armes	Nombre (Juil. 84)	Portée (km)	Nombre de têtes Puissance maxi.
Missiles balistiques intercontinentaux (ICBM)			
Titan II	37	15 000	1 × 9 MT
Minuteman II	450	11 300	1 × 1,2 MT
Minuteman III	550	13 000	3 × 170 KT (Mirv)
Missiles balistiques pour sous-marins (SLBM)			
Trident C-4	288	7 400	8 × 100 KT (Mirv)
Poseidon C-3	304	4 600	10 × 50 KT (Mirv)
Bombardiers à long et moyen rayon d'action			
B-52G	151	12 000	
B-52H	90	16 000	
FB-111A	62	4 000	
Missiles de croisière lancés d'avions (ALCM)			
AGM-86B	1 008	2 400	W-80, 200 KT

Poseidon C-3
Trident C-4
Minuteman II

450m
370m
280m
220m
100m

Minuteman III Mod 1
Minuteman III Mod 2
AGM-86 (ALCM)

Les ovales définissent l'*erreur circulaire probable* (ECP), c'est-à-dire la zone entourant l'objectif, dans laquelle il y a 50 % de probabilité que l'arme considérée, dirigée sur la cible, risque de tomber.

OIRE
Odessa
Dnepropetrovsk
Kiev
Minsk
Moscou
Kaliningrad
Leningrad
Arkangelsk
Mourmansk
Péninsule de Kola

EUROPE

Objectif : ville industrielle soviétique

OCEAN ATLANTIQUE

SLBM (Trident C-4) 7400km

OCEAN ARCTIQUE

Groenland

POLE NORD

(Minuteman III) 8650km (max 13 000km)

CANADA

Alaska

Détroit de Béring

(AGM-86B) 2400km

Bombardier B-52

USA

Loring
Pease
Groton
Norfolk
Plattsburgh
Seymour-Johnson
Griffiss
King's Bay
Washington
K.I. Sawyer
Charleston
Wurtsmith
Robins
Grand Forks
Blytheville
Whiteman
Little Rock
Minot
Ellsworth
Barksdale
McConnell
Malmstrom
Warren
Fairchild
Carswell
Dyess
Davis-Monthan
Bangor
Castle
March
Mather
San Diego

OCEAN PACIFIQUE

SCENARIO D'ATTAQUE SOVIETIQUE PAR MISSILES INTERCONTINENTAUX

Lᴇꜱ ᴍɪꜱꜱɪʟᴇꜱ ʙᴀʟɪꜱᴛɪQᴜᴇꜱ sont lancés à l'aide de puissantes fusées et leur trajet est influencé par la vitesse gravitationnelle de la Terre. Actuellement, de nombreux missiles soviétiques sont toujours alimentés par des propergols stockables liquides, qui représentent un certain danger d'utilisation. L'URSS s'efforce de mettre au point des carburants solides dont l'utilisation comporte moins de risques, et qui autorisent des lancements plus rapides. Un missile intercontinental (ICBM) a une portée de 6 500 à 16 000 km et traverse l'atmosphère avant de tomber sur son objectif. Ce trajet dure environ trente minutes. De tels missiles peuvent être lancés par des sous-marins en plongée. Dans ce cas, la pression des gaz pousse le missile vers la surface et la fusée n'entre en action qu'une fois à l'air libre. La plupart des missiles modernes (mais non tous) emportent un certain nombre d'ogives nucléaires, qui sont placées dans le cône de nez. Au cour de l'ultime phase de rentrée dans l'atmosphère, ces ogives sont libérées et chacune est guidée par ordinateur vers son objectif propre. Ces ogives peuvent aussi être programmées pour perturber les appareils de détection de l'ennemi. Des leurres divers peuvent aussi être utilisés dans ce but. Dans les deux camps, des réseaux de radars ont été mis en place pour donner l'alarme en cas d'attaque, mais peu de chose existe, qui pourrait gêner celle-ci. Notons cependant que l'Union soviétique entretient autour de Moscou, une force de missiles antimissiles (ABM).

❶ Mise à feu de la fusée.

❷ *0h01* Missile balistique lancé d'un sous-marin en plongée.

❸ *0h02* Placé en orbite géostationnaire, un satellite-observateur détecte la flamme provoquée par une fusée soviétique lors de son lancement.

❹ *0h05* Avant la rentrée dans l'atmosphère, le missile libère ses ogives.

❺ *0h07* Missile naval (SLBM) chargé de brouiller les communications et d'entraver le lancement de missiles de représaille.

❻ *0h10* A mi-course, les véhicules de rentrée suivent une trajectoire balistique à une altitude d'environ 1 000 m.

❼ *0h12* Radar d'alerte avancée.

❽ *0h24* Phase de rentrée dans l'atmosphère.

❾ *0h25* Lancement de missiles anti-balistiques de représaille.

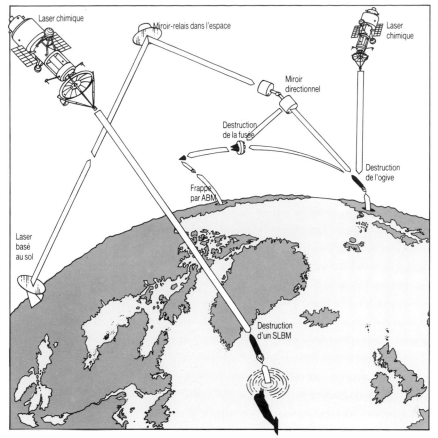

Labels in figure: Laser chimique — Miroir-relais dans l'espace — Laser chimique — Miroir directionnel — Destruction de la fusée — Destruction de l'ogive — Frappe par ABM — Laser basé au sol — Destruction d'un SLBM

Les engagements américains en Europe seront-ils tenus ?

plus en plus mise en question. Un président américain risquerait-il la destruction de New York ou Chicago pour tenter de sauver Londres ou Bonn ? En dépit de l'évidence de la réponse à cette question, les Américains n'ont jamais dénoncé ces engagements, et les Européens s'y sont cramponnés comme à un article de foi, sans doute parce qu'ils ne disposaient d'aucune alternative. Personne cependant n'irait prétendre qu'une garantie nucléaire comportant des implications aussi suicidaires est aujourd'hui totalement crédible. Depuis trente ans, une bonne part de la politique nucléaire de l'OTAN a été consacrée à tenter de remédier à cette faiblesse et les armes nucléaires stationnées en Europe ont, à cet égard, joué un rôle crucial.

Les premières arrivèrent au début des années 50 et furent basées en Grande-Bretagne. Dès 1948, à la faveur de la crise de Berlin, des avions capables de leur servir de vecteurs étaient arrivés. Ces premières armes faisaient partie de la menace que les Etats-Unis entendaient faire peser sur le territoire soviétique. Elles furent par la suite complétées par un grand nombre d'autres, plus petites, dotées d'une portée plus courte et destinées à être utilisées sur le champ de bataille ou à proximité de celui-ci. Baptisées à l'époque armes « tactiques », elles sont connues aujourd'hui comme armes nucléaires *du champ de bataille* ou *du théâtre d'opérations*.

On supposa d'abord qu'elles pourraient être utilisées un peu comme des armes conventionnelles. Elles semblaient devoir être particulièrement utilisés à la défense parce que capables de détruire les formations blindées mobilisées par l'ennemi *avant* l'offensive. Mais on se rendit très vite compte qu'il ne s'agissait là que d'un vœu pieux. En effet, non seulement rien n'empêchait les Soviétiques d'utiliser des armes similaires pour enfoncer la défense occidentale, mais ces armes, initialement destinées à des objectifs militaires, étaient surtout appelées à faire d'énormes ravages dans la population civile.

Au début des années 60, l'OTAN avait reconnu qu'il était exclu d'utiliser les armes nucléaires tactiques comme s'il ne s'agissait que d'un type particulièrement efficace de munition conventionnelle, et que leur usage devrait, au contraire, être régi par des procédures de consultation interalliées plutôt complexes. En effet, si ces armes n'étaient pas utilisées dans les premières phases des opérations sur des concentrations ennemies, une fois les blindés adverses dispersés en territoire ami, il serait très difficile de les attaquer avec des moyens nucléaires tactiques sans provoquer une situation catastrophique pour la population civile. En dépit de la théorie de l'OTAN, il y avait donc un fossé énorme entre l'usage des armes conventionnelles et celui des armes nucléaires.

Voici une représentation graphique du projet annoncé en mars 1983 par le président Reagan, et que l'on a appelé la guerre des étoiles. Les concepts de défense habituels ont ainsi fini par engendrer une sorte d'artillerie céleste. En effet, on utiliserait certains engins spatiaux pour neutraliser en plein vol d'éventuels missiles ennemis.

Les plans actuels n'envisagent pas le déploiement de tout système avant le XXIe siècle et certains en évaluent le coût à un trillion (1 000 000 000 000) de dollars. Outre cet investissement faramineux, certains s'opposent au projet, estimant qu'il va relancer la course aux armements, notamment dans le domaine des contre-mesures, et parce qu'il va à l'encontre du traité de 1972 sur la limitation des missiles anti-missiles. Bien que le président Reagan ait décrit son initiative comme la « vision » d'une arme qui rendrait inefficaces les engins offensifs adverses, d'autres semblent adopter des objectifs plus modestes.

Ceux-ci tendent à empêcher l'URSS d'effectuer une « première frappe » et veulent empêcher que les Etats-Unis soient à la traîne dans ce domaine le jour où les Soviétiques décideraient d'un nouvel effort dans le domaine des technologies défensives. On pense d'ailleurs que, depuis la signature du traité de 1972, l'URSS poursuit d'actives recherches dans ce domaine.

dans un chapitre ultérieur. Dès à présent, nous noterons qu'un des effets pervers des comparaisons trop étroites entre les structures des forces de part et d'autre, thème essentiel dans ce genre de négociations, est l'importance excessive donné à des disparités relativement modestes dans les nombres de missiles. Ces nombres sont en réalité suffisamment proches pour que les disparités n'aient rien de préoccupant, même aux yeux de ceux qui se soucient de maintenir un équilibre numérique exact entre les deux superpuissances.

Les armes nucléaires en Europe

Un robuste équilibre ne va pas sans quelques inconvénients, en tous cas pour la doctrine de l'Organisation du traité de l'Atlantique Nord (OTAN). Dans les années 50, les Américains avaient contracté une série d'engagements à l'égard de leurs alliés — dans le bassin du Pacifique comme sur le continent européen — en vue de leur accorder une protection nucléaire contre une éventuelle attaque de l'Union soviétique ou de ses alliés. Il était entendu que les armes nucléaires ne serviraient pas seulement à dissuader des attaques nucléaires, mais seraient également brandies en cas d'attaques conventionnelles. Ces engagements, notons-le, furent pris à une époque où les Américains jouissaient d'une supériorité substantielle. Comme il fallait s'y attendre, au fur et à mesure que l'Union soviétique rattrapa son retard dans le domaine de la puissance nucléaire, la réalité de ces engagements fut de

Les armes nucléaires :
pourquoi l'OTAN en dispose-t-elle ?

Pourquoi donc ces dernières furent-elles maintenues en Europe ? Il y a à cela deux raisons intimement liées. Tout d'abord, une fois l'investissement initial consenti, les armes nucléaires sont bien meilleur marché que leurs équivalents conventionnels. Comme l'a dit un jour un secrétaire d'Etat américain à la Défense, *« elles fournissent un plus grand bang pour chaque dollar... »*

Mais il n'y a pas là qu'un problème d'argent. Il faut se souvenir ici des appréhensions qui agitaient les gouvernements européens de l'époque à la suite de l'impasse nucléaire au niveau stratégique. Arrivée au pouvoir en 1961, l'administration Kennedy souhaitait vivement accroître le rôle des armes conventionnelles dans la défense atlantique, consciente qu'elle était de la perte de crédibilité de la garantie nucléaire américaine. Cette administration aurait préféré retirer les armes nucléaires de théâtre d'opérations car, au lieu de pouvoir être utilisées en renfort des armes conventionnelles, il était plus probable qu'elles allaient mettre en branle un processus d'escalade nucléaire incontrôlable.

Les gouvernements européens interprétèrent cette attitude à leur manière. A leur yeux, les Américains semblaient accepter pour leurs alliés des risques conventionnels accrus du moment que cela réduisait les risques nucléaires encourus par les Etats-Unis. Ainsi donc, si les Soviétiques se rendaient compte qu'il n'y aurait pas danger d'escalade nucléaire, ils pourraient considérer que les risques d'une agression de leur part étaient ramenés à un niveau acceptable. Autrement dit, même si une invasion soviétique conventionnelle devait échouer, le territoire de l'URSS ne serait pas menacé. En revanche, pour les malheureux Européens, une guerre conventionnelle était loin de présenter un caractère limité. Elle dévasterait à coup sûr les régions centrales du continent et, probablement aussi, ses flancs. La dissuasion devrait donc s'exercer sur *tous* les types de guerre, et pas seulement sur son aspect nucléaire. Pour cela, il faudrait que les dirigeants soviétiques soient conscients qu'ils commettraient une grave erreur en escomptant que leur propre territoire demeurerait intouchable et que, au contraire, les ravages les plus effrayants de la guerre moderne (et donc aussi la foudre nucléaire) s'abattraient sur l'URSS. C'est là que résidaient les vertus des armes nucléaires américaines en Europe : on ne savait pas où s'arrêtait l'escalade incontrôlable que déclencherait leur emploi. Elles accréditaient l'éventualité de voir une guerre conventionnelle en Europe se transformer en une guerre nucléaire totale entre les superpuissances. La dissuasion se trouvait renforcée par cette perspective.

Cette conception se concrétisa dans la doctrine de la *« réponse flexible »*, qui fut adoptée par l'OTAN en 1967. Cette théorie impliquait

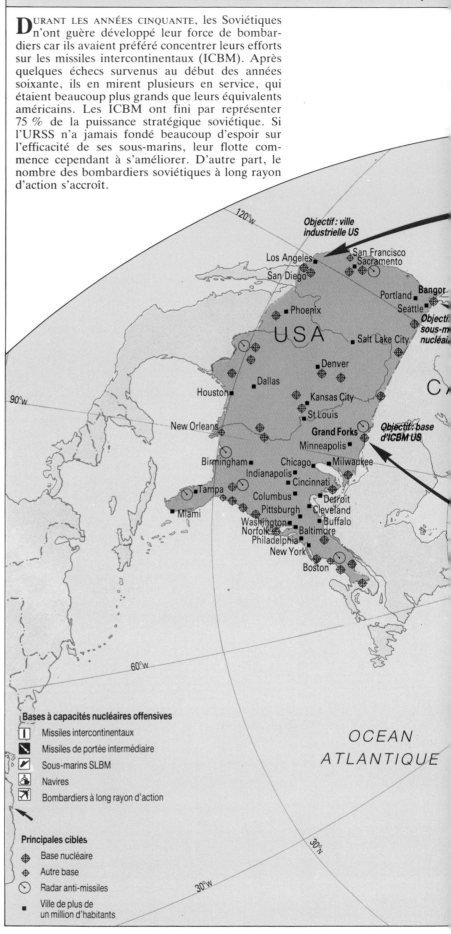

LE DEPLOIEMENT INTERCONTINENTAL SOVIETIQUE

DURANT LES ANNÉES CINQUANTE, les Soviétiques n'ont guère développé leur force de bombardiers car ils avaient préféré concentrer leurs efforts sur les missiles intercontinentaux (ICBM). Après quelques échecs survenus au début des années soixante, ils en mirent plusieurs en service, qui étaient beaucoup plus grands que leurs équivalents américains. Les ICBM ont fini par représenter 75 % de la puissance stratégique soviétique. Si l'URSS n'a jamais fondé beaucoup d'espoir sur l'efficacité de ses sous-marins, leur flotte commence cependant à s'améliorer. D'autre part, le nombre des bombardiers soviétiques à long rayon d'action s'accroît.

Objectif : ville industrielle US

San Francisco
Sacramento
Los Angeles
San Diego
Portland
Seattle
Bangor
Phoenix
Objecti sous-m nucléai
USA
Salt Lake City
Denver
Houston
Dallas
Kansas City
St Louis
New Orleans
Grand Forks
Objectif : base d'ICBM US
Minneapolis
Birmingham
Chicago
Milwaukee
Indianapolis
Cincinnati
Tampa
Columbus
Detroit
Miami
Pittsburgh
Cleveland
Washington
Buffalo
Norfolk
Baltimore
Philadelphia
New York
Boston
C

OCEAN
ATLANTIQUE

Bases à capacités nucléaires offensives

Missiles intercontinentaux
Missiles de portée intermédiaire
Sous-marins SLBM
Navires
Bombardiers à long rayon d'action

Principales cibles

Base nucléaire
Autre base
Radar anti-missiles
Ville de plus de un million d'habitants

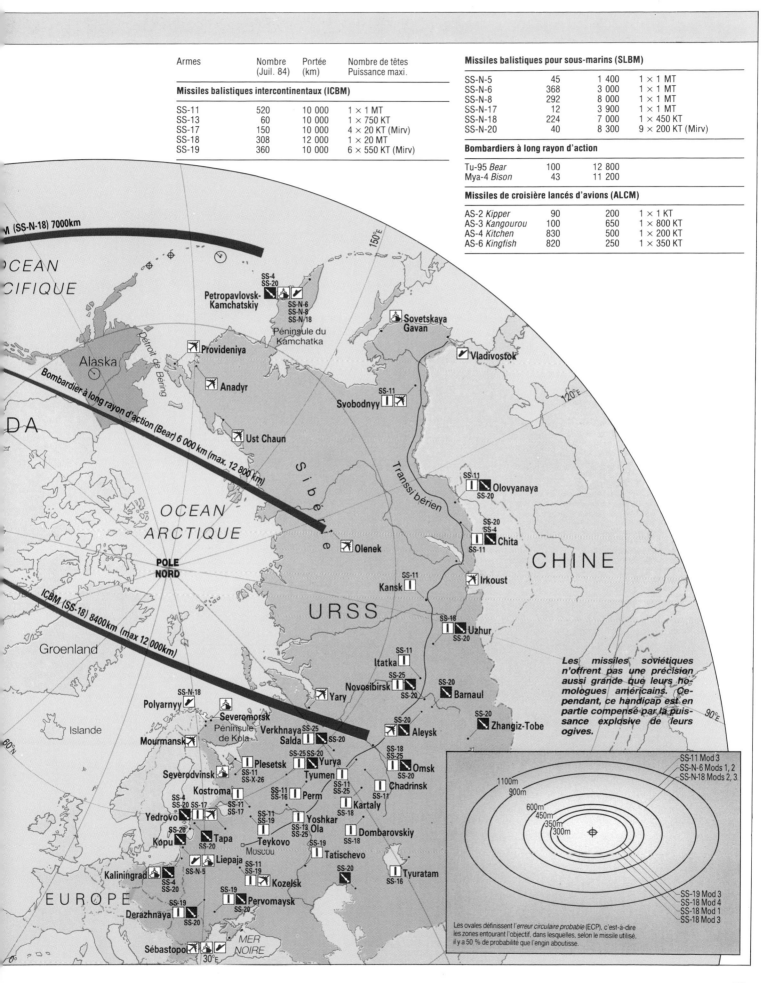

Armes	Nombre (Juil. 84)	Portée (km)	Nombre de têtes Puissance maxi.
Missiles balistiques intercontinentaux (ICBM)			
SS-11	520	10 000	1 × 1 MT
SS-13	60	10 000	1 × 750 KT
SS-17	150	10 000	4 × 20 KT (Mirv)
SS-18	308	12 000	1 × 20 MT
SS-19	360	10 000	6 × 550 KT (Mirv)

Missiles balistiques pour sous-marins (SLBM)			
SS-N-5	45	1 400	1 × 1 MT
SS-N-6	368	3 000	1 × 1 MT
SS-N-8	292	8 000	1 × 1 MT
SS-N-17	12	3 900	1 × 1 MT
SS-N-18	224	7 000	1 × 450 KT
SS-N-20	40	8 300	9 × 200 KT (Mirv)

Bombardiers à long rayon d'action		
Tu-95 *Bear*	100	12 800
Mya-4 *Bison*	43	11 200

Missiles de croisière lancés d'avions (ALCM)			
AS-2 *Kipper*	90	200	1 × 1 KT
AS-3 *Kangourou*	100	650	1 × 800 KT
AS-4 *Kitchen*	830	500	1 × 200 KT
AS-6 *Kingfish*	820	250	1 × 350 KT

SLBM (SS-N-18) 7000km

OCÉAN PACIFIQUE

Alaska

Détroit de Béring

CANADA

Bombardier à long rayon d'action (Bear) 6 000 km (max. 12 800 km)

OCÉAN ARCTIQUE

POLE NORD

ICBM (SS-18) 8400km (max 12 000km)

Groenland

Islande

EUROPE

Petropavlovsk-Kamchatskiy — SS-4 SS-20 / SS-N-6 SS-N-8 SS-N-18

Péninsule du Kamchatka

Sovetskaya Gavan

Providéniya

Vladivostok

Anadyr

Svobodnyy — SS-11

Ust Chaun

Sibérie

SS-11 SS-20 Olovyanaya

SS-20 SS-4 Chita SS-11

Olenek

Irkoust

Kansk — SS-11

URSS

CHINE

SS-18 Uzhur SS-20

Itatka — SS-11

Novosibirsk SS-25 SS-20 SS-20 Barnaul

Yary

SS-20 Zhangiz-Tobe

Polyarnyy — SS-N-18

Severomorsk

Péninsule de Kola

Verkhnaya Salda SS-25 SS-20

Aleysk — SS-20

Mourmansk

Plesetsk SS-25 SS-20 / SS-11 SS-X-26

Yurya — SS-25 SS-20

Tyumen

Omsk SS-18 SS-25 / SS-20

Severodvinsk

Kostroma

Chadrinsk SS-11 SS-11

Perm SS-11 SS-16

Kartaly SS-11 SS-25

Yedrovo SS-20 SS-17 / SS-11 SS-17 SS-11 SS-19

Yoshkar Ola SS-13 SS-25

Dombarovskiy SS-18

Kopu SS-20

Tapa — SS-20

Teykovo

Moscou

Kaliningrad SS-4 SS-20 / SS-N-5

Liepaja

Tatishchevo SS-19

Tyuratam SS-20 SS-16

Kozelsk SS-11 SS-19

Pervomaysk SS-19 SS-20

Derazhnaya — SS-19

Sébastopol

MER NOIRE

Transsibérien

Les missiles soviétiques n'offrent pas une précision aussi grande que leurs homologues américains. Cependant, ce handicap est en partie compensé par la puissance explosive de leurs ogives.

SS-11 Mod 3
SS-N-6 Mods 1, 2
SS-N-18 Mods 2, 3

1100m
900m
600m
450m
350m
300m

SS-19 Mod 3
SS-18 Mod 4
SS-18 Mod 1
SS-18 Mod 3

Les ovales définissent l'*erreur circulaire probable* (ECP), c'est-à-dire les zones entourant l'objectif, dans lesquelles, selon le missile utilisé, il y a 50 % de probabilité que l'engin aboutisse.

La doctrine atlantique de la « réponse flexible » et le débat sur la limitation de la guerre nucléaire

une sorte de compromis. Les Européens reconnaissaient la nécessité de se préparer à une phase conventionnelle, de façon à être moins dépendants d'une menace (peu plausible) de représailles nucléaires précoces. (Autre chose était de faire ce qu'il fallait pour s'y préparer réellement et adéquatement.) En retour, les Américains reconnaissaient la nécessité de supporter des risques sérieux d'escalade nucléaire.

La difficulté que soulevait ce concept est qu'il n'assignait qu'un rôle symbolique aux armes nucléaires du champ de bataille. En réalité, ces armes avaient été conçues pour remplir un certain nombre de fonctions militaires, ce qui donne à penser que si elles étaient utilisées adéquatement, il ne serait aucunement nécessaire de franchir d'autres échelons de l'escalade nucléaire. Ceci donc n'excluait pas la possibilité d'une guerre nucléaire *limitée* en Europe, perspective encore pire pour les Européens que celle d'une guerre conventionnelle. Ce problème vint à l'avant-plan au milieu des années 70, lorsqu'il s'avéra nécessaire de pourvoir au remplacement des stocks nucléaires existants, qui commençaient à prendre de la bouteille. Les nouvelles armes nucléaires que les Américains voulaient mettre à leur place étaient bien plus performantes, et bien mieux adaptées à un usage militaire que les précédentes.

Elles avaient été conçues aux Etats-Unis avec l'idée qu'elles pourraient avoir un rôle militaire crédible, s'il était possible de convaincre les populations des régions où elles seraient normalement utilisées qu'elles ne souffriraient pas exagérément d'explosions nucléaires contrôlées. Les ingénieurs américains s'attachèrent à concevoir des armes dont les effets seraient « taillés sur mesure » en fonction d'exigences militaires particulières, et qui n'auraient que peu d'effets sur l'environnement. L'un des types d'armes envisagés privilégiait les effets de radiation au détriment des effets de souffle et des retombées, et devrait être utilisé pour neutraliser les équipages de chars. Cette arme connut la célébrité sous le nom de *« bombe à neutrons »*. Lorsque des fuites se produisirent à ce sujet, au lieu de rassurer les civils, elles déclenchèrent des protestations en masse. L'arme à effets de radiation renforcés fut qualifiée de bombe « capitaliste » : on lui prêtait le pouvoir de tuer les hommes tout en épargnant le matériel et les biens. En pratique, la bombe à neutrons aurait également abîmé les bâtiments mais, de toutes façons, cette accusation n'était pas fondée, puisque cette arme était destinée à être utilisée sur le champ de bataille et non contre les villes. Il eut été plus justifié de dire qu'en cas d'emploi massif de la bombe à neutrons contre une importante concentration de blindés ennemis par exemple, les populations des alentours n'avaient pas de chances de mieux s'en tirer qu'avec les bombes conven-

tionnelles, théoriquement plus « sales »... En outre, la bombe à neutrons donnait aux adversaires une raison de riposter en utilisant des armes qui engageraient les deux camps dans une escalade nucléaire prématurée. En avril 1978, la convergence des objections et des critiques incita le président Carter à geler la mise en fabrication de ces armes nouvelles. Bien que, depuis, Ronald Reagan soit revenu sur cette décision, les membres européens de l'OTAN ont clairement fait entendre à la Maison Blanche qu'ils n'accepteraient pas l'implantation de telles armes sur le Vieux Continent.

Vint ensuite la question des armes à plus longue portée. Ici, le problème était différent. Les Américains n'avaient jamais été enthousiastes à l'idée de conserver en Europe des missiles capables d'aboutir en territoire soviétique. Après la crise de Cuba, les Américains remportèrent les derniers missiles *Thor* et *Jupiter* qu'ils avaient déployés à la fin des années 50, les uns en Angleterre, les autres en Italie et en Turquie. Ils mirent aussi hors service le missile de croisière *MACE*, opérationnel en Allemagne durant la majeure partie des années 60 et qui pouvait, lui aussi, franchir les frontières de l'URSS. A partir de 1970, les responsables des plans de défense durent faire face à d'angoissants problèmes d'adaptation. L'aviation de combat nucléaire à long rayon d'action — et surtout les F-111 basés en Angleterre — allait devoir répondre à d'autres besoins d'ordre conventionnel et rencontrer de plus en plus de difficultés à pénétrer les défenses aériennes soviétiques. D'autre part, les sous-marins américains porteurs de missiles *Poseidon*, que les Américains avaient affectés à l'OTAN, ne représentaient pas, à eux seuls, un témoignage suffisamment convaincant de leur engagement dans la défense européenne et atlantique car, après tout, il est plus facile de retirer un sous-marin d'une zone de combat que n'importe quel autre vecteur...

Deux autres problèmes donnaient encore du souci aux responsables des plans de défense de l'OTAN. Le premier était le regain d'intérêt manifesté par les Soviétiques pour des armes manifestement destinées à être utilisées contre l'Europe occidentale. Cet intérêt des Soviétiques ne s'était, en fait, jamais démenti, mais le remplacement adéquat des armes qui avaient été déployés face à l'Europe occidentale, depuis les années 50 et le début des années 60, leur avait posé quelques problèmes. Maintenant qu'un bombardier nouveau — le *Backfire* — et un nouveau missile — le *SS 20* — avaient été mis en service, leur déploiement déclencha une série de réactions alarmistes en Europe. Le second problème était encore plus préoccupant pour les Européens. Dans les négociations portant sur la limitation des armements, l'intérêt des Américains se concentrait sur les armes

▲ *Ces deux chefs de plateau de lancement soviétiques reçoivent, au cours de manœuvres, les instructions données par le commandant de la batterie de missiles.*

▶ *Un missile de croisière américain Tomahawk photographié en vol. Bien que très rapide, cet engin est capable de voler assez bas pour tromper la défense aérienne ennemie.*

Pourquoi l'Europe occidentale réclame des missiles de croisière

capables d'atteindre le continent américain. Obsédé par la recherche d'une parité renforcée au niveau des engins intercontinentaux, le Pentagone paraissait indifférent aux disparités majeures existant aux niveaux inférieurs, et dont la plus criante se manifestait dans la catégorie des forces nucléaires à portée intermédiaire.

C'est pour faire face à ces différents problèmes qu'en décembre 1979, sur les instances des Européens, les pays de l'OTAN décidèrent d'un commun accord de déployer, à partir de la fin 1983, 572 missiles de croisière *Tomahawk* et 108 missiles balistiques *Pershing 2*. L'implantation de ces missiles devait s'effectuer en Grande-Bretagne, en Allemagne, en Italie, en Belgique et aux Pays-Bas. Il fut convenu d'en-

tamer avec l'URSS des négociations en vue d'explorer les possibilités de réduction parallèle du nombre des missiles déjà déployés, ou destinés à l'être, de part et d'autre. C'est ce qu'on prit par la suite l'habitude d'évoquer sous le nom de « *double décision* ».

Il était clair qu'il allait être difficile d'arriver à un accord avec l'Union soviétique sur l'implantation d'armes nucléaires en Europe. Les structures des forces respectives n'étaient en effet pas du tout comparables. En l'occurrence, lorsque les premiers missiles occidentaux furent installés à la fin de 1983, il apparut clairement que la « double décision » n'avait eu aucun effet modérateur sur les déploiements de forces soviétiques. A la vérité, les dirigeants atlantiques ne se laissèrent pas abattre pour si peu. Ils étaient convaincus que le rôle vital de ces missiles était de lier l'arsenal nucléaire américain à la défense de l'Europe, et que ce rôle ne changerait pas, qu'il existe ou non des missiles soviétiques comparables. Après quatre années intenses d'activités sur les plans politique et diplomatique, après les pressions notables auxquelles tous les gouvernements concernés furent soumis, le simple fait que l'ensemble du programme n'ait pas été abandonné inspirait un soulagement non dissimulé.

Ce débat, dont l'issue est encore partiellement incertaine et qui restera comme la plus vaste controverse qu'ait connue le monde occidental, a soulevé un certain nombre de problèmes d'une importance cruciale. L'un entre eux concernait le rôle des armes nucléaires américaines en Europe. Les contestaires prétendaient qu'il avait fallu une pression américaine pour introduire ces armes en Europe, où elles devaient s'insérer dans l'intendance d'une stratégie de guerre nucléaire limitée. En fait, les origines du programme relevaient bien plus de l'Europe que des Etats-Unis. Si tant d'Américains étaient peu satisfaits de ces nouveaux missiles, c'est précisément parce que ceux-ci ne convenaient pas à une guerre nucléaire limitée. Les Soviétiques, en tout cas, ne s'y étaient pas trompés. Ils avaient clairement laissé entendre que, même s'il existait des possibilités de limiter des hostilités nucléaires dans le cas où des explosions se produiraient en territoire allié, la guerre cesserait aussitôt d'être limitée dès le moment où un quelconque engin nucléaire exploserait à l'intérieur des frontières de l'URSS. C'est précisément parce que les nouveaux missiles pouvaient atteindre le territoire soviétique que l'URSS se plaignait aussi amèrement. Et c'est parce que les Américains discernaient bien le genre de riposte que l'emploi de leurs missiles déclencherait, qu'ils auraient préféré limiter leur arsenal européen aux systèmes à courte portée. Pour ceux qui se souciaient de conjurer la perspective d'une guerre nucléaire limitée, les vraies nuisances étaient au contraire les armes nucléaires du

LE DEPLOIEMENT EUROPEEN DE L'OTAN

DEPUIS LES ANNÉES 50, l'OTAN a disposé de nombreuses armes nucléaires du champ de bataille ainsi que de bombardiers à moyen rayon d'action, mais sa politique en ce qui concerne les systèmes capables de frapper en territoire soviétique a été inégale. C'est en 1979 que fut décidée l'installation, dans cinq pays d'Europe, de missiles de croisière et de *Pershing II*.

Armes	Nombre (Juil. 84)	Portée (km)	Nombre de têtes Puissance maxi.
Missiles balistiques pour sous-marins (SLBM)			
Polaris A-3 (GB)	64	4 600	3 × 200 KT (Mirv)
MSBS M-20 (F)	80	3 000	1 × 1 MT
(voir aussi Déploiement intercontinental US)			
Missiles balistiques intermédiaires et de portée moyenne (I/MRBM)			
Pershing II (E.-U.)	48	1 800	1 × 5-50 KT
SSBS S-3 (F)	18	3 500	1 × 1 MT
Missiles de croisière pour sous-marins (SLCM)			
Tomahawk (E.-U.)	48	2 500	
Missiles sol-sol de croisière (GLCM)			
Tomahawk (E.-U.)	32	2 250	
Bombardiers de portée moyenne / Force de combat			
F-4E (E.-U.)	96	2 200	
F-111 E/F (E.-U.)	150	4 700	
F-16 (E.U.)	72	3 800	
A-7/F-18	48	2 800	
F-104 (alliés)	281	2 400	
F-A E/F (alliés)	131	2 200	
F-16 (alliés)	178	3 800	
Buccaneer (GB)	25	3 700	
Mirage IVA (F)	28	3 200	
Mirage IIIE (F)	30	2 400	
Jaguar (F)	45	1 600	
Tornado (alliés)	223	2 800	
Super Etendard (F)	36	1 500	

OCEAN ARCTIQUE

Mourmansk
Péninsule de Kola
Arkangelsk

Objectif : ville industrielle
Gorki

FINLANDE

Moscou

Objectif : base navale

SUEDE

NORVEGE

URSS

Missile de croisière (Tomahawk) 2250 km

DANEMARK

MER BALTIQUE

MER DU NORD

Varsovie
Dniepopetrovsk

POLOGNE

GB

RDA

RFA

PB

Objectif : base IRBM

Sébastopol
Bakou

IRLANDE

BELG

TCH.

HONGRIE
AUTRICHE

ROUMANIE

MER NOIRE

SUISSE

Bucarest

YOUGOSLAVIE BULGARIE

TURQUIE

FRANCE

ALBANIE

ITALIE

GRECE

OCEAN ATLANTIQUE

MEDITERRANEE

PORTUGAL ESPAGNE

Légende :

Pays de l'OTAN à capacité nucléaires
Autres
Pays du Pacte de Varsovie

Bases à capacité nucléaire
Missiles de croisière
Pershing
IRBM
Sous-marins
Navires
Trajet possible de missiles (départ-objectif)
Base aérienne

Objectifs programmés
Base nucléaire
Base navale
Ville de plus d'un million d'habitants et forte concentration de population

LE DEPLOIEMENT EUROPEEN DU PACTE DE VARSOVIE

L'UNION SOVIÉTIQUE a accordé la même priorité au déploiement d'une force nucléaire importante en Europe centrale, qu'elle ne l'avait fait en ce qui concerne les armes balistiques intercontinentales destinées à menacer les Etats-Unis. Durant les années 70 en effet, elle a rendu opérationnels les bombardiers *Backfire* et les missiles *SS-20*.

Armes	Nombre (Juil. 80)	Portée (km)	Nombre de têtes Puissance maxi.
SLBM *(voir déploiement intercontinental URSS)*			
Missiles balistiques intermédiaires et de portée moyenne (I/MRBM)			
SS-4	224	2 000	1 × 1 MT
SS-20	243	5 000	3 × 150 KT (Mirv)
Missiles de croisière pour sous-marins (SLCM)			
SS-N-3	240	450	1 × 350 KT
SS-N-7	88	45	1 × 200 KT
SS-N-9	140	280	1 × 200 KT
SS-N-12	80	1 000	1 × 350 KT
GLCM *(aucun)*			

Bombardiers de portée moyenne / Force de combat		
Tu-16 *Badger*	410	4 800
Tu-22 *Blinder*	160	4 000
Tu-26 *Backfire*	235	8 000
Su-7 *Fitter A*	130	1 400
MiG-21 *Fishbed L*	160	1 100
MiG-27 *Flogger D/J*	730	1 400
Su-17 *Fitter D/H*	850	1 800
Su-24 *Fencer*	630	4 000
(voir aussi Bombardiers soviétiques à long rayon d'action)		

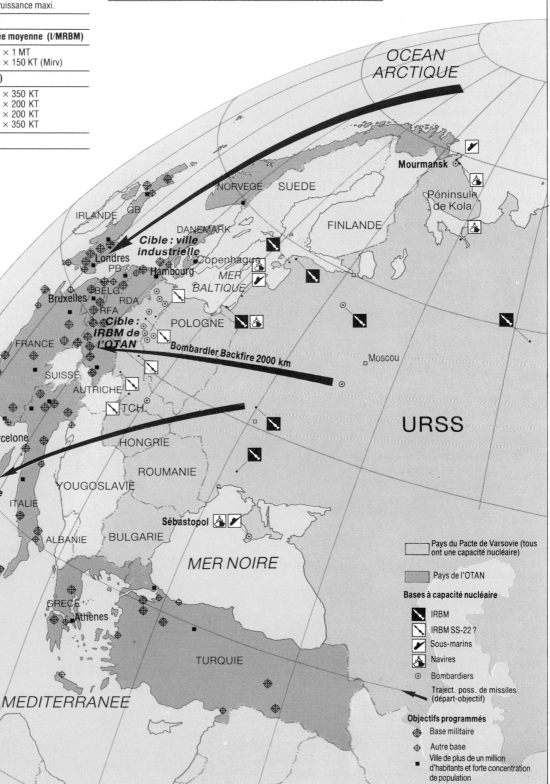

Peut-on faire confiance au comportement des superpuissances ?

champ de bataille, celles qu'on qualifiait naguère de « tactiques ».

Le déclin lent, mais soutenu, du nombre de ces armes constitue un des résultats les plus intéressants, mais les moins remarqués, du débat sur les euromissiles. Cette réduction a sans doute représenté une compensation à l'introduction des nouveaux missiles à plus longue portée. Elle s'explique aussi par le fait que les justifications de ces systèmes du champ de bataille se sont révélées peu pertinentes.

Bien que la discussion se soit surtout déchaînée au sujet de l'opportunité d'introduire certains types d'armes dans l'arsenal européen de l'OTAN et au sujet de l'état précis de l'équilibre nucléaire en Europe, le véritable enjeu était de savoir si, oui ou non, on pouvait faire confiance à la sagesse des dirigeants des grandes puissances dans l'usage qu'ils feraient de leurs panoplies nucléaires. Ainsi, en Europe occidentale, on pouvait clairement percevoir le soupçon que le président Reagan pourrait dans le cadre d'une politique de confrontation globale avec l'Union soviétique, prendre le risque d'une conflagration nucléaire en Europe. L'histoire de la période d'après-guerre semble indiquer que la compétition en matière d'armements a plus souvent suivi l'évolution des relations politiques, qu'elle ne l'a précédée. Dès lors, la question n'est pas tant de savoir si l'équilibre nucléaire est si stable qu'il peut prémunir de tout dérapage vers une guerre, mais bien si ce ne sont pas plutôt les risques de guerre qui ont pesé sur les esprits des hommes d'Etat responsables de l'ordre international. Pour élucider cette question, il faut examiner le comportement des superpuissances au cours des crises du passé, et tenter de discerner dans quelle mesure elles se sont servies de leur puissance nucléaire comme moyen de peser sur l'issue de ces crises.

Puissance nucléaire et influence politique

« Et nous devons, en tant que nation, nous poser entre autres cette question : Qu'est-ce donc que la supériorité stratégique ? Que signifie-t-elle politiquement, militairement, opérationnellement à ce niveau d'accumulation de puissance ? Et que peut-on faire avec cela ? » Cette observation irritée d'Henry Kissinger, si souvent citée, date de l'époque (1974) où, en qualité de secrétaire d'Etat américain, il subissait des pressions de la part de compatriotes opposés à ses efforts en vue de réaliser un accord de contrôle des armements. Le point de vue de Kissinger était que les disparités numériques mineures qui subsisteraient au lendemain d'un accord seraient de peu de conséquences dans la réalité politique du monde.

C'était d'ailleurs une idée généralement ad-

LES MISSILES DE CROISIERE

LES MISSILES DE CROISIÈRE ont pour origine les V2 de 1944-1945 mis au point par les Allemands. Les progrès accomplis depuis en matière de propulsion, de guidage et de miniaturisation des ogives sont tels qu'aujourd'hui ces engins constituent une véritable alternative aux missiles balistiques. On peut en effet les lancer de sous-marins, de navires, d'avions, de transporteurs routiers, et ils peuvent être armés soit de têtes conventionnelles, soit de têtes nucléaires. Ils volent bas de manière à tromper les défenses, mais leur vitesse relativement lente les rend vulnérables à l'interception.

Le guidage TERCOM: en cours de vol, un ordinateur placé dans le missile compare le terrain survolé par l'engin avec une carte programmée, mise en mémoire sous forme de chiffres, et qui reproduit les observations faites par satellite. L'ordinateur constate et corrige toute déviation.

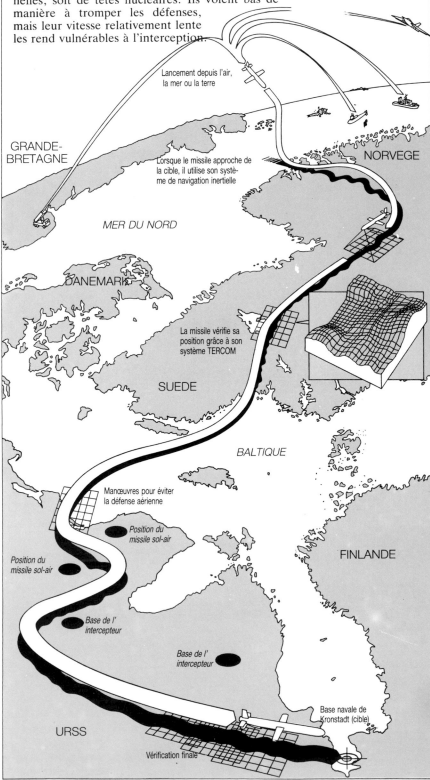

Lancement depuis l'air, la mer ou la terre

Lorsque le missile approche de la cible, il utilise son système de navigation inertielle

GRANDE-BRETAGNE

NORVEGE

MER DU NORD

DANEMARK

La missile vérifie sa position grâce à son système TERCOM

SUEDE

BALTIQUE

Manœuvres pour éviter la défense aérienne

Position du missile sol-air

Position du missile sol-air

FINLANDE

Base de l'intercepteur

Base de l'intercepteur

Base navale de Kronstadt (cible)

URSS

Vérification finale

▲ Un aperçu de la puissance nucléaire de l'URSS lors de la dernière parade militaire moscovite de novembre, à laquelle ait assisté Leonide Brejnev.

mise aux Etats-Unis que le genre de supériorité nucléaire réalisable à l'époque par chacune des superpuissances avait peu de chances d'être politiquement payante : la seule supériorité qui vaille d'être prise en compte est celle qui permet de l'emporter dans une guerre. Aussi longtemps que les deux camps seraient assurés d'une capacité de « deuxième frappe », aucun ne pourrait escompter de victoire. Aussi les deux arsenaux nucléaires se neutralisent-ils mutuellement et, sauf circonstances extrêmes, la menace d'utilisation effective de l'arme nucléaire dans une guerre ne constituait pas un moyen de pression réaliste en politique internationale.

Quand, dans la seconde moitié des années 70, les relations Est-Ouest se gâtèrent, on entendit de plus en plus souvent soutenir qu'une des causes principales en était la virtuosité avec laquelle les Soviétiques tiraient avantage de la naïveté américaine sur ce chapitre. Les Etats-Unis n'avaient pas réalisé à quel point ils avaient tenu le bon bout lorsqu'ils bénéficiaient de la supériorité jusqu'à la fin des années 60, tant ils avaient sous-estimé le respect qu'éprouvent les Soviétiques pour la force militaire brute. Maintenant que ses moyens correspondaient enfin à ses aspirations, le Kremlin se gonflait d'importance. Les audaces politiques de l'URSS dans le Tiers-Monde apparaissaient comme autant de signes que les dirigeants soviétiques se sentaient couverts par leur puissance militaire.

Les sceptiques avançaient que, peut-être, une supériorité purement numérique, même dépourvue de réelle consistance militaire, pouvait encore impressionner des observateurs importants, sinon éclairés. En revanche, la capacité de lancer une première frappe partielle, qui neutraliserait la composante terrestre des forces de représailles de l'ennemi, pourrait se révéler constituer un réel avantage stratégique. Kissinger lui-même, lorsqu'il sortit de charge en 1979, laissa entendre que la supériorité en capacités contre-forces, dont disposerait l'Union soviétique pendant une bonne partie des années 80, lui ouvrirait un éventail d'occa-

sions qu'elle pourrait exploiter inexorablement au bénéfice de ses objectifs de politique étrangère.

Une objection plus frappante, opposée aux optimistes, était que, compte tenu des garanties nucléaires qu'ils avaient accordées à leurs alliés, les Etats-Unis avaient, davantage que l'URSS, besoin de bénéficier d'une supériorité en la matière. Les Soviétiques, affirmait-on, pouvaient promouvoir leurs objectifs en mettant en œuvre des stratégies politiques et militaires que seule pouvait déjouer la perspective d'une crise avec escalade pouvant conduire à un conflit nucléaire. Désormais, puisque les Etats-Unis avaient perdu leur avantage nucléaire, le Kremlin avait les mains libres pour — s'il le voulait — agir sans retenue.

Lorsque l'administration Reagan arriva au pouvoir en janvier 1981, des arguments de ce genre répandirent le sentiment qu'une partie visible ne suffisait pas. Les Etats-Unis devraient disposer de davantage de moyens pour redresser l'équilibre militaire. Ce *davantage* ne fut jamais quantifié. On ne précisa pas non plus dans quelle mesure ce rééquilibre allait avoir une influence sur le plan politique. En fait, comme nous l'avons déjà vu, il est extrêmement difficile de réaliser le type de supériorité nucléaire susceptible de renverser *réellement* le cours d'une guerre et sur lequel on pourrait se reposer en temps de paix. Nous avons aussi vu que la perte de supériorité nucléaire avait posé aux Américains quelques problèmes, compte tenu des garanties données à leurs alliés, mais l'OTAN fit en sorte que ces problèmes ne deviennent pas insurmontables. En dehors de la zone couverte par le Traité de l'Atlantique Nord, les conflits politiques échappent davantage aux prévisions et aux règles. Dans ce cas, le moyen le plus sûr pour vérifier la pertinence des prétentions à la supériorité n'est pas d'échafauder complaisamment des théories sur le rôle décisif de certaines capacités dans des crises hypothétiques, mais de tirer les leçons de la riche expérience dont nous disposons aujourd'hui, à l'âge nucléaire, dans ce genre de crise.

Les Etats-Unis inaugurèrent cette période en exploitant leur supériorité nucléaire vis-à-vis du Japon. Depuis lors, on a soutenu qu'ils n'auraient pas pris la décision de bombarder Hiroshima si le Japon avait été en mesure de riposter de la même manière. L'hypothèse est sans doute exacte, mais elle laisse ouverte la question de savoir ce que les Américains auraient fait si les Japonais avaient eu la moindre capacité de riposte, ce qui n'était plus le cas. Ceci est une situation de supériorité qui ne se produit qu'à la fin d'une guerre. Elle ne nous éclaire guère sur ce qui pourrait advenir *avant* une guerre, dans l'hypothèse d'une supériorité moins absolue.

Jusqu'à la fin des années 40, les Américains disposèrent du monopole atomique, mais les

La supériorité nucléaire est-elle surestimée ?

armes elles-mêmes étaient peu nombreuses et bien moins puissantes que les engins thermonucléaires qui allaient être mis au point par la suite. Les Américains cherchèrent l'avantage qu'ils pourraient retirer de ce monopole, mais ils durent reconnaître que le manque de troupes disponibles dans des zones d'affrontement critiques d'Europe constituait un handicap. De toute manière, le monopole américain ne put prévenir les premières victoires soviétiques dans la guerre froide et si l'expansion du communisme put être contenue, ce fut probablement davantage grâce à la puissance économique américaine qui, par le biais du Plan Marshall, permit la reconstruction économique de l'Europe d'après-guerre.

La survivance de nombreux Etats non-nucléaires à proximité des Etats nucléaires, en dépit de leurs options indépendantes en matière de politique étrangère, est souvent évoquée comme une illustration supplémentaire de la relativité de la supériorité nucléaire. Les pays neutres d'Europe — Suède, Autriche et Suisse — paraissent fort bien se passer d'alliance nucléaire ou d'arsenal nucléaire propre. Cependant, la politique étrangère de ces nations se fonde sur l'existence de relations généralement stables entre les deux grandes puissances. Qui pourrait prétendre que le confort des nations neutres serait aussi grand si elles vivaient aux côtés d'une seule et toute puissante alliance nucléaire ? Les efforts consentis par la Yougoslavie en vue de resserrer ses liens avec l'OTAN au lendemain de la mort du maréchal Tito illustrent le désir de ce pays de ne pas dépendre trop étroitement de la seule bonne volonté d'une superpuissance voisine encline, peut-être, à profiter d'une situation de vulnérabilité.

La Chine nous fournit un autre bon exemple. Depuis 1945, aucun pays ne s'est trouvé confronté à autant de menaces d'attaques nucléaires. Les premières furent proférées par les Etats-Unis lors de la guerre de Corée (1950), pendant la crise indochinoise (1954) et lors de l'affaire des îles de Quemoy et Matsu (1958), sans compter lors des premières phases de la guerre du Viêt-nam. La même menace fut ensuite brandie par l'Union soviétique au cours des périodes qui précédèrent et suivirent les escarmouches de 1969 à la frontière sino-soviétique, incidents qui coïncidèrent d'ailleurs avec l'accession au stade opérationnel des premières armes nucléaires chinoises. Alors que la Chine assemblait les rudiments d'une capacité nucléaire, elle se sentait vulnérable à une attaque préventive de la part de son ancien allié communiste et dut quelque peu modérer sa politique à l'égard de celui-ci. Une fois que la Chine eut mis sur pied une force de représailles modeste — très modeste même en fonction des critères occidentaux — sa politique étrangère ne témoigna plus que de bien rares inhibitions.

LA CRISE DE BERLIN

JOURNAL DE LA CRISE : 1961

22 fév. Le président Kennedy suggère une rencontre avec Nikita Khrouchtchev.

3-4 juin. Les deux hommes se rencontrent à Vienne. Khrouchtchev provoque une nouvelle crise en disant que Berlin doit devenir une ville libre sous le contrôle de la RDA et que les deux Allemagne ne sont pas habilitées pour discuter d'une réunification. L'URSS serait prête à signer un traité de paix séparée avec la RDA.

17 juil. Dans une note formelle, Kennedy réaffirme le droit des Occidentaux sur Berlin-Ouest.

12-13 août. Le mur de Berlin est mis en chantier.

17 août. Les puissances occidentales protestent.

19 août. Le vice-président Johnson et le général Lucius Clay sont envoyés à Berlin pour symboliser l'intérêt porté par les Américains à Berlin.

23 août. Une note soviétique menace de couper l'accès à Berlin-Ouest.

17 oct. Khrouchtchev lève la date limite.

28 oct. Confrontation au *Check Point Charlie.*

Ci-dessus à gauche: *le président Kennedy et Willy Brandt, alors maire de Berlin, devant la Porte de Brandebourg (juin 1963). C'est ce jour là que Kennedy dit à la foule, en allemand:* « Je suis un Berlinois ! ».

A droite: *de chaque côté du « mur de la honte » patrouillent des garde-frontières.*

Jusque dans les années 60, la ville de Berlin a constitué une source de tension Est-Ouest. A la fin de la Seconde Guerre mondiale, les puissances en présence — Etats-Unis, France, Grande-Bretagne et URSS — divisèrent l'ancienne capitale allemande en quatre secteurs d'occupation. Lorsque la *guerre froide* intervint, Berlin-Ouest se transforma en avant-poste occidental en plein cœur du bloc de l'Est et cet isolement de la ville la rendait vulnérable aux pressions soviétiques. Pour l'URSS et ses alliés, ce bastion occidental avait un aspect irritant car il constituait la vitrine du mode de vie adopté à l'Ouest. La première *crise de Berlin* intervint en 1948 lorsque les Soviétiques coupèrent la route et la ligne ferrée reliant Berlin à l'Allemagne occidentale. Ce blocus échoua grâce à la mise sur pied d'un phénoménal pont aérien. Il était dès lors clair que les Occidentaux n'entendaient pas céder sur Berlin. Pourtant, une décennie plus tard, tout fut remis en question lorsque Moscou proposa de mettre la ville

entière sous le contrôle de l'Allemagne de l'Est. Face à l'opposition occidentale, les Soviétiques n'insistèrent guère. L'idée fut cependant reprise en 1961, mais la situation était particulière. En effet, chaque jour des milliers de Berlinois de l'Est cherchaient refuge à l'Ouest, si bien que l'hémorragie de main-d'œuvre qualifiée qui en résultait obligea les Soviétiques à ériger, en août 1961, un mur entre leur secteur et ceux occupés par les occidentaux. Bien que ce geste soit allé à l'encontre des Droits de l'Homme et qu'il constituait un cinglant symbole de la faillite de l'économie communiste, il faut reconnaître qu'il mit fin à la crise.

D'une part, Berlin-Ouest ne constituait plus une menace et, d'autre part, dans le même temps, les Occidentaux avaient déclarés qu'ils n'entendaient pas profiter de la crise pour chercher à réunifier les deux Allemagne. En 1969, de nouveaux accords sont intervenus entre les autorités d'occupations pour régulariser la situation.

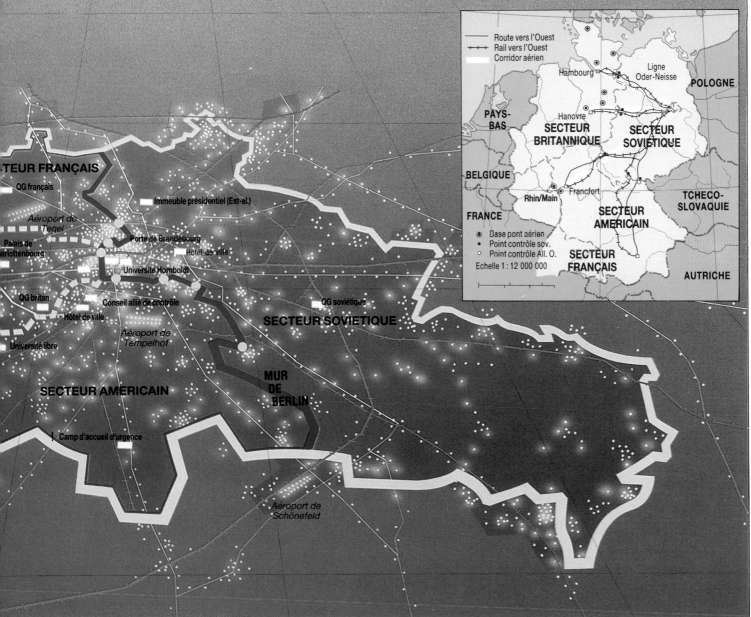

LA CRISE DE CUBA

60°W   65°W   70°W   75°W   80°W

VENEZUELA   COLOMBIE   PANAMA   COSTA R

NICAR

MER DES CARAIBES

JAMAIQUE

PORTO RICO
(US)
Roosevelt Roads

REPUBLIQUE
DOMINICAINE   HAITI

Baie de
Guantanamo

CUBA

Baie des
Cochons

San C
Candelaria

Remedios   Sagua la
Grande   Guanajay

La Ha

Patrouille navale

Key West

De Ke
La Ha

TASK FORCE 136
Surveillance du secteur Atlantique

Patrouille navale

BAHAMAS

Miami

Destroyers US envoyés
à l'abordage du *Marcula*

Patrouille navale

Tampa

N

Légende
- ◹ Site de missiles à moyenne portée
- ◣ Site de missiles à portée intermédiaire
- ✪ Concentration de troupes américaines
- ⚓ Base navale US
- Patrouille de navires porte-aéronefs
- Bâtiment de blocus
- Patrouille aérienne
- ⬛ Position du *Marcula*

OCEAN ATLANTIQUE

Le leader soviétique Nikita Khrouchtchev, parlant de la crise de Cuba d'octobre 1962, a dit qu'elle constituait *la première confrontation nucléaire directe dans l'histoire de notre planète.* L'« odeur de brûlé » était en tout cas dans l'air. C'est la tentative des Soviétiques en vue d'installer des missiles nucléaires à Cuba, alors que Khrouchtchev lui-même avait démenti cette intention, qui déclencha la crise. Lorsque Kennedy eut en mains les photographies des installations de lancement, prises par un avion-espion de la CIA, il décida de mettre fin à cette entreprise. Plusieurs méthodes s'offraient à lui : de la note diplomatique à l'invasion pure et simple. Il choisit la mise de l'île en quarantaine. Après quelques jours de tension, Khrouchtchev, conscient de son échec, suggéra que les choses s'arrangeraient si les Etats-Unis retiraient de Turquie un nombre équivalent de missiles comparables. Ce que Washington accepta, cette décision ayant déjà été prise. L'histoire de cette crise démontre l'importance du bon renseignement et de la diplomatie habile (il faut permettre à l'adversaire de sauver la face), ainsi que de la nécessité de faire preuve de détermination plutôt que d'agressivité. Cette courte crise eut une issue fort claire, car aucun tiers ne vint rendre les problèmes confus. Ce sont les Etats-Unis qui en retirèrent tous les avantages stratégiques car ils mettaient le territoire national à l'abri de toute arme, conventionnelle ou nucléaire. Et il était évident que l'initiative des Soviétiques avait été inspirée par leur infériorité : Cuba était un tremplin pratique pour menacer les Etats-Unis à moindres frais...

▲ *Les missiles de Cuba quittent l'île, arrimés sur le pont du cargo soviétique Ivan Polzunov que l'on voit ici intercepté par le destroyer US Vesole.*

Qu'est-ce que la supériorité ?

LES EVENEMENTS (1962)

4 septembre Le président John F. Kennedy déclare que les Etats-Unis ne pourront tolérer que Cuba se transforme en « base militaire offensive ».

14 octobre La Maison-Blanche apprend que des missiles balistiques soviétiques seraient arrivés sur l'île de Cuba.

22 octobre Le président Kennedy déclare que son pays met Cuba en « quarantaine navale ».

23 octobre Cette décision est approuvée par l'Organisation des Etats américains (OEA).

24 octobre Deux navires soviétiques, en route vers Cuba, rebroussent chemin.

26 octobre Des patrouilleurs de l'US Navy surveillent toute « contrebande nucléaire » éventuelle.

27 octobre Un avion-espion U-2 de la CIA est abattu au-dessus de Cuba.

28 octobre Nikita Khrouchtchev informe Kennedy que toute construction de sites pour armes est arrêtée à Cuba.

20 novembre La quarantaine est levée.

▲ *Implantés à Cuba, des missiles à portée moyenne auraient constitué, pour les Etats-Unis, la même menace que des ICBM situés en URSS. C'était, pour les soviétiques, une façon de compenser la supériorité américaine en matière de missiles.*

Les exemples ne manquent pas d'Etats dépourvus d'une capacité nucléaire développée et que menacent des puissances nucléaires. La plupart de ces exemples remontent aux années 50, avant que les relations nucléaires ne se soient stabilisées. Le secrétaire d'Etat américain John Foster Dulles était convaincu que ses allusions à la puissance nucléaire américaine en 1953 avaient contribué à sortir les pourparlers d'armistice en Corée de l'impasse. Des informations récentes semblent indiquer qu'il pourrait avoir surestimé cette influence, par ailleurs réelle. Alors qu'il s'efforçait de contenir l'avance des communistes en Indochine, il tenta sans succès de renouveler cette menace voilée. Cette fois, au contraire, ses tentatives renforcèrent probablement l'hésitation qu'éprouvaient la France et la Grande-Bretagne à s'associer trop étroitement à la politique américaine dans cette région. Deux ans plus tard, ces deux pays allaient se trouver eux-mêmes soumis à la pression d'une menace nucléaire soviétique. Dès qu'il fut établi que les Etats-Unis ne les soutiendraient pas dans la crise de Suez, ils reçurent du maréchal Boulganine, premier ministre de l'URSS, une lettre leur rappelant leur vulnérabilité aux armes balistiques. Il est probable que cette menace fut d'autant plus volontiers exprimée qu'il n'y avait aucun risque de devoir la mettre à exécution...

Avant la fin des années 60, la question de savoir *qui* menait dans la course aux armements eut, dans un certain nombre de cas, une grande importance. Lors de l'affaire de Berlin, Nikita Khrouchtchev se montra plus intraitable que jamais. En effet, les Soviétiques venaient non seulement de réussir leurs premiers essais d'ICBM, mais ils avaient mis sur orbite le premier satellite terrestre artificiel, *Spoutnik 1*. En prime, ils bénéficièrent alors d'un certain découragement qui s'était alors emparé des Américains. Cependant, lorsque l'on se rendit compte que les Etats-Unis avaient repris la tête de la course aux missiles, le ton du leader soviétique baissa considérablement.

C'est, en partie, en réaction à cet avantage pris par les Américains que l'URSS déclencha la crise la plus grave de l'âge nucléaire. Les services américains de renseignements s'étaient aperçus, assez tardivement (octobre 1962) que les Soviétiques tentaient d'implanter à Cuba quelques batteries de missiles à moyenne portée, braquées sur des objectifs continentaux. Face à un déploiement impressionnant de la puissance américaine, Khrouchtchev fut forcé de faire réembarquer ses engins. A cette époque, les Américains disposaient d'une écrasante supériorité nucléaire. Cependant, leur territoire n'était plus à l'abri des missiles soviétiques, et leurs alliés étaient, sur ce plan, encore bien plus vulnérables. Quoi qu'il en soit, les responsables de la « *gestion des crises* »

L'influence des superpuissances n'est pas illimitée

ont affirmé depuis que, dans les Caraïbes, c'est la supériorité *conventionnelle* américaine qui avait fait la différence. Et non la supériorité nucléaire. En fait, les Soviétiques n'avaient pas choisi l'endroit, ni le moment idéal pour livrer bataille aux Etats-Unis…

Même si les Américains n'étaient pas totalement impressionnés par leur propre supériorité, il semble que, dans le déroulement de cette crise, les dirigeants soviétiques aient été inhibés par le sentiment de leur infériorité nucléaire. A tout le moins, ils se sont sentis déforcés par l'idée que, si une confrontation militaire devait se produire en n'importe quel autre point du globe, leur position était faible à peu près partout, sauf en Europe où des forces substantielles étaient déployées. Après Cuba, le Kremlin jura que jamais plus il ne serait humilié de la sorte. Cette détermination fut renforcée par l'expérience de 1965, lorsqu'il apparut que les interventions américaines au Viêt-nam et à Saint-Domingue avaient été facilitées par un sentiment de supériorité stratégique.

Aussi l'Union soviétique se lança-t-elle dans un effort spectaculaire de renforcement de toutes ses capacités militaires. Elles réussit à rétablir l'équilibre, d'une part parce que les Américains ne voyaient pas bien ce qu'ils perdaient à laisser les Soviétiques accéder à la parité et, d'autre part, parce qu'ils étaient trop embourbés au Viêt-nam pour relever le défi. En 1972, la parité nucléaire fut reconnue et enregistrée dans l'accord intérimaire américano-soviétique sur les armes stratégiques offensives.

Depuis lors, la seule crise dans laquelle une composante nucléaire soit intervenue est la guerre israélo-arabe d'octobre 1973, du moins dans ses tous derniers jours. L'annonce, par les Etats-Unis, de la mise en alerte de toutes leurs forces, y compris le *Strategic Air Command* , a sans doute davantage servi de mise en garde à l'URSS contre le danger d'un processus d'escalade entre superpuissances, que de menace nucléaire directe. Le seul autre exemple récent d'essai d'exploitation de la puissance nucléaire remonte au début de 1980, lorsque l'administration américaine brandit, à trois reprises au moins, la menace nucléaire pour donner tout le poids nécessaire aux engagements pris par le président Carter à propos de la défense du Golfe persique.

Bien que des conflits indirects à propos de l'Angola, de l'Ethiopie, de l'Indochine, de la Pologne, et surtout de l'Afghanistan, aient assombri leurs relations, aucune crise, depuis dix ans, n'a directement opposé les superpuissances. Peut-être l'URSS a-t-elle davantage confiance en elle-même depuis qu'elle a le sentiment d'avoir atteint l'équivalence nucléaire. Pour la plupart des commentateurs de la politique étrangère soviétique, il ne fait

aucun doute que Moscou attache beaucoup de prix à son statut de superpuissance, et qu'un de ses objectifs clef a été de s'assurer que l'URSS, reconnue comme inférieure à nul autre, jouisse du respect et de la considération dus à son rang.

Ceci dit, les résultats mitigés atteints par ses interventions ont dû enseigner au Kremlin une leçon déjà apprise par Washington, à savoir que la puissance nucléaire ne remplace pas une appréciation pertinente des forces politiques à l'œuvre dans la région où se produit une intervention, et qu'elle ne suffit pas à compenser les faiblesses qui se manifestent, notamment sur le plan économique ou sur celui de l'inadéquation des méthodes militaires traditionnelles aux conditions locales.

Si, au cours des années 70, les Américains se sont montrés si réticents à intervenir dans le

La plus récente des crises internationales agrémentée d'une menace nucléaire a eu pour cause l'invasion de l'Afghanistan. A cette occasion, en 1980, le président Carter prévint le Kremlin qu'il ne fallait pas pousser plus avant vers le golfe Persique. C'est cependant lors d'une période bien plus éloignée que l'on a connu la plupart des crises nucléaires et, généralement, la menace n'a été brandie que pour rappeler le danger encouru et prévenir toute escalade. En ce qui concerne certains pays d'Amérique latine, il s'agit de démonstrations de puissance faisant appel aux bombardiers stratégiques.

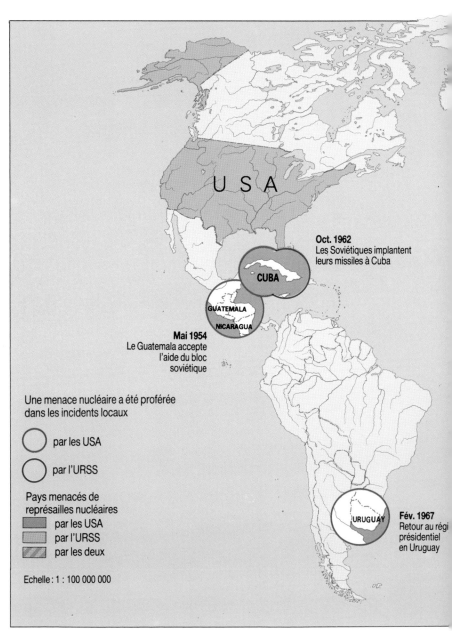

Oct. 1962
Les Soviétiques implantent leurs missiles à Cuba

Mai 1954
Le Guatemala accepte l'aide du bloc soviétique

Fév. 1967
Retour au régime présidentiel en Uruguay

Une menace nucléaire a été proférée dans les incidents locaux

○ par les USA

○ par l'URSS

Pays menacés de représailles nucléaires

▨ par les USA

▨ par l'URSS

▨ par les deux

Echelle : 1 : 100 000 000

Il est évident que les relations stratégiques sont essentiellement stables

Tiers-Monde, c'est probablement moins parce qu'ils étaient saisis d'un complexe d'infériorité, que parce qu'ils avaient retenu le leçon du Viêt-nam.

De cette analyse il ressort que, dans la conduite de leur politique étrangère, les deux superpuissances se sont montrées pleinement conscientes des risques de guerre nucléaire. De plus en plus d'ailleurs, dans les affaires internationales, la possession d'armes nucléaires agit, chez les grandes puissances, plus comme un frein que comme un aiguillon. Quoi que l'on puisse dire de la « spirale » de la course aux armements qui, selon certains, nous entraîne inévitablement vers la guerre, il est évident que les relations stratégiques sont essentiellement stables et que, même si certains commentateurs veulent faire croire que des formes marginales de supériorité nucléaire peuvent faire la différence, il est bien malaisé de relever l'une ou

l'autre circonstance où cela fut le cas.

Au temps où ils disposaient d'un monopole nucléaire, voire d'une supériorité substantielle, les Etats-Unis ont effectivement fait étalage de leur puissance. Sans grand succès d'ailleurs. Une étude publiée en 1978 par la *Brookings Institution* énumérait une quinzaine d'incidents au cours desquels les Etats-Unis avaient brandi des armes nucléaires, en même temps qu'ils faisaient valoir leur puissance en forces conventionnelles. Onze de ces incidents étaient antérieur à 1960. Les Etats-Unis n'ont pas recouru une seule fois à la menace nucléaire pendant toute la durée de leur long et décevant engagement au Viêt-nam, ni en réponse à la cascade de crises qui, dans les années 70 et 80, se succédèrent tant en Asie qu'en Afrique. Et l'on peut même se demander dans quelle mesure ils l'auraient fait s'ils avaient bénéficié d'une opposition stratégique nettement plus favorable.

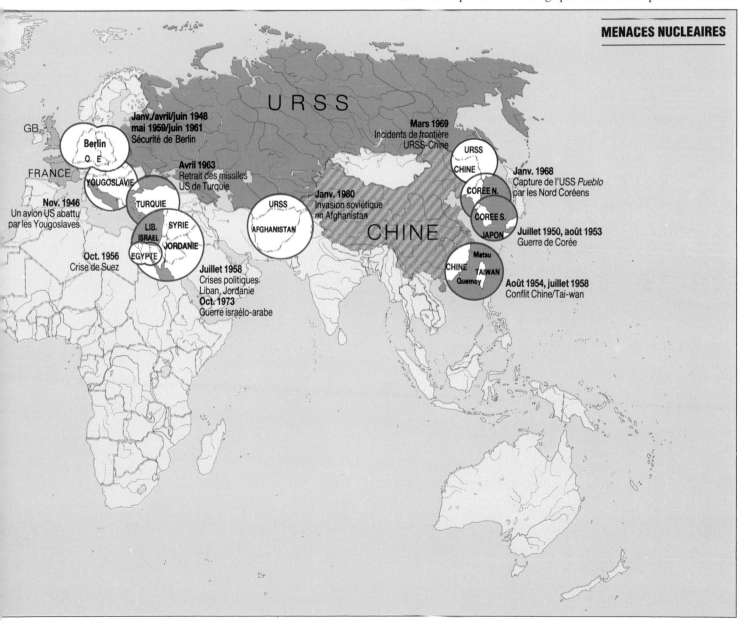

MENACES NUCLEAIRES

GB

Janv./avril/juin 1948
mai 1959/juin 1961
Sécurité de Berlin

Berlin
O. E.

FRANCE

YOUGOSLAVIE

Avril 1963
Retrait des missiles
US de Turquie

TURQUIE

Nov. 1946
Un avion US abattu
par les Yougoslaves

LIB.
ISRAEL
SYRIE
JORDANIE
EGYPTE

Oct. 1956
Crise de Suez

Juillet 1958
Crises politiques
Liban, Jordanie
Oct. 1973
Guerre israélo-arabe

URSS

Janv. 1980
Invasion soviétique
en Afghanistan

AFGHANISTAN

CHINE

Mars 1969
Incidents de frontière
URSS-Chine

URSS
CHINE

Janv. 1968
Capture de l'USS *Pueblo*
par les Nord Coréens

CORÉE N.

CORÉE S.
JAPON

Juillet 1950, août 1953
Guerre de Corée

CHINE
Matsu
TAIWAN
Quemoy

Août 1954, juillet 1958
Conflit Chine/Taï-wan

L'AVION DE LIGNE COREEN

Dans la soirée du 5 septembre 1983, un Boeing 747 des Korean Airlines (vol KAL 707) s'apprêtait à quitter l'espace aérien soviétique dans lequel il était entré par inadvertance deux heures auparavant, lorsque, soudain, il fut abattu par les missiles d'un chasseur Su-15. Il en résulta la mort de 269 personnes.

Ce drame bloqua instantanément les relations américano-soviétiques au moment précis où celles-ci, après une période de froid inhabituellement longue, semblaient se réanimer. Des spéculations ont donc eu cours sur l'impact qu'un tel incident pouvait avoir, à long terme, sur les relations entre les deux superpuissances.

Si Washington a accusé Moscou d'avoir sciemment fait abattre un appareil civil, Moscou, de son côté, a déclaré que les services secrets américains utilisaient l'avion coréen pour une mission d'espionnage. Selon les Soviétiques, le KAL 707 emportait du matériel de détection secret et hautement sophistiqué sur une zone où, précisément, ils s'apprêtaient à effectuer les essais d'un nouveau missile.

Cette version de l'«avion-espion» mise en avant par Moscou n'a guère convaincu l'opinion publique mondiale. Il reste qu'aujourd'hui, la raison pour laquelle l'avion coréen s'est fourvoyé dans l'espace aérien soviétique reste un mystère : on pense à une erreur du pilote ou de son ordinateur de bord...

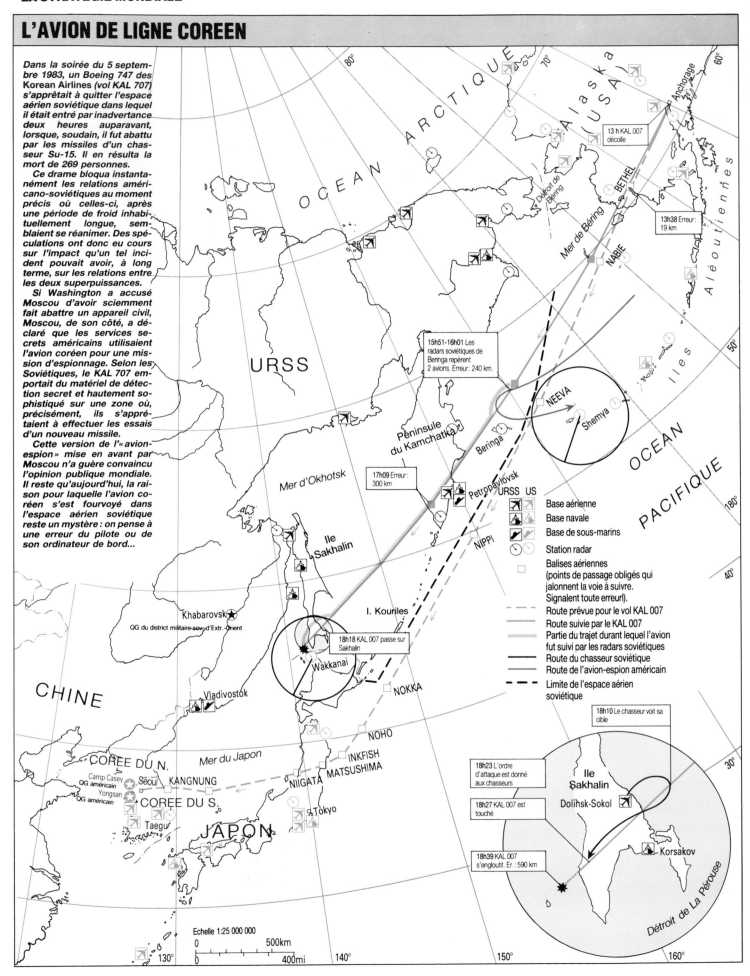

13 h KAL 007 décolle

13h38 Erreur : 19 km

15h51-16h01 Les radars soviétiques de Beringa repèrent 2 avions. Erreur : 240 km.

17h09 Erreur : 300 km

18h18 KAL 007 passe sur Sakhalin

URSS US

Base aérienne
Base navale
Base de sous-marins
Station radar

Balises aériennes (points de passage obligés qui jalonnent la voie à suivre. Signalent toute erreur!).

- - - Route prévue pour le vol KAL 007
——— Route suivie par le KAL 007
▬▬▬ Partie du trajet durant lequel l'avion fut suivi par les radars soviétiques
——— Route du chasseur soviétique
▬▬▬ Route de l'avion-espion américain
━ ━ ━ Limite de l'espace aérien soviétique

18h10 Le chasseur voit sa cible

18h23 L'ordre d'attaque est donné aux chasseurs

18h27 KAL 007 est touché

18h39 KAL 007 s'engloutit. Er. : 590 km

Ile Sakhalin
Dolihsk-Sokol
Korsakov
Détroit de La Pérouse

QG du district militaire sov. d'Extr.-Orient

Echelle 1:25 000 000
0   500km
0   400mi

4

LA GUERRE CONVENTIONNELLE

Le succès d'une opération militaire dépend en grande partie d'impondérables qui ne peuvent être pris en compte par ceux qui évaluent l'équilibre des forces en présence ● On exagère parfois l'importance des nouvelles technologies appliquées à l'armement conventionnel. Pourtant, si elles ne favorisent particulièrement ni l'assaillant, ni le défenseur, ces technologies risquent de changer totalement le caractère de la guerre conventionnelle, rendant celle-ci plus effrayante, plus épuisante et plus confuse pour le combattant ● La guerre de guérilla ne peut se dérouler avec succès que dans des conditions politiques favorables ● La crainte d'une insurrection mondiale dans les années 60 a conditionné toute la politique des Etats-Unis.

Le missile sol-air britannique Rapier, rival direct du Roland franco-allemand, a joué un rôle important lors des manœuvres de l'OTAN en septembre 1984. Déjà, lors de la guerre des Malouines, ce missile a provoqué la destruction officielle de 14 avions argentins, tandis que six autres lui étaient crédités officieusement.

S I LES ARMES NUCLEAIRES ont eu, sur les relations Est-Ouest, un effet paralysant, elles n'ont pas pour autant freiné les autres types de confrontations. Au contraire, en alourdissant les contraintes qui pèsent sur les grandes puissances, elles ont même fort probablement encouragé la prolifération des conflits mineurs. Nous avons noté plus haut les nouveaux schémas de la guerre contemporaine, dans lesquels les puissances régionales prennent l'initiative, tandis que les grandes puissances hésitent à intervenir. Nous avons stigmatisé le commerce des armes comme une cause majeure de diffusion de la puissance, permettant aux petits pays d'agir à leur propre initiative en réduisant leur dépendance à l'égard des fournitures ou d'autres formes d'aide plus directes de la part des grandes puissances, et même, dans certains cas, les incitant à tenir tête à ces dernières. Nous allons maintenant passer en revue les aspects militaires des conflits qui se sont produits depuis 1945, en prenant soin de les situer dans leur contexte politique.

Les armes non nucléaires sont habituellement qualifiées de « conventionnelles ». Le même qualificatif s'applique à tout conflit dans lequel on n'utilise pas d'armement nucléaire. D'une consonnance familière et facilement compréhensible, cet adjectif est d'autant plus confortable qu'il évoque des guerres menées, sinon en dentelles, du moins conformément à des « conventions », c'est-à-dire des règles bien établies, et avec des moyens étrangers à la barbarie des armes nucléaires. Il n'est donc pas inutile de souligner, dès le départ, que notre expérience de la guerre conventionnelle est à la fois limitée et peu concluante, qu'elle nous fournit beaucoup moins de clés qu'on ne l'imagine pour discerner le caractère probable du genre de guerre conventionnelle dont se préoccupent la plupart des experts — à savoir une

Face-à-face de l'OTAN et du Pacte de Varsovie en Europe centrale

confrontation armée dans la région Centre-Europe. Et que si le nombre des morts dues aux armes conventionnelles ne peut atteindre les niveaux de celles qui résulteraient d'explosions nucléaires, elles peuvent cependant prendre des formes plus déplaisantes encore, et atteindre de manière cumulative et progressive des plafonds aussi vertigineux : certaines estimations récentes chiffrent, par exemple, à plus d'un million les pertes en vies humaines provoquées depuis 1980 par la guerre entre l'Iran et l'Irak. La guerre conventionnelle pourrait être définie comme un affrontement entre forces armées régulières utilisant des armements non-nucléaires. Cependant, les exemples ne manquent pas de conflits dans lesquels, comme au Viêt-nam, une des parties souhaite mener le combat de cette manière, tandis que l'autre camp s'en remet aux techniques de la guerre de guérilla. Une meilleure approche consiste à prendre en considération les buts au profit desquels l'action militaire est entreprise et ses relations avec l'action politique.

Les formes de conflits qui peuvent entrer en ligne de compte couvrent un large spectre.

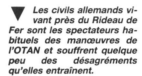

▶ Un des « outils » les plus efficaces des forces aériennes, de la Navy et des Marines américains : le chasseur-bombardier Phantom F-4. Entré en service en 1961, ce biplace tout-temps supersonique, doté de deux moteurs, peut emporter à la fois des bombes conventionnelles et des missiles nucléaires.

▼ Les civils allemands vivant près du Rideau de Fer sont les spectateurs habituels des manœuvres de l'OTAN et souffrent quelque peu des désagréments qu'elles entraînent.

Tout en haut, nous trouvons la guerre conventionelle « pure », dans laquelle l'objectif poursuivi est atteint par une victoire militaire décisive, toute l'action politique étant branchée sur la création des conditions favorables à cette victoire (entre autres par la conclusion d'alliances et l'obtention de facilités d'accès à la base). A l'autre extrémité, celle de la guerre la moins conventionnelle, l'action militaire n'est pas décisive en elle-même, mais liée à une campagne politique conçue pour rendre intenable la position du gouvernement concerné.

C'est la première hypothèse qui est la plus souvent considérée dans les analyses portant sur la guerre conventionnelle. Voilà plus de

▶ La réalité de la guerre. Les corps de soldats iraniens empilés les uns sur les autres après un engagement avec les Irakiens en 1982.

trente ans que l'OTAN et le Pacte de Varsovie se font face au centre de l'Europe. Des plans ont été élaborés, adaptés et mis à jour dans la perspective d'un conflit pour lequel l'essentiel des armements modernes et des concepts tactiques ont été mis au point.

L'accent mis sur ce qu'il est convenu de considérer comme la plus substantielle de toutes les guerres possibles ne fournit que de médiocres lueurs sur la généralité des guerres modernes. En raison de l'attention trop exclusive qui est généralement réservée aux armements sophistiqués, lorsque survient une guerre dans laquelle des armements similaires sont mis en œuvre, l'intérêt tend, de part et d'autre, à se focaliser sur les performances dont sont capables ces armements, plutôt que sur d'autres aspects qui peuvent fournir de plus utiles éclaircissements sur les caractéristiques de la guerre moderne, et qui pourraient, dans une guerre européenne, se révéler plus déterminants qu'on ne le pense communément.

Equilibrisme

Cette simplification excessive de l'équation militaire est illustrée par le concept d'équilibre

De la difficulté d'arriver à un équilibre parfait

militaire. Cet équilibre des forces en présence est scruté par les commentateurs chaque fois qu'une guerre paraît imminente quelque part dans le monde, ou lorsqu'il paraît opportun de faire le point des relations entre l'Est et l'Ouest, envisagées du point de vue militaire. Invariablement, on fait le compte des effectifs, des chars, des avions de combat et des navires de guerre détenus par l'un ou l'autre camp.

Tout d'abord, à moins d'être très détaillée, une telle comparaison des forces néglige habituellement la ventilation des grandes catégories d'armements entre divers types et oublie d'attirer l'attention sur leur ancienneté et leur qualités respectives. C'est un bien piètre réconfort de savoir que votre ennemi a deux fois moins d'avions que vous, si les siens volent plus vite et plus loin, transportent un armement plus important et plus moderne, et sont d'une maintenance plus aisée.

Il faut ensuite considérer la disposition des forces. Il ne sert pas à grand chose d'avoir des forces largement supérieures, si les meilleures d'entre elles sont situées loin des zones de combat probables et ne peuvent rejoindre le front qu'après un long et hasardeux voyage. Enfin, faute de stocks suffisants et d'un minimum de pièces de rechange, une force nombreuse et réputée bien équipée peut rapidement se trouver dans une position désespérée, à court de munitions et avec des chars immobilisés.

Si l'on veut dresser des comparaisons pertinentes, il faut aussi tenir compte non seulement de la qualité et de la quantité de l'équipement, mais également de la qualification de ceux qui auront à s'en servir, de l'entraînement et du moral des troupes et, notamment, de leur capacité d'initiative et d'improvisation. Napoléon a jadis observé que, dans une bataille, le moral était trois fois plus important que le matériel, et des observations similaires ont été faites depuis lors par d'autres grands capitaines. Les soldats de métier combattent mieux que les conscrits. Des unités associées dès l'entraînement sont plus efficaces au combat que d'autres, que l'on regroupe à la dernière minute. Elles se battent encore mieux si elles ont été entraînées pour le type de combat dans lequel elles se trouvent engagées. On trouvera plus de détermination chez des soldats qui croient à la cause pour laquelle ils se battent, ou sentent un lien direct entre leurs prestations et le sort de leurs familles, que chez ceux qui ont le sentiment d'être les jouets d'une politique irresponsable. La qualité du commandement se traduit fort logiquement dans le comportement des troupes au combat.

Un chef inapte peut très rapidement dilapider tous les atouts d'une force excellente, de même qu'un chef simplement mal informé. Les moyens utilisés de nos jours pour recueillir des informations sur les dispositifs ennemis ont

fortement évolué depuis les méthodes artisanales de l'espionnage traditionnel. (Encore qu'il y ait eu, récemment encore, assez d'affaires retentissantes pour démontrer que ces méthodes ne sont pas encore totalement périmées.)

Même si une comparaison de forces pouvait tenir compte de tous ces facteurs, elle serait encore inadéquate. Cette approche implique en effet que les navires de guerre sont confrontés aux seuls navires de guerre, les chars aux chars, les missiles aux missiles et les avions aux avions. Dans la pratique, les avions s'attaquent aux navires et aux chars, et ainsi de suite. En outre, ce sont le terrain et le climat qui déterminent les occasions que chacun aura d'exploiter ses meilleures armes.

La meilleure marine du monde sera de peu d'utilité pour attaquer un pays continental entouré d'autres territoires. Là où les mouvements ne sont possibles qu'à pied, la « portabilité » sera le seul critère d'appréciation de la valeur des armées. Les avions les plus performants peuvent être cloués au sol par des

▲ *Voici, en haut, deux avions à décollage vertical (STOL) capables d'opérer à partir de petits navires transporteurs. En haut: le Sea Harrier de la Royal Navy photographié lors du meeting aérien de Farnborough en 1980, faisant montre d'une maniabilité exceptionnelle. En dessous: sur ce document américain, on reconnaît l'avion soviétique Yakovlev Yak-36 « Forger » sur la piste d'atterrissage du porte-avion Kiev.*

En temps de guerre, il arrive souvent que les ressources civiles et militaires fusionnent, notamment dans le domaine des transports. On voit ici des troupes britanniques embarquant sur le luxueux paquebot Queen Elizabeth II *converti, à l'occasion du conflit des Malouines, en transport de troupes.*

conditions météorologiques défavorables.

Enfin, et comme toujours, subsiste le facteur politique. Les avantages acquis en nombre de divisions ou en supériorité matérielle et technique peuvent être vite perdus si un allié vital fait défection, ou si un pays jusque là neutre rejoint le camp adverse, ou si ce dernier s'assure une source nouvelle d'approvisionnement. La qualité de la direction politique sera mise à l'épreuve lors de la constitution d'alliances et dans la conduite de guerres de coalition, dans la conclusion d'accords portant sur l'usage de bases et l'exercice de droits de survol, dans la conquête et la préservation du soutien populaire, dans l'argumentation d'un dossier aux Nations-Unies, etc. Il appartiendra au chef politique de décider de l'opportunité de la mobilisation et du moment propice pour entamer le mouvement des forces, exercice non seulement coûteux mais souvent jugé inutile ou provocateur, encore qu'il puisse, exécuté trop tard, faire quasiment perdre une guerre avant de l'avoir commencée.

Une caractéristique propre à la guerre mo-derne, qui touche plus les sociétés démocratiques que les autres, est le rôle joué par les médias. La couverture intensive de la guerre au Viêt-nam par les médias américains a convaincu de nombreux militaires que la guerre avait été perdue à l'arrière à cause de l'effet produit sur le public par les images télévisées quotidiennes, qui reflétaient les aspects du conflit les plus répugnants. Les études ultérieures ont montré que la télévision n'avait pas été seule à saper le moral, et que s'y était ajoutée la persistance de l'échec en regard des coûts humains, sociaux et économiques croissants. La conviction que les médias étaient coupables est bien enracinée et transparaît dans le traitement assez maladroit qui leur fut réservé par le gouvernement britannique pendant le guerre des Malouines, et par les Américains pendant leur opération à la Grenade. Mais ni les militaires, ni les autorités politiques dont ils dépendent, n'osent ignorer les médias, quelle que soit leur crainte de voir éventer des secrets vitaux. En effet, si les mauvaises nouvelles ne sont pas révélées par eux, elles le seront par

L'ACCES DES SOVIETIQUES A L'EUROPE OCCIDENTALE

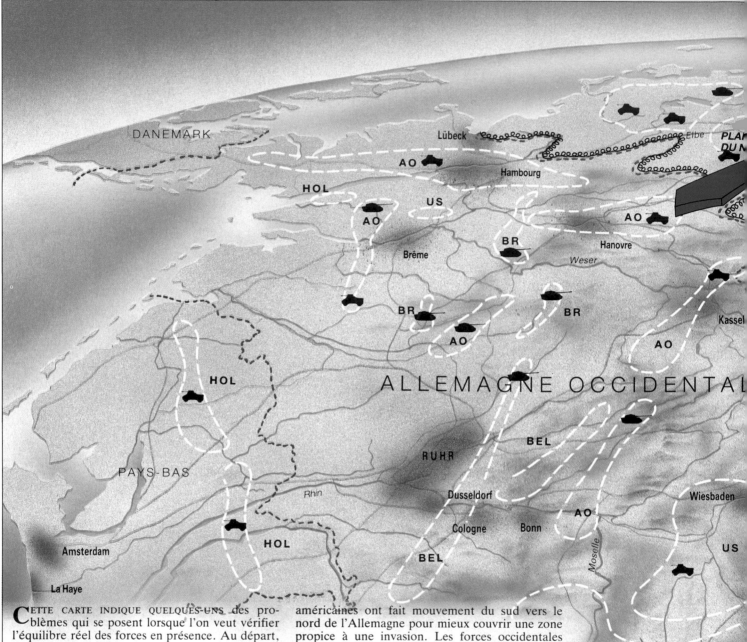

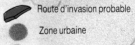

Forces de l'OTAN sur le front centr
BR = Britanniques **AO** = Bundeswehr **B**

Forces soviétiques sur le front cen

Route d'invasion probable

Zone urbaine

Forêts

Autoroute

Cette carte indique quelques-uns des problèmes qui se posent lorsque l'on veut vérifier l'équilibre réel des forces en présence. Au départ, il convient de ne pas assimiler les forces militaires françaises à celles de l'OTAN, puisqu'elles ne dépendent plus du commandement militaire intégré. Cela n'empêche d'ailleurs pas les Soviétiques d'avoir leur idée quant au camp que choisirait la France en cas de conflit Est-Ouest. Il est aussi difficile de se faire une idée exacte de la valeur des différentes forces intégrées dans l'organisation du Pacte de Varsovie. Cette carte ne fait pas état des troupes de réserves, parfois d'une importance capitale. L'avantage dont disposent les Soviétiques sur le plan quantitatif ne deviendrait effectif que si *toutes* les forces étaient mobilisées mais, même dans ce cas, l'entraînement et l'équipement des éléments de réserves sont loin de valoir ceux des formations d'élite, préparées pour le combat.

Un autre facteur à prendre en compte est la disposition des troupes sur le terrain. La pluspart des bases militaires sont encore installées en des points qui furent choisis en 1945 par les troupes d'occupation et il y a peu de temps que les forces américaines ont fait mouvement du sud vers le nord de l'Allemagne pour mieux couvrir une zone propice à une invasion. Les forces occidentales sont généralement assez éloignées de ce qui devrait pouvoir constituer la ligne de front, et elles s'étendent du nord au sud comme un long ruban. Il s'agit d'un amalgame d'unités nationales distinctes, ce qui a pour corollaire un manque de standardisation et de compatibilité de l'équipement. Les communications entre les différentes forces nationales ne sont pas idéales et, compte tenu de la longueur du front à défendre, elles risquent d'être interrompues par une attaque bien dirigée.

Bien entendu, du côté soviétique, on doit aussi rencontrer des problèmes. A Moscou, le haut-commandement a déjà fait état du manque d'initiative et de capacité d'improvisation dont ferait preuve, d'une façon générale, le corps des officiers de l'Armée Rouge.

S'il est possible, dans le cas de blindés, de compenser une infériorité qualitative par une supériorité numérique, il n'en est pas de même en ce qui concerne l'aviation, domaine où un léger avantage technique peut être décisif.

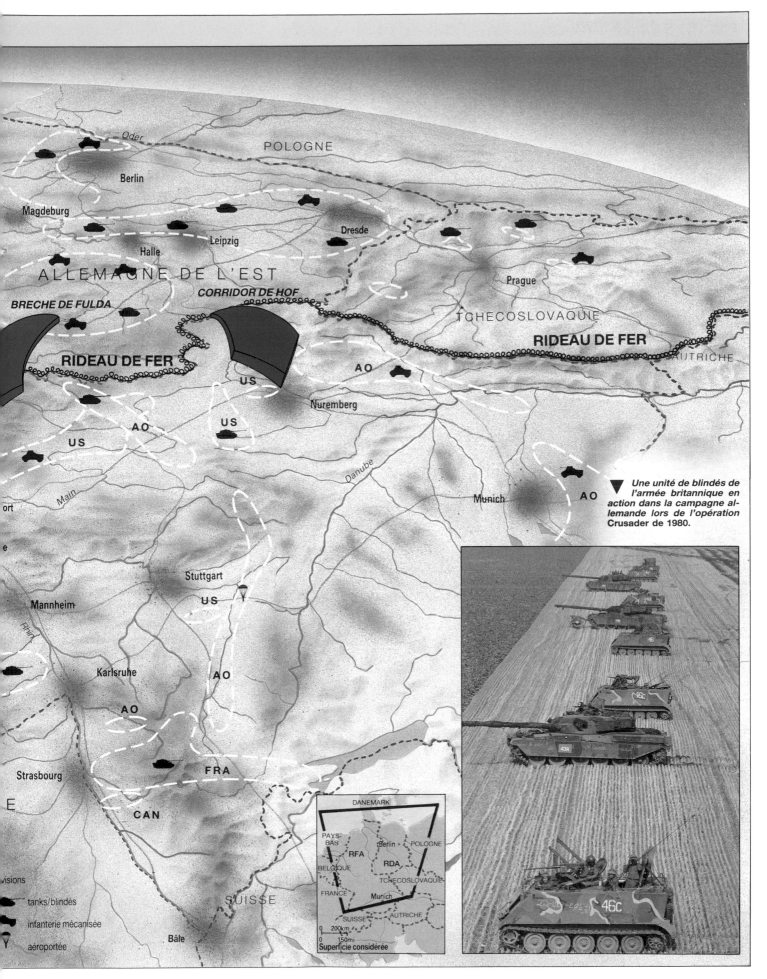

POLOGNE

Oder

Berlin

Magdeburg

Halle

Leipzig

Dresde

Prague

ALLEMAGNE DE L'EST

CORRIDOR DE HOF

TCHECOSLOVAQUIE

BRECHE DE FULDA

RIDEAU DE FER

RIDEAU DE FER

AUTRICHE

US

AO

Nuremberg

AO

US

US

AO

Main

Danube

Munich

AO

▼ *Une unité de blindés de l'armée britannique en action dans la campagne allemande lors de l'opération Crusader de 1980.*

Stuttgart

Mannheim

US

Rhin

AO

Karlsruhe

AO

AO

FRA

Strasbourg

CAN

E

...visions

tanks/blindés

infanterie mécanisée

aéroportée

SUISSE

Bâle

DANEMARK

PAYS-BAS

RFA

Berlin

POLOGNE

BELGIQUE

RDA

FRANCE

TCHECOSLOVAQUIE

Munich

SUISSE

AUTRICHE

0   200 km
0   150 mi

Superficie considérée

119

LA GUERRE CHIMIQUE

Durant la première guerre mondiale on a, des deux côtés du front, dénombré 800 000 cas d'intoxication provoquée par les gaz. En 1925, une concertation internationale avait débouché sur l'adoption d'un protocole bannissant l'*emploi* des gaz et des engins de guerre bactériologique. Ce protocole fut ratifié par 123 Etats, dont les actuels membres de l'OTAN et du Pacte de Varsovie mais, en fait, il s'agissait d'un accord de « non-utilisation en premier », avec pour corollaire que chacun se réservait le droit d'user de représailles du même ordre et, donc, de conserver des stocks. En avril 1972, à Genève, une nouvelle convention a été signée, interdisant « la mise au point de ces fabrications ainsi que le stockage des armes bactériologiques ou des toxines » et décidant de la destruction des stocks existants. Les recherches et développements restaient autorisés, seule « la mise au point à des fins hostiles » étant interdite. La France (comme la Chine) n'a pas adhéré à cette convention, mais elle s'est interdit (par la loi du 5 mai 1972) toute recherche, mise au point ou fabrication de telles armes. Les Etats-Unis, qui y avaient déjà renoncé dès 1969, ont détruit leurs stocks chimiques devant des experts internationaux. Faute d'accords avec l'URSS sur les contrôles, ils ont repris depuis 1975 leurs études sur les produits chimiques. Bien que l'on ne sache rien sur les stocks soviétiques, il paraît évident que les forces du Pacte de Varsovie s'entraînent à la guerre chimique. Cependant, alors que, dans ce cas-ci également, les yeux sont fixés sur les grandes puissances, il paraît évident que les pays susceptibles d'utiliser le plus volontiers de telles armes relèvent du Tiers-Monde.

▼ *Après que l'on eut appris que des armes chimiques avaient été utilisées contre les troupes iraniennes en 1984, une délégation des Nations-Unies fut dépêchée sur place aux fins d'enquête. Voici un des ces envoyés spéciaux photographiant un engin chimique n'ayant pas explosé.*

▶ *Ces soldats américains utilisant les missiles sol-sol Lance se sont équipés de combinaisons protectrices pour éviter la contamination chimique ou les radiations nucléaires éventuelles.*

Les guerres sont autant une affaire de relations publiques que de combats

d'autres sources moins favorables, et l'ennemi pourra en faire un coup de propagande. Lorsque le cours d'une guerre peut dépendre de tiers, rien de ce qui peut encourager une attitude positive ne doit être négligé. Les guerres modernes sont des campagnes de relations publiques autant que des affrontements armés.

La conduite de la guerre moderne

Jusqu'ici nous avons mis en lumière la grande variété des facteurs qui doivent être pris en compte si l'on veut pouvoir déceler l'issue probable de n'importe quel conflit, en prenant garde de ne pas tomber dans le piège de l'importance excessive accordée au facteur « équipement ». Quelle que soit l'attention réservée au dernier cri en matière de technologie militaire de pointe, il faut garder présent à l'esprit que même si l'on dispose des forces armées les plus modernes, on n'aura pas nécessairement l'occasion de se servir de ses gadgets les plus sophistiqués.

Pour s'en convaincre, il suffit de jeter un coup d'œil sur quelques expériences récentes. Dans la guerre entre l'Iran et l'Irak par exemple, les deux camps ont largement écrémé le marché des armements et des équipements perfectionnés. L'un et l'autre se sont cependant montrés réticents à y recourir aussi largement qu'on aurait pu s'y attendre, et cela pour plusieurs raisons. Parmi celles-ci, citons la pénurie de pièces de rechange, les problèmes de maintenance des avions et, surtout, le sentiment qu'il serait imprudent de gaspiller un matériel coûteux dont on pourrait avoir grand besoin à un stade ultérieur du conflit. L'aviation a, pour ces raisons, joué un rôle relativement modeste. Sur le terrain, il y a eu des batailles de chars, mais le conflit s'est principa-

lement caractérisé par le recours des Iraniens à une tactique d'assaut par vagues humaines nourries de jeunes gens mal entraînés mais convaincus que la mort au combat était le chemin le plus court vers le paradis. Les batailles qui en résultèrent évoquaient davantage la guerre de 1914-1918 que la Deuxième Guerre mondiale, avec des rangs entiers de combattants fauchés en plein élan par les tirs de mitrailleuses. Les Iraquiens ont encore forcé la note en recourant aux armes chimiques.

La campagne des Malouines aussi, par certains aspects, a fait davantage penser à la Première Guerre mondiale. La force aérienne a joué un rôle limité dans la bataille terrestre et l'absence de routes fut peu propice à l'usage des blindés. Pour déloger l'ennemi de ses positions retranchées, les Britanniques eurent surtout recours à une combinaison de tirs d'artillerie et d'assauts résolus de l'infanterie. Ceux-ci furent plus subtils que la boucherie iranienne et beaucoup durent leur succès aux opérations de nuit. Dans un affrontement de ce type, où les éléments physiques, tels que le climat et le terrain, pesaient aussi lourdement que les contraintes techniques, les vertus militaires traditionnelles — entraînement, moral, endurance et qualités des chefs — pouvaient se révéler décisives. Bien sûr, la composante navale faisait la part plus belle à la technologie. On attendait avec intérêt ce qui allait être la première épreuve majeure de l'armement naval depuis la dernière guerre mondiale. Le missile anti-navire *Exocet* et les systèmes de défense antiaérienne *Seawolf* ont démontré leurs possibilités. Cependant, même si les coups au but de l'*Exocet* lui ont assuré la notoriété, les dommages les plus importants subis par les navires britanniques furent provoqués par de bonne vieille bombes à gravité.

Même à la plus haute extrémité de notre spectre de la guerre conventionnelle — dans le

▶ **JUIN 1979**: *un drapeau blanc à la main, un journaliste traverse une route balayée par le feu, à la fin de la révolution sandiniste du Nicaragua. Bien que certains correspondants de guerre aient tendance à relater les événements bien en sécurité dans leur chambre d'hôtel, les meilleurs d'entre eux cherchent à se trouver toujours dans le feu de l'action et paient parfois de leur vie cette démonstration de conscience professionnelle. Ce n'est que près du front qu'ils peuvent, en conscience, voir et traduire les drames qu'engendrent les combats. En revanche, la censure locale et l'engagement personnel sur un point précis du front les empêchent parfois de donner du conflit une vue générale.*

cas d'un affrontement armé entre l'Est et l'Ouest en Europe — une bonne partie de l'équipement utilisé sera d'un âge canonique. Lorsqu'il faut décider de commander ou non les nouveaux systèmes avancés offerts sur le marché, les responsables doivent, tant la sophistication est coûteuse, tenir compte des priorités. On a calculé que chaque nouvelle génération d'équipement peut coûter jusqu'à cinq fois plus que le matériel qu'elle remplace. Il arrive un moment où il faut choisir entre la qualité et la quantité. En 1944, à l'apogée de la production de guerre, les Etats-Unis produisirent quelque 100 000 avions. Au milieu des années 50, ils n'achetèrent que quelque 3 000 appareils, principalement des chasseurs. Le niveau de production annuelle tomba à 400 à la

fin des années 70, et à moins de 300 au début de la décennie suivante. Un dirigeant de l'industrie aérospatiale américaine, remarquant qu'entre l'époque des frères Wright et la mise en service du chasseur moderne *F-18*, le prix d'un appareil avait été multiplié par quatre tous les dix ans, laissait entendre que, si cette tendance se poursuivait, en 2054, la totalité du budget de défense des Etats-Unis serait à peine suffisant pour payer un seul chasseur ! Sans compter que la sophistication croissante des armements nouveaux implique des délais de recherche et de développement extrêmement longs, entraîne une complexité telle que la fiabilité n'est plus assurée et provoque une spirale des coûts d'entretien et des problèmes de maintenance.

▼ *Au début de 1984, la tentative des Américains en vue de consolider la position du gouvernement Gemayel et de promouvoir un accord entre Israël et le Liban avorta à cause de la pression des milices musulmanes et des Syriens. Il s'ensuivit, pour la capitale libanaise, le réveil de la guerre civile et les destructions que celle-ci implique.*

Chaque type d'équipement nouveau coûte trois fois plus cher que l'ancien

Les technologies nouvelles : défensives ou offensives ?

Cette vieille interrogation fut à nouveau posée au cours des années 70 lorsqu'il apparut qu'une révolution était en cours dans la technologie des armes conventionnelles. Au cours de la période qui suivit la fin de la guerre, les améliorations apportées aux armements conventionnels ont été, pour la plupart, d'ordre additionnel, les véritables percées technologiques concernant essentiellement les armes nucléaires. Il n'empêche qu'une bonne part des nouvelles technologies en matière de traitement de données et de miniaturisation pouvaient s'appliquer au domaine des armements conventionnels. La guerre du Viêt-nam fournit un encouragement nouveau à perfectionner la qualité de ceux-ci.

On en vit les résultats vers la fin de la guerre. L'exemple le plus remarquable nous est fourni

▲ *Ces combattants palestiniens du camp de Beddaoui, au Liban, étaient de temps à autre engagés dans des actions contre les Israéliens ou contre les milices chrétiennes libanaises, mais aussi contre d'autres fractions palestiniennes cherchant, à l'instigation de la Syrie, à anéantir les troupes fidèles à Yasser Arafat, chef de l'Organisation de libération de la Palestine (OLP).*

Il est donc encore plus douteux que la technologie puisse jouer le rôle qu'on attend d'elle lorsque les deux camps ont équipé leurs forces de matériels comparables. Nul doute que la sophistication ne confère aux conflits qui les mettront en œuvre une tonalité particulière et ne confronte les forces armées avec des défis inédits, mais la sophistication ne sera pas nécessairement déterminante pour l'issue du conflit.

Au contraire, les innovations des deux camps ont toutes les chances de se neutraliser mutuellement.

La seule hypothèse où l'un des camps serait favorisé, serait celle dans laquelle il serait démontré que les techniques nouvelles privilégieraient soit l'attaquant, soit le défenseur.

par le bombardement du pont de Tanh Hoa, un des principaux goulets d'étranglement de la piste Ho Chi Minh, par où les approvisionnements étaient acheminés du Nord vers le Sud Viêt-nam. De 1965 à 1968, le pont résista à quelque 600 raids de bombardiers utilisant des bombes inertes assez sommaires. Au cours de ces opérations, une trentaine d'appareils furent perdus. Lorsque les bombardements reprirent en 1972, le pont fut détruit par deux vagues de quatre avions porteurs de bombes perfectionnées guidées par laser. Sans une épaisse couche de nuages, un seul passage aurait suffi.

Si l'on commença à parler de munitions guidées avec précision (PGM), ce fut par référence à des armes dont la probabilité de coup-but — que ce soit un char, un avion, un

pont ou tout autre objectif de haute valeur non défendue — était au moins de 50 %. Il s'agit d'un niveau de performance que les PGM n'atteignent que dans des conditions idéales. En tout état de cause, leurs possibilités furent élevées au cours du conflit israélo-arabe de 1973. Des armes anti-chars et anti-aériennes guidées remportèrent des succès spectaculaires. Le conflit précédent entre les mêmes protagonistes, en 1967, avait démontré les possibilités des missiles anti-navires, lorsque la frégate israélienne *Eilat* fut coulée par un missile égyptien.

On en arriva bientôt à prédire que ces armes nouvelles allaient révolutionner la conduite de la guerre : les blindés lourds et dotés d'un équipement sophistiqué, les navires modernes de fort tonnage semblaient condamnés et, sans eux, comment monter une offensive à grande échelle ? Comme les derniers grands sauriens de l'époque glaciaire, ils étaient devenus trop vulnérables et inadaptés à l'environnement. La défense allait pouvoir s'élaborer à l'économie en se reposant entièrement sur les effets destructeurs de ces armes aussi précises que réduites. De même que le nucléaire privilégiait l'offensive, c'est la défense qui prévaudrait dans le conventionnel.

▲ *Une grande parade militaire a pour but à la fois d'augmenter le prestige de l'Etat qui l'organise, et d'impressionner tout ennemi potentiel. On voit en haut le défilé organisé en 1984, à l'occasion de l'anniversaire de l'indépendance algérienne. Cependant, lorsque les forces opposées sont d'égale puissance, il suffit d'un léger avantage technologique pour faire la différence. Le missile anti-navires Exocet a été utilisé avec succès par les Argentins durant le conflit des Malouines. L'Irak en dispose aussi.*

▲ *Les hélicoptères ont gagné leurs galons lors de la guerre du Viêt-nam, servant non seulement au transport rapide de troupes d'intervention, mais aussi d'engins offensifs, capables d'attaquer les positions ennemies (ou ce que les pilotes prenaient comme telles).*

Cette conception optimiste allait bientôt devoir être nuancée. D'abord, il apparut que les leçons de la guerre du Kippour (1973) étaient bien plus ambiguës qu'il n'y avait paru au premier abord. Près de 40 % des pertes totales de l'aviation israélienne s'étaient produites dans les deux premiers jours de la guerre. Plutôt que de suivre la pratique normale, et de commencer par neutraliser les défenses anti-aériennes de l'adversaire, les Israéliens avaient été obligés de fournir un appui rapproché à des unités terrestres désespérément accrochées à leurs positions, notamment face aux Syriens sur les hauteurs du Golan. Une fois le front

consolidé, les Israéliens prirent la mesure des défenses anti-aériennes et leurs pertes en furent réduites d'autant. Ils eurent une nouvelle occasion de se mesurer avec la DCA syrienne dans la vallée de la Bekaa, lors de l'invasion du Liban en 1982, et ils n'en firent qu'une bouchée. L'analyse des batailles de chars de 1973 révéla qu'un nombre important de blindés avaient été mis hors de combat par d'autres chars et qu'après les chocs initiaux les Israéliens avaient mis au point des tactiques appropriées en vue de réduire les ravages des armes antichars.

La thèse des optimistes reposait sur des

LA MAITRISE DES MERS

Q‌UELS QUE SOIENT LES DÉSAGRÉMENTS qu'éprouvent les Etats-Unis en ce qui concerne maints aspects de l'équilibre militaire Est-Ouest, il ne fait en tout cas aucun doute que leur marine est la plus puissante du monde. L'Union soviétique a dû consentir d'énormes efforts pour faire de sa flotte côtière une armada océanique et, surtout, pour multiplier le nombre de ses sous-marins. Pourtant, dans ce domaine, l'avantage qualitatif reste toujours l'apanage des Américains. Sous l'administration Reagan, un important programme de construction navale a été entamé, qui aboutira, dans les années qui viennent, au lancement de quelque 500 à 600 nouveaux bâtiments.

▶ *Ce diagramme «visualise» la portée des armes mises à la disposition de la 2e Flotte US, déployée dans l'Atlantique. Cette armada emporte des engins qui lui permettent d'attaquer des objectifs situés aussi bien à terre, sur mer, dans les airs et sous l'eau. Avec 7 porte-aéronefs, 105 navires d'escorte, 77 sous-marins nucléaires et 720 avions de combat, la 2e Flotte, capable de patrouiller sur toutes les mers du monde, est la force navale la plus puissante.*

1. Elle dispose de 31 sous-marins vecteurs d'engins balistiques Poseidon, lesquels peuvent transporter, sur 4 600 km, dix têtes nucléaires de 50 kt chacune. Un autre missile intercontinental naval, le Trident, d'une portée de 7 400 km, compte 8 têtes nucléaires de 100 kt chacune.

2. Les 46 sous-marins d'attaque de la 2e Flotte, appelés aussi «chasseurs-tueurs», peuvent détruire les navires adverses avec leurs missiles Sub-Harpoon, d'une portée de 110 km. Pour détruire d'autres submersibles, ils utilisent le missile nucléaire Subroc, dont la portée est de 46 km.

3. Les navires d'escorte sont composés de croiseurs du tonnage le plus élevé, déplaçant de 9 000 à 10 000 tonneaux, ainsi que de destroyers et frégates plus légers (3 000 à 4 000 tonneaux). Ces bâtiments d'escorte sont armés de différents types d'engins, dont le missile anti-navires Harpoon et le missile anti-sous-marins à courte portée ASROC. Ceci en plus des torpilles et canons classiques. En outre, les croiseurs disposent des missiles antiaériens Standard et Sparrow.

4. Les cinq porte-avions d'attaque croisent au cœur

de cette flotte. Chacun transporte dans ses flancs 24 Phantom *F-4* ou Tomcat *F-14*, dont les rayons d'action sont respectivement de 765 et 935 km. Ces appareils sont équipés de missiles air-surface AIM-7/9. En outre, plus de 36 Intruder *A-6* ou Corsair *A-7*, aux rayons d'action de 1 205 et 885 km et armés de bombes nucléaires, sont aussi embarqués. Dix appareils emportent des torpilles S-2 Tracker et S-3 Viking, cette dernière pouvant atteindre sa cible à 1 900 km de distance. A bord des porte-avions voyagent aussi 10 appareils de reconnaissance Lasty et des missiles antiaériens Sea Sparrow et Standard (portée supérieure à 90 km).*

5. Les deux porte-hélicoptères disposent chacun de vingt poids lourds Chinook, de plus légers UH-1 et AH-1, ainsi que de RH-53, hélicoptères particulièrement adaptés à la guerre anti-sous-marine.*

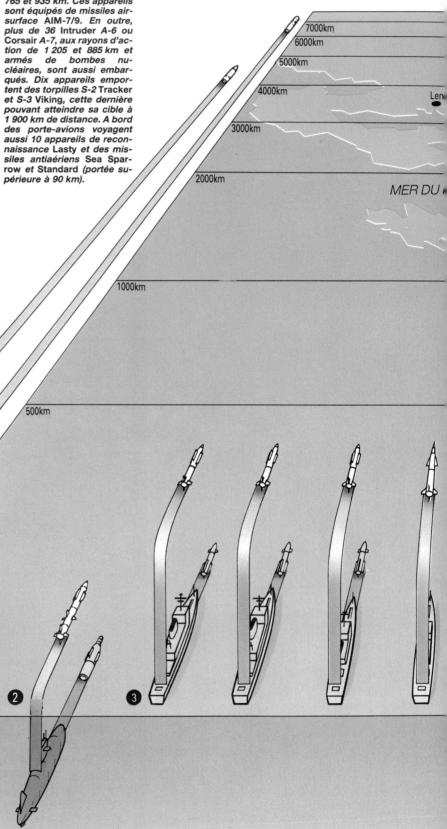

MER DU

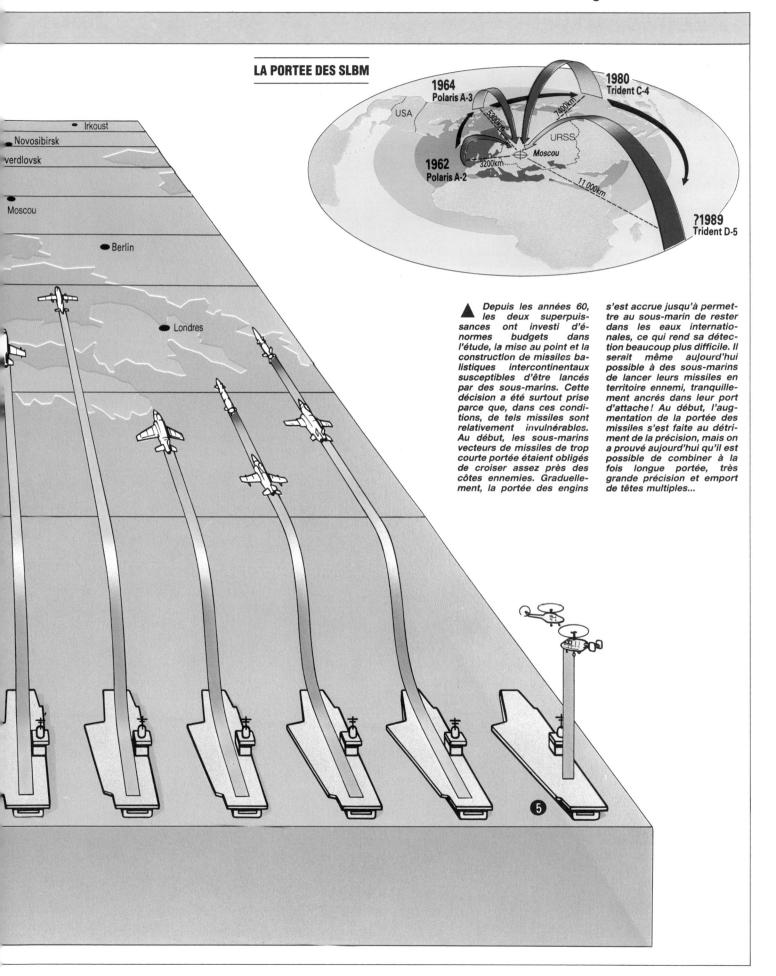

LA PORTEE DES SLBM

1964
Polaris A-3

1980
Trident C-4

USA

5300km

7400km

URSS

1962
Polaris A-2

3200km

Moscou

11.000km

?1989
Trident D-5

Irkoust
Novosibirsk
verdlovsk
Moscou
Berlin
Londres

▲ *Depuis les années 60, les deux superpuissances ont investi d'énormes budgets dans l'étude, la mise au point et la construction de missiles balistiques intercontinentaux susceptibles d'être lancés par des sous-marins. Cette décision a été surtout prise parce que, dans ces conditions, de tels missiles sont relativement invulnérables. Au début, les sous-marins vecteurs de missiles de trop courte portée étaient obligés de croiser assez près des côtes ennemies. Graduellement, la portée des engins* *s'est accrue jusqu'à permettre au sous-marin de rester dans les eaux internationales, ce qui rend sa détection beaucoup plus difficile. Il serait même aujourd'hui possible à des sous-marins de lancer leurs missiles en territoire ennemi, tranquillement ancrés dans leur port d'attache! Au début, l'augmentation de la portée des missiles s'est faite au détriment de la précision, mais on a prouvé aujourd'hui qu'il est possible de combiner à la fois longue portée, très grande précision et emport de têtes multiples...*

❺

L'imprévisibilité de la guerre

prémisses incertaines. Ils avaient été si impressionnés par l'aisance avec laquelle un homme seul, armé d'un lance-missiles individuel, pouvait descendre un avion de 20 millions de dollars, qu'ils avaient oublié de se demander *comment* cet homme s'était trouvé au bon endroit, *comment* il avait détecté et poursuivi la cible; *comment*, enfin, il avait identifié celle-ci comme un avion ennemi et non un appareil ami. Le résultat était certes impressionnant. Il ne pouvait être atteint que grâce à un concours de circonstances et de conditions particulièrement favorables.

La guerre ne consiste pas en une répétition de rencontres stéréotypées, au cours desquelles le même résultat se reproduit d'un bout à l'autre de la ligne de front. Chaque camp s'informe des possibilités de l'adversaire, en tient compte, élabore des contre-mesures et met au point des tactiques en vue d'exploiter les faiblesses de l'ennemi et d'éviter ses points forts. Qui plus est, il est rare qu'une bataille se présente comme la résistance d'un défenseur figé sur ses positions contre un attaquant mobile. La défense devra, à plusieurs reprises, se déplacer pour colmater une brèche ouverte dans l'un de ses flancs, ou pour engager le combat avec une unité vulnérable de l'ennemi. De son côté, l'attaquant peut vouloir se retrancher en un endroit donné, qu'il s'agisse d'une position particulièrement favorable, ou d'un morceau de territoire récemment conquis et promis à être bientôt l'objet d'une contre-attaque. Aucune armée ne peut avancer constamment. Aucune ne peut se permettre de s'égarer trop loin de ses lignes d'approvisionnements. De même, aucune armée ne peut rester sur place trop longtemps. Si ses positions sont connues (et les progrès des moyens modernes de surveillance laissent prévoir qu'elles le seront inévitablement), elle deviendra extrêmement vulnérable au feu de l'ennemi, désormais de plus en plus concentré et précis à des distances de plus en plus longues. Quant aux unités navales, plutôt que d'avoir à s'approcher dangereusement des navires ennemis ou de tirer derrière la ligne d'horizon, elles pourront régler leurs tirs sur les signaux radars. L'artillerie moderne réalise des portées proches de 20 km. Il est aujourd'hui question d'adapter des têtes conventionnelles sur les missiles balistiques habituellement porteurs d'ogives nucléaires. Grâce à leur portée de plusieurs centaines de kilomètres, il serait ainsi possible d'attaquer des objectifs cruciaux, tels que des bases aériennes, voire des concentrations de troupes, dans toute la profondeur du dispositif ennemi et même sur ses arrières, à des distances pour lesquelles on ne disposait jusqu'ici que de vecteurs à têtes nucléaires.

Même quand les fronts sont relativement statiques, les deux camps doivent être approvisionnés, et les lignes d'approvisionnement,

▲ *Les batteries de missiles sol-air (SAM) syriennes paraissaient jouir, dans le fond de la vallée de la Bekaa, d'une relative sécurité.*

nous l'avons vu, peuvent être fort longues. Une autre caractéristique de la guerre moderne est l'importance considérable que peuvent y atteindre les taux d'attrition. Les armes à tir rapide consomment leurs munitions à une cadence stupéfiante. Ceux qui aimeraient disposer d'armes guidées avec précision risquent de devoir s'en passer tant le coût unitaire de ce matériel est élevé. D'autre part, des armes d'une telle complexité, et les équipements qui leur sont associés, exigent une maintenance considérable sur le terrain et quantité de pièces de rechange.

On ne peut échapper aux impératifs de mobilité des forces et de leurs approvisionnements. Ce sont ces impératifs qui affaiblissent les conceptions simplistes de défense au moyen de missiles anti-aériens, anti-navals ou anti-chars, relativement peu coûteux. Les forces ne peuvent se mouvoir sans une infrastructure de transports. Comme les transporteurs sont vulnérables, il faut soit les blinder, soit les armer, soit au moins faire assurer leur protection par des forces de couverture. Finalement, les véhicules, vaisseaux et aéronefs capables à la fois de mouvement et d'auto-protection ont tendance à ressembler étonnamment aux chars, navires de guerre et avions de combat que l'on croyait condamnés pour excès de vulnérabilité.

Il se pourrait qu'en temps de guerre tout navire armé soit condamné à une navigation de plus en plus hasardeuse. Il faudra sans relâche scruter le ciel à l'affût d'attaques aériennes, et sonder les profondeurs à la recherche des sous-marins tueurs. Pour assurer une protection réelle, il faudra que des forces navales d'intervention naviguent de conserve avec des porte-avions, avec des escorteurs hérissés d'armes anti-aériennes et anti-sous-marines, et qu'elles soient dotées d'armes anti-navires nécessaires à leur propre protection. Si, comme nous l'avons vu, il est nécessaire de transporter sur de longues distances des troupes et des équipements importants, ceci ne peut généralement se faire que par mer. Le transport aérien est évidemment bien plus rapide, mais il est irréali-

LA VALLEE DE LA BEKAA

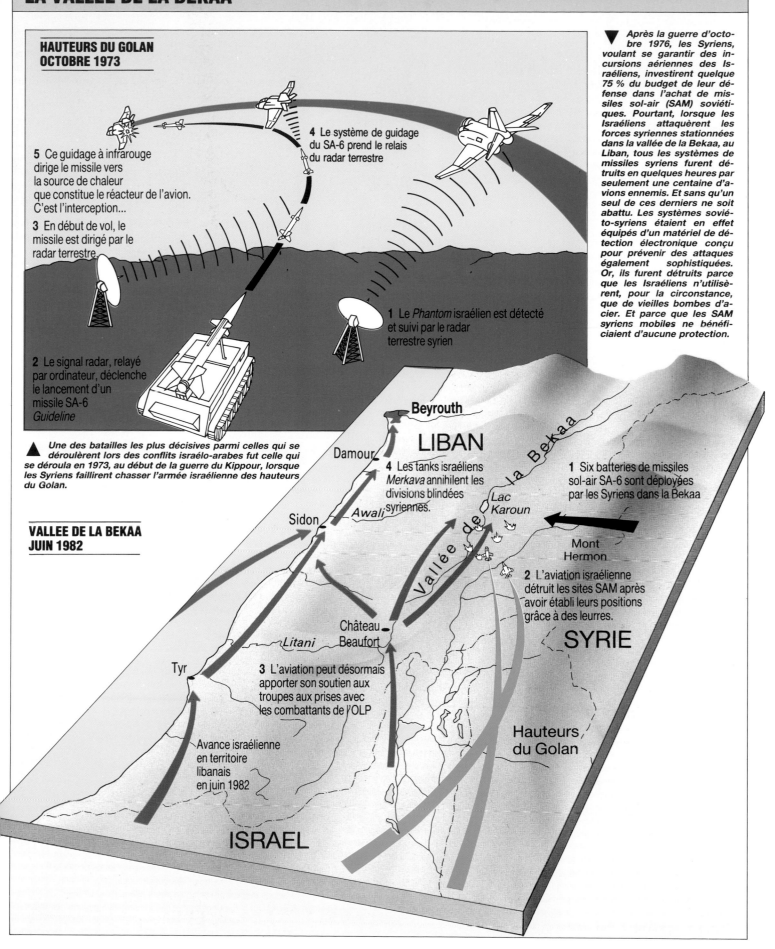

**HAUTEURS DU GOLAN
OCTOBRE 1973**

5 Ce guidage à infrarouge dirige le missile vers la source de chaleur que constitue le réacteur de l'avion. C'est l'interception...

3 En début de vol, le missile est dirigé par le radar terrestre.

4 Le système de guidage du SA-6 prend le relais du radar terrestre

1 Le *Phantom* israélien est détecté et suivi par le radar terrestre syrien

2 Le signal radar, relayé par ordinateur, déclenche le lancement d'un missile SA-6 *Guideline*

▲ Une des batailles les plus décisives parmi celles qui se déroulèrent lors des conflits israélo-arabes fut celle qui se déroula en 1973, au début de la guerre du Kippour, lorsque les Syriens faillirent chasser l'armée israélienne des hauteurs du Golan.

**VALLEE DE LA BEKAA
JUIN 1982**

▼ Après la guerre d'octobre 1976, les Syriens, voulant se garantir des incursions aériennes des Israéliens, investirent quelque 75 % du budget de leur défense dans l'achat de missiles sol-air (SAM) soviétiques. Pourtant, lorsque les Israéliens attaquèrent les forces syriennes stationnées dans la vallée de la Bekaa, au Liban, tous les systèmes de missiles syriens furent détruits en quelques heures par seulement une centaine d'avions ennemis. Et sans qu'un seul de ces derniers ne soit abattu. Les systèmes soviéto-syriens étaient en effet équipés d'un matériel de détection électronique conçu pour prévenir des attaques également sophistiquées. Or, ils furent détruits parce que les Israéliens n'utilisèrent, pour la circonstance, que de vieilles bombes d'acier. Et parce que les SAM syriens mobiles ne bénéficiaient d'aucune protection.

Beyrouth

LIBAN

Damour

4 Les tanks israéliens *Merkava* annihilent les divisions blindées syriennes.

Sidon

Awali

Lac Karoun

1 Six batteries de missiles sol-air SA-6 sont déployées par les Syriens dans la Bekaa

Mont Hermon

2 L'aviation israélienne détruit les sites SAM après avoir établi leurs positions grâce à des leurres.

SYRIE

Château Beaufort

Litani

Tyr

3 L'aviation peut désormais apporter son soutien aux troupes aux prises avec les combattants de l'OLP

Avance israélienne en territoire libanais en juin 1982

Hauteurs du Golan

ISRAEL

Vallée de la Bekaa

L'environnement de haute technologie

LES ESPIONS DANS L'ESPACE

▲ Les photographies dans l'espace sont prises soit par des satellites commerciaux (LANDSAT), soit par des vols habités. Cette vue du Centre spatial Kennedy est due à Skylab 4.

sable au-delà d'un certain seuil quantitatif. Si les lignes de communications maritimes sont importantes, elles devront être protégées par des forces d'intervention patrouillant en surface. Le corollaire logique de ce postulat est que, si les lignes de communications maritimes sont moins importantes, une marine de guerre peut être un luxe. On a fait remarquer que, s'il fallait plus de quinze jours aux flottes de l'OTAN pour dégager les voies de communications maritimes d'une rive à l'autre de l'Atlantique, de manière à permettre l'arrivée des renforts (et la plupart des estimations se chiffrent en mois plutôt qu'en semaines), la guerre terrestre serait perdue avant que les réserves disponibles aient pu intervenir. Ce qui amène à considérer que l'on dépenserait plus utilement les crédits, si on les consacrait à « prépositionner » des entrepôts d'armes et de matériel en Europe.

Finalement, le tableau qui se dessine n'est pas celui d'une défense confiante, alignant ses missiles réduits, mais sophistiqués, pour faire une conduite de Grenoble à tout agresseur. Non, l'image qui émerge évoque une complexité croissante. Quel que soit le camp qui l'emportera, sa victoire dépendra autant de l'aptitude des combattants à faire face à un environnement de haute technologie, que de la nature de l'équipement disponible. A l'extrémité la plus élevée de notre spectre, soulignons trois caractéristiques qui vont rendre la guerre de plus en plus éprouvante pour ceux qui seront au cœur de la mêlée. Elles nous aideront à illustrer ce qui précède.

Il y aura tout d'abord un flux constant d'informations de haute qualité. Les officiers commandant les opérations, en contact permanent avec leurs supérieurs, seront informés de ce qui se passe ailleurs. Ils connaîtront aussi les positions et les mouvements de l'ennemi. Dans ces circonstances, on court le risque de voir des responsables dans l'incapacité de décider parce que paralysés par une indigestion d'informations. Et on les imagine en attendant davantage, avec l'espoir que les nouveaux renseignements leur permettront de clarifier la situation, de rendre les choix si évidents qu'ils n'aient plus à trancher eux-mêmes.

D'ailleurs, on peut toujours renvoyer l'information aux niveaux supérieurs. Le haut commandement éloigné de la zone des combats, voire les dirigeants politiques, seront, plus souvent qu'à leur tour, tentés d'intervenir.

Une seconde caractéristique de la bataille contemporaine est qu'il sera vain d'espérer un répit, un abri ou une cachette. La précison des armes rend extrêmement vulnérable toute unité exposée à leurs coups. Et comment éviter d'y être exposé, avec une surveillance et une détection aussi intensives ? De vastes formations seront nécessaires, afin de les faire éclater en unités plus mobiles, qu'il faudra constam-

LES SATELLITES FOURNISSENT une surveillance constante des activités militaires partout où cela s'impose. Au moindre signe de crise — que ce soit au Moyen-Orient, dans l'Atlantique Sud ou dans le sous-continent indien — chacune des superpuissances dirige ses satellites de manière à être informée des mouvements de troupes. Un nouveau satellite américain, le *KH-11*, est même capable d'envoyer instantanément les images. De telles reconnaissances permettent donc de discerner la disposition des forces en présence. Vers la fin des années 50, les Américains craignaient que l'URSS n'ait pris la tête en matière de production de missiles mais, lorsque, au début des années 60, les premières reconnaissances par satellites furent effectuées, il devint clair que les Soviétiques avaient conservé leur retard dans ce domaine. L'optique dont disposent les satellites de reconnaissance est d'une qualité telle que l'on peut percevoir les moindres détails de ce qui se passe sur terre. Le *rehaussement de l'image* peut mettre en évidence des détails qui, autrement, resteraient cachés. Ceci en compensant les distorsions et en identifiant certains éléments particuliers. La *soustraction optique* assure que les images *nouvelles* — comme la brusque installation d'un site de missiles — sont rapidement détectées électroniquement et comparées avec les documents antérieurs correspondants. Il reste cependant que les satellites restent pratiquement aveugles durant la nuit et par temps nuageux. Seules les superpuissances bénéficient de ce type de renseignements, mais quelques pays cherchent à mettre au point leurs propres satellites-espions. Les indications fournies par ces satellites constituent un des cadeaux les plus prisés qu'un pays engagé dans un conflit souhaite recevoir. Aussi sont-elles livrées avec parcimonie. Dans la pratique, la plupart des pays en guerre doivent encore se tirer d'affaire avec de simples cartes, en utilisant un service de renseignement sur le terrain ou en surveillant par avion les déplacements de l'adversaire.

▶ Voici un document exceptionnel qui témoigne de la qualité de la technologie américaine en matière de satellites. Cette photo, intensifiée par ordinateur et prise par un satellite militaire en juillet 1984, montre un porte-avions nucléaire soviétique en construction dans le chantier naval Nikolayev, situé sur la mer Noire.

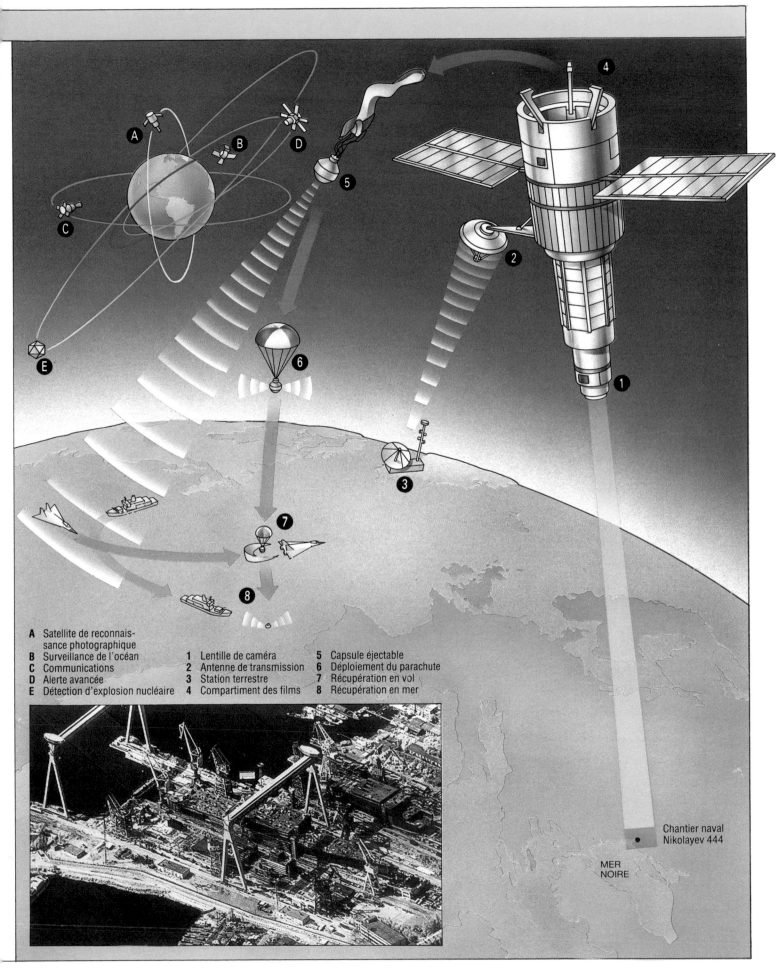

A Satellite de reconnais-
sance photographique
B Surveillance de l'océan
C Communications
D Alerte avancée
E Détection d'explosion nucléaire

1 Lentille de caméra
2 Antenne de transmission
3 Station terrestre
4 Compartiment des films

5 Capsule éjectable
6 Déploiement du parachute
7 Récupération en vol
8 Récupération en mer

Chantier naval
Nikolayev 444

MER
NOIRE

LES OPERATIONS DE SAUVETAGE

L'IMPORTANCE DE LA PRÉPARATION, du *timing* et de la chance, de même que la définition claire de la mission à accomplir ressortent de ces deux exemples d'opérations lointaines de sauvetage. La libération, par les Israéliens, des passagers d'un avion d'*Air France* retenus en otage sur l'aéroport d'Entebbe avec l'accord du potentat local, Idi Amin Dada, s'est déroulée sans faille, ayant bénéficié de l'effet de surprise. En revanche, la tentative américaine, en 1980, pour libérer les otages de l'ambassade US de Téhéran *devait* échouer ne fût-ce que parce qu'on s'était trompé dans le choix des appareils à utiliser ! En outre, on ne voit toujours pas comment cette mission aurait pu réussir, même si les sauveteurs étaient parvenus à s'introduire dans la capitale iranienne.

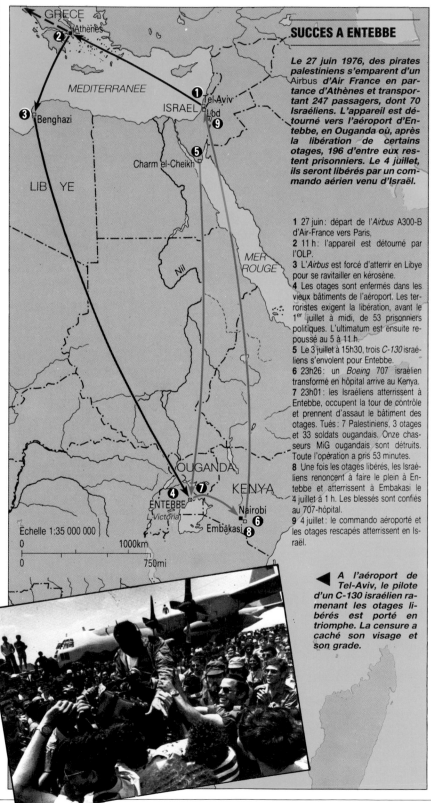

SUCCES A ENTEBBE

Le 27 juin 1976, des pirates palestiniens s'emparent d'un Airbus d'Air France en partance d'Athènes et transportant 247 passagers, dont 70 Israéliens. L'appareil est détourné vers l'aéroport d'Entebbe, en Ouganda où, après la libération de certains otages, 196 d'entre eux restent prisonniers. Le 4 juillet, ils seront libérés par un commando aérien venu d'Israël.

1 27 juin: départ de l'*Airbus* A300-B d'Air-France vers Paris.
2 11 h: l'appareil est détourné par l'OLP.
3 L'*Airbus* est forcé d'atterrir en Libye pour se ravitailler en kérosène.
4 Les otages sont enfermés dans les vieux bâtiments de l'aéroport. Les terroristes exigent la libération, avant le 1er juillet à midi, de 53 prisonniers politiques. L'ultimatum est ensuite repoussé au 5 à 11 h.
5 Le 3 juillet à 15h30, trois *C-130* israéliens s'envolent pour Entebbe.
6 23h26: un *Boeing* 707 israélien transformé en hôpital arrive au Kenya.
7 23h01: les Israéliens atterrissent à Entebbe, occupent la tour de contrôle et prennent d'assaut le bâtiment des otages. Tués: 7 Palestiniens, 3 otages et 33 soldats ougandais. Onze chasseurs MiG ougandais sont détruits. Toute l'opération a pris 53 minutes.
8 Une fois les otages libérés, les Israéliens renoncent à faire le plein à Entebbe et atterrissent à Embakasi le 4 juillet à 1 h. Les blessés sont confiés au 707-hôpital.
9 4 juillet: le commando aéroporté et les otages rescapés atterrissent en Israël.

◀ *A l'aéroport de Tel-Aviv, le pilote d'un C-130 israélien ramenant les otages libérés est porté en triomphe. La censure a caché son visage et son grade.*

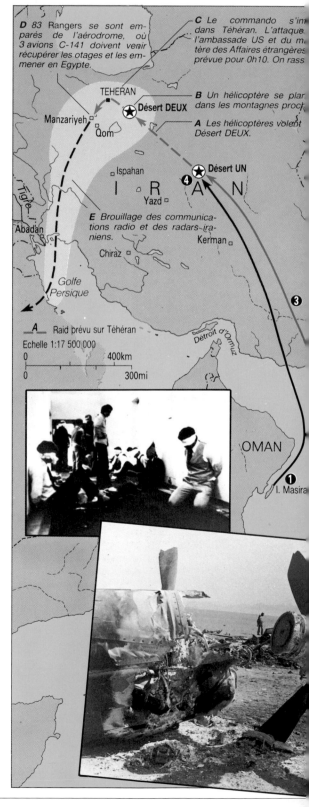

D 83 Rangers se sont emparés de l'aérodrome, où 3 avions *C-141* doivent venir récupérer les otages et les emmener en Egypte.

C Le commando s'in[...] dans Téhéran. L'attaque [...] l'ambassade US et du m[...]tère des Affaires étrangères prévue pour 0h10. On rass[...]

B Un hélicoptère se pla[...] dans les montagnes proch[...]

A Les hélicoptères volent [...] Désert DEUX.

E Brouillage des communications radio et des radars iraniens.

A Raid prévu sur Téhéran
Echelle 1:17 500 000

0   400km
0   300mi

Echelle 1:35 000 000
0   1000km
0   750mi

La tension et la fatigue sur le champ de bataille

Un **Marine** *américain pleure la perte d'un de ses camarades, tombé au Viêt-nam.*

ment disperser et déplacer. Dans le passé, il était parfois possible de s'assurer des pauses entre le crépuscule et l'aube, ou lorsque le temps se gâtait. Aujourd'hui, les systèmes d'armes ne ferment pas l'oeil. Ils ont été conçus pour opérer nuit et jour, et pour « voir » à travers les nuées ou les ténèbres. Le repos du guerrier n'y trouvera pas son compte...

En troisième lieu, comme les deux camps utiliseront des systèmes électroniques, chacun devra également recourir à des contre-mesures destinées à paralyser les systèmes adverses ou à protéger les leurs. Ces diverses opérations comprendront des mesures visant à brouiller les communications, à tromper les radars, à dérouter les missiles ennemis. Sur le terrain, les combats seront astreints à dépendre étroitement de ces systèmes, ce qui ne manquera pas d'accroître la tension générale. Celle-ci sera encore renforcée, dans une bataille en Europe centrale, par l'éventuel usage d'armes nucléaires ou chimiques.

Une guerre menée dans de telles conditions serait, pour les participants, à la fois terrifiante, épuisante et déconcertante. Le niveau des pertes seraient élevé, le mouvement constamment nécessaire, les hommes continuellement « sur les dents » et le matériel soumis, de manière permanente, à un usage intensif. Les occasions de prendre un peu de sommeil, de faire le plein et de procéder aux réparations nécessaires seront rares. Les communications entre la zone d'opérations et les états-majors pourraient être coupées à tout moment. Une

unité pourrait se trouver totalement démunie à cause du fonctionnement défectueux d'un armement vital, de la rupture des lignes d'approvisionnement, ou à la suite d'une soudaine percée de l'ennemi. Bien sûr, même dans le passé, les guerres ont toujours été, pour les combattants, des expériences éprouvantes et pleines d'imprévus, mais l'expérience des campagnes précédentes fournissait au moins des éléments de prévision quant à la façon dont les diverses composantes d'une armée allaient s'interpénétrer et travailler ensemble. Il se pourrait désormais que ceux qui doivent planifier une campagne soient confrontés avec de telles incertitudes concernant les taux d'attrition, l'issue prévisible de tel ou tel engagement, la résistances des équipements, la sécurité et l'efficacité de la logistique, l'endurance physique et mentale des combattants sur le terrain, que, sans une supériorité considérable en effectifs et en matériel, aucun ne se risquerait dans une quelconque aventure militaire...

La guerre de guérilla

A l'autre bout de notre spectre figure la guerre de guérilla. Dans le chapitre précédent, nous avons vu comment, dans un environnement moderne, les armées régulières s'efforcent d'exécuter le genre de missions qui a toujours été le leur — recueillir des renseignements, se déplacer et se défendre. A cet effet, le commandement dispose de moyens tangibles : des

« La guerre de la puce »

hommes, de l'équipement et les approvisionnement nécessaires pour maintenir leur niveau opérationnel. Son objectif est clairement défini : une victoire militaire décisive.

La guerre de guérilla est pratiquée par ceux qui sont dépourvus d'une bonne part de ces moyens militaires traditionnels et qui, pour cette raison, doivent éviter les batailles rangées en terrain découvert contre des armées bien équipées. Pour eux, le succès ne se mesure pas en termes de superficie du terrain occupé : ils doivent avant tout survivre et se renforcer, gagner en temps ce qu'ils perdent en espace et, ensuite, mettre à profit le temps pour se gagner des appuis. Leur objectif est de fatiguer l'ennemi, de le harceler, d'user son moral et, en évitant la défaite, de démontrer les limites de la puissance du pouvoir qu'ils combattent. Avec le temps, les guérilleros espèrent multiplier le nombre de leurs recrues, de façon à pouvoir exercer une pression plus forte sur l'ennemi et ses troupes. Quand le moral de celles-ci commence à flancher, et que se produisent des défections et des désertions, les insurgés peuvent songer à défier l'armée régulière à découvert. C'est ce que Robert Taber appelle *la guerre de la puce* : « La puce pique, saute, mord à nouveau, évitant agilement le pied qui l'écraserait. Elle ne cherche pas à tuer l'ennemi d'un seul coup, mais à le vider de son sang pour s'en nourrir, à le tourmenter et à l'exaspérer pour l'empêcher de souffler, ébranler son système nerveux et saper son moral. »

La survie ne dépend que partiellement des vertus militaires. Comme toute armée, la guérilla a besoin d'un bon réseau de renseignements, d'approvisionnements en armes et en munitions, et d'un entraînement régulier. Elle doit se familiariser avec les techniques du camouflage et de la surprise; elle doit se préparer à prélever sur l'ennemi ses approvisionnements. Tout cela dépend étroitement du soutien de la population locale, sur laquelle les guérilleros doivent pouvoir compter, notamment pour le gîte et le couvert.

Les années 60 ont vu s'épanouir une sorte de culte de la guérilla, résultat des revers essuyés par les Américains au Viêt-nam face à cette sorte de tactique, et issu sans doute aussi de l'aura d'un des praticiens les plus célèbres, ne serait-ce que pour sa fameuse photo-poster : Che Guevara. Après avoir combattu aux côtés de Fidel Castro dans sa révolution cubaine de la fin des années 50, Guevara devint un modèle pour d'autres groupes insurrectionnels en Amérique latine et prit lui-même part à deux autres campagnes. La première eut lieu en Afrique. Au Congo, ce fut un fiasco et la révolution ne tarda pas à avorter. La seconde, qui eut la Bolivie pour théâtre, ne fut pas seulement un tragique échec, mais lui coûta la vie en 1967. Les causes de cet échec illustrent l'étroite connexion entre l'action politique et

LES ACTIONS DE GUERILLA

LA GUERRE DE GUÉRILLA est une stratégie qu'utilisent les forces rebelles peu puissantes de manière à survivre jusqu'au jour où elles seront capables d'affronter ouvertement les troupes régulières. Au début de la campagne, ces dernières bénéficient du nombre, d'un meilleur équipement et de l'autorité gouvernementale. La guérilla, elle, compte sur l'appui des populations pour l'aider dans sa lutte contre le pouvoir. Lorsque le moral des troupes régulières fléchit, les désertions se multiplient, les forces s'égalisent et les combats prennent une forme plus conventionnelle.

Les méthodes utilisées par les guérilleros sont diverses. Certains cherchent à mettre sur pied un contre-gouvernement et, pour s'attirer la sympathie du peuple, promettent la redistribution des terres. D'autres organisent des assassinats sélectifs pour montrer leur force et pour défier l'autorité de l'Etat. Si les méthodes sont différentes, les objectifs le sont également. Généralement, les campagnes de guérilla sont dirigées par la gauche contre la droite; dans la pratique, l'aide apportée aux guérilleros par la population répond le plus souvent à des motivations nationalistes ou ethniques qu'à des incitations idéologiques.

▼ *Plus de dix ans après son indépendance, l'Angola est toujours en guerre et le gouvernement de Luanda doit faire face à de nombreux défis. Les deux principaux viennent d'Afrique du Sud (pays dont les troupes sont entrées en territoire angolais pour décimer les guérilleros du SWAPO qui opèrent en Namibie), et de l'UNITA de Jonas Savimbi, soutenu par Johannesburg et qui contrôle la partie méridionale de l'Angola tout en menaçant le centre du pays. Appelés à la rescousse par le MPLA en 1976, les militaires cubains sont restés en place.*

ANGOLA

La guerre civile angolaise depuis 1976
Actions de guérilla UNITA
- avant 1983
- depuis 1983

Zone d'opérations UNITA
Zone contrôlée par l'UNITA
Zone occ. par l'Afr. du Sud

Zone tribale
Route importante
+++ Chemin de fer

Echelle 1:12 000 000

MALAISIE

MALAISIE

Echelle 1 : 600 000

| 0 | 120km |
| 0 | 80mi |

▲ L'état d'urgence fut décrété en Malaisie, en 1948, à la suite d'une campagne terroriste soutenue par la nombreuse population chinoise pro-communiste. L'implantation forcée des habitants dans des villages « protégés » les isola des guérilleros, ce qui aida les autorités à rétablir l'ordre.

Conflits de Malaisie occ. 1948-1960

━━━ Zone de guérilla intense (1951)

▢ Principales concentrations chinoises

▢ Jungle

┄┄┄ Frontière d'État

Sendero Luminoso (Sentier Lumineux)
Actions de guérilla au Pérou depuis 1980

✸ connues

✩ attribuées

▢ Zone principale des indiens Quechuas

PEROU

1984 Destruction de récoltes de coca par les guérilleros

20 août 82 État d'urgence de 60 jours décrété à Lima

1982, 1984 État d'urgence

ZONE D'INSURRECTION 1984
AYACUCHO

PEROU

Echelle 1:8 000 000

| 0 | 150 km |
| 0 | 100 mi |

Depuis le début des années 60, le gouvernement péruvien a dû lutter contre la guérilla d'extrême-gauche. Les différents groupes qui se sont manifestés ont été successivement décimés sans trop de difficultés par l'armée. L'objectif des guérilleros était de s'attacher la

sympathie des indiens quechuas. Prenant ses racines dans les groupes de 1960, la guérilla maoïste du Sentier lumineux est née en 1980 et n'a cessé depuis de harceler le pouvoir en place à Lima.

▲ Photo de guerre urbaine prise au début des « troubles » en Irlande du Nord.

Lorsque, en 1921, l'Irlande du Sud s'est constituée en État indépendant, les six comtés d'Irlande du Nord, à majorité protestante, ont choisi de rester attachés à la couronne britannique. Ce n'est que vers la fin des années 60 que la minorité catholique, brimée sur les plans politique et économique, a fini par se révolter. Lorsque la responsabilité du pouvoir en Irlande du Nord

▢ Région à majorité catholique

──── Route principale

┄┄┄ Frontière de district

Echelle 1:1 400 000

| 0 | 30 km |
| 0 | 20 mi |

IRLANDE DU NORD

IRLANDE DU NORD

BELFAST

WOODVALE
SHANKILL
SPRINGFIELD
BALLYMURPHY
MILLTOWN
ANDERSONTOWN
ARDOYNE
NEW LODGE
Route de Crulim
Route de Shankill
Rue Divis
Route de Falls
Route de Donegall
Route de Grosvenor
HOTEL DE VILLE
MARCHES

Zone à prédominance
▢ catholique
▢ protestante
▢ mixte

| 0 | 1km |
| 0 | 0·5mi |

fut mise en cause, rebondit aussitôt le problème de l'unification des deux Irlandes, cheval de bataille que ne manqua pas d'enfourcher l'Armée républicaine irlandaise (IRA). Pendant un temps, on vit les organisations paramilitaires constituer de véritables enclaves dans les villes mais, une décennie plus tard, leur influence avait diminué. L'IRA dispose cependant encore des moyens nécessaires pour monter des opérations et le problème politique sous-jacent reste toujours à résoudre...

l'action militaire dans la guerre de guérilla.

A la base des théories de Guevara, on trouve le *foco*, groupe restreint d'hommes armés et dévoués, opérant dans les collines et convaincus de représenter l'avant-garde d'une armée révolutionnaire. En conduisant des opérations multiples mais limitées, le *foco* remet en question la légitimité du gouvernement et suscite un soutien en mesure de constituer une armée

capable de se mesurer aux forces régulières de l'Etat.

La grande faiblesse de la théorie de Guevara était semblable à celle que l'on rencontrait dans de nombreuses autres stratégies plus orthodoxes : il avait tendance à considérer trop vite remplies les conditions politiques. Il ne doutait pas que les masses paysannes, pauvres et opprimées, se rangeraient naturellement aux

▲ *Quelques jeunes recrues de la guérilla anti-communiste UNITA, s'entraînant avec des armes chinoises dans un camp proche de la Zambie. Cette guerre qui a suivi l'indépendance de l'Angola oppose les guérilleros de l'UNITA (aidés par la CIA) aux troupes du gouvernement issu du mouvement MPLA, encadrées par des Cubains.*

côtés des révolutionnaires dès que ceux-ci auraient démontré leur aptitude à combattre efficacement les forces militaires de l'Etat. En 1961, une fois solidement installé au pouvoir, Fidel Castro se présenta comme un marxiste-léniniste mais, à l'époque où il affrontait le gouvernement du « général » (ex-sergent) Fulgencio Batista, l'avocat-maquisard s'était bien gardé d'afficher cette étiquette. Castro se présentait alors comme un libéral attaché à la constitution de 1940, ce qui lui valut d'être reconnu comme le chef de toutes les forces de l'opposition — un peu par défaut, un peu parce que lui et ses guérilleros étaient capables de survivre dans la sierra Maestra, alors que d'autres étaient décimés par les milices du dictateur en place. La solide impopularité du régime Batista fit le reste. Il n'y eut que fort peu de combats. A leur apogée, les guérilleros ne comptèrent jamais plus de 2 000 hommes et leurs pertes, en comptant celles de la bataille de Santa Clara, qui marqua la fin du « règne » de Batista, ne dépassèrent pas la centaine.

En Bolivie, Guevara a joué de malchance et semble avoir commis des erreurs à la fois militaires et politiques. Cet Argentin au visage pâle conduisit un groupe de guérilleros dont la moitié au moins étaient aussi étrangers que lui au pays et à sa population. Il s'en allait prêchant une forme de socialisme et tentant d'y convertir une paysannerie indienne plus que méfiante. Ses carnets de route, saisis en 1967 par les troupes du général Barrientos, et publiés en partie après l'exécution de Che Guevara le 9 octobre, sont révélateurs : « *Les habitants de cette région sont aussi impénétrables que le roc. On a beau leur parler, au fond de leurs yeux on voit qu'ils ne vous croient pas... »*

L'échec de Guevara, qui fut suivi par de nombreuses expériences similaires dans d'autres pays d'Amérique latine au cours des années 60, contraste avec le succès remporté, sur base d'une tout autre approche, par les Chinois et les Vietnamiens. Selon le guide de la révolution chinoise, Mao Tsê-tung, « *la guerre de guérilla ne peut s'épanouir que comme élément d'un vaste mouvement politique* ». Il fallait avant tout gagner la sympatie du peuple et sa collaboration. Il fallait ensuite s'attacher à promouvoir la conscience politique de l'enjeu et de la nature de la lutte. On connaît sa maxime, si souvent citée : « *L'armée doit être dans le peuple comme un poisson dans l'eau .* »

La doctrine de la *guerre du peuple* fut élaborée par Mao à partir de sa longue expérience au sein du parti communiste chinois et de ses combats, contre les Japonais d'abord, puis contre le régime de Chiang Kai-Chek. Les succès de Mao Tsê-tung trouvent leur origine dans son identification avec la cause nationaliste et anti-impérialiste, qui correspondait avec les sentiments profonds de la paysannerie. Il fut « aidé » dans ses efforts par les Japonais, qui

▶ Au-dessus: *Fidel Castro triomphant, le premier janvier 1959.*

En dessous: *l'attrait de la révolution cubaine est concrétisé par cette fameuse affiche représentant son héros, Che Guevara, et qui fut distribuée au début de 1959 par les opposants iraniens au régime du Shah.*

lui fournirent une excellente cible. Un envahisseur étranger est, politiquement, bien plus « payant » qu'un dictateur autochtone.

Ceci s'est vérifié au Viêt-nam, où les chefs communistes Ho Chi Minh et Vo Nguyen Giap eurent successivement comme adversaires impérialistes les troupes japonaises, les colonisateurs français et, enfin, les Américains. Ceci avant de se transformer eux-mêmes en impérialistes par rapport à leurs voisins du Laos et du Kampuchéa, la nouvelle république khmère. Par rapport aux Chinois, les Vietnamiens furent moins freinés par la nécessité de gagner petit à petit le soutien populaire et réussirent à s'assurer d'importantes sources d'aides exté-

rieures. L'appui de la Chine et de l'URSS leur était acquis, et ils surent habilement exploiter l'impact psychologique des spectaculaires revers militaires infligés à l'ennemi.

C'est ainsi qu'en mars 1954, conduisant les troupes du Viêtminh dans leur lutte contre le pouvoir colonial français, dans ce qui était alors l'Indochine, Giap réussit à assiéger, dans la cuvette de Diên Biên Phû, une garnison fran-

çaise privée de munitions et de ravitaillement. Militairement, cette défaite n'était pas décisive et, sur le terrain, les Français avaient perdu trois fois moins d'hommes que le Viêtminh. Mais cette humiliation plongea la France en état de choc alors que précisément s'ouvrait, à Genève, une conférence organisée pour mettre un terme aux conflits de Corée et d'Indochine. Le pays fut divisé en Viêt-nam du Nord et Viêt-nam du Sud. Plus tard, opérant à partir du Nord, Giap appliqua les mêmes recettes contre les Etats-Unis, qui avaient eu l'imprudence de mettre le doigt dans l'engrenage. En 1968 et 1972, années d'élections présidentielles en Amérique, des offensives furent lancées sur une grande échelle, offensives démesurément coûteuses, destinées à tourner en dérision, aux yeux de l'opinion publique américaine, les assurances données par la Maison Blanche

selon lesquelles les Etats-Unis avaient la situation en mains. L'offensive du Têt de 1968 se solda par une victoire politique, en dépit de la défaite militaire qu'elle représenta pour Hanoï. Par la suite, le commandement nord-vietnamien abandonna la guerre de guérilla. Les Vietcongs — insurgés du Sud — ayant été presque décimés, le gros de la lutte fut pris en charge par l'armée du Nord-Viêt-nam.

Au début des années 60, les Etats-Unis commencèrent à être hantés par l'idée que les mouvements révolutionnaires dans le Tiers-Monde constituaient un des plus importants défis stratégiques de l'avenir. L'arrivée au pouvoir du gouvernement marxiste à Cuba, les proclamations de plus en plus enflammées des Chinois en faveur de la lutte révolutionnaire, la montée des périls en Amérique latine et en Asie du Sud-Est, projetant le spectre du « Sud »

▲ *Brossé dans le style «pompier» en l'honneur dans les pays communistes, ce tableau représente Mao Tsê-Tung dirigeant la «Longue Marche» (1934-1936), pas important dans sa conquête du pouvoir, qui lui fut acquis en 1949. En effet, cette marche permit aux communistes chinois de développer leur technique de guérilla, d'abord contre les troupes nationalistes de Chian Kai-Shek, puis contre les envahisseurs japonais. Elle consacra aussi le leadership de Mao.*

La doctrine de la guerre populaire

▶ *Lorsque, au début des années 60, les Américains prirent la décision de lutter effectivement contre la guérilla en Amérique latine, ils établirent à Fort Gulick (Panama) un centre d'instruction très spécialisé destiné non seulement à leurs forces, mais aussi à celles des pays amis.*

déshérité et exploité se soulevant contre le « Nord » privilégié et exploiteur. En 1965, le secrétaire d'Etat américain à la Défense annexa à son rapport annuel au Congrès la copie d'un tract intitulé : « *Vive la victoire de la guerre du peuple* », dans lequel le maréchal Lin Piao, compagnon de route de Mao, écrivait ce qui suit : « *En un sens, la révolution mondiale contemporaine se présente sous la forme de l'encerclement des villes par les zones rurales. En dernière analyse, tout le cours de la révolution mondiale repose sur la lutte révolutionnaire des peuples asiatiques, africains et latino-américains.* » Beaucoup d'Occidentaux prirent ce discours plus au sérieux qu'il ne le méritait. On y vit un prolongement logique des luttes anticoloniales qui se développaient alors dans une conjoncture où les affrontements militaires entre l'Est et l'Ouest présentaient des dangers croissants. Les Américains en particulier sentirent le vent du boulet. Ils décrétèrent qu'il fallait répondre, et que la réponse devait comprendre à la fois de nouvelles techniques militaires (connues depuis comme *opérations de contre-insurrection*), et une perception plus aiguë des circonstances politiques dont les insurgés tiraient leur inspiration et le soutien des masses. En Amérique latine, où le défi révolutionnaire était assez faible, et où la puissance économico-militaire des Etats-Unis était écrasante, le problème n'était pas insoluble. Au Viêt-nam, en revanche, où le défi était fort et le gouvernement pro-occidental fragile, voire corrompu, les Américains échouèrent misérablement. Les militaires se montrèrent incapables de s'adapter aux conditions locales. Pire, ils ne surent pas convaincre les politiciens locaux de s'amender, et tous leurs efforts pour combattre l'insurrection, loin de leur gagner les sympathies de la population, ne firent que la leur aliéner.

Comme nous l'avons déjà remarqué, c'est en mettant en œuvre des forces régulières que les Vietnamiens du Nord purent parfaire leur victoire sur le Sud. Ils utilisèrent ensuite ces mêmes forces pour étendre leur domination sur le Laos et le Kampuchéa (ancien Cambodge), affrontant à leur tour des forces de guérilla. Quant aux Chinois, ayant promu leur doctrine de la *guerre du peuple* au rang de panacée permettant de vaincre n'importe quel ennemi au moyen d'opérations de guérilla menées par des milices légèrement armées, ils commencèrent à réviser leur opinion quant à cette doctrine et se mirent à moderniser leurs propres forces régulières.

Alors que la « révolution mondiale » envisagée dans la tourmente des années 60 ne semblait pas s'amorcer, en revanche, les actions de guérilla continuèrent à marquer de nouveaux succès. En 1974, les mouvements de guérilla opérant dans les colonies portugaises d'Angola et du Mozambique remportèrent une victoire classique. Il y eut même, en 1979, au Nicaragua, une victoire remportée par les Sandinistes, un des groupes engendrés par la révolution cubaine. Soutenu sans réserves par Washington, le régime de Somoza était aussi impopulaire que répressif. Après deux années de sanglants combats, le régime véreux des Somoza, en place depuis 1936, s'effondra le 17 juillet 1979 lorsque le dernier de la lignée s'enfuit avec sa fortune vers Miami. Dans la foulée, le Salvador voisin glissa dans la guerre civile.

Tout ceci pourrait paraître confirmer l'impression, qui avait prévalu aux cours des années 60, que la guerre de guérilla était essentiellement un instrument permettant aux forces politiques de gauche de mener la lutte des *damnés de la terre*. Cependant, l'expérience montre que le support politique nécessaire au succès des actions de la guérilla ressortit sans doute moins à l'idéologie proprement dite qu'à des sentiments d'appartenance à une nation, à une ethnie ou à une tribu. Ceci peut déboucher non seulement sur des affrontements avec des « impérialistes » ou des « dictateurs réactionnaires », mais aussi avec des régimes se réclamant d'une idéologie de gauche.

En fait, les guerres de guérilla contre des régimes de gauche n'ont pas manqué depuis le début de cette décennie. En Angola, l'UNITA,

Le nationalisme l'emporte souvent sur l'idéalisme

que l'on dit appuyée par l'Afrique du Sud, n'a cessé de gagner du terrain sur la fraction MPLA, sortie victorieuse de la guerre civile qui avait suivi l'indépendance de 1975. En Afghanistan, les rebelles combattirent d'abord un régime marxiste qui s'était emparé du pouvoir en 1978, avant de tourner leurs armes contre l'envahisseur soviétique venu, en décembre 1979, au secours d'un régime chancelant. Même en Amérique Centrale, les Nicaraguéens ont dû faire face aux *contras*, pour la plupart d'anciens *somozistes* armés et soutenus par les Etats-Unis.

Les aspects hautement politiques et l'engagement volontaire, qui caractérisent la guerre de guérilla, confèrent au problème de la *motivation* une importance plus grande qu'elle n'en a dans les armées régulières, où les hommes n'ont guère d'autre choix que d'obéir aux ordres. L'efficacité des armées les plus aguerries repose, il est vrai, sur tout autre chose que la simple discipline formelle. Les armées régulières et celles de la guérilla ont ceci en commun que leur motivation trouve plus aisément ses racines et son inspiration dans le *nationalisme* que dans l'*idéologie*.

19 JUILLET 1979. *La foule a envahi le square de la République, à Managua, pour saluer les premiers guérilleros sandinistes arrivés dans la capitale du Nicaragua. Deux jours auparavant, le dictateur Somoza avait démissionné et pris l'avion pour Miami.*

5

LA GUERRE DEPUIS 1945

Des conflits spécifiques illustrent des thèmes généraux ● L'Europe, où naquit la guerre froide, focalise toujours l'attention des superpuissances ● Depuis 1945, l'Extrême-Orient a été le théâtre de tous les types de conflits, depuis la tentative américaine de juguler l'expansion communiste jusqu'aux âpres combats que se livrent entre eux divers régimes inféodés soit à l'URSS, soit à la Chine ● En Asie méridionale, l'Inde et le Pakistan se sont révélés être des voisins difficiles, le premier s'appuyant sur l'Union soviétique, l'autre cherchant le soutien de Washington et de Pékin. ● Le Moyen-Orient joue un rôle stratégique important, non seulement à cause de sa richesse en pétrole, mais parce qu'il est le point de rencontre entre l'Europe, l'Asie et l'Afrique : Israël est au cœur de la plupart des conflits qui ensanglantent cette région ● Depuis la décolonisation, les guerres civiles ont proliféré en Afrique ● L'instabilité des régimes en place en Amérique latine et dans les Caraïbes résulte pour une bonne part des problèmes intérieurs des Etats.

Eden Pastora, dit « Commandant Zéro », fut l'un des chefs victorieux du mouvement sandiniste en lutte contre la dictature de Somoza au Nicaragua. Voici quelques-uns de ses hommes se préparant à l'attaque en novembre 1978.

L E COMPORTEMENT ET LES ATTITUDES des superpuissances sont moins étroitement liés que l'on ne le croit généralement aux *causes* des guerres modernes, et celles-ci ne reflètent pas nécessairement la complexité croissante des armements. Nous avons déjà vu combien les superpuissances ont perdu la capacité de façonner la tournure des affaires internationales en utilisant leur principal atout : la *pression* économique, politique ou militaire. Ce qui a pour conséquence le développement d'une politique mondiale plus confuse et imprévisible. Nous avons tenté d'expliquer cela par les réticences profondes qu'éprouvent les grandes puissances à envisager une guerre dans laquelle les armes nucléaires pourraient être impliquées, par la difficulté de projeter la puissance militaire — même conventionnelle — à des distances considérables, enfin, par les nouveaux et nombreux acteurs indépendants que la décolonisation et ses séquelles ont introduits sur la scène internationale.

De nombreux pays se sont dotés de moyens militaires perfectionnés qui peuvent remettre au goût du jour les vieux schémas de guerre, où les armées régulières sont chargées de régler les différends sur le champ de bataille. Cependant, si un certain nombre d'Etats, qui jouaient jadis les acteurs de complément sur la scène internationale, sont désormais en mesure d'assumer des rôles de « vedettes », beaucoup d'autres, parmi ceux dont l'indépendance est la plus récente, sont affligés d'une faiblesse congénitale. Leur vulnérabilité les expose à toutes sortes d'aléas, coups d'Etat, rébellions, sécessions ou incursions de voisins plus puissants. Les conflits aujourd'hui les plus courants procèdent généralement de cette faiblesse. Toute la gamme des armements y est utilisée, à l'exception des armes nucléaires, mais la tendance est plutôt aux panoplies les plus rudimentaires. Même dans les conflits qui font une place aux systèmes d'armes les plus avancés, ces derniers tiennent encore un rôle secondaire par rapport à des armements relativement désuets, qui restent responsables du plus grand nombre de pertes, sinon des engagements décisifs.

EUROPE-ASIE

EN EUROPE

Le fait qu'une Troisième Guerre mondiale n'ait pas ensanglanté l'Europe au cours de ce xxᵉ siècle ne signifie pas que notre continent a été, depuis 1945, à l'abri de toute confrontation. C'est en Europe qu'a débuté la *guerre froide* marquée, au premier chef, par la domination soviétique sur l'Europe orientale et par la division de l'Allemagne. Une fois seulement, en Grèce, la confrontation Est-Ouest se transforma en bain de sang.

L'ECRASEMENT DES COMMUNISTES GRECS

Après la fin des hostilités, l'organisation communiste ELAS, principale formation de résistance ayant combattu les Allemands en Grèce durant la Seconde Guerre mondiale, voulut prendre le contrôle du pays. Lors du départ des troupes allemandes, en 1944, l'ELAS contrôlait quatre-vingt-dix pour cent du pays lorsqu'elle se heurta aux troupes britanniques. Au début de l'année suivante, celles-ci l'avaient emporté. Une purge sanglante décima les résistants communistes grecs, dont beaucoup furent exécutés ou incarcérés. Les survivants prirent le maquis, tandis qu'une armée régulière était mise sur pied sous la bannière monarchiste. Soutenus par les Etats communistes voisins — Albanie, Bulgarie et Yougoslavie — les communistes grecs repartirent au combat, affrontant l'armée gouvernementale dans une guerre civile qui dura trois ans et se déroula surtout dans la région du mont Grammos. Cette guerre fit 150 000 victimes — pour la plupart des maquisards communistes — et un million de réfugiés. En 1947, le conflit prit une tournure favorable au gouvernement d'Athènes, qui avait reçu des assurances d'aide de la part du président Truman.

CHYPRE : UNE PARTITION DE FAIT

De 1878 jusqu'au jour de son indépendance, en 1960, l'île de Chypre a été administrée par la Grande-Bretagne. Mais, bien avant leur départ, les troupes britanniques avaient dû engager jusqu'à 10 000 hommes pour lutter contre le mouvement de guérilla chypriote grec connu sous le nom d'EOKA, dont l'objectif était l'*enosis* ou rattachement à la Grèce. Pourtant, Mgr Makarios, chef de la communauté chypriote grecque, avait accepté un accord portant sur l'indépendance de l'île sans *enosis* et sur les garanties à accorder aux Chypriotes turcs. A la fin de 1963, une guerre civile éclata après que Makarios eut tenté de « gommer » ces garanties, qui le gênaient pour gouverner l'île. Il fallut qu'un contingent des Nations-Unies intervienne, en mars 1964, pour mettre fin à la violence. Les Turcs furent cependant écartés du pouvoir et les séquelles de cette décision empoisonnèrent les relations gréco-turques au

point qu'en 1967 ce différend faillit déboucher sur un conflit armé.

En juin 1974, Makarios accusa la *junte* militaire au pouvoir à Athènes de soutenir l'EOKA et d'utiliser à des fins subversives les officiers grecs chargés d'encadrer la Garde nationale. Il avait vu juste car cette dernière, sur l'ordre d'Athènes, prit la situation en mains le 15 juillet et confia la présidence de l'île à Nikos Sampson, ancien terroriste de l'EOKA. Destitué, Makarios se réfugia en Grande-Bretagne. Comme Londres ne réagissait pas devant le coup de force des colonels grecs, des troupes turques envahirent l'île quatre jours plus tard, mais échouèrent dans leur mission, faute d'avoir exploité leur avantage initial en prenant Nicosie. Le 22 juillet, un cessez-le-feu était conclu. Pour la junte grecque, l'affaire se soldait pourtant par un fiasco. Des pourparlers de paix s'ouvrirent ensuite à Genève, entre la Grande-Bretagne, la Grèce et la Turquie, mais, en dépit d'un accord sur un cessez-le-feu, les combats ne tardèrent pas à reprendre dans l'île. A la mi-août, les forces turques, entre-temps portées à 40 000 hommes et 200 chars, attaquèrent les positions tenues par les Chypriotes grecs. Quand ils eurent réussi à diviser l'île en deux, les Turcs se déclarèrent d'accord pour l'établissement d'un nouveau cessez-le-feu. Depuis, Chypre n'a plus été le théâtre de combats.

EN ASIE

L'Asie a été le théâtre de tous les types de conflits modernes imaginables, de la guérilla à la confrontation conventionnelle. Et, ne l'oublions pas, c'est en Asie que, pour la première et seule fois dans un conflit, fut expérimentée l'arme nucléaire. Ces guerres ont pris la forme de luttes coloniales, de défis lancés aux Etats

▲ *Budapest, novembre 1956. Une femme participant à la révolte armée écarte la foule du cadavre d'un membre de l'AVD, la police hongroise, abhorrée du peuple.*

HONGRIE (1956)

23 octobre La révolte éclate contre le régime communiste impopulaire du secrétaire général Ernö Gerö.

25 octobre La police politique (AVH) et les Soviétiques (qui ont tiré sur les manifestants) doivent faire marche arrière. Imre Nagy devient premier ministre d'un gouvernement populaire.

26 octobre Gerö fait appel aux Soviétiques. Les combats reprennent.

28 octobre Cessez-le-feu temporaire.

1er novembre 200 000 soldats soviétiques et 2 500 chars encerclent Budapest.

3 novembre Les chefs militaires hongrois sont arrêtés alors qu'ils négociaient avec les Soviétiques.

4 novembre Les troupes soviétiques entrent en action. Arrestation de Nagy.

La résistance a été annihilée en quelques jours. Bilan des pertes : environ 27 000 Hongrois et 7 000 Soviétiques.

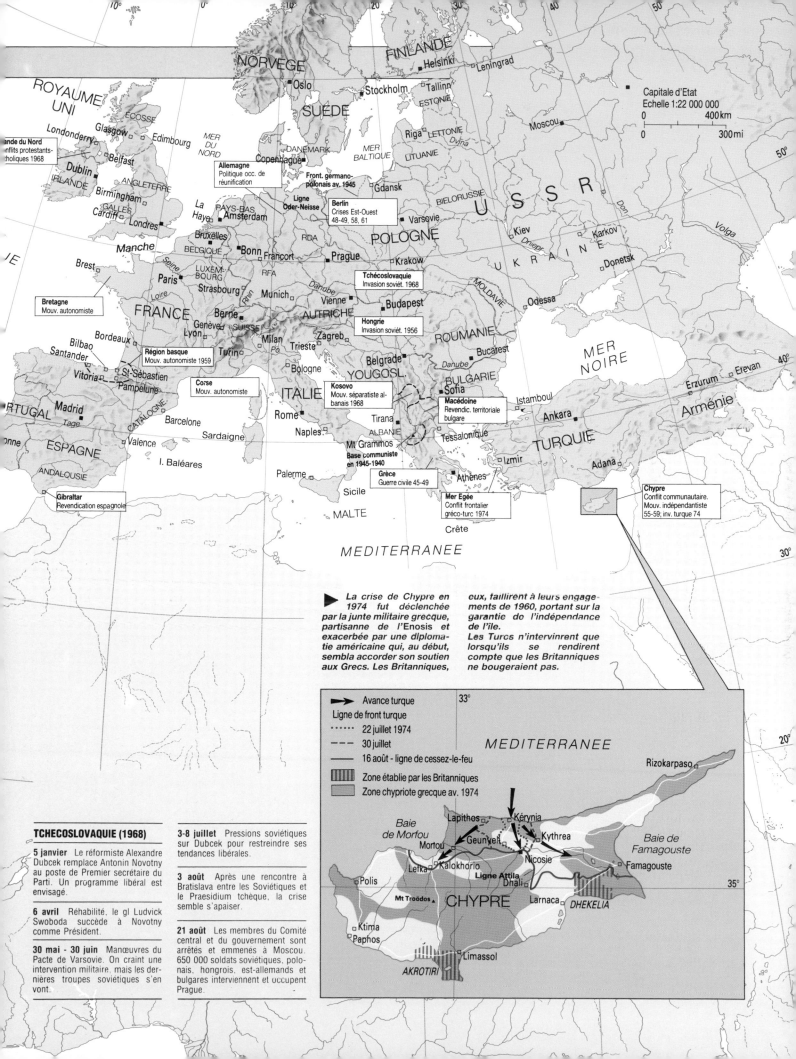

Capitale d'Etat
Echelle 1:22 000 000
0 — 400 km
0 — 300 mi

Irlande du Nord
Conflits protestants-catholiques 1968

Allemagne
Politique occ. de réunification

Front. germano-polonais av. 1945

Ligne Oder-Neisse

Berlin
Crises Est-Ouest 48-49, 58, 61

Tchécoslovaquie
Invasion soviét. 1968

Bretagne
Mouv. autonomiste

Hongrie
Invasion soviét. 1956

Région basque
Mouv. autonomiste 1959

Corse
Mouv. autonomiste

Kosovo
Mouv. séparatiste albanais 1968

Macédoine
Revendic. territoriale bulgare

Base communiste en 1945-1940

Grèce
Guerre civile 45-49

Mer Egée
Conflit frontalier gréco-turc 1974

Gibraltar
Revendication espagnole

Chypre
Conflit communautaire.
Mouv. indépendantiste
55-59; inv. turque 74

▶ La crise de Chypre en 1974 fut déclenchée par la junte militaire grecque, partisane de l'Enosis et exacerbée par une diplomatie américaine qui, au début, sembla accorder son soutien aux Grecs. Les Britanniques, eux, faillirent à leurs engagements de 1960, portant sur la garantie de l'indépendance de l'île. Les Turcs n'intervinrent que lorsqu'ils se rendirent compte que les Britanniques ne bougeraient pas.

Légende (Chypre)
➤ Avance turque
Ligne de front turque
...... 22 juillet 1974
- - - 30 juillet
——— 16 août - ligne de cessez-le-feu
▥ Zone établie par les Britanniques
▨ Zone chypriote grecque av. 1974

TCHECOSLOVAQUIE (1968)

5 janvier Le réformiste Alexandre Dubcek remplace Antonin Novotny au poste de Premier secrétaire du Parti. Un programme libéral est envisagé.

6 avril Réhabilité, le gl Ludvick Swoboda succède à Novotny comme Président.

30 mai - 30 juin Manœuvres du Pacte de Varsovie. On craint une intervention militaire, mais les dernières troupes soviétiques s'en vont.

3-8 juillet Pressions soviétiques sur Dubcek pour restreindre ses tendances libérales.

3 août Après une rencontre à Bratislava entre les Soviétiques et le Praesidium tchèque, la crise semble s'apaiser.

21 août Les membres du Comité central et du gouvernement sont arrêtés et emmenés à Moscou. 650 000 soldats soviétiques, polonais, hongrois, est-allemands et bulgares interviennent et occupent Prague.

URSS

1949

MONGOLIE

Oulan-Bator

Incident
de frontière
1969

Inc. de frontière
1969

1964

Beijing

Pyongyang

Séoul

MER
JAUNE

Occupation
1979

Kaboul

Islamabad

AFGHANI-
STAN

PAKISTAN

Inc. de
frontière
1962

TIBET

CHINE

Invasion du Tibet
1950

Lhasa

Nanjing

Changhai

MER
ORI

Inc. de
frontière
1949, 1971

Delhi

NEPAL

BHUTAN

Incident
de frontière
1962

Chongqing

POSSESSION DE L'ARME NUCLÉAIRE

Inc. de frontière
1965

Karachi

1974

Invasion
1971

Dacca

BANGLA-
DESH

Calcutta

BIRMANIE

Yangzi

Canton

Hong Kong

Bombardements
Quemoy et Matsu
1954-1962

Taipei

TAIW

INDE

Invasion
1961
Goa

Bombay

BAIE DU BENGALE

Intervention
1979

Hanoï

Puissance coloniale
1945-1954

MER DE CHINE
MÉRIDIONALE

Invasion
1975

Madras

Rangoun

Vientiane

LAOS

THAILANDE

VIÊT-NAM

Intervention
1965

Manille

PHILIPPI

Bangkok

Invasion
1978

KAMPUCHEA

Phnom Penh

Ho Chi Minh-ville

SRI LANKA

Colombo

BRUNEI

MALAYSIA

"Confrontation"
1962-1966

Kuala Lumpur

Interventions
1957, 1963

SARAWAK

"Confrontation"
1962-1966

Equateur

Singapour

BORNEO

SULAWES
(CELEBES)

INDONÉSIE

Echelle 1:32 000 000

0   1000km

0   750mi

Djakarta

JAVA

Invasion de Timor
1975-1976

EXTREME-ORIENT

ASIE

▶ *Soldat sud-coréen patrouillant dans les rues d'Inchon en septembre 1950 après la prise de ce port-clé par les Américains.*

◀ *Après le départ des Français d'Indochine et vu le peu d'intérêt manifesté par les Britanniques pour l'Extrême-Orient, on crut d'abord que la grande lutte d'influence dans cette région du monde allait opposer les deux superpuissances. En fait, il apparaît que la partie se joue surtout entre la Chine et le Viêt-nam. L'URSS a abandonné ce premier pays et n'exerce plus sur le second qu'un contrôle de plus en plus ténu. Comme on le voit sur la carte, la Chine a utilisé sa puissance militaire tantôt contre l'un, tantôt contre l'autre de ses voisins. Quant au Viêt-nam, après s'être rendu maître du sud du pays, il a conquis le Laos et tente la même opération au Kampuchéa.*

nouvellement indépendants, d'affrontements Est-Ouest ou de luttes fratricides entre pays communistes de la région, pays dont la cohésion a progressé de façon inversement proportionnelle à leur nombre et à leur puissance.

LA GUERRE DE CORÉE : 1950-1954

La guerre de Corée n'a pas été le sous-produit d'une guerre coloniale, mais bien une des séquelles de la façon dont s'organisa, en 1945, la reddition des troupes japonaises d'occupation dans la région. Celles qui se trouvaient alors au nord du 38e parallèle se rendirent aux Soviétiques; celles qui séjournaient au sud de cette ligne se livrèrent aux Américains. Dès lors, les orientations politiques du pays allaient être marquées par cette divergence. Les pourparlers américano-soviétiques de 1946 sur la réunification de la Corée ayant échoué, la république de la Corée du Sud fut proclamée le 15 août 1948 et il en fut de même, quelques mois plus tard, pour la république populaire du Nord. Auparavant, les Soviétiques avaient entrepris, dans leur zone, la mise sur pied d'une forte armée populaire, mais les Américains s'interrogeaient sur l'opportunité, pour eux, de s'engager davantage à l'égard du Sud. Après une période marquée par de nombreux incidents de frontières, le 25 juin 1950, le Nord lança cinq divisions dans une attaque-surprise contre une république du Sud tellement désarmée que sa capitale, Séoul, fut prise le jour' même.

Profitant d'une imprudente absence du délégué soviétique au Conseil de Sécurité, les Etats-Unis firent voter une motion selon laquelle les Nations-Unies décidaient d'envoyer des troupes, sous leur bannière, pour repousser les envahisseurs nord-coréens. Quinze pays — dont la France et la Belgique — fournirent des contingents. Les premières troupes américaines arrivèrent du Japon le 30 juin, mais ne parvinrent pas à contenir l'avance des Nord-Coréens. Fin août, les troupes américaines et leurs alliés sud-coréens ne tenaient plus qu'une étroite tête de pont autour du port de Pusan, où elles avaient débarqué un mois plus tôt. La situation fut ensuite reprise en main et brillamment rétablie par le commandant américain des troupes onusiennes, le général Douglas Mac Arthur.

Le 15 septembre, les *Marines* américains débarquèrent à Inchon, à l'ouest de Séoul, soutenus par un bombardement massif naval et aérien, et réussirent à y établir une tête de pont, bientôt occupée par l'infanterie. Au même moment, les forces des Nations-Unies, désormais renforcées par un détachement britannique, commencèrent à faire mouvement à partir de Pusan. Elles firent leur jonction avec les troupes venues d'Inchon et marchèrent avec elles sur Séoul. La capitale libérée, l'armée nord-coréenne était décimée et coupée en deux. Trente mille seulement sur les 130 000 hommes qui avaient franchi le 38e parallèle purent entreprendre le chemin du retour. Sur leur lancée, les troupes des Nations-Unies pénétrèrent en Corée du Nord et elles occupaient les deux tiers de la république populaire lorsque, le 24 novembre, elles atteignirent Hyensanjin, localité proche du fleuve Yalou, qui forme la frontière entre la Corée du Nord et la Mandchourie chinoise. Cela fut mal perçu par Pékin qui, le 25, déclencha une attaque

ASIE (suite)

Préparation à l'attaque. *Les membres du 187ᵉ régiment de parachutistes américain s'exercent au saut à Taïgu, le 7 mars 1951.*

Séquelles d'une attaque. *Une rue du port coréen d'Inchon après le bombardement et la prise de la ville, en 1950.*

massive de ses troupes contre celles des Nations Unies, lesquelles furent repoussées jusqu'au 38ᵉ parallèle.

Irrité par la tournure des choses, MacArthur aurait volontiers fait preuve d'une totale agressivité à l'égard des Chinois et l'on parla même de son souhait d'utiliser à nouveau la bombe atomique. Pourtant, la Maison-Blanche n'entendait pas prendre le risque d'un conflit à la fois contre la Chine et l'Union soviétique, aussi démit-elle le trop fougueux général.

Dès le mois de mars, le président Truman avait fait des offres de cessez-le-feu. En juillet, lorsque leurs forces eurent été repoussées au-delà du 38ᵉ parallèle, les communistes acceptèrent l'ouverture de pourparlers. Ceux-ci débutèrent le 12 novembre 1951 à Pan-Mun-Jom. Un des problèmes qui paralysèrent la conclusion d'un accord fut le refus de la Corée du Sud de renvoyer au Nord les 250 000 prisonniers qui ne voulaient pas retourner chez eux. Les négociations piétinaient lorsque l'administration Eisenhower, arrivant au pouvoir en 1953, fit savoir qu'elle était prête à envisager l'extension du conflit si l'on ne progressait pas rapidement vers un accord. Depuis plus de trente ans, la situation n'a guère évolué.

LES GUERRES DU VIET-NAM

● Contre les Français

L'armée vietnamienne actuelle est issue du Viêt-minh communiste fondé en 1941 pour lutter contre la présence coloniale de la France en Extrême-Orient. L'Indochine française comprenait alors, outre les pays du Viêt-nam, le Laos et le Cambodge. Interrompue par l'occupation japonaise, la lutte anti-coloniale reprit dès la fin de la guerre dans le Pacifique. Lors du départ des Japonais, le Viêt-tminh, avec Ho Chi Minh à sa tête, chercha à prendre le contrôle de la totalité du pays. En fait, sa position n'était réellement forte que dans le nord et il fut chassé de ses positions par le Corps expéditionnaire français pour l'Extrême-Orient (CEFEO) chargé de reprendre en mains la colonie.

Le Viêt-minh se replia donc vers le nord en laissant derrière lui les rudiments d'une organisation de résistance, et une série d'opérations d'encerclement organisées par les forces françaises ne réussit pas à le déloger de ses retranchements. Entretemps, la guérilla s'était renforcée. La victoire des communistes chinois, en 1949, avait dynamisé le Viêt-minh, qui se sentit dès lors capable de lancer une offensive. Celle-ci réussit finalement à enfermer les Français dans un périmètre fortifié autour du delta du Fleuve Rouge.

Une des raisons pour lesquelles les Français ne purent faire efficacement face à la guérilla du Viêt-minh est qu'ils cherchaient plutôt à pousser l'ennemi à des affrontements de type conventionnel. Finalement, lorsqu'une telle bataille eut lieu à Diên Biên Phu, à la fin de 1953, les forces communistes se révélèrent particulièrement bien préparées et en nombre nettement supérieur. La garnison française de Diên Biên Phu, après un siège de près de trois mois, tomba le 13 mai 1954. A la fin de cette même année, un accord de cessation des hostilités fut signé à Genève. Il consacrait la division du Viêt-nam en deux Etats indépendants séparés par le 17ᵉ parallèle. Le Viêt-minh prenait le contrôle du Nord tandis qu'un gouvernement non-communiste s'installait à Saïgon.

● Contre les Américains

Les accords de Genève avaient prévu l'organisation, en 1956, d'élections libres dans les deux Viêt-nam mais, sur ce plan, aucun des deux camps ne fit preuve de zèle. Manifestement

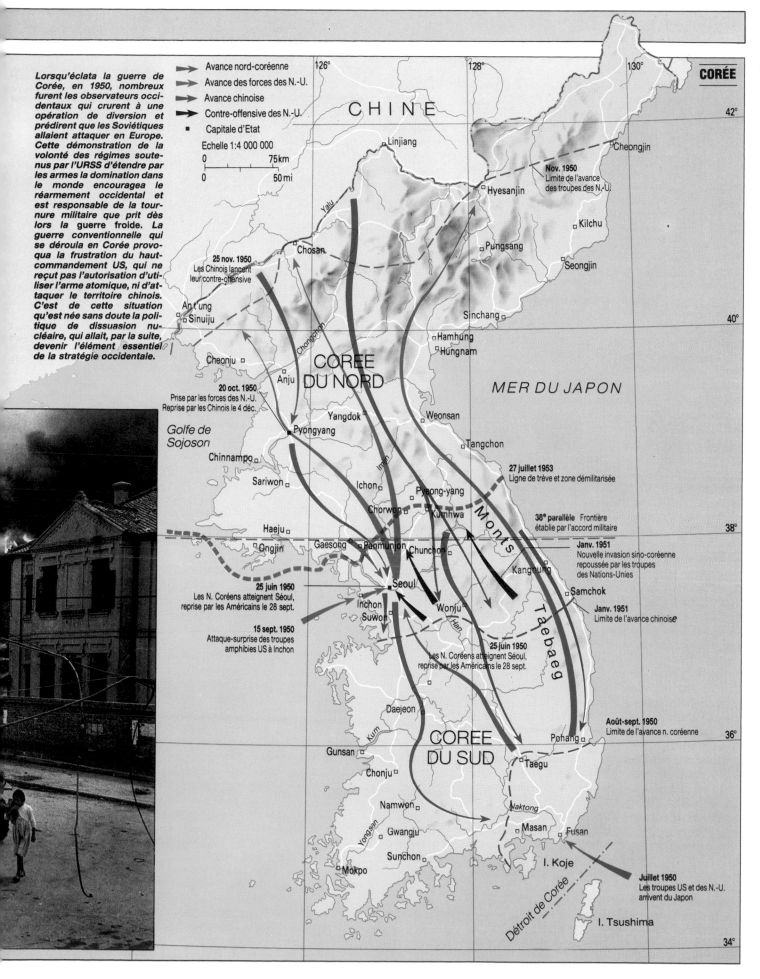

Lorsqu'éclata la guerre de Corée, en 1950, nombreux furent les observateurs occidentaux qui crurent à une opération de diversion et prédirent que les Soviétiques allaient attaquer en Europe. Cette démonstration de la volonté des régimes soutenus par l'URSS d'étendre par les armes la domination dans le monde encouragea le réarmement occidental et est responsable de la tournure militaire que prit dès lors la guerre froide. La guerre conventionnelle qui se déroula en Corée provoqua la frustration du haut-commandement US, qui ne reçut pas l'autorisation d'utiliser l'arme atomique, ni d'attaquer le territoire chinois. C'est de cette situation qu'est née sans doute la politique de dissuasion nucléaire, qui allait, par la suite, devenir l'élément essentiel de la stratégie occidentale.

CORÉE

Avance nord-coréenne
Avance des forces des N.-U.
Avance chinoise
Contre-offensive des N.-U.
■ Capitale d'Etat
Echelle 1:4 000 000
0   75km
0   50 mi

C H I N E

Linjiang

Cheongjin

Nov. 1950
Limite de l'avance des troupes des N.-U.

Hyesanjin

Kilchu

Chosan

Pungsang

Seongjin

25 nov. 1950
Les Chinois lancent leur contre-offensive

An t'ung
Sinuiju

Sinchang

Cheonju

Hamhúng
Hùngnam

CORÉE
DU NORD

Anju

20 oct. 1950
Prise par les forces des N.-U.
Reprise par les Chinois le 4 déc.

Golfe de Sojoson

Yangdok

Pyongyang

Weonsan

MER DU JAPON

Tangchon

Chinnampo

27 juillet 1953
Ligne de trève et zone démilitarisée

Sariwon

Ichon

Pyeong-yang

Chorwon

Kumhwa

Monts

38e parallèle Frontière établie par l'accord militaire

Haeju

Janv. 1951
Nouvelle invasion sino-coréenne repoussée par les troupes des Nations-Unies

Ongjin

Gaeseong

Panmunjon

Chunchon

Kangnung

Seoul

Samchok

25 juin 1950
Les N. Coréens atteignent Séoul, reprise par les Américains le 28 sept.

Inchon
Suwon

Wonju

Taebaeg

Janv. 1951
Limite de l'avance chinoise

15 sept. 1950
Attaque-surprise des troupes amphibies US à Inchon

25 juin 1950
Les N. Coréens atteignent Séoul, reprise par les Américains le 28 sept.

Daejeon

Gunsan

CORÉE
DU SUD

Pohang

Août-sept. 1950
Limite de l'avance n. coréenne

Chonju

Taegu

Namwon

Naktong

Gwangju

Masan

Fusan

Sunchon

I. Koje

Mokpo

Juillet 1950
Les troupes US et des N.-U. arrivent du Japon

Détroit de Corée

I. Tsushima

ASIE (suite)

déterminés à contrôler tout le pays, les communistes apportèrent leur soutien à des groupes sudistes, rebelles au gouvernement de Ngô Dinh Diêm.

Diêm pensait que la principale menace pour son gouvernement était brandie par Hanoï, de sorte que son armée, «conseillée» par les Américains, s'organisa pour faire face à une invasion «conventionnelle» par le Nord-Viêt-nam. Cette politique a facilité l'implantation des groupes de guérilla communistes, qui s'en prirent à l'autorité du gouvernement de Saïgon ainsi qu'à la vie de nombreuses personnalités du Sud. En 1960, ces groupes avaient acquis assez d'assurance pour s'ériger en «Front de libération nationale» (FNL), très vite surnommé *Viêt-cong* ou «communistes vietnamiens». Incompétent et de plus en plus répressif, le gouvernement Diêm fut bientôt mis en difficulté et s'en remit chaque jour davantage aux quelque 4 000 «conseillers» américains.

A Saïgon, la vie politique se caractérisait par le désordre à la base et l'instabilité au sommet. Non seulement le gouvernement s'était révélé incapable de faire face à l'insurrection, mais celle-ci l'avait totalement déstabilisé. Seul un engagement militaire accru des Etats-Unis semblait pouvoir sauver la situation. En août 1964, le président Lyndon Johnson prit prétexte d'un incident ambigu survenu dans le golfe du Tonkin pour obtenir du Congrès l'autorisation d'amplifier la présence militaire américaine dans le Sud-Viêt-nam. Dès l'été 1965, des troupes américaines furent effectivement engagées dans des combats et, en mai, une campagne de bombardements fut lancée contre le Nord-Viêt-nam.

La Maison-Blanche croyait que ce type d'opération était de nature à dissuader les Nord-Vietnamiens de poursuivre leur agression. L'erreur était de taille, car ces bombardements, qui ne firent que renforcer la détermination de l'ennemi, ne provoquèrent aucun dommage aux lignes d'approvisionnements reliant le Nord au Sud.

Au début de 1968, le sort de la guerre sembla pourtant se retourner contre les communistes. Lancée le 30 janvier, l'offensive du Têt accentua cette tendance du point de vue militaire mais, politiquement, elle eut un effet opposé.

En avril 1968, le président Johnson proposa la négociation d'un cessez-le-feu. Hanoï ayant accepté, une conférence se réunit à Paris en mai 1968. En octobre, un arrêt des bombardements américains fut ordonné pour améliorer l'atmosphère des négociations. Dès son accession au pouvoir, en 1969, l'administration Nixon chercha à organiser le retrait des forces américaines dans les conditions les moins humiliantes possibles. Elle fit donc entendre aux dirigeants de Saïgon qu'il était temps que leurs troupes assument seules la charge des combats. Petit à petit donc, les militaires américains

étaient retirés du front et, en août 1972, les derniers d'entre-eux avaient quitté le pays.

Cela ne signifie pas que le président Nixon fut une pure colombe, et il le prouva en recourant à d'autres formes d'escalade, notamment lorsqu'il fit intervenir les Américains au Cambodge (mai 1970) et au Laos (février 1971) pour tenter de couper les voies d'approvisionnement des forces communistes. Ces actions n'eurent pour principal résultat que d'accélérer la déstabilisation de ces deux pays.

Un accord fut finalement conclu à Paris le 27 janvier 1973 entre les Etats-Unis, le Viêt-nam du Nord, le Viêt-nam du Sud et le FNL Viêt-cong. Cet accord débouchait sur la conclusion d'un cessez-le-feu (qui ne dura guère), la mise sur pied d'une commission internationale de contrôle et de supervision, le retrait des troupes étrangères, le rapatriement des prisonniers et le principe d'une réunification ultérieure des deux Viêt-nam.

Cette dernière clause fut bientôt réalisée au seul profit des Nord-Vietnamiens. Ceux-ci avaient conservé le contrôle d'une grande partie des zones stratégiques les plus importantes du Sud. Une offensive lancée par les communistes à la fin de 1974 obligea le gouvernement de Saïgon à abandonner ses provinces septentrionales. Ceci provoqua la démoralisation de ses troupes, pourtant suréquipées par les Américains et capables de s'opposer à celles du Nord. Très vite, la totalité du Sud-Viêt-nam fut contrôlée par les communistes, qui entrèrent dans Saïgon le 30 avril.

● Contre les Chinois

Après que le Viêt-nam fut tombé aux mains des communistes, le Laos et le Cambodge ne tardèrent pas à se retrouver dans la même situation. Le premier de ces deux pays avait fait partie de l'Indochine française. Devenu indépendant en 1949, sa neutralité avait été reconnue à la conférence de Genève de 1954. Il ne fallut cepe

ndant pas longtemps avant qu'un mouvement insurrectionnel communiste — le *Pathet Lao* — conduise des opérations de guérilla contre l'armée royale laotienne. Au cours des années 60, grâce au soutien américain, un gouvernement composé des principaux groupes non communistes parvint à tenir tête au *Pathet Lao* («Etat lao»). A la longue cependant, et avec l'appui du Nord-Viêt-nam, celui-ci s'assura le contrôle de la plaine des Jarres, dans le nord du pays. Quand, en 1975, le *Pathet Lao* parvint à ses fins en acculant le roi Savang Vatthana à l'abdication, le prix qu'il dut payer pour l'assistance de ses voisins fut la présence permanente au Laos d'une garnison de 30 000 à 60 000 Vietnamiens. En outre, l'expulsion des Chinois provoqua la rupture diplomatique avec Pékin.

Le Cambodge avait obtenu des Français son indépendance en 1953, et sa neutralité avait également été garantie à Genève en 1954. Bien

▲ *Au Viêt-nam, les hélicoptères ont fait la preuve de leur polyvalence. Celui-ci apporte du ravitaillement à des soldats sud-vietnamiens.*

Tandis que la Chine est perturbée par la Révolution culturelle, l'ours soviétique se dresse menaçant derrière la Grande Muraille.

général qui, entre-temps, s'était fait réélire président de la république, partit en exil. Le régime des Khmers rouges qui lui succéda sous la direction de Pol Pot se révéla immédiatement être particulièrement malfaisant, même au regard des archétypes asiatiques. Il était cependant, indépendamment de leurs parentés idéologiques, totalement indépendant du Viêt-nam et résolument adversaire de la reconstitution d'un nouvel Etat regroupant tous les anciens pays de l'Indochine. Sous le contrôle vietnamien, bien entendu. Sensibles jusqu'à l'imprudence à toute ingérence des Vietnamiens dans leurs affaires, les Khmers rouges commirent l'erreur d'empiéter sur le territoire du Viêt-nam. Hanoï répondit d'abord par la signature, en novembre 1978, d'un traité avec l'Union soviétique, visant à dissuader la Chine d'intervenir au profit des Khmers rouges. Ensuite, à la fin de décembre, douze divisions vietnamiennes se lancèrent à l'assaut du Cambodge. Huit jours plus tard, les troupes de Hanoï avaient traversé le pays, occupé Pnom Penh et pris le contrôle de la plupart des grandes villes. Cette victoire fut d'autant plus aisée que les Vietnamiens n'avaient pratiquement rencontré aucune résistance, les 60 000 Khmers rouges de Pol Pot s'étant prudemment fondus dans le maquis.

La Chine était, elle aussi, opposée à la création d'un Grand-Viêt-nam calqué sur les frontières de l'ancienne Indochine, et elle entretenait avec Hanoï des relations assez tendues, se traduisant par de nombreux incidents de frontières. Pékin savait les dangers que la Chine encourrait si elle risquait de mettre fin, par une bataille rangée, aux ambitions hégémoniques du Viêt-nam, mais les responsables chinois ne pouvaient rester indifférents à l'invasion d'un pays allié. Pour « punir » Hanoï de l'incursion vietnamienne au Cambodge, ils lancèrent donc 33 divisions à l'assaut de la partie septentrionale du Viêt-nam. Le 3 mars, les troupes chinoises avaient pris la capitale provinciale de Lang Son, proche de la frontière. Le 16, Pékin faisait savoir que sa « mission punitive » était accomplie et que la Chine retirait ses troupes.

Il n'est pas évident que, pour les Vietnamiens, la « leçon » ait porté. La « punition » chinoise fut légère et les incidents de frontières continuèrent de plus belle. La plus grande gêne, pour Hanoï, fut que de nombreuses unités, utiles ailleurs, furent bloquées à la frontière chinoise. D'autre part, la victoire remportée par le Viêt-nam au Cambodge ne se révéla pas aussi décisive qu'on ne l'avait cru de prime abord. Entre-temps en effet, les Khmers rouges s'étaient alliés à des groupes de résistants non communistes et installèrent leurs bases logistiques en Thaïlande, sachant qu'une invasion de ce pays par les Vietnamiens eut suscité une réaction ferme des Occidentaux.

que prince, le chef de l'Etat, Norodom Sihanouk n'était pas hostile aux communistes et, durant leur guerre contre les Américains, il accueillit de nombreux Nord-Vietnamiens qui se servirent du Cambodge comme base d'opérations contre le Sud-Viêt-nam. Cette infraction à la politique neutraliste du Cambodge fut sanctionnée par un putsch militaire conduit par le général Lon Nol, lequel renversa Sihanouk et dut immédiatement faire face à une véritable insurrection des Khmers rouges. Tandis que le prince déchu formait à Pékin un « gouvernement royal d'Union nationale du Kampuchéa », 20 000 Khmers rouges assiégèrent Pnom Penh. Aucune force américaine n'était, à ce moment, disponible pour aider Lon Nol à rétablir la situation. Pire, le Congrès de Washington, échaudé par les déceptions enregistrées jusque-là au Cambodge, refusa, en août, d'autoriser de nouveaux bombardements, qui eussent dégagé la capitale de l'emprise des Khmers rouges. Dans ces conditions difficiles, Lon Nol tint bon jusqu'en avril 1975. Ecœuré, face à une offensive communiste omniprésente, le

ASIE (suite)

LES GUERRES INDO-PAKISTANAISES

Depuis la fin de la domination britannique, l'Inde et le Pakistan se supportent difficilement. Si, aujourd'hui, les différends qui opposent les deux nations conservent leur acuité, il faut bien reconnaître que le démembrement du Pakistan, qui intervint en 1971 et transforma la partie orientale du pays en un Etat indépendant (le Bangladesh), a nettement fait pencher la balance au profit de l'Inde. Depuis, le Pakistan s'est toujours davantage inféodé aux Etats-Unis et à la Chine tandis que l'Inde, de son côté, se couvrait en nouant des relations étroites avec l'Union soviétique.

Dès avant l'indépendance de l'Union indienne, le 15 août 1947, les relations étaient déjà si mauvaises entre les deux principales communautés religieuses de l'Union — les Hindous et les Musulmans — qu'à l'évidence ce nouvel Etat n'était pas viable. Il fut donc divisé en deux pays, les régions musulmanes revenant au Pakistan. Au lendemain de l'indépendance, un conflit armé opposa l'Inde et le Pakistan au sujet du Cachemire, où la population à majorité musulmane était dirigée par des hindous. Lorsqu'un cessez-le-feu intervint, en janvier 1949, la plus grande partie du Cachemire était passée sous contrôle indien, avant d'être annexée en 1957.

La position de l'Inde allait ensuite commencer à se détériorer. Le Pakistan s'allia aux Etats-Unis, en apparence par précaution à l'égard de son voisin soviétique, mais sans doute surtout pour raffermir sa position vis-à-vis de l'Inde. La politique régionale allait désormais inclure une composante nouvelle qui, sans cela, aurait peut-être pu être évitée : la rivalité d'intérêts des superpuissances. La relative indifférence de l'Inde pour ses forces armées fut illustrée par l'incident de frontière qui opposa, en octobre 1962, les militaires indiens aux troupes chinoises. Celles-ci, après avoir submergé les positions indiennes, décrétèrent un cessez-le-feu unilatéral et se retirèrent.

Cet événement ne manqua pas d'enhardir le Pakistan, qui se mit à hausser le ton au sujet des zones frontalières contestées dans les régions de Karachi et du Rann de Kutch. Des combats sporadiques éclatèrent en mars 1965, dégénérèrent en août et trouvèrent leur conclusion en septembre, dans une sorte de « match nul ».

Les forces indiennes s'étaient pourtant fort bien aquittées de leur tâche : on commençait à sentir les résultats positifs des réformes et des crédits qui avaient été mis en œuvre après l'humiliation de 1962. A l'échéance suivante du conflit indo-pakistanais, celle de 1971, l'armée indienne était en meilleure forme encore. Cette fois, l'affrontement trouva son origine dans la tension qui se manifestait entre le Pakistan occidental (occupant une position dominante)

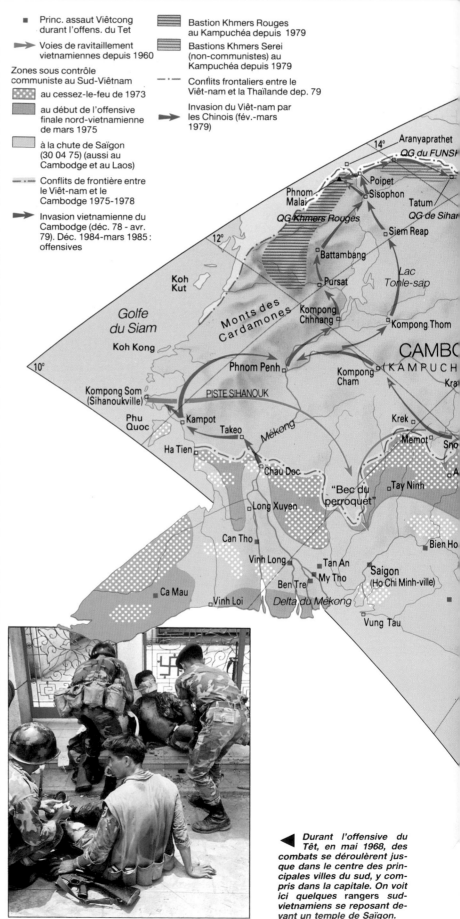

■ Princ. assaut Viêtcong durant l'offens. du Tet

➤ Voies de ravitaillement vietnamiennes depuis 1960

Zones sous contrôle communiste au Sud-Viêtnam

▨ au cessez-le-feu de 1973

▨ au début de l'offensive finale nord-vietnamienne de mars 1975

▨ à la chute de Saïgon (30 04 75) (aussi au Cambodge et au Laos)

–·– Conflits de frontière entre le Viêt-nam et le Cambodge 1975-1978

➤ Invasion vietnamienne du Cambodge (déc. 78 - avr. 79). Déc. 1984-mars 1985 : offensives

▤ Bastion Khmers Rouges au Kampuchéa depuis 1979

▤ Bastions Khmers Serei (non-communistes) au Kampuchéa depuis 1979

–·– Conflits frontaliers entre le Viêt-nam et la Thaïlande dep. 79

➤ Invasion du Viêt-nam par les Chinois (fév.-mars 1979)

Durant l'offensive du Têt, en mai 1968, des combats se déroulèrent jusque dans le centre des principales villes du sud, y compris dans la capitale. On voit ici quelques rangers sud-vietnamiens se reposant devant un temple de Saïgon.

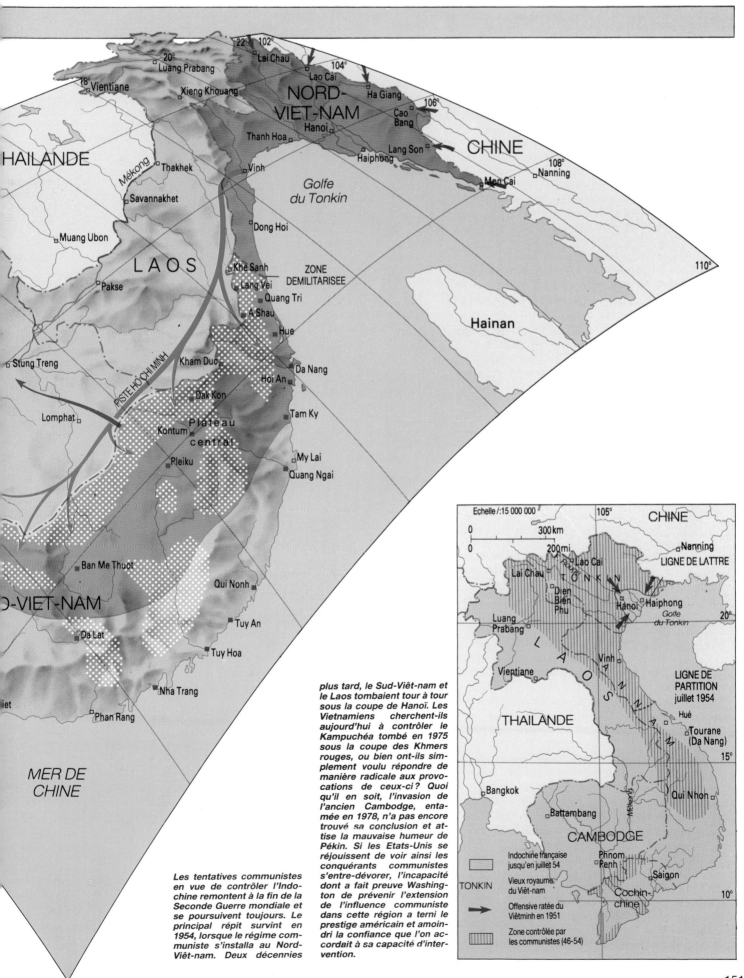

HAILANDE

20° Luang Prabang

78° Vientiane

Xieng Khouang

22° 102°

Lai Chau

104° Lao Cai

Ha Giang

**NORD-
VIÊT-NAM**

Cao
Bang

106°

Hanoi

CHINE

Thanh Hoa

Lang Son

Haiphong

108° Nanning

Mékong Thakhek

Vinh

*Golfe
du Tonkin*

Mon Cai

Savannakhet

Muang Ubon

Dong Hoi

110°

L A O S

Khê Sanh

Pakse

Lang Vei

Quang Tri

ZONE
DEMILITARISEE

Hainan

A Shau

Stung Treng

Kham Duc

Hue

PISTE HÔ CHI MINH

Da Nang

Hoi An

Dak Kon

Lomphat

Kontum

Plateau
central

Tam Ky

Pleiku

My Lai

Quang Ngai

Ban Me Thuot

Qui Nonh

O-VIÊT-NAM

Tuy An

Da Lat

Tuy Hoa

iet

Nha Trang

Phan Rang

*MER DE
CHINE*

*Les tentatives communistes
en vue de contrôler l'Indochine remontent à la fin de la
Seconde Guerre mondiale et
se poursuivent toujours. Le
principal répit survint en
1954, lorsque le régime communiste s'installa au Nord-
Viêt-nam. Deux décennies*

*plus tard, le Sud-Viêt-nam et
le Laos tombaient tour à tour
sous la coupe de Hanoï. Les
Vietnamiens cherchent-ils
aujourd'hui à contrôler le
Kampuchéa tombé en 1975
sous la coupe des Khmers
rouges, ou bien ont-ils simplement voulu répondre de
manière radicale aux provocations de ceux-ci ? Quoi
qu'il en soit, l'invasion de
l'ancien Cambodge, enta-
mée en 1978, n'a pas encore
trouvé sa conclusion et at-
tise la mauvaise humeur de
Pékin. Si les Etats-Unis se
réjouissent de voir ainsi les
conquérants communistes
s'entre-dévorer, l'incapacité
dont a fait preuve Washington de prévenir l'extension
de l'influence communiste
dans cette région a terni le
prestige américain et amoin-
dri la confiance que l'on ac-
cordait à sa capacité d'intervention.*

Echelle /:15 000 000

105°

CHINE

0   300km

0   200mi

Nanning

LIGNE DE LATTRE

Lai Chau

Lao Cai

Luang
Prabang

Dien
Bien
Phu

Hanoi

Haiphong

*Golfe
du Tonkin*

20°

L A O S

Vinh

LIGNE DE
PARTITION
juillet 1954

Vientiane

THAILANDE

Hué

Tourane
(Da Nang)

15°

Bangkok

Mékong

Qui Nhon

Battambang

CAMBODGE

Phnom
Penh

Saigon

Indochine française
jusqu'en juillet 54

Cochin-
chine

10°

TONKIN

Vieux royaume
du Viêt-nam

Offensive ratée du
Viêtminh en 1951

Zone contrôlée par
les communistes (46-54)

ASIE (suite)

et le Pakistan oriental (se sentant opprimé). Dans cette dernière région, les Bengalis réclamaient une plus large autonomie et des relations plus conciliantes avec l'Inde. La répression qui s'abattit sur eux provoqua l'exode vers l'Inde d'un flot de réfugiés (plus d'un million de mars à décembre 1970). Une tension aux frontières se traduisit par d'incessants coups de feu. Avec l'aide de partisans locaux, l'armée indienne infligea une défaite rapide aux forces pakistanaises occidentales cherchant à rétablir l'ordre dans la partie orientale. Cette défaite donna naissance à l'Etat du Bangladesh. A l'ouest, le Pakistan était tenu en respect, et ses offensives neutralisées. Peut-être qu'une guerre de plus longue durée aurait permis aux Etats-Unis de venir en aide au Pakistan, mais la victoire de l'Inde fut trop rapide.

De cette aventure, le Pakistan sortit très affaibli. Son infériorité fut consacrée par l'essai réussi d'un engin nucléaire « pacifique » indien, explosion qui servit d'aiguillon à son propre programme nucléaire. Les atteintes nombreuses aux Droits de l'homme, constatées au Pakistan par les Etats-Unis, conduisirent les Américains à réduire sensiblement leur aide militaire à ce pays. En 1980, pourtant, le Pakistan se trouva aux avant-postes d'une confrontation Est-Ouest à cause de l'invasion de l'Afghanistan par les Soviétiques. Cette initiative de Moscou provoqua l'exode, vers le Pakistan, de millions de réfugiés afghans, qui cherchaient non seulement à se mettre à l'abri, mais aussi à préparer des bases logistiques en vue d'opérations de guérilla contre les forces d'occupation dans leur pays. Dès lors, le Pakistan retrouva, aux Etats-Unis, des oreilles plus réceptives à ses requêtes…

LES SOVIETIQUES EN AFGHANISTAN

C'est en avril 1978 que des officiers communistes afghans renversèrent le président Daoud, et le remplacèrent par Mohamed Taraki. Le nouveau régime mis en place à la faveur de ce coup d'Etat sanglant (3 000 morts dont le président) établit un programme de réformes, mais ne réussit pas à consolider sa position. En septembre 1979, le président Taraki était renversé par le premier ministre Hafizullah Amin, dont le gouvernement se révéla tout aussi incapable de maîtriser la situation face aux opérations de guérilla menées par des *Mudjahidins* musulmans opposés à la présence d'un gouvernement communiste à Kaboul.

L'Union soviétique ne pouvait manquer d'être inquiète de cette instabilité à ses frontières et, à Moscou, on craignait de voir un jour un régime marxiste renversé par des rebelles islamiques. Le 27 décembre 1979, l'URSS intervint pour reprendre la situation en mains. Quelque 85 000 soldats soviétiques envahirent le pays, prétextant venir soutenir l'armée afghane dans sa lutte contre la guérilla. Amin

fut démis de ses fonctions et exécuté. Babrak Karmal, arrivé dans les fourgons des Soviétiques, accéda à la présidence et fit officiellement appel à l'aide de l'URSS. L'affaire n'était pas pour autant résolue. Les troupes d'occupation soviétiques se retrouvèrent bientôt au coeur des combats et durent supporter toujours davantage le poids de la guerre au fur et à mesure que l'armée afghane se dissolvait. Forte de 80 000 hommes à la fin de 1979, celle-ci n'en regroupait plus que 30 000 en 1983, minée par la défection. Les Soviétiques se contentèrent de maintenir en place le gouvernement central et de tenir solidement à la fois les principales villes et l'artère vitale de communication nord-sud, la route Kunduz-Kaboul-Jahalabad. Les *Mudjahidins* furent tenus en respect par des opérations « coup de poing ». Alors qu'il eut fallu disposer d'un million d'hommes pour contrôler l'ensemble du pays, les troupes sovié-

▲ *L'intervention militaire indienne au Pakistan oriental en décembre 1971 a provoqué la création du nouvel Etat du Bengladesh. On*

voit ici des membres de la résistance bengalaise retenant des prisonniers accusés d'avoir collaboré avec les Pakistanais.

tiques furent portées à un peu plus de 105 000 hommes à la fin de 1983. A cette époque, leurs pertes étaient évaluées à quelque 20 000 morts et blessés. Au début de 1984, les effectifs soviétiques en Afghanistan atteignaient 135 000 hommes, qui mirent en œuvre des méthodes plus radicales. Les principales faiblesses des *Mudjahidins* sont leurs dissensions internes et le dépeuplement croissant des campagnes où ils opèrent. Trois millions d'Afghans ont trouvé refuge au Pakistan et deux autres millions se terrent dans les villes.

Comme nous l'avons vu, beaucoup d'Occidentaux supposent que l'Union soviétique est entrée en Afghanistan plus pour se rapprocher du golfe Persique que pour venir en aide au gouvernement communiste de Kaboul. Cette thèse est plus révélatrice du sentiment de vulnérabilité qu'éprouvent les Occidentaux que des véritables desseins de l'URSS. Pour l'Occi-

dent, le Proche-Orient représente une importance stratégique qui tient non seulement à ses réserves de pétrole, mais aussi à sa position de carrefour de trois continents : l'Europe, l'Asie et l'Afrique.

On y trouve aussi les lieux saints de trois des grandes religions du monde : le Judaïsme, le Christianisme et l'Islam, les deux premiers étant concentrés dans ce qu'on appelait jadis la Palestine et aujourd'hui Israël, la terre bien trop promise…

L'Etat d'Israël s'est trouvé au centre de la plupart des grands conflits qui ont fait rage dans la région depuis la fin de la Seconde Guerre mondiale. Le déclin de l'influence britannique dans le Proche-Orient a constitué un autre facteur non négligeable. Israël mis à part, le seul pays qui lutta pour arracher son indépendance à la Grande-Bretagne fut Aden, aujourd'hui république populaire du Sud-Ye-

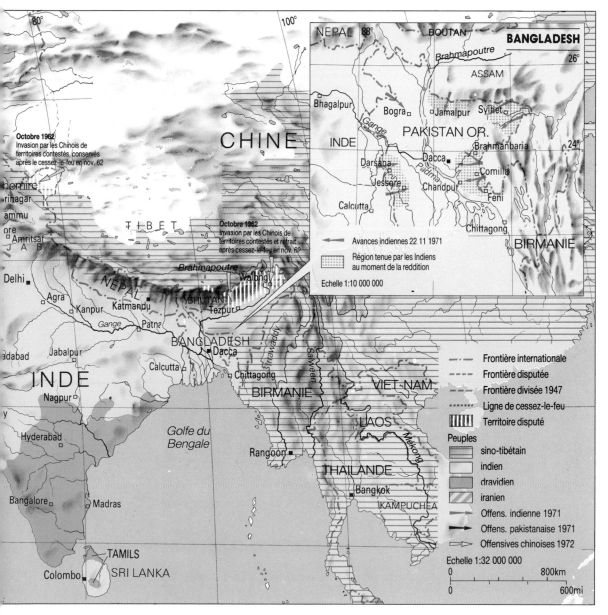

◀ *La carte des turbulences politiques du sous-continent indien n'a pas été dressée en ne tenant compte que des problèmes nationaux, ethniques et religieux, mais aussi en fonction de la proximité de zones de grande importance stratégique. Ainsi, alors que l'invasion soviétique en Afghanistan a été considérée par les Occidentaux comme un pas franchi par Moscou en direction du Moyen-Orient, le pays qui, en fait, a vraiment subi les conséquences de cette initiative est le Pakistan.*

LA GUERRE INDO-PAKISTANAISE (1971)

3 décembre Attaque aérienne pakistanaise manquée contre Jammu au Cachemire indien, suivie d'une offensive terrestre.

4 décembre L'Inde envahit le Pakistan oriental avec 160 000 hommes qui poursuivent leur pénétration jusqu'à leur rencontre avec une force pakistanaise de 73 000 hommes. Les communications sont perturbées, l'aviation pakistanaise détruite et la flotte indienne organise le blocus. Le Pakistan contre-attaque à l'ouest mais, en dépit de violents combats, c'est l'impasse.

6 décembre L'Inde reconnaît l'indépendance du Bengladesh.

10 décembre Les Indiens franchissent la rivière Meghna et assiègent Dacca.

16 décembre Reddition du commandement pakistanais de Dacca.

17 décembre Le président pakistanais Yaha Kanh accepte le cessez-le-feu, puis démissionne.

PROCHE-ORIENT

men, à tendance marxiste-léniniste. Une campagne de guérilla, qui avait débuté en 1963, battait son plein en 1967 lorsque les Britanniques se résolurent à accorder l'indépendance à cette ville. A l'époque, leur influence dans la région se fondait sur une série de protectorats. Après l'expédition de Suez en 1956, l'association avec la Grande-Bretagne devint un handicap sérieux pour les forces conservatrices locales. Les Britanniques, pour leur part, étaient de moins en moins enclins à investir dans leurs bases militaires. En 1971, ils s'étaient finalement tout à fait retirés de la zone située à l'est de Suez.

Les forces radicales tirèrent profit du déclin de l'influence britannique — surtout en Egypte, en Libye et en Irak — pour favoriser l'entrée en scène de l'URSS dans la région. Les Soviétiques nouèrent des relations avec une série d'Etats arabes, ce qui ne manqua pas de susciter l'inquiétude chez les Occidentaux. Cependant, en dépit de l'appui matériel et diplomatique considérable accordé par l'URSS au camp arabe dans ses guerres contre Israël, l'Union soviétique ne réussit pas à consolider vraiment sa position au Proche-Orient. La rupture la plus spectaculaire intervint dans ses relations avec l'Egypte. Après vingt ans d'investissements considérables dans ce pays, 21 000 conseillers militaires soviétiques furent expulsés le 18 juillet 1972.

Depuis quelque temps ce radicalisme trouve sa source principale non plus dans le nationalisme arabe, mais dans le fondamentalisme islamique. Cette tendance s'est particulièrement illustrée avec l'arrivée au pouvoir, à Téhéran, de l'ayatollah Khomeiny. Caractérisé par son hostilité à l'égard de l'Occident, ce fondamentalisme islamique influence toujours davantage un certain nombre de pays arabes.

LES GUERRES ISRAELO-ARABES
1948-1949

La Palestine faisait partie des territoires placés sous contrôle britannique en vertu d'un mandat de la Société des Nations datant du lendemain de la Première Guerre mondiale. Ce mandat fut confirmé en 1945 par les Nations-Unies. Confortés par la Déclaration Balfour de 1916, les Juifs étaient convaincus que la Palestine allait devenir leur patrie et la persécution nazie avait exacerbé leur désir de gagner la *Terre promise*. Cependant, les Arabes autochtones s'opposaient à l'immigration massive de Juifs, et davantage encore à la création d'un Etat sioniste. Fatigués par une guérilla incessante, les Britanniques se retirèrent de Palestine et Israël fut dès lors le premier et unique Etat créé par une décision de l'ONU. Celle-ci impliquait le partage de la Palestine en deux zones formellement délimitées, l'une destinée aux Juifs, l'autre aux Arabes.

▼ *L'Iran en 1954 et l'Egypte en 1956, créèrent tour à tour la consternation dans les milieux financiers occidentaux lorsqu'ils se mirent à nationaliser l'un ses pétroles, l'autre la Compagnie du canal de Suez. Avec l'aide américaine, la Grande-Bretagne s'efforça de remettre rapidement le Shah à la tête de l'Iran. Avec l'aide de la France, elle tenta en vain de rétablir la situation en Egypte. Dès lors, l'Iran était considéré comme un allié privilégié au Moyen-Orient, et l'Egypte de Nasser comme un foyer de troubles. Aujourd'hui, les choses ont bien changé. L'Egypte de Moubarak est à nouveau en cour tandis que l'Iran s'est transformé en Etat hostile, sourcce d'instabilité dans la région...*

▶ *Le Liban est devenu la principale victime du conflit israélo-arabe. L'équilibre délicat qu'il entretenait entre les communautés musulmanne et chrétienne fut rompu le jour où affluèrent les Palestiniens chassés de Jordanie en 1970. Le Liban était trop faible pour résister à cette influence, et pour répondre avec fermeté lorsque Israël, en représaille contre les coups de mains fomentés du Liban par les membres de l'OLP, entreprit de bombarder son territoire. De cette tension naquit une guerre civile et tant les Syriens que les Israéliens, ne manquèrent pas d'en profiter.*

LE LIBAN SOUS L'OCCUPATION. FEV. 1984

Voir p. 159

OCCUPATION SYRIENNE

Tripoli
Halba
Qoubayet
Zgharta
Hermel
Batroun
Bcharré
Byblos
Kartaba
Baabdat
Hammana
Zahle
Baalbek
Sofar
Litani
L Karoun

RETRAIT ISRAELIEN
PHASE 2 (MAI 85)

Mt Barouk
Chaîne du Liban
Vallée de la Bekaa
Anti-Liban

Mt Hermon
Hasbaya

SYRIE

Damas
(13 km)

Mossoul

Aqrah
Arbil
TURQUIE
L Urmia
Petit Zab
Kirkuk
Haj-Omran
Tabriz

Kurdistan

Mahabad
Sulaymaniyah
Penjwin
Baneh
Saqqez
Kifri
Dezh Shahpur
(Marivan)

Baqubah
Maydan
Bagdad
Khanaqin
Qasr-e-Shirin
Mandali
Gilan-e-Gharb
Sanandaj
Zurbatiyah
Ilam
Kermanshah
(Imanshahr)
Hamadan

IRAK

Al Kut
Mehran

IRAN

Salehabad
Ali al-Gharbi
Dehlonan

Nahavand

Musian
Lorestan
Khorramabad
Borujerd

An Nasiriyah
Al Amarah
Bostan
Andimeshk
Al Qurnah
Marches
d'Ahwaz
Susangerd
Dezful
Offensive
iranienne mars 1985
Ile
Majnoon
Hamid
Bassora
Karun
Ahvaz
Masjed Soleyman
Khorramshahr
Chatt
el-Arab
Abadan
Khuzistan
Umm Qasr
KOWEIT
Al Faw
Bandar-e-Mashur
Ramhormoz
Koweit
Mina al-Bakr
Bandar-e-
Khomeini
Khor
al-Amaya

Jdaide
R. de DAMAS

Monts Zagros
Kherkheh
Dez
Tigre
Euphrate

Behbehan

Bandar-e-Bushehr

**GOLFE
PERSIQUE**

Ganaveh
I. de Kharg

Kazerun

Chiraz

Des soldats irakiens faisant preuve d'optimisme, voire d'enthousiasme, à Khorramshahr, la seule ville iranienne qui soit tombée sous contrôle irakien au cours de l'offensive initiale de septembre 1980.

SUEZ (1956)

26 juillet Nasser nationalise la Compagnie du canal de Suez.

25 octobre Rencontre secrète, à Sèvres, entre Guy Mollet (France), Anthony Eden (G.-B.) et David Ben-Gurion (Israël).

29 octobre Avec trois colonnes blindées, Moshé Dayan envahit le Sinaï.

30 octobre Paris et Londres enjoignent aux Egyptiens et aux Israéliens de retirer leurs troupes à 16 km de part et d'autre du canal. Israël accepte, l'Egypte refuse.

31 octobre Des avions franco-britanniques bombardent les bases aériennes égyptiennes. Nasser bloque le canal en coulant 47 vieux navires chargés de ciment.

5 novembre Une force franco-britannique intervient à partir de Chypre (parachutage de 1 000 Français et 600 Britanniques sur Port-Saïd et Port-Fouad).

6 novembre Les Israéliens atteignent Charm el-Chayk. Intervention diplomatique russo-américaine contraignant Français, Britanniques et Israéliens au cessez-le-feu.

7 novembre A contre-cœur, Paris et Londres acceptent l'ordre de cessez-le-feu donné par les Nations unies.

22 décembre Départ des troupes franco-britanniques.

Mars 1957 Départ des Israéliens. Réouverture du canal

**GUERRE IRAN-IRAK
DEPUIS 1980**

Repris par l'Iran depuis sept. 83
Repris par l'Iran sept. 81-mai 82
Territoire iranien occupé par les Irakiens en sept.-déc. 1980
Repris par l'Iran mai 82-sept. 83
Territoire irakien occupé lors de la contre-offensive iranienne d'oct. 1984

Raids aériens et barrages d'artillerie
☆ par l'Irak
☆ par l'Iran

Légende
Route
Champ pétrolifère
Oléoduc
▪ Ville pétrolière
● Terminal pétrolier
⌂ Raffinerie

155

PROCHE-ORIENT (suite)

Dès avant l'expiration du mandat britannique, les hostilités s'étaient déclenchées entre les partisans des deux bords et, lorsqu'Israël vit le jour le 13 mai 1948, quelque 30 000 soldats arabes, originaires de cinq pays, passèrent à l'attaque d'une armée israélienne forte de 15 000 hommes et qui dut faire face sur trois fronts. Mal équipée, cette dernière compensa son handicap par la souplesse et l'ingéniosité tactiques, recourant largement à l'improvisation, à la mobilité et à la surprise. Les accords d'armistice conclus en juillet 1949 concrétisèrent le fait qu'Israël, non seulement se maintenait, mais avait tiré profit de la guerre pour s'étendre.

1956

L'hostilité suscitée dans le monde arabe par Israël indiquait clairement que la sécurité du nouvel Etat était loin d'être assurée, et qu'elle allait être largement tributaire de la qualité et de la vigilance de ses forces armées. En 1956, les Israéliens comprirent que le conflit qui opposait l'Egypte à la France et à la Grande-Bretagne leur fournissait une occasion pour renforcer leur position. Les Français étaient irrités par l'appui accordé par le président Nasser aux rebelles algériens et les Britanniques ne digéraient pas la nationalisation du canal de Suez, décidée par le même Nasser. En vertu d'un accord passé avec l'Egypte en 1954, les troupes britanniques avaient quitté la zone du canal en juin 1956, après 74 années de présence. La nationalisation, décrétée en juillet 1956, fut considérée comme illégale par la France et la Grande-Bretagne. Après de vains efforts diplomatiques, ces deux pays décidèrent secrètement de régler l'affaire par les armes. L'idée était de tirer parti d'une guerre israélo-égyptienne pour reprendre le contrôle du canal. La longueur des préparatifs laissa cependant le temps aux deux super-puissances de réagir. Les Américains notamment, intervinrent pour contraindre les deux puissances européennes à retirer leurs troupes d'Egypte. En dépit de leurs succès dans le Sinaï, les Israéliens durent aussi se replier, mais ils obtinrent qu'une force des Nations-Unies serve de tampon entre eux et les Egyptiens, et assure le libre passage au port d'Eilat, dans la mer Rouge.

1967

Durant les dix ans qui suivirent, la paix fut incertaine, chaque camp s'affairant à reconstituer ses forces. Au sein du monde arabe, l'esprit de revanche prévalait. Sans doute Nasser ne souhaitait-il pas une nouvelle guerre mais, en 1967, certaines de ses initiatives incitèrent Israël à passer à l'attaque. Les autres pays arabes auraient dû faire preuve de prudence, mais un faux sentiment de puissance incita la Jordanie, la Syrie et l'Irak à se ranger du côté de l'Egypte. Le premier jour du conflit vit

l'hécatombe des forces aériennes arabes, de sorte que les Israéliens réussirent ensuite à chasser les Jordaniens de leurs territoires situés à l'ouest du Jourdain, à contrôler les deux parties de Jérusalem et, finalement, en dépit d'un cessez-le-feu décrété par l'ONU, à enlever aux Syriens les hauteurs du Golan. C'est de ce point que, jusque-là les Syriens bombardaient les colonies israéliennes. Au terme du conflit, Israël avait perdu 800 hommes contre 10 000 pour les Egyptiens.

1973

Les grandes puissances commencèrent à réclamer un règlement définitif du différend israélo-arabe. En l'échange de la reconnaissance de l'Etat d'Israël par les pays arabes, elles exigeaient le retrait israélien des territoires occupés en 1967. Aucun des deux camps, cependant, n'était disposé à faire les concessions demandées. Les Palestiniens — dont beaucoup végétaient depuis la fin des années 40 dans des camps de réfugiés, et que représentait l'Organisation de libération de la Palestine (OLP) — eurent de plus en plus recours à la guérilla et au

▲ A Haïfa, du personnel britannique inspecte les dommages infligés à l'Exodus 1947 transportant 4 500 immigrants juifs.

▼ *Chars israéliens attendant dans le Sinaï les
éléments de la 3e armée
égyptienne, encerclée.*

terrorisme international, en vue d'attirer l'attention sur leur cause. Leurs opérations, généralement suivies de représailles israéliennes, suscitèrent des tensions au sein du monde arabe. La Jordanie, en particulier, fut bientôt importunée par la présence de plus en plus envahissante des troupes de l'OLP, organisation dont l'influence finit par agacer le roi Hussein. En septembre 1970 (« *Septembre noir* »), le souverain passa aux actes et expulsa l'OLP de Jordanie.

De 1969 à 1970 avaient eu lieu quelques opérations militaires connues sous le nom de « guerre d'usure ». Israël entreprit donc la construction de la ligne Bar-Lev, destinée à consolider ses défenses le long du canal de Suez. L'Egypte tenta d'empêcher cette construction par des opérations de commandos et par des bombardements d'artillerie mais, en représailles, les Israéliens bombardèrent des bases aériennes et des sites de missiles égyptiens. Lorsqu'en septembre 1970 Nasser mourut, sa succession fut assurée par Anouar al-Sadate. Pour celui-ci, les territoires perdus ne pouvaient être récupérés que sous trois conditions : il fallait améliorer les relations avec les autres pays arabes, entretenir de meilleurs contacts avec les Etats-Unis (seule puissance médiatrice possible) et asséner à Israël un véritable choc militaire. Les plans arabes furent donc établis de façon précise et minutieuse. Bien que conscient de ce qui se passait, Israël ne prit pas au sérieux les préparatifs militaires égyptiens et syriens. Le gouvernement de Jérusalem était aussi soucieux de ne pas affronter l'opinion internationale et peu enclin à de nouvelles dépenses militaires. Ayant donc tardé à réagir, il fut surpris par l'attaque arabe. Au début du conflit, les combats les plus opiniâtres se déroulèrent sur les hauteurs du Golan, mais les Israéliens repoussèrent l'offensive syrienne, puis pénétrèrent en territoire ennemi jusqu'à 32 km de Damas. Les Egyptiens, de leur côté, avaient réussi à traverser le canal et à franchir la ligne Bar-Lev. Cependant, craignant l'aviation israélienne, ils s'étaient arrêtés de manière à rester couverts par leur système de missiles. Lorsqu'ils se décidèrent enfin à exploiter leur avantage initial, les Israéliens s'étaient ressaisis : les réapprovisionnements américains arrivaient et la contre-attaque était prête. Une petite unité blindée israélienne réussit à traverser le canal, ouvrant la route à une brigade entière, qui réussit à encercler la 3e armée égyptienne.

Au terme de ce conflit, Israël avait perdu 2 500 hommes; la Syrie et l'Egypte, environ 6 000 chacune. Les deux camps ne disposaient plus que de la moitié de leurs chars et des deux tiers de leurs avions. Contrairement aux guerres précédentes, celle-ci a eu pour effet de débloquer la situation sur le plan diplomatique. La navette du secrétaire d'Etat américain Henry Kissinger permit de modestes retraits de troupes de la part des deux camps et un resserrement des liens entre le monde arabe et les Occidentaux, encouragé par la menace de l'« arme du pétrole », brandie par les pays arabes producteurs de l'or noir.

1982

Au lendemain de la guerre du Kippour, le Proche-Orient fut le théâtre d'importants changements politiques. Le président Sadate résolut de sortir de l'impasse politique et, en 1975, conclut avec Israël un accord formel en vertu duquel l'Egypte devait récupérer la meilleure part du Sinaï. Il était aussi entendu que le canal de Suez serait réouvert à la circulation. Deux ans plus tard, en un geste symbolique et spectaculaire, Sadate se fit inviter en Israël, puis amorça un processus de paix qui devait trouver sa conclusion en 1978 dans les « accords de Camp David ». Des relations diplomatiques furent ensuite établies entre l'Egypte et Israël. Les autres pays arabes estimaient que, dans l'affaire, l'Egypte s'était fait piéger, car la Cisjordanie restait occupée et le problème palestinien restait entier. Ils frappèrent donc l'Egypte d'ostracisme. La guerre de guérilla menée par les Palestiniens contre Israël se poursuivit, faisant plus de dégâts dans les pays hôtes de l'OLP qu'en Israël. Et notamment au Liban, pays déjà profondément divisé.

Quand, après avoir été expulsée de Jordanie, l'OLP emménagea au Liban en 1970, les Libanais furent incapables de les en empêcher et furent les victimes de représailles israéliennes organisées en réponse à des opérations terroristes palestiniennes. Une guerre civile éclata en 1975, qui ne parut s'apaiser qu'en 1984. Mais le feu couve sous la cendre. La Syrie a profité de ce conflit interne pour prendre solidement pied au Liban et n'a pas hésité à trahir la cause palestinienne en empêchant que le pays ne tombe totalement aux mains de l'OLP. Tandis que la guerre civile continuait à faire rage dans le sud du pays, les phalangistes chrétiens reçurent l'appui des Israéliens. Ceux-ci entrèrent au Liban en mars 1978 avec 20 000 hommes. Cette intervention suscita une forte réaction internationale qui força les Israéliens à se retirer. Dès lors, une force d'intervention de l'ONU gardait la frontière libano-israélienne.

Cette force — la FINUL — ne put empêcher toutes les infiltrations de commandos palestiniens chargés d'attaquer les colonies israéliennes de Galilée. Le 5 juin 1982, prenant prétexte de la tentative d'assassinat de l'ambassadeur israélien à Londres, les forces israéliennes, passant outre les hommes de la FINUL, firent à nouveau irruption au Liban. Jérusalem voulait établir, dans le sud, une zone de sécurité de 40 km, mais le gouvernement israélien ne put résister à la tentation d'écraser militairement l'OLP. Les batteries anti-aé-

PROCHE-ORIENT (suite)

riennes que les Syriens avaient déployées dans la plaine de la Bekaa furent détruites, et l'infériorité de l'aviation de combat syrienne sur celle d'Israël fut consacrée. Ceci permit aux avions israéliens d'apporter leur appui rapproché aux forces terrestres qui remontaient la côte libanaise, en dépit de la résistance palestinienne. Le 11 juin, les blindés syriens furent mis en échec dans une bataille de chars autour du lac Karoun. A ce moment, les forces israéliennes avaient pris position autour de Beyrouth, où étaient retranchés 7 000 combattants de l'OLP et d'autres fractions musulmanes. Au terme d'une intense activité diplomatique, l'OLP accepta, en août 1982, de quitter Beyrouth et le Liban.

L'assassinat du président élu Béchir Gemayel rendit caduc le fragile apaisement. Les représailles chrétiennes se traduisirent notamment par des massacres dans les camps de réfugiés de Sabra et de Chatila, que les Israéliens ne purent ni prévenir, ni arrêter. Ceci leur valut la réprobation internationale et provoqua une crise politique en Israël même. En mai 1983, un accord parrainé par les Nations-Unies a prévu qu'Israël se retirerait du Liban en échange d'une normalisation des relations avec le Liban. Cet accord n'ayant pas reçu l'*approbatur* des Syriens ni des fractions musulmanes, la réconciliation nationale devenait impossible. La guerre civile reprit donc et la force internationale (France, Etats-Unis, Grande-Bretagne et Italie) se trouva prise entre le marteau et l'enclume. L'autorité du gouvernement libanais périclita. Au début de février 1984, après que les Français et les Américains eurent subi des pertes sévères, la force multinationale fut retirée. Le président Amin Gemayel, frère de Béchir, ne pouvait maintenir sa position qu'en répudiant l'accord de 1983. Ce geste contribua à calmer quelque peu la situation. Les forces israéliennes continuaient à occuper le Liban au sud de la rivière Awali, et à subir les attaques des terroristes autochtones. Depuis la fin de 1984 s'est amorcé un retrait des Israéliens.

LA GUERRE IRAN-IRAK

Les tensions entre l'Iran et l'Irak ne datent pas d'hier. De 1961 à 1975, le Shah d'Iran s'évertua à compliquer la vie des dirigeants progressistes irakiens en soutenant le combat des Kurdes pour l'autodétermination. En 1975, les deux pays signaient le traité de Bagdad : l'Iran retirait son soutien aux Kurdes; en retour, l'Irak renonçait à ses prétentions sur les eaux du Chatt-el-Arab ainsi que sur les îles Abou Moussa et Tamb, proches du détroit d'Ormuz.

En 1980, sous Khomeiny, le président irakien Saddam Hussein trouva opportun d'oublier le traité de Bagdad et de prévenir toute tentative d'exportation en Irak de la révolution chiite d'Iran. Le 17 septembre, non seulement il dénonça le traité mais, pendant quatre jours,

il bombarda l'Iran avant que ses troupes n'envahissent ce pays, dont elles occupèrent très vite de vastes étendues. Ce faisant, les Irakiens avaient sous-estimé à la fois la capacité de combat de l'armée iranienne après le départ du Shah, et l'attachement du peuple au nouveau régime de Téhéran. Au lieu de profiter de leur avantage initial en poursuivant l'offensive, les troupes irakiennes s'attardèrent à assiéger les villes de Khorramshar et d'Abadan, cette dernière leur paraissant vitale pour la production iranienne de pétrole. Lorsque les pluies d'automne commencèrent, l'offensive s'était essoufflée et Saddam Hussein, prudent, proposa un armistice. Celui-ci fut refusé par Téhéran. Trois fois plus nombreux que les Irakiens, les Iraniens avaient deux fois plus d'hommes sous les armes, mais ceux-ci étaient moins bien équipés. Ils passèrent cependant à l'offensive avec, pour objectif, le renversement de Saddam Hussein. En janvier 1981, leur première contre-attaque échoua. En septembre, les Iraniens réussissaient cependant à faire lever le siège d'Abadan. En mars 1982, l'Iran jeta 100 000 hommes dans une offensive qui bouscula les Irakiens dans le secteur de Dezfoul et les força à reculer après avoir subi de lourdes pertes. Six mois plus tard, Khorramshar était reprise et l'offensive était portée sur le territoire irakien, les Iraniens faisant porter leur effort sur le port pétrolier de Bassorah.

Au début de 1984, les Iraniens embrigadèrent un demi-million d'hommes, pour la plupart jeunes et mal préparés, qui devaient asséner un coup mortel à l'Irak. Les forces irakiennes résistèrent aux assauts de ces vagues humaines fanatisées, recourant une première fois à des armes chimiques apparemment assez rudimentaires. Avec le temps, les Iraniens parurent prendre conscience de leurs faiblesses et adopter des tactiques plus prudentes. En Irak, on pensait que le seul moyen d'en finir était de s'attaquer aux exportations de pétrole iranien. Les exportations irakiennes avaient déjà été gravement affectées par la Syrie, qui avait coupé un des deux oléoducs irakiens. La livraison, en octobre 1983, de quelques avions français Super-Etendard fournit à Hussein le moyen d'attaquer les installations pétrolières iraniennes de l'île de Kharg. Il s'ensuivit que l'Iran fit tout pour tenter de paralyser le trafic pétrolier dans le détroit d'Ormuz. Des navires furent touchés, mais la pression internationale réussit à dissuader les deux camps d'aller trop loin dans cette voie.

Depuis, la situation n'évolue guère que de façon répétitive, aucune des deux parties ne disposant d'un avantage décisif, l'Irak étant cependant favorisé par un meilleur approvisionnement en armes. Un pas de plus était franchi au printemps 1985, chaque camp s'en prenant désormais à des objectifs civils, c'est-à-dire aux villes de l'adversaire.

▶ *Les guerres israélo-arabes ont été différentes quant à leur durée et à leurs résultats. Avec une armée dépendant d'une forte mobilisation de la population civile, Israël pourrait souffrir énormément, sur les plans économique et social, d'une guerre longue. (On l'a vu lors de sa longue intervention au Liban.) S'ils en avaient le temps, les ennemis d'Israël seraient capables de mobiliser une force supérieure, et d'acculer Israël à se défendre sur deux fronts, voire plus. D'où la nécessité pour l'Etat hébreux de porter des coups rapides et décisifs. La guerre de 1967 a démontré l'intérêt stratégique de la prévention; celle de 1973, a indiqué le prix à payer lorsqu'on laissait l'initiative à l'ennemi.*

Sinaï

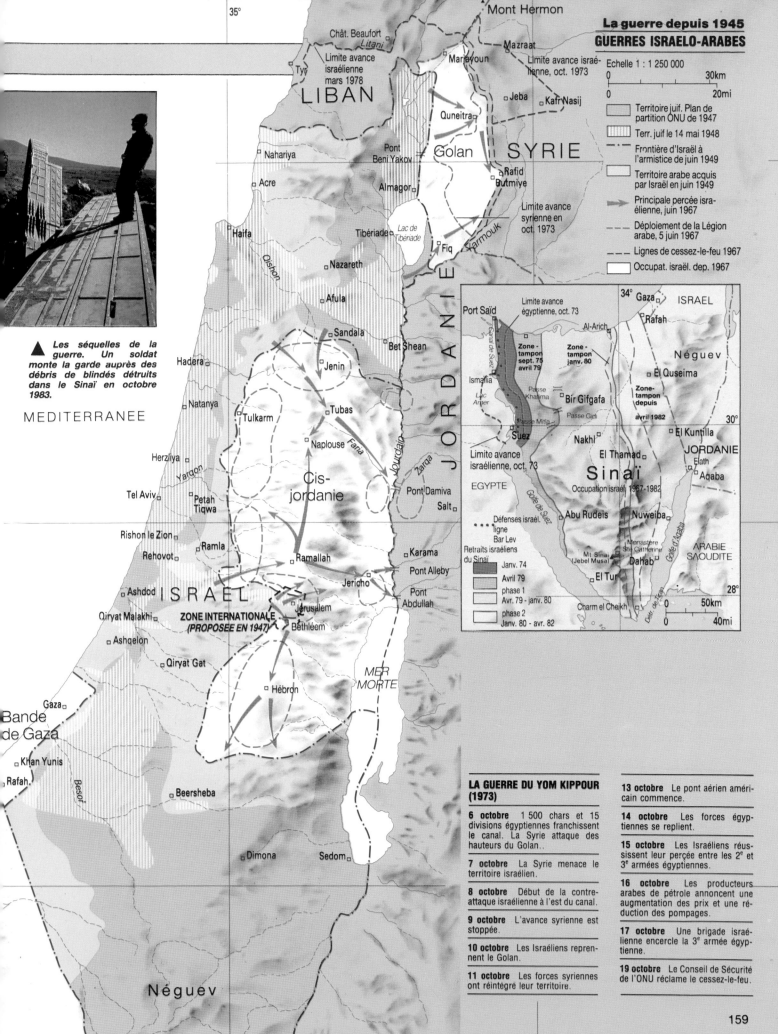

GUERRES ISRAELO-ARABES

Echelle 1 : 1 250 000

0   30km
0   20mi

- ☐ Territoire juif. Plan de partition ONU de 1947
- ▨ Terr. juif le 14 mai 1948
- --- Frontière d'Israël à l'armistice de juin 1949
- ☐ Territoire arabe acquis par Israël en juin 1949
- → Principale percée israélienne, juin 1967
- --- Déploiement de la Légion arabe, 5 juin 1967
- --- Lignes de cessez-le-feu 1967
- ☐ Occupat. israël. dep. 1967

Les séquelles de la guerre. Un soldat monte la garde auprès des débris de blindés détruits dans le Sinaï en octobre 1983.

MEDITERRANEE

Mont Hermon
LIBAN
Chât. Beaufort
Litani
Limite avance israélienne mars 1978
Mazraat
Marjayoun
Limite avance israélienne, oct. 1973
Jeba
Kafr Nasij
Tyr
Quneitra
Golan   SYRIE
Nahariya
Acre
Pont Beni Yakov
Rafid
Butmiye
Almagor
Tibériade
Lac de Tibériade
Limite avance syrienne en oct. 1973
Haifa
Oishon
Fiq
Yarmouk
Nazareth
Afula
Sandala
Bet Shean
Hadera
Jenin
Natanya
Tubas
Tulkarm
JORDANIE
Herzliya
Naplouse
Fatha
Yargon
Cis-jordanie
Jourdain
Tel Aviv
Petah Tiqwa
Zarqa
Pont Damiva
Rishon le Zion
Ramla
Salt
Rehovot
Ramallah
Karama
Pont Alleby
Jericho
Ashdod   ISRAEL
Pont Abdullah
Qiryat Malakhi
ZONE INTERNATIONALE (PROPOSEE EN 1947)
Jérusalem
Bethléem
Ashqelon
Qiryat Gat
MER MORTE
Hébron
Gaza
Bande de Gaza
Khan Yunis
Rafah
Besor
Beersheba
Dimona
Sedom
Néguev

Carte encadrée (Sinaï) :

Gaza   ISRAEL
Port Saïd
Limite avance égyptienne, oct. 73
Rafah
Al-Arich
Canal de Suez
Zone-tampon sept. 75 avril 79
Zone-tampon janv. 80
Néguev
Ismaïlia
Passe Khatma
Bír Gifgafa
El Quseima
Lac Amer
Passe Gidi
Zone-tampon depuis avril 1982
Passe Mitla
Suez
Nakhl
El Kuntilla
Limite avance israélienne, oct. 73
El Thamad
JORDANIE
EGYPTE
Sinaï
Eilath
Occupation israël. 1967-1982
Aqaba
Golfe de Suez
Abu Rudeis
Nuweiba
ARABIE SAOUDITE
Mt Sinaï (Jebel Musa)
Monastère Ste Catherine
Dahab
Golfe d'Aqaba

Défenses israël. ligne Bar Lev
Retraits israéliens du Sinaï
- Janv. 74
- Avril 79 phase 1
- Avr. 79 - janv. 80 phase 2
- Janv. 80 - avr. 82

El Tur
Charm el Cheikh
Détr. de Tiran
0   50km
0   40mi

LA GUERRE DU YOM KIPPOUR (1973)

6 octobre 1 500 chars et 15 divisions égyptiennes franchissent le canal. La Syrie attaque des hauteurs du Golan.

7 octobre La Syrie menace le territoire israélien.

8 octobre Début de la contre-attaque israélienne à l'est du canal.

9 octobre L'avance syrienne est stoppée.

10 octobre Les Israéliens reprennent le Golan.

11 octobre Les forces syriennes ont réintégré leur territoire.

13 octobre Le pont aérien américain commence.

14 octobre Les forces égyptiennes se replient.

15 octobre Les Israéliens réussissent leur percée entre les 2e et 3e armées égyptiennes.

16 octobre Les producteurs arabes de pétrole annoncent une augmentation des prix et une réduction des pompages.

17 octobre Une brigade israélienne encercle la 3e armée égyptienne.

19 octobre Le Conseil de Sécurité de l'ONU réclame le cessez-le-feu.

EN AFRIQUE

LES GUERRES DE LIBERATION NATIONALE
En Algérie

Ayant commencé dès les années 40, la lutte pour l'indépendance de l'Algérie ne prit réellement une tournure militaire qu'en 1954, lorsque le FLN (*Front de libération nationale*) entama la guérilla. Chargées de mater le soulèvement, les troupes françaises avaient le soutien des colons (1,5 million environ), fermes partisans de l'intégration à la France. Ces forces comptèrent jusqu'à 425 000 hommes luttant contre une guérilla disposant de bases de repli en Tunisie. Ceci conduisit à la création, le long de la frontière orientale, de la *ligne*

Morice (barbelés électrifiés et mines), destinée à empêcher le passage des *fellaghas*. Des atrocités furent commises de part et d'autre et l'attitude de certains colons ou de certains militaires provoqua des tensions avec la métropole. En 1958, une révolte à Alger fut « récupérée » par des officiers partisans de l'*Algérie française*, mais conduisit à la chute du gouvernement de Paris et au retour aux affaires du général De Gaulle. Un instant apaisés, les Français d'Algérie réalisèrent bientôt que De Gaulle se préparait à négocier l'autodétermination avec le FLN. Cela suscita la formation (en Espagne) de l'OAS (Organisation de l'armée secrète) et provoqua, en avril 1961, le bref *Putsch des généraux*, conduit par le général Salan, tandis que débutaient à Evian des conversations entre le gouvernement français

et le FLN. Au terme de celles-ci, un cessez-le-feu intervint en juillet 1962, la promesse de souveraineté ayant été donnée. Il s'ensuivit, en France, un référendum qui, à 90 %, sanctionna l'accord. Lorsque, le 5 juillet 1962, l'Algérie accéda à l'indépendance, 1 380 000 Européens furent rapatriés en France, 30 000 seulement ayant choisi de rester. Quelque 17 500 soldats français et 3 000 civils avaient perdu la vie dans cette « guerre ». Les estimations concernant les pertes en vies humaines parmi les musulmans varient de 300 000 à un million.

Au Kenya
Le seul problème militaire sérieux que la décolonisation ait entraîné pour la Grande-Bretagne se posa au Kenya. Alors que montait la tension entre les colons et l'Union africaine kenyane, dirigée par Jomo Kenyatta, des membres de la tribu Kikuyu formèrent la société secrète des *Mau-Mau* qui, en 1952, lança une campagne de rébellion et d'assassinats. L'état d'urgence (octobre 1952) permit l'arrestation d'un certain nombre de chefs présumés des Mau-Mau, dont Kenyatta, et des mesures sévères furent prises contre les terroristes : 8 000 d'entre eux, environ, furent exécutés. Le bilan des tués comprend aussi 1 300 Africains (victimes des Mau-Mau), 30 civils européens, 19 Indiens et 500 membres des forces de l'ordre.

Cela avait donné le temps à Londres de réfléchir. Kenyatta sortit de prison en 1961 et, le 12 décembre 1963, l'indépendance du Kenya était acquise.

En Rhodésie
Il s'en fallut de peu que les Britanniques n'aient à user à nouveau de la force pour mater cette fois la rébellion des colons blancs de Rhodésie qui, pressés d'accepter la loi de la majorité noire, avaient préféré déclarer unilatéralement l'indépendance. Toute intervention militaire fut cependant écartée par Londres : l'opération aurait coûté très cher et les soldats n'auraient pas été motivés pour combattre des colons blancs. On préféra donc des sanctions économiques, mais celles-ci se révélèrent inefficaces. Finalement, la minorité blanche s'inclina à cause de l'extension de la guérilla à l'intérieur du territoire, et de la tournure dramatique qu'elle avait fini par prendre. En 1979, le nouvel Etat du Zimbabwe succédait à la Rhodésie.

Les colonies portugaises
Les plus acharnés à résister au vent d'émancipation africaine furent les Portugais. Les premiers troubles éclatèrent en Angola en 1961,

◄ *Deux militaires français en compagnie des corps de combattants du FLN, durant l'importante offensive française de 1956.*

▲ *Un DC-4 français abattu au Tchad en mars 1978 durant les 18 jours du siège de Faya-Largeau, dans le nord du pays.*

en Guinée en 1963 et au Mozambique en 1965. Lorsqu'un terme fut mis aux combats par le renversement du gouvernement Caetano à Lisbonne, en 1974, on estime que le Portugal entretenait 33 000 soldats en Guinée, 70 000 en Angola et 65 000 au Mozambique. Sur ce total de 168 000 hommes, moins de la moitié étaient des blancs. On estime que les guerres coloniales firent 78 000 victimes portugaises, dont 65 000 blessés et 13 000 tués.

En Afrique du Sud
L'Afrique du Sud est la seule région du continent africain encore dominée par les Blancs. Le régime de Prétoria a dû affronter la guérilla et compter avec les actions terroristes mais, jusqu'ici, il a plus ou moins réussi à faire face à ses ennemis intérieurs et à la réprobation internationale pour son régime d'*apartheid*. Il a rencontré plus de difficultés avec le SWAPO (Organisation populaire du Sud-Ouest africain), groupe terroriste minoritaire composé essentiellement d'Orambos, une des onze ethnies de Namibie, mais dont les prétentions à une représentation nationale bénéficient d'avals extérieurs. Administrée par l'Afrique du Sud en vertu d'un mandat de la Société des Nations, puis incorporée d'office à l'Afrique du Sud, la Namibie fait l'objet depuis quelque temps de négociations en vue de son indépendance. Lors de la lutte de libération de l'Angola, ce territoire servit de base au SWAPO. Ceci conduisit l'Afrique du Sud à mener dans la région une politique de puissance, utilisant — tour de rôle la menace militaire et l'appât économique. Voire les deux simultanément.

LES GUERRES CIVILES AFRICAINES
Au lendemain de leur indépendance, un certain nombre d'Etats africains entreprirent leur développement économique en veillant à conserver la stabilité politique nécessaire. Beaucoup ne le firent pas. L'instabilité dans ces pays prit souvent la forme de coups d'Etat successifs privilégiant une fraction ou l'autre, sans que rien changeât pour les populations.

Au Congo-Zaïre
C'est au Congo ex-belge qu'éclata une des premières guerres civiles d'Etats africains nouvellement indépendants, et les Nations-Unies se trouvèrent fortement impliquées dans ce processus. En 1965, le pouvoir central avait assis son autorité sur l'ensemble du territoire à la suite d'un coup d'Etat du chef de l'armée nationale congolaise, Joseph Mobutu, qui devint, en 1968, président de la république démocratique du Congo. Investi d'un pouvoir personnel quasi-absolu, Mobutu rebaptisa le pays Zaïre, pour symboliser à la fois un nouveau départ et un « retour à l'authenticité ». Cependant, les problèmes de la province du Katanga (rebaptisée Shaba) demeuraient sinon insolu-

AFRIQUE (suite)

bles, du moins irrésolus. En 1977 et 1978, Mobutu, qui allait se rebaptiser Mobutu Sese Seko Kuku Nbgandu Wa Zabanga (*le coq qui chante victoire, le guerrier qui va de conquête en conquête sans qu'on puisse l'arrêter*) dut faire face à deux insurrections de rebelles du Shaba, soutenus par l'Angola voisin. En 1977, ceux-ci ne rencontraient, dans leur marche sur Kolwezi, que peu de défense de la part de l'armée zaïroise, et il fallut l'arrivée de 1 500 soldats marocains (amenés par des Transall français) pour qu'ils battent en retraite. En 1978, une nouvelle force de 4 000 rebelles, se présentant comme le Front de libération nationale congolais, réussit cette fois à prendre Kolwezi, où 120 Européens et 500 Africains furent massacrés. Cette fois, la Légion Etrangère française et les paras belges durent intervenir pour expulser les envahisseurs.

Au Nigéria

En mai 1967, la tribu Ibo, dans l'Est nigérian, se proclama indépendante en tant que république du Biafra, présidée par le colonel Ojukwu. Cette proclamation faisait suite au massacre de quelque 10 000 à 30 000 habitants des provinces orientales, résidant dans le Nord. Elle témoignait aussi du peu de confiance accordée au nouveau dirigeant nigérian, le général Gowon, chargé de restaurer l'unité nationale. Le gouvernement fédéral décréta le blocus de Port Harcourt et prétendit avoir défait les Biafrais dans une bataille à Nsukka. Cependant, ces derniers contre-attaquèrent habilement et s'assurèrent des avantages au centre-ouest du pays. La Grande-Bretagne et l'Union soviétique soutenaient le gouvernement fédéral, tandis qu'un certain nombre d'Etats francophones prenaient le parti du Biafra. En mai, Port Harcourt était pris et les forces fédérales contrôlaient tout le littoral. L'état-major du Biafra dut se transférer à Oweri. Prise et reprise, cette ville tomba finalement aux mains des forces fédérales le 11 janvier 1970 et, quelques jours plus tard, vaincues tant par la faim que par les armes, les troupes biafraises se rendaient.

Au Tchad

Une des plus compliquées et des plus déroutantes de toutes les guerres civiles est celle qui n'a cessé de déchirer le Tchad depuis que cette ancienne colonie française accéda à l'indépendance en 1968. Dès le début, une révolte éclata dans le nord musulman, fomentée par le FROLINAT (*Front de libération nationale du Tchad*) et soutenue par la Libye contre les chrétiens du sud et de l'ouest, appuyés par la France. Après avoir tenté de se dégager, celle-ci dut rentrer en scène en 1975 lorsque la situation se gâta. Le FROLINAT tenait alors tout le nord du pays et le général Malloum, récemment porté au pouvoir par un coup d'Etat, ne contrôlait qu'une bande de territoire

dans la région centrale. Le FROLINAT se scinda alors en deux fractions, l'une modérée, dirigée par Hissène Habré et l'autre, plus militante, sous les ordres de Goukouni Oueddeï. En juillet 1978, ce dernier s'opposa à un accord conclu entre Habré et Malloum en vue de former un gouvernement d'unité nationale. Dès lors, Habré tenta de se rapprocher de Oueddeï, mais il rencontra l'opposition simultanée du général Malloum et celle du Libyen Kadhafi. Ce dernier, assez cyniquement, non seulement soutenait Malloum mais, dans le même temps, préparait l'invasion du Tchad par ses troupes. Oueddeï finit par rompre avec Habré en invoquant un complot tramé contre lui avec la complicité de la France. Il retourna dans le giron libyen et les deux anciens chefs du FROLINAT recommencèrent à s'affronter. En février 1983, Habré entra en campagne pour enlever aux Libyens la bande frontalière d'Aourzou, mais ses forces furent refoulées tandis que celles d'Oueddeï avançaient vers Abéché. Une contre-attaque de Habré força son rival à se replier sur Faya-Largeau mais, craignant de voir les Libyens accourus au secours d'Oueddeï s'enfoncer trop profondément dans le pays, la France envoya mille parachutistes au Tchad, qui furent renforcés par 2 700 soldats zaïrois. Ensemble, ces forces stabilisèrent la situation. En septembre 1984, la France et la Libye s'entendaient sur le retrait de leurs forces respectives. Il n'est pas évident que la Libye ait respecté loyalement cet accord, ni que le Tchad puisse, avant longtemps, connaître une stabilité durable.

Au Sahara occidental

Lorsque, en 1976, l'Espagne abandonna le Sahara occidental, ce territoire fut administré conjointement par le Maroc et la Mauritanie qui avaient, l'un et l'autre, de vieilles prétentions à faire valoir. Cet accord rencontra cependant l'opposition du *Polisario*, mouvement de lutte pour l'indépendance, appuyé par l'Algérie. Ce mouvement proclama la République arabe saharaoui démocratique et déclencha une guerre de guérilla. Ayant essuyé certains revers, la Mauritanie accepta un cessez-le-feu en juillet 1978 et retira son épingle du jeu. Dès lors, le Maroc fit de l'ensemble du territoire une province qu'il entendait défendre. Suivirent de nombreux accrochages entre forces marocaines et membres du Front Polisario. Depuis 1980, le Maroc a édifié un réseau de fortifications connu sous le nom de « mur Hassan », du nom de son souverain. A l'intérieur de cette enceinte se trouvent les zones les plus peuplées et les plus riches, ainsi que quelque 10 000 soldats marocains. Cette stratégie a réussi à démoraliser quelque peu le Polisario dont les effectifs ont fondu de 12 000 à 4 000 hommes. En 1982, l'Organisation de l'unité africaine (OUA) ayant reconnu la vali-

Voir aussi p. 134

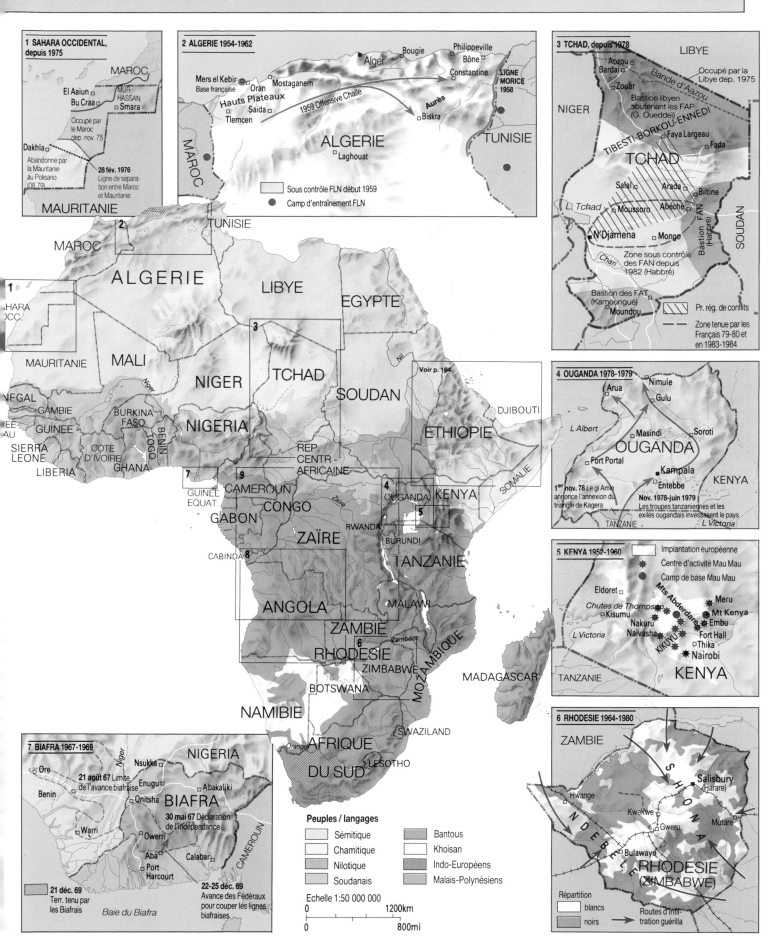

1 SAHARA OCCIDENTAL, depuis 1975

MAROC
El Aaiun
Bu Craa
Smara
MUR HASSAN
Occupé par le Maroc dep. nov. 75
Dakhla
Abandonné par la Mauritanie au Polisario (08.79)
28 fév. 1976 Ligne de séparation entre Maroc et Mauritanie
MAURITANIE

2 ALGERIE 1954-1962

Alger
Bougie
Philippeville
Bône
Constantine
LIGNE MORICE 1958
Mers el Kebir
Base française
Oran
Mostaganem
Hauts Plateaux
Saïda
Tlemcen
1959 Offensive Challe
Aurès
Biskra
ALGERIE
Laghouat
MAROC
TUNISIE
☐ Sous contrôle FLN début 1959
● Camp d'entraînement FLN

3 TCHAD, depuis 1978

LIBYE
Aozou
Bardai
Zouar
Bande d'Aozou
Occupé par la Libye dep. 1975
NIGER
Bastion libyen soutenant les FAP (G. Oueddei)
TIBESTI-BORKOU-ENNEDI
Faya Largeau
Fada
TCHAD
Salal
Arada
Biltine
L. Tchad
Moussoro
Abéché
Bastion FAN (Habbré)
SOUDAN
N'Djamena
Mongo
Chari
Zone sous contrôle des FAN depuis 1982 (Habbré)
Bastion des FAT (Kamoungué)
Moundou
▨ Pr. rég. de conflits
--- Zone tenue par les Français 79-80 et en 1983-1984

4 OUGANDA 1978-1979

Nimule
Arua
Gulu
L Albert
Masindi
Soroti
OUGANDA
Fort Portal
Kampala
Entebbe
KENYA
1er nov. 78 Le gl Amin annonce l'annexion du triangle de Kagera
Nov. 1978-juin 1979 Les troupes tanzaniennes et les exilés ougandais investissent le pays
TANZANIE
L Victoria

5 KENYA 1952-1960

☐ Implantation européenne
★ Centre d'activité Mau Mau
● Camp de base Mau Mau
Eldoret
Mts Aberdare
Meru
Chutes de Thompson
Mt Kenya
Kisumu
Nakuru
Embu
Naivasha
Fort Hall
L Victoria
KIKUYU
Thika
Nairobi
TANZANIE
KENYA

6 RHODESIE 1964-1980

ZAMBIE
SHONA
Salisbury (Harare)
Hwange
Kwekwe
Gweru
Mutare
Bulawayo
NDEBELE
RHODESIE (ZIMBABWE)
Répartition
☐ blancs
▨ noirs
→ Routes d'infiltration guérilla

7 BIAFRA 1967-1969

NIGERIA
Ore
Nsukka
21 août 67 Limite de l'avance biafraise
Enugu
Abakaliki
Benin
Onitsha
BIAFRA
30 mai 67 Déclaration de l'indépendance
Warri
Owerri
Aba
Calabar
Port Harcourt
CAMEROUN
21 déc. 69 Terr. tenu par les Biafrais
22-25 déc. 69 Avance des Fédéraux pour couper les lignes biafraises
Baie du Biafra
Niger

Carte générale de l'Afrique

MAROC
TUNISIE
ALGERIE
LIBYE
EGYPTE
SAHARA OCC.
MAURITANIE
MALI
NIGER
TCHAD
SOUDAN
DJIBOUTI
SENEGAL
GAMBIE
GUINEE BISSAU
GUINEE
SIERRA LEONE
LIBERIA
BURKINA FASO
COTE D'IVOIRE
GHANA
TOGO
BENIN
NIGERIA
CAMEROUN
REP. CENTR-AFRICAINE
ETHIOPIE
SOMALIE
GUINEE EQUAT.
CONGO
GABON
ZAÏRE
OUGANDA
KENYA
RWANDA
BURUNDI
TANZANIE
CABINDA
ANGOLA
MALAWI
ZAMBIE
RHODESIE ZIMBABWE
MOZAMBIQUE
MADAGASCAR
BOTSWANA
NAMIBIE
SWAZILAND
AFRIQUE DU SUD
LESOTHO
Nil
Niger
Zaïre
Zambèze
Orange
Voir p. 164

Peuples / langages
☐ Sémitique
☐ Chamitique
☐ Nilotique
☐ Soudanais
☐ Bantous
☐ Khoisan
▨ Indo-Européens
☐ Malais-Polynésiens

Echelle 1:50 000 000
0   1200km
0   800mi

AFRIQUE (suite)

dité des revendications du Polisario, le Maroc quitta la Conférence avec 18 autres Etats, ce qui laissa l'OUA au bord de la paralysie.

Dans la Corne de l'Afrique

La Corne de l'Afrique constitue une autre zone de rivalités complexes et d'allégeances à géométrie variable, que l'intervention étrangère contribue à compliquer encore davantage.

L'Ethiopie peut se targuer de 2 000 ans d'indépendance, ponctués seulement par cinq années (1936-1941) d'occupation italienne. Le groupe dominant des Amharas, de confession chrétienne, a eu du mal à cimenter l'unité nationale. Le principal foyer de troubles a été la province d'Erythrée, qui ne fut incorporée à l'Ethiopie qu'en 1962. Avant cela, le Front de libération de l'Erythrée avait été fondé pour mener le combat indépendantiste, et avait mené des opérations de guérilla. Un autre mouvement sécessionniste est implanté dans le Tigré. Enfin, pour compliquer encore les problèmes de l'Ethiopie, la Somalie voisine revendique la région désertique de l'Ogaden. L'échec rencontré par les autorités d'Addis-Abeba dans leur répression de la rébellion érythréenne engendra le putsch qui, en 1974, renversa l'empereur Haïlé Sélassié et porta au pouvoir le commandant Mengistu. Après s'être brouillée avec les Américains, qui avaient soutenu l'empereur, la junte se tourna vers l'Union soviétique, ce qui ne manqua pas d'embarrasser Moscou. En effet, l'URSS avait noué des relations étroites avec la Somalie et disposait, sur ce territoire, de la base navale de Berbera. Depuis 1964, des rebelles pro-somaliens opéraient dans la province éthiopienne de l'Ogaden et, en 1976, ce Front de libération de la Somalie occidentale se lança dans une vigoureuse campagne appuyée par des armes, du matériel, voire des troupes en provenance de Somalie. En novembre 1977, le Front contrôlait virtuellement tout l'Ogaden, à l'exception des villes de Harar et de Dire Dawa. A son apogée, le conflit opposa 80 000 Somalis à 120 000 Ethiopiens, dont un tiers seulement de troupes régulières. Les dirigeants soviétiques s'étaient évertués à rapprocher les deux camps mais, lorsque les initiatives des Somalis rendirent tout accord impossible, ils choisirent de soutenir l'Ethiopie. Le gouvernement somalien expulsa donc les conseillers soviétiques et abrogea le traité d'amitié signé en 1974 avec l'URSS. Des contacts furent ensuite pris avec les Etats-Unis, auxquels les Somaliens accordèrent l'accès à Berbera. Cependant, au départ, les Américains n'entendaient pas aider les Somalis à consolider leurs avantages en Ogaden. L'arrivée en Ethiopie de conseillers militaires soviétiques et cubains, ainsi que la livraison massive de matériel changea les données du problème. Une contre-offensive éthiopienne refoula les Somalis, mais une guérilla se

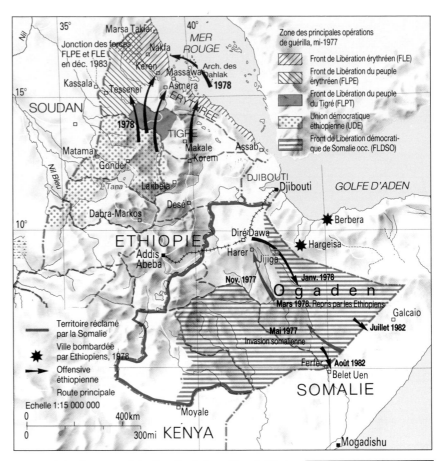

poursuivit à une échelle limitée. En juillet 1982, 3 000 soldats éthiopiens entrèrent en Somalie. Ils n'allèrent pas loin, mais ne revinrent pas en arrière. Entre-temps, les choses tournaient mal pour les Ethiopiens en Erythrée. En octobre 1977, les rebelles occupaient la plupart des villes de cette province. Agordat était tombée au terme d'une bataille sanglante en septembre. En décembre, la capitale provinciale d'Asmera était menacée et Massawa, son port, était pris. Cependant, grâce à l'équipement soviétique et à l'aide de troupes cubaines (15 000 hommes en Ethiopie), sud-yéménites et sans doute est-allemandes, la situation fut rapidement redressée sur ce front. En septembre 1978, le siège d'Asmera était levé et Massawa reprise, ainsi que de nombreuses autres villes. En novembre, le bastion rebelle de Keren était enlevé. On estime à 30 000 le nombre d'Erythréens tués au cours de cette offensive, et à 900 000 le nombre de ceux qui furent déplacés. Un gigantesque problème de réfugiés était créé, encore aggravé par une sécheresse catastrophique et par l'incurie des autorités. Ce problème a débouché sur une véritable famine, qui prend des proportions apocalyptiques.

En Angola

Lorsque, en 1975, l'Angola accéda à l'indépendance, les trois mouvements de libération détournèrent leur attention du Portugal pour la

LA CORNE DE L'AFRIQUE

▲ *Aucuns pays au monde n'ont fait preuve d'autant d'inconstance dans leurs rapports avec l'Est et l'Ouest que ceux de la Corne d'Afrique, avant tout préoccupés par leurs querelles locales. Une région si proche d'une route maritime d'intérêt vital attire inévitablement l'attention des grandes puissances. Au début des années 70, les Etats-Unis entretenaient les meilleurs rapports avec l'Ethiopie de l'empereur Haïlé Sélassié, cependant que l'URSS cimentait son amitié avec la Somalie voisine. Or, à la fin de cette même décennie, le tableau était totalement renversé : la Somalie était tombée dans le giron occidental et le gouvernement révolutionnaire éthiopien vivait à l'heure de Moscou. L'aide soviétique — par Cubains interposés — était initialement destinée à subjuguer les Somaliens, mais elle n'a surtout servi qu'à protéger Addis Abéba des troupes éthiopiennes sécessionnistes (et ostensiblement socialistes). L'URSS n'a pas pu davantage aider efficacement l'Ethiopie lorsque, à la suite de mauvaises récoltes, d'épouvantables famines ont décimé la population et provoqué une intervention de solidarité internationale.*

centrer sur leurs rivalités. Non-marxistes, l'UNITA et le FNLA se regroupèrent contre le MPLA, mais l'arrivée de 14 000 Cubains dotés d'un équipement soviétique fit pencher la balance de façon décisive en faveur du MPLA. Les Sud-Africains prirent brièvement part aux combats au profit de l'UNITA tandis que le Zaïre, de façon aussi éphémère, aida le FNLA.

C'est dans le sud du pays, face à l'UNITA, que les dirigeants de Luanda rencontrent le plus de problèmes. Soutenu par l'Afrique du Sud, ce mouvement a pris pied dans le sud-est et ses troupes sont engagées dans les régions du centre de l'Angola, ce qui met en sérieuse difficulté le gouvernement MPLA, condamné à la défensive. Le chef de l'UNITA, Jonas Savimbi a déclaré ne pas vouloir conquérir tout le pays, mais forcer le MPLA à accepter des négociations de paix. Indépendamment de l'appui un moment accordé à l'UNITA (laquelle se serait assurée l'aide de la CIA américaine), les forces sud-africaines ont effectué des incursions en territoire angolais à titre de représailles contre l'appui apporté par Luanda aux opérations du SWAPO en Namibie. A la fin de 1983, les Sud-Africains occupèrent une grande partie de la province de Cunène, dans le sud-ouest. En décembre, l'Afrique du Sud proposa de retirer ses forces si l'Angola abandonnait son aide au SWAPO. Devant le refus de Luanda, les troupes sud-africaines poussèrent plus avant jusqu'à Cassinga, à 200 km à l'intérieur de l'Angola.

Dans le même temps, Prétoria apportait son soutien à une organisation rebelle mozambique dont l'action menaçait gravement l'équilibre économique et alimentaire du pays. En décembre 1983, reconnaissant les réalités des rapports de forces en Afrique australe, le Mozambique marxiste entrait en pourparlers avec l'Afrique du Sud. En février 1984, l'Angola entamait à son tour des négociations avec Prétoria sur le retrait de toutes les troupes étrangères de l'Angola, y compris les Cubains, et sur la fin de l'aide au SWAPO.

En Ouganda

La Grande-Bretagne accorda l'indépendance à l'Ouganda en 1962. Quatre ans plus tard, le premier chef d'Etat ougandais, le « roi »-président Mutesa était renversé par Milton Obote, jusque-là premier ministre. En 1971, celui-ci était à son tour destitué par le commandant-en-chef de l'armée, Idi Amin Dada. Le règne de ce dernier (qui devint maréchal et président à vie), fut marqué par un mélange d'excentricités et de terreur. En 1978, pour faire diversion au mécontentement de son armée, Amin Dada monta des opérations militaires contre la Tanzanie. On a cité le chiffre de 10 000 morts dans cette attaque qui surprit les Tanzaniens mais, en novembre, une contre-offensive forçait les Ougandais à battre en retraite. En mars 1979, 10 000 soldats tanzaniens, suivis de réfugiés ougandais, franchirent la frontière ougandaise et, à pied, déjouant les manœuvres des blindés ougandais, poursuivirent tranquillement leur offensive. A la mi-avril, Kampala était prise et Amin Dada sur le chemin de l'exil. Après les élections de 1980, Obote revint au pouvoir. Jusqu'à présent, il n'a que médiocrement réussi à rétablir l'ordre et l'unité dans ce pays troublé.

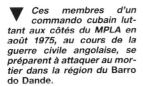

▼ *Ces membres d'un commando cubain luttant aux côtés du MPLA en août 1975, au cours de la guerre civile angolaise, se préparent à attaquer au mortier dans la région du Barro do Dande.*

AMERIQUE LATINE

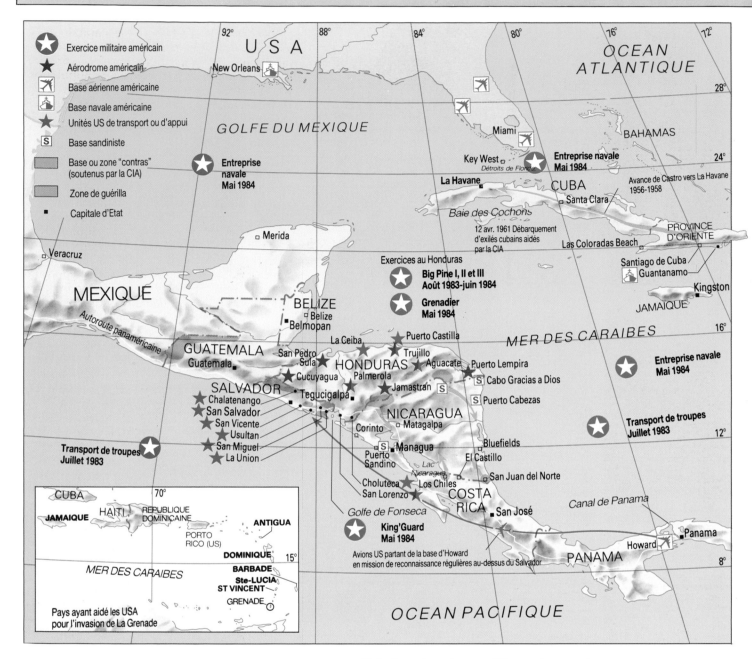

Légende de la carte :

- ⭐ (dans cercle) Exercice militaire américain
- ⭐ Aérodrome américain
- ✈ Base aérienne américaine
- ⚓ Base navale américaine
- ⭐ Unités US de transport ou d'appui
- Ⓢ Base sandiniste
- ▬ Base ou zone "contras" (soutenus par la CIA)
- ▬ Zone de guérilla
- ▪ Capitale d'Etat

USA — OCEAN ATLANTIQUE — GOLFE DU MEXIQUE — New Orleans

Entreprise navale Mai 1984

Miami — Key West — *Détroits de Floride* — Entreprise navale Mai 1984 — BAHAMAS

La Havane — CUBA — Santa Clara — *Avance de Castro vers La Havane 1956-1958*

Baie des Cochons — 12 avr. 1961 Débarquement d'exilés cubains aidés par la CIA — Las Coloradas Beach — PROVINCE D'ORIENTE

Merida — Veracruz — MEXIQUE — *Autoroute panaméricaine*

Santiago de Cuba ⚓ Guantanamo — Kingston — JAMAÏQUE

Exercices au Honduras — **Big Pine I, II et III Août 1983-juin 1984** — **Grenadier Mai 1984**

BELIZE — Belize — Belmopan

GUATEMALA — Guatemala — San Pedro Sula — Cucuyagua

La Ceiba — Puerto Castilla — Trujillo — HONDURAS — Aguacate — Palmerola — Jamastrán Ⓢ — Puerto Lempira — Ⓢ Cabo Gracias a Dios — MER DES CARAIBES — Entreprise navale Mai 1984

SALVADOR — ▪ Tegucigalpá — Ⓢ Puerto Cabezas

Chalatenango — San Salvador — San Vicente — Usultan — San Miguel — La Union — Corinto — NICARAGUA — Matagalpa — Bluefields — Transport de troupes Juillet 1983

Transport de troupes Juillet 1983 — Ⓢ Managua — El Castillo — Puerto Sandino — *Lac Nicaragua* — San Juan del Norte

Choluteca — Los Chiles — COSTA RICA — *Canal de Panama*

San Lorenzo — Golfe de Fonseca — San José — Panama — Howard ✈

King'Guard Mai 1984 — *Avions US partant de la base d'Howard en mission de reconnaissance régulières au-dessus du Salvador* — PANAMA

OCEAN PACIFIQUE

Carton :
CUBA — JAMAÏQUE — HAITI — REPUBLIQUE DOMINICAINE — PORTO RICO (US) — ANTIGUA — DOMINIQUE — MER DES CARAIBES — BARBADE — Ste-LUCIA — ST VINCENT — GRENADE — Pays ayant aidé les USA pour l'invasion de La Grenade

DANS LES CARAÏBES

Les armées sud-américaines ont la réputation d'être étroitement impliquées dans les affaires intérieures de leurs pays respectifs. En revanche, elles n'ont été que rarement engagées l'une contre l'autre. Il existe un certain nombre de vieilles querelles qui, de temps à autre, paraissent sur le point de déboucher sur un conflit armé. En revanche, certaines guerres civiles ne furent pas des conflits d'opérette. De 1948 à 1953, une guerre civile fit près de 200 000 morts en Colombie et, souvent, des luttes contre des guérilleros se traduisent par des exécutions arbitraires de simples suspects.

Les Etats-Unis, très intéressés par tout ce qui se passe en Amérique latine, ont souvent été accusés d'être impliqués (de manière ouverte ou occulte) dans tous les conflits, notamment par le truchement de la CIA. C'est surtout dans les Caraïbes que s'est manifesté cet interventionnisme. Trois événements de ce type ont particulièrement marqué la politique régionale : le soutien aux forces anti-castristes qui se firent décimer dans la baie des Cochons en 1961 et des interventions plus radicales et efficaces en république Dominicaine (1965) et à la Grenade (1983). Plus récemment, les Etats-Unis ont été concernés par la tourmente qui agite l'Amérique centrale, dans laquelle plusieurs pays sont plus ou moins impliqués.

A Cuba

Le président Batista fut renversé en janvier 1959 au terme d'une lutte qui avait débuté à la fin de 1956 lorsque l'avocat Fidel Castro installa une première base de guérilla dans la pro-

▲ *L'intérêt que portent les Etats-Unis à l'Amérique Centrale n'est pas seulement d'ordre économique, mais aussi stratégique. Des gouvernements « subversifs » pourraient porter la contagion chez leurs voisins, livrant ainsi la région aux « agitateurs » de Cuba, voire à l'Union soviétique. Une telle situation risquerait de provoquer la fermeture du canal de Panama, voie reliant le Pacifique à l'Atlantique.*

L'invasion de La Grenade, en 1983, a mobilisé 12 navires et 6 000 soldats américains, auxquels 700 ouvriers cubains occupés sur place opposèrent une résistance farouche.

▲ En haut: *en septembre 1984, on voit les chefs de la junte nicaraguayenne célébrer le Jour de l'Armée, organisé en souvenir de la victoire contre l'ancien régime dictatorial. Ils sont cependant aujourd'hui aux prises avec des guérilleros contre-révolutionnaires de droite largement soutenus par les Américains.*

▲ En dessous: *au Nicaragua, des guérilleros d'Eden Pastora s'opposent par les armes à la Garde nationale de Somoza. Depuis la libération du pays, Pastora a rompu avec ses amis sandinistes et, du Costa Rica, mène la guérilla contre le nouveau gouvernement de Managua.*

vince d'Orient. Au fur et à mesure que la base politique du dictateur cubain vacillait, la guérilla s'enhardit, au point d'amener l'armée régulière à se débander. Conscients de l'impopularité de Batista, les Etats-Unis ne cherchèrent guère à le soutenir. Castro apparaissait clairement comme le chef d'un mouvement disposant d'une large base populaire. Cependant, une fois au pouvoir, Castro défia l'administration Eisenhower en nationalisant les raffineries de pétrole appartenant à des sociétés américaines et en remettant en cause le statut de la base navale US de Guantanamo. Washington riposta par des sanctions économiques qui poussèrent Castro dans les bras des Soviétiques. Lorsque l'administration Kennedy entra en fonction en janvier 1961, Castro avait été identifié comme un adversaire des intérêts américains dans la région, et Cuba comme un avant-poste soviétique potentiel. Kennedy avait hérité d'un plan concocté par la CIA consistant en l'invasion de l'île par des exilés cubains. Le 12 avril, ils étaient quelque 1 200, équipés et armés par les Etats-Unis, qui débarquèrent dans la baie des Cochons. Le plan était mal conçu et reposait pour beaucoup sur un fort sentiment anti-castriste attribué aux autochtones. Lorsque l'invasion se mit à cafouiller, Kennedy décida de ne pas lui apporter l'appui de l'aviation US. Quelques jours plus tard, la plupart des exilés avaient été tués ou fait prisonniers. Le 1er mai suivant, Cuba était proclamé «Etat socialiste»…

En République dominicaine

En 1962, l'assassinat du dictateur Raphaël Trujillo ne fit qu'accroître le désordre créé dans ce pays par l'action des rebelles soutenus par Cuba. Une révolution populaire, déclenchée par un putsch de jeunes officiers le 24 avril 1965, renversa le régime de droite. Le gros des forces armées était cependant peu favorable aux *putschistes* et commença à s'organiser

contre ceux-ci. Saint-Domingue, capitale de la république, parut d'abord passer sous le contrôle des forces armées légalistes. Après de violents combats de rue contre une population qui avait été armée par les auteurs du coup d'Etat, les militaires furent défaits, arrêtés puis débandés.

Bien entendu, les Etats-Unis ne voyaient pas d'un bon oeil les «gauchistes» soutenir le nouveau gouvernement. Le 30 avril, les Américains débarquèrent à proximité de Saint-Domingue une force de 23 000 hommes. Cette intrusion dans les affaires dominicaines fut qualifiée d'«opération de maintien de la paix» et l'arrivée en renfort de quelque 2 000 hommes fournis par d'autres Etats latino-américains vint à propos pour donner à cet exercice un vernis de respectabilité. Un armistice ayant été conclu le 6 mai, les diverses fractions de l'armée se réunirent et un gouvernement provisoire fut installé en attendant l'organisation d'élections générales. En juin 1966, Joaquin Balaguer sortait vainqueur du scrutin.

A La Grenade

C'est en 1974 que la Grande-Bretagne avait accordé son indépendance à l'île de La Grenade. Cinq ans plus tard, Eric Gairy, premier chef du gouvernement, fut renversé par un coup d'Etat fomenté par Maurice Bishop. Leader du mouvement radical *Nouveau Joyau*, celui-ci mit sur pied un Gouvernement révolutionnaire du peuple, bientôt appuyé par Fidel Castro. Les Cubains apportèrent notamment leur concours à la construction d'un nouvel aéroport de dimensions internationales, que le Pentagone soupçonna d'être destiné à des opérations militaires soviéto-cubaines. Affiliée au mouvement des pays non-alignés, La Grenade exprimait cependant des sympathies particulières pour le bloc soviétique mais, face à des difficultés économiques croissantes, Bishop tenta alors, sans grand succès, de se rapprocher des Etats-Unis. Cette initiative ne fut pas du goût de l'équipe dirigeante et l'assassinat de Bishop, en octobre 1983, fournit aux Etats-Unis une excuse pour envahir l'île et contribuer à la mise en place d'un gouvernement plus complaisant.

EN AMERIQUE CENTRALE

L'instabilité et la zizanie sont, dans cette région, érigées en traditions historiques. En 1948 et en 1955, le Costa Rica dut repousser des rebelles en provenance du Nicaragua. Au Honduras, en 1969, l'accumulation des ressentiments à l'égard des 300 000 immigrés provenant du Salvador voisin, surpeuplé mais bien plus riche, conduisit à ce que l'histoire locale allait appeler la *Guerre du football*. La venue d'une équipe de footballeurs honduriens au

AMERIQUE LATINE (suite)

Salvador pour disputer un match de Coupe du monde avait provoqué des échauffourées qui furent suivies de *ratonnades* dirigées contre les immigrés salvadoriens au Honduras. Les troupes salvadoriennes traversèrent la frontière le 14 juillet et s'avancèrent en territoire hondurien sans rencontrer de forte résistance. Parmi les raids aériens, un des plus efficaces détruisit la principale raffinerie de pétrole du Salvador. Les combats durèrent près de huit jours. Y compris les émeutes locales, ils firent quelque 4 000 morts. Un appel au cessez-le-feu lancé par l'Organisation des Etats américains (OEA) fut entendu de part et d'autre, et les hostilités s'apaisèrent.

Vingt ans après le renversement du dictateur cubain Batista, la première révolution de gauche victorieuse fit basculer le dictateur nicaraguéen Somoza. Le nouveau gouvernement sandiniste fournit des bases de repli aux guérilleros œuvrant dans les pays voisins et donna tant aux Cubains qu'aux Soviétiques l'occasion de mettre le pied sur le continent. Des conseillers et du matériel cubains furent envoyés au Nicaragua à la fois pour aider le nouveau régime à se consolider et pour encourager les autres peuples des pays voisins, soumis à la dictature, à se soulever. Le premier de ces pays où la guérilla se trouva revigorée fut le Guatemala, mais la riposte gouvernementale avait atteint 13 000 morts au début de 1982. Ce type de répression musclée s'est révélé « payant », puisque la guérilla a été efficacement contenue.

Il n'en a pas été de même au Salvador. En novembre 1979, le général Humberto Romero avait été renversé, victime de sa politique répressive. Mais les nouveaux dirigeants furent à leur tour éliminés par une camarilla d'officiers conservateurs. Le régime allait dériver vers la droite lorsque le modéré Napoléon Duarte fut élu à la présidence en mai 1984. Sous sa direction, la lutte anti-guérilla allait cependant se poursuivre sans pitié ni discrimination. En dépit d'une certaine incapacité de l'armée salvadorienne, la guérilla n'a pas réussi à remplir sa mission. Cependant, elle contrôle une grande partie des régions orientale et septentrionale du pays. Le plus préoccupant, pour les Etats-Unis, a été et demeure la prolifération, dans leur *arrière-cour*, d'Etats dirigés par des hommes de gauche étroitement liés à l'Union soviétique. Sachant combien l'opinion publique américaine est peu favorable à un engagement direct dans des opérations de lutte contre-révolutionnaire, Washington a limité l'assistance des Etats-Unis à l'octroi de matériel et de conseils, ainsi qu'à l'encadrement de l'entraînement. Washington a encouragé le gouvernement du Honduras à réagir contre les guérilleros qui utilisaient son territoire pour assurer leur approvisionnement au Salvador. En outre, le Honduras a accepté de servir lui-même de base pour les *contras* antisandinistes dans leurs opérations contre le régime du Nicaragua. Certains parmi les plus grands Etats de la région, tels le Venezuela et le Mexique, ont élaboré, sous le nom de *Groupe de Contradora*, un plan destiné à ramener la paix.

Marquant ainsi l'intérêt qu'ils manifestent pour cette région, les Etats-Unis y ont organisé des manœuvres et des exercices militaires de grande envergure.

La guerre des Malouines

Les îles Malouines sont, revendiquées depuis le milieu du XIXe siècle par l'Argentine. A partir des années 60, des négociations ont tenté, sans succès, de régler le contentieux opposant Britanniques et Argentins au sujet de la souveraineté. Un différend relatif au statut de mineurs argentins sur l'île de Géorgie du Sud (dépendance des Malouines) fournit un prétexte d'intervention au régime de Buenos Aires. L'opération militaire se déroula avec succès le 2 avril 1982, les Britanniques ne disposant sur place que d'une compagnie d'infanterie de marine.

Il semble que les Argentins aient compté sur une certaine indifférence de Londres, et qu'ils ne s'attendaient pas à une réaction militaire. Or, tout au contraire, les Britanniques mirent en branle un maximum de pressions économiques, militaires et diplomatiques. Washington se posa en médiateur, mais Londres expédia dans le Pacifique Sud un corps expéditionnaire important soutenu par une logistique considérable. Les militaires au pouvoir à Buenos Aires ne faisant preuve d'aucune conciliation, les Etats-Unis se rangèrent du côté de la Grande-Bretagne et les opérations militaires sérieuses commencèrent début mai. Elles furent illustrées par l'engagement le plus spectaculaire et le plus coûteux de la guerre : l'envoi par le fond du croiseur argentin *General Belgrano*, torpillé par un sous-marin nucléaire britannique. Deux jours plus tard, le HMS *Sheffield*, destroyer de la Royal Navy, était coulé par un missile *Exocet* de fabrication française. Le 21 mai, une opération amphibie remarquablement conduite débarquait les forces britanniques à Port San Carlos. Pendant que la tête de pont se consolidait, les navires de guerre britanniques étaient exposés à une suite de raids aériens, qui se soldèrent par la perte de quelques bâtiments. De son côté, l'aviation argentine subissait de lourdes pertes. Les commandos débarqués s'emparèrent de Goose Green et de Darwin le 28 mai, au terme de violents combats. Quinze jours plus tard, la garnison argentine, encerclée à Port Stanley, succombait sous le bombardement, après avoir dû affronter les militaires de carrière britanniques, bien plus aguerris. Les forces argentines de l'archipel se rendirent le 14 juin.

6

QUE PEUT-ON FAIRE ?

Le désarmement est-il de nature à aider la cause de la paix ? ● Le contrôle des armes que nous possédons aujourd'hui a commencé en 1963 avec le Traité d'interdiction partielle ● Le Traité de non-prolifération de 1970 n'a fait que geler le statu quo ● Les tentatives faites en vue de contrôler les armes nucléaires offensives ont débouché dans une impasse et se sont transformées en une recherche pour arriver à une parité formelle ● La diffusion mondiale de la puissance signifie qu'aujourd'hui les pays les plus importants perdent chaque jour davantage leurs moyens de pression sur les autres ● L'espoir de l'humanité repose sur le fait que la guerre n'est pas une solution facile et attrayante, mais un moyen risqué, dangereux.

Comme le suggère cette lithographie du XIX\u1d49 siècle due à Daumier et portant la légende «Après vous!», l'idée de renoncer à ses armes de guerre n'a jamais provoqué l'enthousiasme et les peuples ont toujours manifesté une certaine réticence à faire le premier pas dans ce domaine.

RARES SONT LES RÉGIONS du monde épargnées par la guerre. Le *coût humain* des conflits est considérable et concerne les populations bien au-delà des victimes immédiates. En effet, la guerre interrompt le développement économique et social; elle détruit la moisson des siècles; ses séquelles et ses cicatrices divisent longtemps les communautés humaines; elle arrache les hommes à leurs foyers. Les combattants ne sont pas les seuls à être frappés par la guerre. Les approvisionnements en biens essentiels peuvent être coupés; les marchés mondiaux sont bouleversés; des innocents sont entraînés dans la tourmente; des pays étrangers au conflit voient leurs ressources absorbées par un afflux soudain de réfugiés.

La guerre, par ses institutions et ses symboles, privilégie les différends et les rivalités entre les hommes au détriment de leurs patrimoines et de leurs intérêts communs. La préparation de la guerre dévore des ressources qui sont loin d'être illimitées. Les savants mobilisent leur savoir pour concevoir des engins de mort et de destruction; de précieuses énergies sont dépensées pour entraîner les hommes à tuer. Entretemps, les besoins essentiels ne sont pas satisfaits. Peu de comparaisons sont aussi éloquentes que celle des dépenses effectuées dans le monde pour l'armement d'une part, et pour le désarmement de l'autre. En 1982, le rapport de la Commission indépendante sur les problèmes de désarmement et de sécurité, présidée par l'ancien premier ministre suédois Olaf Palme, citait quelques exemples probants : ● le total des dépenses militaires pour 1982 dépasse 650 milliards de dollars, soit plus que le revenu total des 1 500 millions d'humains vivant dans les cinquante pays les plus pauvres du monde; ● le prix d'un seul avion de combat moderne serait suffisant pour payer la vaccination de trois millions d'enfants contre les principales maladies infantiles; ● le prix d'un sous-marin équipé de ses

Moins d'armes ne signifie pas plus de paix

missiles permettrait de financer 100 000 années de soins en gérontologie…

Et pourtant, fait-on remarquer, ces dépenses importantes n'ont pas assuré une sécurité plus grande. Au contraire, si l'on en juge par la fréquence des guerres et la tension constante dans laquelle vivent un grand nombre d'Etats. Quand l'un d'eux investit en matière de défense, le résultat immédiat est que son adversaire potentiel se croit obligé d'en faire autant. Cette émulation se traduit par une course aux armements, source d'animosité et de suspicion. Au mieux, après s'être endetté, chacun se retrouve au même niveau relatif de sécurité.

La capacité de destruction et la stérilité des armements encouragent les appels au désarmement et à la réduction des forces au minimum requis par les impératifs de la sécurité. Ces appels, et le souhait de consacrer les budgets à des objectifs plus positifs, soulèvent de nombreux échos à travers le monde. Cependant, le moins qu'on puisse dire est que les tentatives en vue de traduire ce sentiment en politiques concrètes n'ont pas été des succès. Avant d'examiner les diverses formules qui ont été proposées au fil des années, il n'est peut-être pas inutile de se demander si le problème qu'elles visaient à résoudre a bien été compris.

Les armes et la paix

Dire que « moins il y a d'armes, plus il y a de paix » est malheureusement faux. Il n'existe, entre le niveau d'armement et la fréquence des guerres, qu'un rapport assez ténu. Le désarmement ne serait une méthode efficace d'abolition de la guerre que s'il était total et généralisé. S'il n'était que partiel, il resterait toujours assez d'armes pour engager une guerre, et un potentiel industriel suffisant pour, une fois les hostilités déclenchées, réarmer rapidement. Dans le cadre de la guerre conventionnelle, le désarmement peut tout au plus rendre la tuerie initiale moins meurtrière. Et encore, à condition que des coupes sombres aient été faites dans les stocks d'armes légères. A l'ère nucléaire, tout désarmement partiel est d'une portée quasi nulle, compte tenu de la puissance destructrice qui peut être concentrée dans une poignée d'engins.

Si donc le désarmement a peu de chances d'arrêter les guerres, peut-il au moins les rendre plus improbables ? A quelques détails près, les faits donnent raison tant à ceux qui pensent qu'une forte densité d'armes diminue les risques de guerre, qu'à ceux qui sont convaincus du contraire. Les millions d'hommes qui, depuis 1945, ont péri dans des guerres n'ont, pour la plupart, pas été les victimes des plus grandes puissances militaires actuelles. Ils n'ont pas non plus été tués par des armes hypersophistiquées et hors de prix, mais plutôt par des armes banales, du genre de celles qui sont utilisées depuis plusieurs générations. Et cela s'est passé dans les régions les plus déshéritées du monde. Nous avons vu toute l'étendue qu'a prise, depuis quelques années, la distribution des matériels militaires modernes à travers le monde par le biais du commerce des armes. Et combien cette distribution a servi à alimenter des conflits entre les Etats. Cependant, les plus meurtrières de ces guerres ont, par définition, consommé plus de « main-d'oeuvre » que d'armement.

LE TRIBUT DES GUERRES EN VIES HUMAINES.
▼ *La commémoration du débarquement de Normandie par la plupart des dirigeants occidentaux, témoigne que l'Europe a extirpé ses forces néfastes et a un vivre une longue période de paix.*

Le climat politique influe sur le succès du contrôle des armements

LE TRIBUT DES GUERRES EN VIES HUMAINES

◀ *En Asie, les guerres se sont, depuis, multipliées. On conserve l'atroce souvenir de ces bousculades qui eurent lieu à Saïgon en 1975, lorsque des milliers de Sud-Vietnamiens cherchaient à fuir leur pays envahi.*

▼ *En Afrique, les victimes de la terrible famine d'Ethiopie ont, fin 1984, attiré l'attention mondiale sur cette tragique séquelle d'une interminable guerre contre l'Erythrée et les mouvements sécessionnistes.*

Au contraire, là où la course aux armements a été la plus intense, là où les arsenaux les plus perfectionnés ont connu la plus forte concentration, là (autrement dit en Europe), on a connu une paix, une stabilité et une prospérité relatives. Un antagonisme profond cohabite avec le déploiement d'effectifs considérables à la frontière sino-soviétique. Lorsque des pays menacés relâchent leur vigilance, ils peuvent se retrouver en difficulté. Après la chute du Shah, l'armée iranienne connut une période de désorganisation et comme ce désarmement de fait ne s'était pas accompagné d'un discours de désarmement, l'Irak vit là l'occasion de régler à bon compte un vieux différend.

Ceci ne signifie pas que la course aux armements a toujours des conséquences apaisantes, au point qu'on ne pourrait sans risque y mettre un terme ou un frein. Notre propos est d'insister d'avantage sur les *causes* des guerres que sur leurs *instruments*. Ces causes devraient être trouvées dans les querelles de souveraineté sur des territoires disputés, dans les tensions d'ordre religieux, idéologique, ethnique ou tribal, dans les ressentiments créés par le souvenir d'anciennes injustices ou par le poids d'une injustice actuelle, dans le désir d'expansion ou la crainte de la disparition. Compte tenu de la grande variété des causes potentielles, la réponse devrait être politique et non consister à ajuster les niveaux d'armement. Cette dernière formule est en effet loin d'être une panacée. On s'en rend compte lorsque l'on dresse un bilan des négociations menées depuis 1945 pour tenter de progresser dans cette voie.

L'idéal du désarmement était certes moins puissant au sein de la communauté internationale à la veille de la Seconde Guerre mondiale qu'il ne l'avait été au lendemain de la Première. L'analyse des causes de la guerre de 1914-1918 faisait référence d'une part à la compétition navale anglo-germanique et, d'autre part, à l'emprise des états-majors sur la gestion des crises, au détriment du pouvoir politique. Les négociations de l'entre-deux-guerres, suscitées dans le but d'éviter la répétition des erreurs du passé, furent marquées par des machinations cyniques et se fourvoyèrent souvent dans des impasses. Les accords conclus n'eurent qu'un effet dérisoire sur le cours de la

LA DIMENSION GEOGRAPHIQUE DU CONTROLE DES ARMEMENTS

URSS	LIMITES SALT	ETATS-UNIS
608 lanceurs d'ICBM mirvés	**1 320 systèmes mirvés** dont 1 200 missiles mirvés, dont 820 lanceurs mirvés ICBM; plus 120 missiles de croisière	550 lanceurs d'ICBM mirvés
144 lanceurs d'ICBM mirvés		496 lanceurs de SLBM mirvés
790 lanceurs d'ICBM non-mirvés		504 lanceurs d'ICBM non-mirvés
		160 lanceurs SLBM non-mirvés
866 lanceurs de SLBM non-mirvés	930 lanceurs non-mirvés et bombardiers lourds	573 bombardiers lourds
156 bombardiers lourds		
2 504 systèmes	Total maxi 2 250 (2 400 jusqu'au 31.12.81)	**2 283 systèmes**

▲ *Le 13 août 1963, trois ministres des Affaires étrangères, Dean Rusk pour les Etats-Unis, Andreï Gromyko pour l'URSS et Lord Home pour le Royaume-Uni, signèrent un accord partiel concernant l'interdiction des essais nucléaires. En fait, seuls les essais dans l'atmosphère étaient concernés, chacun se réservant le droit de poursuivre ses expériences souterraines. La France et la Chine n'ont pas signé le Traité de Moscou qui, en dépit de négociations ultérieures, n'est pas arrivé au terme de son programme.*

L'ORSQUE, DANS LES NÉGOCIATIONS pour le contrôle des armements, on en arrive à devoir déterminer les limites géographiques des accords en vue, on est conscient, de part et d'autre, qu'il est possible d'inclure ou d'exclure certaines forces selon l'endroit de la carte où l'on tirera un trait. Ainsi, dans la discussion sur les forces conventionnelles, les nations occidentales ont insisté pour que toute la partie ouest de l'URSS soit prise en compte dans les conversations de Stockholm traitant du désarmement en Europe. Dans le cadre des négociations sur les forces nucléaires intermédiaires, les Occidentaux estiment que les monts Oural ne constituent pas une ligne satisfaisante, vu la portée des missiles soviétiques.

guerre suivante, à l'exception peut-être du protocole de 1925 interdisant l'usage des gaz toxiques. Et encore, en cette matière, il importait d'être militairement prudent. La Seconde Guerre mondiale a fait la preuve de l'impuissance des démocraties à suivre l'Allemagne nazie dans la course aux armements que celle-ci avait engagée.

Si le désarmement figura en bonne place dans les préoccupations internationales de l'après-guerre, ce fut essentiellement à cause de l'élément nouveau créé par l'existence de la bombe atomique. En 1946, les Etats-Unis proposèrent une internationalisation de l'énergie atomique, dont l'emploi devait être restreint aux utilisations pacifiques et dont l'usage à des fins militaires devait être interdit (plan Baruch). Malheureusement, la lecture que les Soviétiques firent de ce plan les convainquit qu'il avait pour but de leur enlever toute chance de contrebalancer la capacité nucléaire des Etats-Unis, d'autant que les Américains ne se proposaient pas d'abandonner leur arsenal atomique. Cette tentative sombra donc dans les premiers remous de la *guerre froide*.

Les Nations-Unies patronnèrent diverses négociations qui n'eurent qu'une existence éphémère. Moins elles étaient sérieuses, plus les propositions à l'ordre du jour étaient vastes et ambitieuses. Les Occidentaux n'entendaient faire aucune concession dans le domaine des armements nucléaires tant que l'Union soviéti-

que ne renonçait pas à sa supériorité conventionnelle. Il était d'ailleurs vain d'espérer voir aucun progrès se réaliser tant que les Soviétiques s'obstinaient à refuser le contrôle, par les Occidentaux, de l'application des accords éventuels. Cette prétention inspirait d'ailleurs au Kremlin la plus grande méfiance : les Soviétiques soupçonnaient les Occidentaux, non seulement de vouloir assurer leur propre supériorité, mais aussi de chercher à accroître la vulnérabilité de l'URSS en espionnant ses arsenaux.

Au début des années 60, alors que les négociations sur le désarmement tournaient au futile, certains événements tendirent à insuffler quelque espoir dans une perspective de progrès. Tout d'abord, ce fut la *détente*, modeste mais réelle, née de l'affrontement de Cuba. Ensuite, ce fut le développement des satellites d'observation, qui permettaient à chaque camp de surveiller les réalisations militaires de l'autre, sans avoir à envoyer des observateurs sur place. Ces satellites, également employés à des fins d'espionnage, furent baptisés « moyens techniques nationaux de vérification ».

Enfin, les diplomates s'orientèrent vers des objectifs sans doute plus modestes, mais plus réalistes. Il ne s'agissait plus de vouloir effacer l'antagonisme Est-Ouest et les armements nucléaires des deux camps, mais de s'accommoder de cette situation de fait, et de chercher à en réduire les dangers. Il valait donc mieux

▲ *Les structures des forces soviétiques et américaines sont suffisamment semblables pour qu'il vaille la peine d'essayer d'établir un accord de contrôle des armements basé sur le principe de la parité. Mais ils ne sont pas similaires au point que l'on y arrive sans peine. Le diagramme ne reproduit que les points essentiels du traité SALT II, qui ne fut jamais ratifié par le Congrès.*

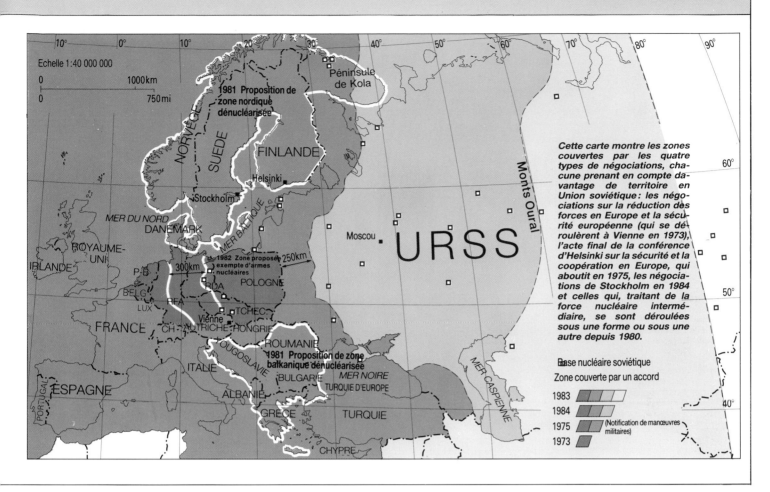

Echelle 1:40 000 000

1981 Proposition de zone nordique dénucléarisée

1982 Zone proposée exempte d'armes nucléaires

1981 Proposition de zone balkanique dénucléarisée

Cette carte montre les zones couvertes par les quatre types de négociations, chacune prenant en compte davantage de territoire en Union soviétique : les négociations sur la réduction des forces en Europe et la sécurité européenne (qui se déroulèrent à Vienne en 1973), l'acte final de la conférence d'Helsinki sur la sécurité et la coopération en Europe, qui aboutit en 1975, les négociations de Stockholm en 1984 et celles qui, traitant de la force nucléaire intermédiaire, se sont déroulées sous une forme ou sous une autre depuis 1980.

Base nucléaire soviétique
Zone couverte par un accord

1983
1984
1975   (Notification de manœuvres militaires)
1973

s'assurer que les armements existants soient soumis à des impératifs qui rendraient leur utilisation improbable, que vouloir s'obstiner à les supprimer purement et simplement. Il fallait rendre impossible le déclenchement d'une guerre pour des considérations purement militaires, avant que toutes les ressources diplomatiques n'aient été mises à contribution.

Il s'agissait donc de court-circuiter les états-majors sans pour autant courir le risque d'être attaqué par surprise ou de manquer une occasion de s'assurer une victoire rapide. Cette nouvelle approche reçut le nom de « contrôle des armements » et son objectif était la stabilité des rapports de force militaires.

Le contrôle des armements

Le premier fruit de la détente qui suivit la crise de Cuba fut, en 1963, le *Traité sur l'interdiction partielle des essais nucléaires*. Des négociations à ce sujet, en cours depuis 1958, avaient achoppé sur le problème du contrôle. Si l'on avait pu s'entendre sur une interdiction *totale* des essais, le développement des armes nucléaires aurait été pour le moins ralenti, et l'on aurait pu faire l'économie de quelques-uns des perfectionnements technologiques qui ont perturbé le monde au cours de ces deux dernières décennies. Les choses étant ce qu'elles sont, du

moins l'interdiction des essais dans l'atmosphère a-t-elle supprimé les retombées radioactives, source d'émotion et d'indignation populaires. Désormais, les essais ne pouvaient plus être que souterrains.

D'autres accords contribuèrent plus efficacement à limiter la diffusion des armes nucléaires. Dès 1960, celles-ci avaient été interdites dans l'Antarctique, au même titre que toute autre activité militaire. Le traité de 1966 sur l'espace extra-atmosphérique définit un nouveau créneau d'*interdiction*. Le traité de 1970 sur les fonds marins écarta de ceux-ci les armes nucléaires et le *Traité de non-prolifération*, entré lui aussi en vigueur en 1970, limita à cinq le nombre des puissances nucléaires officielles.

Une fois les arsenaux nucléaires contenus, l'objectif suivant était de faire en sorte que les relations stratégiques entre superpuissances soient aussi stables que possible. Un premier pas dans ce sens avait été franchi en 1963, lorsque fut installé le *téléphone rouge* permettant, en cas d'urgence, une communication directe et immédiate entre le Kremlin et la Maison-Blanche. D'autres mesures furent encore adoptées de part et d'autre sans qu'il y ait eu à leur sujet d'accord formel coulé en forme de traité. Elles avaient pour but de réduire le risque de lancements accidentels en perfectionnant les mécanismes de commandement et de contrôle. En 1971 fut signé un accord entre

LE PROBLEME DES REFUGIES

L E BUREAU DU HAUT-COMMISSAIRE des Nations-Unies pour les réfugiés a été installé à Genève en 1951. Au début, il avait essentiellement à résoudre les problèmes des personnes déplacées par les combats qui s'étaient déroulés en Europe pendant la guerre. Le statut de réfugié était censé être temporaire, soit que l'intéressé retourne vivre dans son pays d'origine, soit qu'il s'installe ailleurs. Aujourd'hui, le problème des réfugiés a pris une tournure beaucoup plus dramatique. En 1959, on estimait à quelque 1,2 million le nombre des réfugiés bénéficiant de l'aide internationale. Aujourd'hui, on atteint les 10 millions et de nombreux réfugiés ne bénéficient pas de cette aide.

L'accroissement du nombre des réfugiés est le reflet de l'accroissement des conflits dans le Tiers-Monde. Ainsi, depuis 1975, quelque deux millions de personnes auraient fui l'Indochine. Lors de la chute de Saïgon, plus de 130 000 Vietnamiens partirent vers les Etats-Unis, dans les bagages des troupes américaines. Environ le double, d'ethnie chinoise, trouva refuge en Chine. Les centaines de milliers de « boat people » qui cherchaient à quitter le Viêt-nam par la mer, quitte à périr noyés ou victimes de pirates, ont ému le monde entier. Plus de 900 000 d'entre eux ont fini par s'installer à l'Ouest. Tous les réfugiés du Tiers-Monde n'ont pas eu cette chance.

ETHIOPIE : GUERRE ET MISERE

Accueil de réfugiés au 01.01.84

- plus de 1 000 000
- 100 000 à 1 000 000
- 10 000 à 100 000
- moins de 10 000
- ← Chemin d'exode

Et si un missile était lancé par accident ?

▲ Peu de catastrophes ont eu un retentissement mondial aussi important que le triste sort réservé à des millions d'Ethiopiens. C'est en 1984 que l'on eut connaissance des effets conjugués d'une longue sécheresse et des misères engendrées par une guerre civile. La vaste opération d'aide à ces populations affamées a démontré qu'une action humanitaire importante peut aussi représenter une force à l'échelle de la planète.

superpuissances sur des « mesures à prendre en vue de réduire les risques de déclenchement d'une guerre nucléaire ». Cet accord contenait l'engagement de maintenir et de renforcer les protections contre l'usage accidentel ou prohibé d'armes nucléaires. Une notification immédiate devait être assurée au cas où une guerre nucléaire risquait d'éclater à cause d'un incident de ce genre, c'est-à-dire au cas où un missile était accidentellement lancé du territoire d'une des superpuissances en direction du territoire de l'autre.

Comme nous l'avons vu, le problème fondamental du maintien d'un équilibre nucléaire stable ne s'est pas révélé aussi difficile que beaucoup l'avaient craint au cours des années 50. La condition essentielle était que les deux camps gardent confiance dans leur capacité de *seconde frappe*. L'intérêt évident qu'il y avait à mettre à l'abri d'une attaque par surprise au moins une partie de l'arsenal de dissuasion incita les superpuissances à mettre au point des sous-marins porteurs d'engins balistiques, qui fussent relativement invulnérables. Cet élément devint la pierre d'achoppement de toute *première frappe* prétendant à une totale efficacité. Sans cela, seul le déploiement de défenses anti-missiles balistiques efficaces aurait encore pu compromettre l'équilibre. Ce fut la plausibilité d'une telle perspective qui conduisit les Américains à proposer, en 1967, de nouvelles discussions qui débouchèrent sur des pourparlers en vue de la limitation des armes stratégiques. Ce furent les fameux SALT (*Strategic Arms Limitation Talks*) qui débutèrent en 1969. Leur première étape s'acheva par la conclusion du *Traité ABM*, portant sur les missiles anti-missiles balistiques.

Cet accord fut d'autant plus aisé à obtenir que la technologie en matière d'ABM était alors à ses balbutiements. Un tel consensus concernant les armes offensives aurait tenu de l'utopie.

Il est douteux qu'avec les sous-marins vecteurs d'engins balistiques parcourant impunément toutes les mers, et après la prohibition des missiles anti-missiles, il reste encore beaucoup à faire pour rendre l'équilibre plus stable.

La détérioration des relations politiques est probablement responsable au premier chef du peu de succès rencontré en matière de contrôle des armements au cours de la dernière décennie. Ceci n'a pas manqué d'envenimer les suspicions réciproques, et de rendre les deux camps encore moins enclins aux concessions dans la négociation. Les gouvernements ont senti qu'il leur était de plus en plus difficile de défendre des accords appelés à être rejetés par l'opposition intérieure. Ainsi, en juin 1979, le président Carter et Leonide Brejnev se mirent d'accord sur un traité SALT, mais ce dernier soumis à la ratification du Sénat américain, n'obtint pas la majorité nécessaire des deux

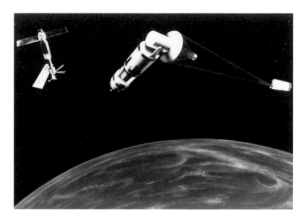

Une vision « artistique » de ce qui pourrait se passer dans l'espace au cours d'une guerre future : une arme à rayon laser placée en orbite stationnaire, capable de détruire tout autre satellite ou d'éventuels missiles balistiques intercontinentaux.

tiers. Carter lui-même le retira après que, la même année, les Soviétiques eurent envahi l'Afghanistan.

L'impossibilité d'arriver à un accord durable tient aussi à deux autres raisons. La première est la vitesse acquise en matière de développement technologique. Toutes les technologies nouvelles n'ont pas que des implications néfastes. En outre, un des problèmes qu'elles posent n'est pas que leurs applications stratégiques ont des effets particulièrement déstabilisants, mais bien qu'il est extrêmement difficile de les comptabiliser. En effet, leurs caractéristiques varient, tant en matière de portée et de capacité d'emport nucléaire ou conventionnel, que de types de plates-formes à partir desquelles les missiles peuvent être lancés. Ces technologies nouvelles échappent ainsi aux classification nettes (conventionnelles/nucléaires, stratégiques/tactiques, bases terrestres/maritimes/aériennes) dans lesquelles les négociateurs aiment ranger les différents types d'armes. Les missiles de croisière illustrent bien ce genre de problèmes. Une des grandes difficultés de l'avenir sera sans doute de déterminer comment on organisera le contrôle des missiles de croisière lancés à partir de sous-marins. On sait que bon nombre de ceux qui ont été déployés par les Etats-Unis sont conçus pour emporter des ogives nucléaires, mais il est malaisé de les distinguer de ceux qui sont destinés à une guerre conventionnelle.

On dirait que certaines technologies nouvelles n'ont été conçues que pour perturber l'équilibre stratégique. Nous avons évoqué plus haut l'impact des ogives multiples (MIRV) sur les calculs stratégiques. Même si cet impact se révélait plus limité que ne le craignent certains, ces ogives multiples n'en ont pas moins considérablement compliqué les choses. Les Etats-Unis furent les premiers à « mirver » leurs missiles. Ce faisant, ils ne voyaient là qu'un moyen d'assurer leur supériorité, et ne s'intéressaient guère aux problèmes de contrôle que cela allait poser. Il fallut que l'URSS leur

Comment définissez-vous la parité ?

emboîte le pas en *mirvant* ses gros ICBM pour qu'apparaisse aux Américains la nécessité d'imposer des contraintes dans ce domaine. En cette matière, le contrôle posait un épineux problème : comment savoir combien d'ogives emporte chaque missile sans soulever le cône qui les dissimule ? A première vue, on pensa qu'il suffisait de contrôler simplement le nombre des missiles *mirvés*. Ensuite, on imagina de limiter le nombre d'ogives, en présumant que chaque missile *mirvé* emportait le nombre maximum d'ogives avec lequel il avait été soumis aux essais. Au moment où ce système de contrôle fut mis sur pied, les seules contraintes qui pouvaient être appliquées laissaient donc le champ libre à une prolifération massive des ogives.

Une autre raison explique l'échec de tout accord durable : la propension des négociateurs à se fixer comme objectif la *parité*. Faute, sans doute, d'être capables de s'entendre sur une définition satisfaisante de l'équilibre stratégique, on avait fixé cet objectif aux négociations de 1972. Outre le traité concernant les ABM, les Etats-Unis et l'URSS tombèrent d'accord sur un gel de 5 ans des lanceurs ICBM ou SLBM existants ou prêts à être déployés. Dans ces deux domaines, l'Union soviétique disposait d'un avantage numérique important, mais il était entendu que celui-ci était contrebalancé par le nombre des bombardiers américains et par celui de leurs missiles *mirvés*. Le congrès renâcla à accepter une supériorité soviétique et décréta que tout accord futur devait être basé sur une *stricte parité*. Cependant, les négociateurs ne se sentirent pas vraiment liés par ce principe.

D'ailleurs, au premier abord, la parité ne parut pas poser trop de problèmes. Le président Ford et Leonide Brejnev se rencontrèrent en novembre 1974 à Vladivostok, et se mirent d'accord sur un schéma de traité de limitation des armes stratégiques. Malheureusement, lorsque les techniciens furent invités à articuler cet accord dans les détails, un certain nombre de problèmes épineux ne tardèrent pas à poindre. Dans quelle mesure, par exemple, fallait-il prendre en compte les missiles de croisière américains, ou le bombardier soviétique *Backfire*, destiné à être utilisé en Europe mais auquel son rayon d'action permettrait à la rigueur d'atteindre les Etats-Unis ? Il fallut 5 ans et beaucoup de contorsions autour de l'accord général et de ses applications détaillées pour déboucher enfin sur le traité dénommé SALT II. Celui-ci n'était pas seulement d'une complexité extrême, il était également largement permissif, dans la mesure où il n'empêchait nullement de faire une bonne part de ce qu'on aurait fait de toute manière, avec ou sans traité. En conséquence, SALT II ne fascina pas l'opinion publique et fut bientôt victime du refroidissement des relations Est-Ouest.

Cela n'empêcha pas les superpuissances de chercher à conclure de nouveaux accords sur la base de la parité. Les négociations concernant les systèmes stratégiques centraux furent rebaptisées START (l'objectif n'étant plus de *limiter*, mais de *réduire*) par le président Reagan, qui souhaitait ainsi marquer la radicalisation de sa politique. Ce faisant, on avait dissocié les discussions portant sur les systèmes à plus courte portée, intéressant particulièrement l'Europe et l'Asie. Celles-ci furent appelées INF (Forces nucléaires de portée intermédiaire). La nécessité de dissocier les négociations témoigne des difficultés soulevées par la parité. Il n'y a pas de relations claires entre le *volume* et la *composition* des arsenaux nucléaires d'une part, et leur destination stratégique d'autre part. Ceci peut à la fois faciliter l'acceptation, par les deux camps, de la notion de parité, et rendre plus ardu l'inventaire de ce que la parité devrait idéalement recouvrir. Il n'existe pas davantage d'étalon permettant de mesurer la capacité nucléaire. Faut-il compter les lanceurs, les ogives ou la capacité d'emport des missiles (le poids que le cône de charge du missile peut acheminer sur une distance donnée), ou faut-il prendre en compte des mesures plus sophistiquées, telle la *létalité*, c'est-à-dire la capacité de détruire une cible protégée ? Faut-il inclure dans les comparaisons les armes nucléaires détenues par la Grande-Bretagne, la France et la Chine, pays dont l'arsenal est, en grande partie, dirigé contre l'URSS ? Et où faut-il tracer la ligne de partage entre deux catégories d'armes nucléaires ?

L'absence de critère communément admis laisse chacun libre de proposer les discriminations qui l'arrangent. Lorsque, tous comptes faits, une parité s'impose à tous les négociateurs, ceux-ci se mettent vite d'accord. Si, en revanche, des disparités réelles ou controuvées apparaissent, l'établissement de la parité exige des concessions unilatérales, difficilement acceptables. Aussi, à l'expérience, la recherche de la parité est-elle apparue comme la source de longues et fastidieuses négociations. Ainsi, la proposition initiale des Etats-Unis dans les négociations INF — celle que l'on a appelée l'« option zéro » — impliquait le démantèlement, par l'URSS, de centaines de missiles déjà en place en échange de la renonciation par les Etats-Unis à aller de l'avant dans leur plan d'implantation de missiles non encore en production. La proposition soviétique n'était pas plus réaliste. Le Kremlin échafaudait une prétendue égalité entre son propre arsenal de bombardiers et de missiles d'une part, et une variété de systèmes d'armes occidentaux d'autre part — ces systèmes qui n'avaient rien à faire dans les comptes INF, même sur base des critères soviétiques.

Les mêmes tendances ont marqué les négociations relatives aux armements convention-

▲ *En juillet 1975, dans l'euphorie de la détente est-ouest, les représentants de 33 pays européens, auxquels s'étaient joints ceux du Canada et des Etats-Unis, ont signé à Helsinki l'acte final de la conférence sur la sécurité et la coopération en Europe. Ce document confirmait les frontières des Etats européens, telles qu'elles avaient été fixées en 1945, et insistait sur la nécessité d'une coopération politique et économique. Les clauses de l'acte final concernant le respect des Droits de l'Homme, notamment, n'ont pas été respectées par l'URSS ainsi que par quelques autres pays de l'Est. On voit ici deux des artisans de la détente : le soviétique Leonide Brejnev (assis) et le secrétaire d'Etat américain, Henry Kissinger.*

Quand chaque nouvelle tête nucléaire suppose la suppression de deux

frustrante pour les interlocuteurs, on peut se demander si ces derniers, en s'évertuant à maîtriser la *parité*, ne sont pas passés à côté des vrais problèmes. Plus on souligne l'importance de la parité, plus on met en évidence les dangers des disparités, même lorsque la portée pratique de celles-ci est marginale, voire insignifiante. Lorsque nous avons tenté d'évaluer les mérites des équilibres militaires, nous avons vu qu'ils ne jouaient pas le rôle d'indicateurs des capacités militaires. Le simple dénombrement des effectifs dans les négociations sur les forces conventionnelles ne rend que médiocrement compte de la pérennité de la dissuasion, et présage encore moins de l'issue d'une bataille. Il y manque des considérations concernant l'équipement, l'entraînement et la motivation des troupes; le terrain sur lequel elles sont appelées à combattre et la doctrine qu'elles sont supposées appliquer. On aurait beau s'entendre sur des plafonds de forces dans une zone délimitée de commun accord, cette convention laisserait ouverte la question de la rapidité avec laquelle des renforts extérieurs seraient transportés vers cette région en cas de conflit.

Approches nouvelles

Les frustrations engendrées par dix ans de discussions sur le contrôle des armements ont provoqué des suggestions visant à perfectionner le système. Certains ont plaidé en faveur d'un *gel* en vertu duquel aucun des deux camps ne serait plus autorisé à mettre au point ou à essayer (et encore moins à produire et à déployer) des armes nucléaires nouvelles. Cette approche soulève cependant quelques problèmes. Elle nécessiterait en effet une série d'accords complémentaires fort complexes dans des domaines qui se sont déjà révélés extrêmement délicats, comme l'interdiction des essais. D'autre part, un gel figerait aussi bien les armements déstabilisants que ceux qui, au contraire, contribuent à une stabilisation.

● Tant qu'à chercher des moyens pour dynamiser les négociations, une autre formule, baptisée *build down*, a été avancée, qui concède à chacun le désir légitime de moderniser ses forces, mais cherche à empêcher que cette modernisation ne serve de prétexte à leur expansion. Sous sa forme la plus simple, le *build down* implique que l'on détruirait deux ogives chaque fois que l'on introduirait une ogive nouvelle. Une version plus élaborée a été avancée par les Etats-Unis dans les négociations de 1983 portant sur les armements stratégiques, mais les Soviétiques ne l'ont guère prise au sérieux. Pourtant, ils n'ont pas d'objection de principe à formuler, et cette idée pourrait bien refaire surface au cours de négociations ultérieures.

● Une seconde façon d'approcher le pro-

nels. Dès 1967, les pays membres de l'OTAN avaient souhaité que des négociations soient entreprises avec le Pacte de Varsovie en vue d'une réduction mutuelle des forces. L'accord de principe des Soviétiques fut acquis en 1971 et en 1973, les négociations MRF (réduction mutuelle des forces et des armements) débutèrent. En 1985 elles n'avaient toujours pas abouti. Les deux camps se sont entendus sur la parité des forces à aligner en Europe centrale, à savoir 900 000 hommes pour le total des effectifs terrestres et aériens, avec une limitation à 700 000 pour les forces terrestres. L'impact de telles limitations sur la configuration militaire serait considérable. Mais l'ennui est que les négociateurs ne peuvent s'entendre sur l'inventaire *initial* des forces du Pacte de Varsovie.

Outre que l'impasse de ces pourparlers est

La limitation de la guerre dans l'espace

blème part de l'idée que le contrôle des armements ne progresse de façon satisfaisante que lorsque l'on s'est assigné des objectifs modestes. Et qu'il faut veiller avant tout à étouffer dans l'œuf tout développement lourd de menaces, avant qu'il n'ait l'occasion de compliquer davantage l'échiquier stratégique. Les cibles de prédilection de ces dernières années ont été les systèmes d'armes anti-satellites. Les deux camps sont devenus de plus en plus dépendants des satellites pour les tâches d'alerte rapprochées, de surveillance de commandement, de contrôle et de communications, voire d'autres aspects de ce que l'on pourrait appeler le *système nerveux stratégique*. Depuis 1967, Américains et Soviétiques sont d'accord pour ne plus placer en orbite d'armes de destruction massive, mais aucun interdit ne frappe les systèmes conçus pour attaquer les satellites eux-mêmes. Depuis 1967, l'URSS se livre aux essais d'un système anti-satellites. Cependant, lorsque les Américains, à leur tour, envisagèrent de mettre sur pied un système anti-satellites, Moscou commença à se montrer plus intéressé par une négociation. Et ce fut au tour de Washington de faire preuve de réticence. Des négociations furent sur le point de s'amorcer en 1984, mais elles avortèrent en raison de la difficulté qu'il y avait à les dissocier du contexte, bien plus large, des relations globales entre l'Est et l'Ouest d'une part, et de l'état dans lequel se trouvaient d'autres négociations portant sur les armes offensives, d'autre part. Il existe aussi bien des liens entre le développement des armes anti-satellites et celui des missiles anti-engins balistiques (ABM). Le président Reagan s'est jusqu'ici montré moins attaché au traité ABM de 1972 que ne l'avaient été ses prédécesseurs. Lorsqu'en janvier 1985 les deux superpuissances firent à nouveau converger leurs efforts pour donner un souffle nouveau au contrôle des armements, la médiocrité des propositions antérieures et l'absence de confiance dans les autres formules conduisirent les Américains à proposer des voies résolument nouvelles.

● Une troisième approche pourrait cependant se révéler plus payante. Il s'agirait de s'écarter de discussions portant sur les problèmes d'*équilibre* militaire et de se préoccuper plutôt des préparatifs de déploiement et d'utilisation des forces en cas de crise ou de conflit. On examinerait les questions relatives au commandement et au contrôle des forces, ainsi que les répercussions des plans respectifs de préparation graduelle au conflit. On se demanderait dans quelle mesure la mobilisation serait perçue comme une provocation ou, au contraire, comme une mesure de dissuasion. On examinerait si le passage d'un degré d'alerte au degré supérieur agirait ou non comme un avertissement en cas de crise. On étudierait dans quelle mesure chacun des camps pourrait porter le

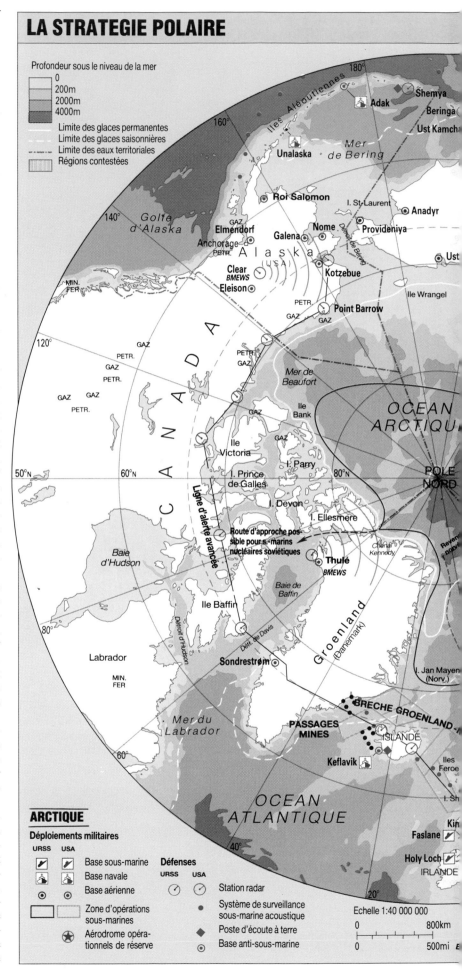

LA STRATEGIE POLAIRE

Profondeur sous le niveau de la mer
- 0
- 200m
- 2000m
- 4000m

---- Limite des glaces permanentes
----- Limite des glaces saisonnières
-·-·- Limite des eaux territoriales
▦ Régions contestées

ARCTIQUE

Déploiements militaires

URSS	USA	
✈	✈	Base sous-marine
⛴	⛴	Base navale
⊙	⊙	Base aérienne
▢	▢	Zone d'opérations sous-marines
✪		Aérodrome opérationnels de réserve

Défenses

URSS	USA	
◔	◔	Station radar
●		Système de surveillance sous-marine acoustique
◆		Poste d'écoute à terre
◉		Base anti-sous-marine

Echelle 1:40 000 000

0 — 800km

0 — 500mi

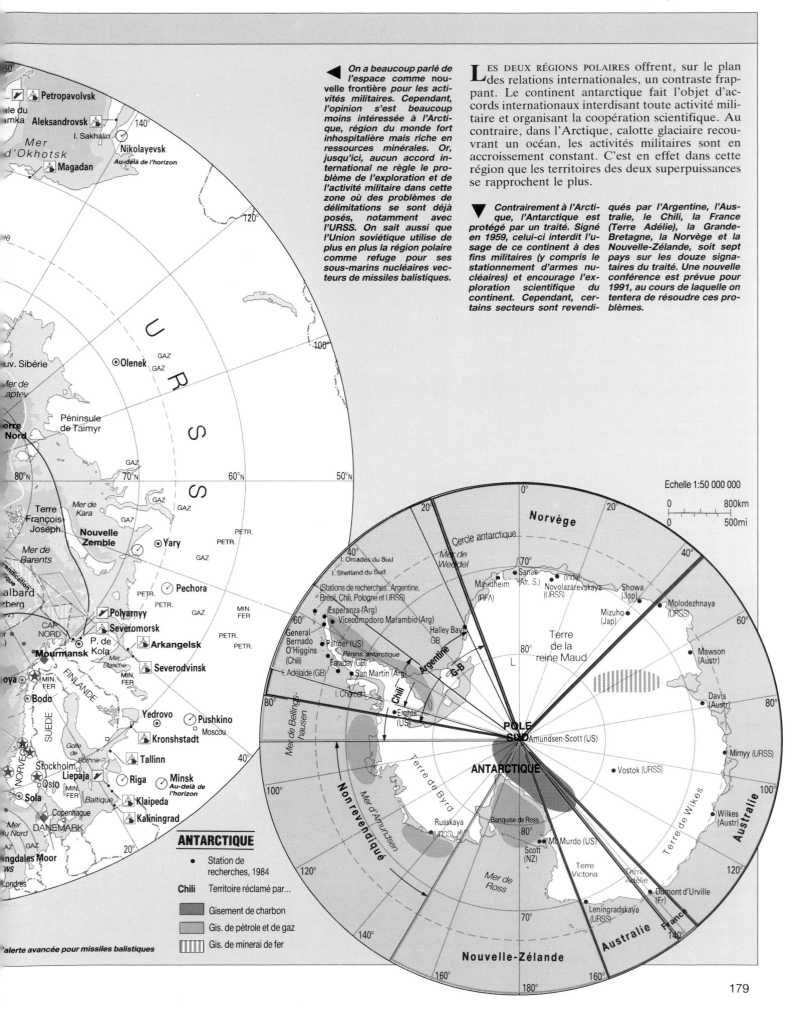

On a beaucoup parlé de l'espace comme nouvelle frontière pour les activités militaires. Cependant, l'opinion s'est beaucoup moins intéressée à l'Arctique, région du monde fort inhospitalière mais riche en ressources minérales. Or, jusqu'ici, aucun accord international ne règle le problème de l'exploration et de l'activité militaire dans cette zone où des problèmes de délimitations se sont déjà posés, notamment avec l'URSS. On sait aussi que l'Union soviétique utilise de plus en plus la région polaire comme refuge pour ses sous-marins nucléaires vecteurs de missiles balistiques.

LES DEUX RÉGIONS POLAIRES offrent, sur le plan des relations internationales, un contraste frappant. Le continent antarctique fait l'objet d'accords internationaux interdisant toute activité militaire et organisant la coopération scientifique. Au contraire, dans l'Arctique, calotte glaciaire recouvrant un océan, les activités militaires sont en accroissement constant. C'est en effet dans cette région que les territoires des deux superpuissances se rapprochent le plus.

Contrairement à l'Arctique, l'Antarctique est protégé par un traité. Signé en 1959, celui-ci interdit l'usage de ce continent à des fins militaires (y compris le stationnement d'armes nucléaires) et encourage l'exploration scientifique du continent. Cependant, certains secteurs sont revendiqués par l'Argentine, l'Australie, le Chili, la France (Terre Adélie), la Grande-Bretagne, la Norvège et la Nouvelle-Zélande, soit sept pays sur les douze signataires du traité. Une nouvelle conférence est prévue pour 1991, au cours de laquelle on tentera de résoudre ces problèmes.

ANTARCTIQUE

- Station de recherches, 1984

Chili Territoire réclamé par...

Gisement de charbon

Gis. de pétrole et de gaz

Gis. de minerai de fer

alerte avancée pour missiles balistiques

179

« Liberté nucléaire » ne signifie pas « sécurité nucléaire »

niveau de ses forces à un degré de préparation adéquat en répondant simplement aux initiatives de l'autre, et quel serait l'intérêt de zones démilitarisées séparant les belligérants potentiels.

On commence donc à aborder sérieusement des questions de ce type. Dans le domaine conventionnel, la conférence d'Helsinki sur la sécurité et la coopération en Europe (CSCE) a abouti, dès 1975, à un accord sur ce qu'il est désormais convenu d'appeler les *mesures de confiance*. Il s'agit de mesures destinées à donner à un pays tiers des assurances qu'il ne sera pas victime d'une attaque par surprise, ni d'aucune autre sorte d'agression militaire.

Les *mesures de confiance* convenues en 1975 étaient modestes. Il était entendu que chacun des 35 Etats participants notifierait toute manœuvre terrestre mobilisant plus de 25 000 hommes. La notification volontaire de manœuvres se situant en dessous de ce seuil était prévue par une clause de l'accord, de même que l'invitation d'observateurs. Dans la pratique, les clauses impliquant une initiative volontaire n'ont connu que de rares applications et les pays du Pacte de Varsovie se sont montrés particulièrement réticents à ce sujet. Les propositions actuellement en discussion prévoient la notification *obligatoire* de tous les mouvements de troupes hors de leur garnison. On cherche à se familiariser autant que possible avec la configuration générale des mouvements militaires en Europe, de sorte qu'une attaque par surprise ait moins de chances de pouvoir être organisée. L'URSS a également admis, cette fois, que la partie européenne de son territoire soit concernée dans son ensemble, et non de façon fragmentaire, comme jusqu'ici.

La question de la couverture géographique des régimes particuliers de contrôle des armements est intéressante. Elle est en effet révélatrice de la dimension politique qui sous-tend bien des propositions dont on pourrait croire qu'elles sont confinées aux aspects purement militaires. Les propositions de désarmement en Europe, avancées par le Pacte de Varsovie, ont longtemps eu pour objectif d'assurer la reconnaissance du *statu quo* territorial et, en particulier, de la division de l'Allemagne. Il en a été de même en ce qui concerne les «zones dénucléarisées». Celles-ci sont, en pratique, moins intéressantes qu'il n'y paraît, dans la mesure où les objectifs situés dans ces zones pourraient aisément être pris pour cibles de l'extérieur. Dénucléarisé n'est pas synonyme d'immunité contre le nucléaire... Il n'empêche que la plupart de ces propositions étaient politiquement signifiantes dans la mesure où elles visaient à soustraire de la compétition certains territoires, notamment en Europe où ont proliféré des appels pour créer une zone dénucléarisée allant «de la Pologne au Portugal». Comme si la partie européenne de l'Union

soviétique ne devait pas entrer en ligne de compte.

A l'arrière-plan des efforts en vue de contrôler les armements se devine un espoir de retombées politiques positives. Pourquoi, en effet, si les superpuissances parvenaient à s'entendre sur des problèmes militaires délicats, ne pourrait-on espérer qu'elles trouvent une solution à quelques-unes des questions fondamentales qui les opposent ? Malheureusement, la difficulté de certains problèmes militaires est telle que, pour aboutir à un accord à leur sujet, il faut précisément que les relations politiques soient déjà en voie d'amélioration.

Le contrôle des armements est un outil modeste mais utile. Il ne faut pas lui demander beaucoup plus que de remplir son rôle militaire, car les sources principales d'instabilité sont essentiellement politiques. Rien ne doit être négligé pour rendre notre monde plus pacifique. La politique assignée au contrôle des armements ne devrait pas empêcher la diplomatie de jouer son propre rôle.

Politiques de paix

Il suffit d'un simple diagnostic du problème politique pour mettre en évidence la nature anarchique de la société internationale, faite d'Etats indépendants et dépourvue du contrôle ferme d'une puissante autorité centrale. S'il n'y avait pas d'Etats souverains, qui donc déclarerait la guerre ? Le remède serait donc un *gouvernement mondial*. Mais c'est une utopie. Les gouvernements ne sont pas prêts à transférer à une autorité supranationale cet élément décisif de leur souveraineté que constitue la maîtrise de leurs forces armées, du moins tant qu'ils n'auront pas la conviction que cette autorité ne fera rien qui soit contraire à leurs intérêts. Et personne ne peut évidemment leur en donner l'assurance. Un gouvernement mondial serait une entité lointaine, et le pouvoir qu'il concentrerait représenterait à la fois une source de corruption et une assurance de paix. Rien n'assure d'ailleurs qu'une telle autorité serait en mesure de bannir la guerre. Tout au plus, du fait de sa seule existence, une guerre serait désormais, nécessairement, une guerre civile. Tout remède proposé devrait donc être plus modeste que le désarmement total ou l'établissement d'un gouvernement mondial. Le mieux que l'on puisse espérer est que notre monde soit géré tel qu'il est, avec ce qu'il a d'anarchique et de dangereux. Il doit être possible de conjurer les catastrophes, même si nous ne pouvons pas supprimer la guerre elle-même.

A cet égard, les pronostics ne sont pas sombres. On a pu, jusqu'ici, éviter le type de conflit qui aurait été le plus destructeur. Grâce au développement de la CEE et à l'étroite

▲ *La décision prise par l'OTAN d'installer des missiles de croisière américains et des Pershing II en Grande-Bretagne, en Italie, en Allemagne fédérale, en Belgique et aux Pays-Bas a provoqué, à travers toute l'Europe, de spectaculaires protestations de masse, surtout jusqu'à l'arrivée des premiers engins au Royaume-Uni en 1983. On voit en haut comment les manifestants de Bonn avaient choisi de marquer leur hostilité à cette décision.*

La maîtrise d'un monde indiscipliné

vité et de détermination; par la congestion des « téléphones rouges »; par la succession des sessions d'urgence du Conseil de Sécurité, etc.

L'ONU a été fondée sur la conviction qu'elle fournirait le lieu et les institutions appropriés pour la gestion des crises, voire pour le règlement des différends. Ses agences spécialisées devaient œuvrer en vue de rendre possible une meilleure compréhension entre les nations, par le biais de programmes d'éducation et d'enseignement, de lutte contre la maladie et la pauvreté, et par des progrès dans la voie du désarmement. L'Assemblée générale, au sein de laquelle chaque Etat dispose d'une voix, devait servir de forum d'où l'on pourrait interpeller et sensibiliser l'opinion mondiale. Cependant, il était entendu que le rôle principal, aux Nations-Unies, serait joué par le Conseil de Sécurité, organe plus restreint, dominé par les cinq membres permanents, disposant d'un droit de *veto*. Pour peu que le Conseil lui en confère l'autorité, le Secrétaire général peut faire office de médiateur objectif.

Il est un peu facile de porter un jugement cynique sur l'efficacité de l'ONU. Il n'empêche que ses agences — et en particulier celles qui, comme l'Organisation mondiale de la Santé, ont su éviter le piège de la politisation — peuvent faire état de réalisations concrètes. L'ONU est toujours le foyer privilégié de la diplomatie de crise. Le Conseil de Sécurité débat des différends qui lui sont soumis et l'Assemblée générale fournit aux représentants de toutes les nations membres l'occasion d'indiquer clairement à qui leurs pays apportent leur soutien officiel. Lorsqu'un accord a été élaboré, au sein de l'ONU ou en dehors de celle-ci, cet accord se traduit souvent par une résolution du Conseil ou de l'Assemblée. C'est à travers les Nations-Unies que les forces de maintien de la paix ont, à maintes reprises, été mises sur pied pour veiller au respect des lignes de cessez-le-feu.

Le drame de l'ONU est que l'organisation n'est pas à même d'imposer des solutions aux belligérants. Seul un consensus général des membres permanents du Conseil de Sécurité pourrait lui conférer cette capacité, et ce consensus a toujours fait défaut. Le droit de *veto* a pour conséquence que toute solution qui favoriserait l'Est aux dépens de l'Ouest (ou inversément) a peu de chances de mener bien loin. Du fait de la faiblesse de l'ONU, les superpuissances ont bientôt été considérées comme les principales responsables de la gestion des crises. Et cette gestion ne semble avoir eu pour objectif que de prévenir tout affrontement entre l'URSS et les Etats-Unis, soit directement, soit indirectement. Dans les chapitres précédents, nous avons vu qu'une telle conception ne correspond plus à l'évolution de la réalité internationale. Depuis la crise de Cuba en 1962, les superpuissances ne se sont

▲ *Une des manifestations les plus longues organisées pour protester contre l'implantation des missiles américains le fut par des femmes, qui installèrent un « camp de paix » à Greenham Common, en Grande-Bretagne, endroit où, depuis, sont basés quelque 160 engins de croisière. Ci-dessous, les manifestants aux portes de la base lors de l'arrivée des missiles.*

coopération entre la France et l'Allemagne de l'Ouest, l'Europe d'après-guerre a démontré à quel point des « ennemis héréditaires » peuvent surmonter leurs antagonismes traditionnels. Ce livre est truffé d'exemples de confrontations qui ont débouché sur une guerre. On y a peu parlé des nombreux cas où une diplomatie habile a réussi à calmer les esprits et à faire prévaloir la raison. L'expérience fournit un éventail de recettes éprouvées permettant soit d'éviter que les crises ne dégénèrent, soit de mettre un terme aux affrontements. L'analyse de cette expérience devrait fournir quelques indices concernant les promesses de paix possibles dans les conditions actuelles.

Pour désigner l'art et la manière de gérer les crises, les Anglo-Saxons ont formé le néologisme *crisis management*. Cette expression fait référence aux conventions grâce auxquelles les nations s'efforcent d'éviter que les crises ne dégénèrent en guerre, même lorsqu'elles persistent à défendre leurs intérêts conflictuels dans un contexte de tension. Une crise est une période au cours de laquelle les pressions contradictoires d'affrontement et de coopération sont portées à leur degré le plus aigu. C'est un tournant comparable à celui d'une crise médicale, lorsque le patient se trouve exposé, soit à un paroxysme, soit à une rémission de son mal. L'importance des enjeux en cause et l'étroitesse des délais confèrent à ces moments un caractère dramatique, marqué par une activité frénétique dans les rouages du pouvoir; par des déclarations radio-télévisées pleines de gra-

POUR PRESERVER LA PAIX

Très souvent, lorsque deux Etats, fatigués d'une guerre, décident d'un cessez-le-feu, les Nations-Unies sont invitées à envoyer des « Casques bleus » sur la nouvelle frontière et maintenir séparés les anciens belligérants. Quelques pays, comme la Suède et l'Irlande, se font un point d'honneur de fournir les hommes nécessaires pour de telles missions. Généralement, tout se passe bien lorsque les deux parties adverses, fatiguées, ne cherchent plus à contester la ligne de séparation. Le succès des Casques bleus est moins évident lorsque les anciens adversaires ont conservé toute leur hargne. C'est ainsi que les forces des Nations-Unies dans le sud du Liban (la FINUL) n'ont pu empêcher ni les opérations de guérilla menées par les Palestiniens contre Israël, ni les représailles de cet Etat. Lorsque, en 1982, l'armée israélienne envahit le Liban, la FINUL dut se contenter de regarder passer les blindés israéliens. Lorsqu'enfin le cessez-le-feu fut décidé, le gouvernement de Beyrouth, soucieux de le garantir, fit plutôt appel à une force multinationale occidentale qu'à la FINUL. Les Casques bleus stationnent toujours dans le Sinaï, servant de tampon entre Israël et l'Egypte. Devant la faiblesse des forces de l'ONU, même les Israéliens étaient arrivés à la conclusion, en 1981, qu'il valait mieux les renforcer que les supprimer.

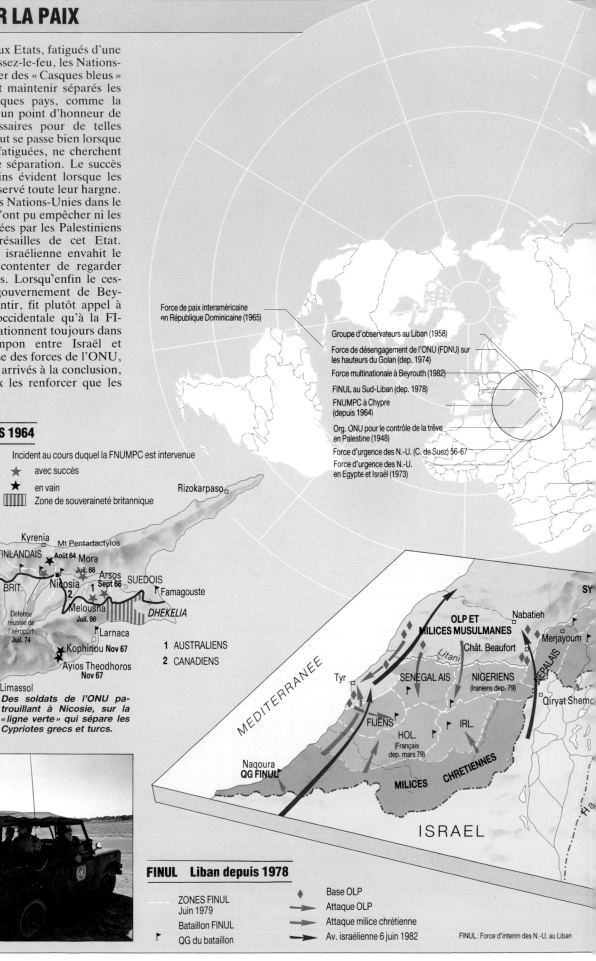

Force de paix interaméricaine en République Dominicaine (1965)

Groupe d'observateurs au Liban (1958)

Force de désengagement de l'ONU (FDNU) sur les hauteurs du Golan (dep. 1974)

Force multinationale à Beyrouth (1982)

FINUL au Sud-Liban (dep. 1978)

FNUMPC à Chypre (depuis 1964)

Org. ONU pour le contrôle de la trêve en Palestine (1948)

Force d'urgence des N.-U. (C. de Suez) 56-67

Force d'urgence des N.-U. en Egypte et Israël (1973)

FNUMPC   CHYPRE DEPUIS 1964

— Ligne de cessez-le-feu (16.08.74)

--- Secteur FNUMPC 1976

BRIT Bataillon FNUMPC

▶ QG du bataillon

Incident au cours duquel la FNUMPC est intervenue

★ avec succès

★ en vain

▧ Zone de souveraineté britannique

Echelle 1:2 000 000

0 ——— 30km

0 ——— 20mi

Rizokarpaso

Kyrenia
Mt Pentadactylos
FINLANDAIS Août 64 Mora
Juil. 66
Morphou Arsos SUEDOIS
Nicosia Sept 66 Famagouste
LIGNE BRIT. 2 1
ATTILA DANOIS Melousha DHEKELIA
Juil. 66
Mt Troödos Défense réussie de l'aéroport Juil. 74
Aíona Larnaca
Sept 76 Kophinou Nov 67
Paphos Ayios Theodhoros
Nov 67
AKROTIRI Limassol

1 AUSTRALIENS
2 CANADIENS

Des soldats de l'ONU patrouillant à Nicosie, sur la « ligne verte » qui sépare les Cypriotes grecs et turcs.

FNUMPC : Force des Nations unies chargées du maintien de la paix à Chypre

FINUL   Liban depuis 1978

OLP ET MILICES MUSULMANES

SY

Nabatieh
Chât. Beaufort
Merjayoum
Litani
SENEGAL AIS NIGERIENS
(Iraniens dep. 79)
Qiryat Shemo
MEDITERRANEE
Tyr
FIJENS IRL.
HOL.
(Français dep. mars 79)
Naqoura
QG FINUL MILICES CHRETIENNES

ISRAEL

--- ZONES FINUL Juin 1979

▶ Bataillon FINUL

▶ QG du bataillon

◆ Base OLP

→ Attaque OLP

→ Attaque milice chrétienne

→ Av. israélienne 6 juin 1982

FINUL : Force d'intérim des N.-U. au Liban

L'expérience de la guerre renforce le statu quo

N.-U. dans l'ouest de la Nouv.-Guinée (1962-1963)

N.-U. en Corée (1950-1959)

Groupe d'observateurs de l'ONU en Inde et au Pakistan (1948)

Mission d'observation de l'ONU en Inde et au Pakistan (1965-1966)

Forces de la Ligue Arabe au Koweit (1961)

Mission d'observation de l'ONU au Yemen (1963-1964)

Opération ONU au Congo ex-belge (1960-1964)

baya
IS

SYRIE

ZONE
FDNU

Golan

plus réellement affrontées, si ce n'est dans l'affolement des derniers jours de la guerre israélo-arabe de 1973. Durant cette guerre, les cas les plus exemplaires de gestion de crise sont apparus dans trois domaines. Le premier concernait les efforts déployés par les Américains pour créer les conditions d'une solution future au conflit israélo-arabe. Le second avait trait aux controverses entre les Etats-Unis et leurs alliés européens à propos des opérations de soutien à Israël. Le troisième, enfin, touchait à l'impact du poids que les Arabes accordaient à l'« arme du pétrole ».

Comme nous l'avons noté, les affaires internationales ne prennent pas sommairement la forme d'un affrontement continuel entre l'Est et l'Ouest, mais cet affrontement sous-jacent est source de crises que chaque superpuissance doit gérer au sein de sa propre « famille », sans que l'on puisse en attribuer la responsabilité entière — ou même principale — aux agissements du bloc adverse. Il existe un grand nombre de conflits dans lesquels ni l'une ni l'autre des superpuissances ne veut ou ne peut se trouver impliquée, et à l'écart desquels chacune se tient avec le plus grand soin. D'autre part, il arrive que les superpuissances s'entendent sur le règlement du conflit, ou s'en désintéressent d'un commun accord. Même dans les cas de ce genre, il leur est de plus en plus difficile de faire prévaloir leur point de vue pour la simple raison que les pays concernés se sentent assez forts pour résister à ce type de pression. Une des conséquences de la *diffusion de la puissance* a été que même les Etats les plus forts, ou bien sont dépourvus de moyens de pression suffisants, ou bien réservent les quelques moyens qui leur restent à la protection de leurs intérêts propres plutôt qu'à la promotion de quelque bien public général. Les organisations régionales telles que celle de l'Unité africaine, ou d'autres, plus étroitement liées aux protagonistes d'un conflit (comme la Conférence islamique), s'engagent de plus en plus dans des tentatives de conciliation. Mais, aussi sensibles qu'elles soient aux arcanes des conditions locales, elles éprouvent en fait les mêmes problèmes que les organisations plus largement internationales.

Dans l'avenir

A partir de toutes ces constatations, on pourrait penser que l'avenir n'a rien de mieux à nous réserver qu'une resucée du même tonneau : les superpuissances vont persister à respecter leurs capacités nucléaires respectives et à éviter soigneusement toute confrontation directe. Entre-temps, dans un monde assailli de problèmes économiques et sociaux, où frontières et allégeances restent autant de sujets de différends, et qui a vu les moyens militaires

largement répandus, les groupes vont continuer à prendre les armes pour les tourner contre les régimes insupportables — et les nations contre les voisins hostiles.

Peut-être cette vision est-elle aussi réaliste qu'une autre, mais elle appelle d'importantes réserves. On ne part pas en guerre sans avoir au moins soupesé le coût de l'opération et ses chances de succès. L'expérience acquise au Viêt-nam par les Etats-Unis a eu des répercussions : les Américains ne sont plus chauds pour faire intervenir leurs forces dans les guerres des autres. L'expérience soviétique en Afghanistan pourrait bien avoir calmé l'appétit de certains « faucons » moscovites. Ni l'une ni l'autre des superpuissances ne serait prête à exclure l'emploi de sa puissance militaire pour défendre ses intérêts *vitaux*, et ce en quelque endroit du monde. Elles n'en sont pas moins toutes deux suffisamment conscientes des dangers qu'il y a à se laisser enliser dans un bourbier militaire, pour faire preuve d'une extrême prudence. La Grande-Bretagne a récemment découvert qu'elle ne pouvait pas se reposer sur la présomption qu'elle n'avait plus aucun rôle militaire à jouer en dehors de la zone de l'OTAN. La guerre des Malouines a démontré qu'il était possible d'éviter qu'une guerre ne s'éternise sans conclusion. Cependant, la nécessité de maintenir sur ces îles lointaines une garnison coûteuse, afin d'éviter qu'elles ne soient à nouveau envahies, est là pour rappeler à Londres que les conséquences désagréables d'une guerre peuvent survivre longtemps après la cessation des combats. Chaque fois que des forces auront été envoyées sur un théâtre d'opérations pour y stabiliser la situation, il faudra craindre que leur retrait ne conduise à un retour à l'instabilité. Les grandes puissances préféreront toujours fournir les outils de la guerre plutôt que la main-d'œuvre.

Le problème le plus vaste est de savoir si les puissances militaires les plus récentes en viendront ou non à mettre en doute l'efficacité de la guerre en tant qu'instrument de la politique. Le phénomène du *bourbier*, dans lequel il se révèle plus facile d'entrer que de sortir, a commencé à les faire réfléchir, d'autant que certaines d'entre elles y sont impliquées à leur tour. Les Vietnamiens, par exemple, sont coincés au Kampuchea, tandis que les Iraniens et les Irakiens sont dans l'impasse. Après trente années au cours desquelles leurs guerres épisodiques ne duraient que quelques jours, les Israéliens auront éprouvé les plus grandes difficultés à extraire leurs troupes du Liban. Ces conflits saignent à blanc les budgets, la jeunesse et le crédit international. Les gouvernements se rendent bien compte que si une victoire rapide intervenait, ils seraient applaudis par la population, mais ils savent aussi qu'ils devraient payer le prix de la défaite. Ce sont des échecs militaires qui ont sonné le glas des

La stabilité future dépend d'une politique prudente

dictatures au Portugal, en Grèce et en Argentine.

En conclusion...

Un peu partout dans le monde, les points de tension les plus familiers se mettent à ressembler à ce que nous connaissons en Europe centrale : des lignes de démarcation clairement délimitées entre les belligérants; des forces armées de part et d'autre de ces lignes, inscrivant des frontières sur le terrain et entretenant une atmosphère de dissuasion réciproque. On trouve aussi une diplomatie internationale et régionale suffisamment active pour faire face à toute velléité de rupture du *statu quo*. C'est ce que l'on peut observer, à des degrés divers, au Proche-Orient, dans le sous-continent indien, et tout au long de la frontière sino-soviétique. Plus de trois décennies après l'armistice qui mit fin à la guerre de Corée, les forces coréennes du Nord et du Sud (ces dernières avec le support logistique et politique des Etats-Unis), se font face de part et d'autre de la ligne de cessez-le-feu.

Rien de tout cela ne nous permet d'augurer un avenir sans la guerre pour l'une quelconque de ces régions. Ces dernières demeurent des foyers de tensions qui s'expliquent par la force des oppositions politiques à l'œuvre dans chaque cas. Même s'il est raisonnable d'espérer que des périodes d'accalmie prolongée permettront certaines formes de coopération, voire des accords à long terme, ce n'est pas toujours le cas. Il suffirait d'un bouleversement soudain dans la région — par exemple une révolution dans un pays appartenant jusque-là au camp des modérés, ou un basculement de l'équilibre général des forces — pour déstabiliser la situation et conduire à la guerre.

La guerre n'a procuré d'avantages à aucune des parties en cause au Proche-Orient. Cependant, la conjonction des différences religieuses et de l'occupation de territoires par la force ne peut que rendre, pour l'avenir prévisible, extrêmement problématique la perspective de voir un règlement politique prévaloir sur un *statu quo* militaire.

L'Europe, qui a certes joui d'une paix et d'une prospérité remarquables au cours des quatre dernières décennies, et ce en dépit de ses divisions et de son armement, n'en est pas moins devenue doublement dépendante. D'une part, de l'évolution de la dissuasion mutuelle et, d'autre part, de la pérennité des arrangements politiques, en particulier des deux alliances. A différentes reprises depuis sa formation, le Pacte de Varsovie a été secoué par des soulèvements dans l'un ou l'autre des Etats membres. Pour assurer sa survie et son intégrité, le Pacte a souvent dû recourir à des mesures draconiennes. Il se pourrait qu'à l'ave-

nir il devienne plus difficile à mettre à genoux tel ou tel récalcitrant, et que des ondes de choc se répercutent à travers tout le continent. De même, quoique avec moins d'intensité, les dirigeants de l'OTAN se sont un moment préoccupés de l'impact que peut avoir sur l'Alliance l'arrivée au pouvoir d'une coalition comprenant des communistes, dans des pays comme l'Italie et le Portugal notamment.

Il ne faudrait pas croire que tout changement politique majeur doive invariablement semer le trouble. Il peut au contraire ouvrir des possibilités nouvelles de réconciliation, lorsqu'il aboutit à la disparition d'un élément hostile. Tout ce qu'on peut en dire est que le bien-être étant rarement l'apanage de ceux qui sont en guerre avec leurs voisins, il faudra des événements considérables pour les précipiter dans un conflit qui les opposerait à des adversaires bien armés.

Entre-temps, les causes principales de conflits armés resteront probablement dans l'avenir ce qu'elles ont été dans le passé, à savoir des dissenssions internes dans des pays souffrant de troubles économiques et sociaux, ou au sein d'Etats incapables de s'assurer le loyalisme de la majeure partie de la communauté nationale. Lorsque ces dissenssions débouchent sur un conflit ouvert, les puissances extérieures qui ont des intérêts dans ce pays risqueront de s'y retrouver impliquées. Un voisin puissant, ou l'une ou l'autre des superpuissances, pourra alors se sentir tenté d'intervenir pour modifier en sa faveur l'équilibre régional.

Un voisin faible peut voir son territoire utilisé dans un premier temps comme base par des insurgés, puis envahi par ceux qui poursuivent ces derniers. C'est ainsi que les querelles intestines peuvent connaître une escalade internationale. Lorsque ce phénomène se produit au sein d'une région stratégiquement critique — au Proche-Orient ou en Europe, par exemple — il peut servir de détonateur au type de conflit que nous redoutons tous.

Jusqu'ici, il est vrai, la communauté internationale s'est montrée capable d'empêcher que les guerres ne deviennent incontrôlables, mais elle n'a pu les prévenir. Les causes de la guerre doivent être recherchées dans la vie quotidienne des nations, et pas seulement dans les arcanes de la haute diplomatie. Il serait donc irréaliste d'exagérer l'impact que peut avoir une diplomatie constructive ou le renforcement des institutions internationales. Pourtant, en définitive, c'est à la sagesse des hommes d'Etat que nous devons nous en remettre, si nous voulons éviter que les plus affreux parmi les engins de mort n'entrent un jour en action parce que la plus vive de toutes les querelles que nous avons connues aurait finalement laissé échapper la violence de la boîte de Pandore.

INDEX

ICONOGRAPHIE

Abréviations : H=haut, B=bas, C=centre, G=gauche et D=droite.
FSP=Gamma Liaison, Frank Spooner Pictures

2-3 Dessins d'Ingram Pinn, avec la permission du *Sunday Times*.

5 Bataille aérienne sur les hauteurs du Golan : H. Laurent/FSP.

9 *Enfant Géopolitique observant la naissance de l'Homme Nouveau,* par Salvador Dali : Collection Reynolds Morse, Cleveland, Ohio (1943), Spadem.

10-11 Bombe au phosphore lancée d'un avion américain T-28 : Larry Burrows pour *Time-Life*/Colorific.

12-13 Classiques de la géopolitique : d'après Strausz-Hupé, MacKinder et Fochler-Hauke.

14-15 Union soviétique : Oxford Cartographers.

16H « Digitalisation » d'une carte : d'après SIPRI *Year Book* 1975.

16B Site de missiles cubains : Photo-Source.

18-19 Vue de Moscou : Oxford Cartographers.

20 Troupes allemandes quittant le front, 1914 : Archives de Weimar.

21H Krouchtchev et Mao, 1957 : Photosource.

21B Johnson et De Gaulle, 1967 : Popperphoto.

22 Carter avec le shah d'Iran, 1977 : François Lochon/FSP.

22-23 Vie de Washington : Oxford Cartographers.

25 Staline, Truman et Churchill à Potsdam, 1945 : Archives Bettmann/Bibliothèque Hulton Picture de la BBC.

26-27 1945, les empires coloniaux : Location Map Services.

26BG L'appel de la mort : Janos Marffy.

28 Pont aérien de Berlin, le millionième sac de charbon : Photo Source.

29 Enfants attendant un avion ravitailleur : Archives Bettmann/Bibliothèque Hulton Picture (BBC).

30-31 Le démantèlement des empires : Location Map Services.

33H Lech Walesa : Mark Bulka/FSP.

33B Révolutionnaires à Téhéran : Abbas/FSP.

34 1985, le monde post-impérial : Location Map Services.

35 Conférence de l'UEA, Freetown, Sierra Leone, 1980 : Afripress, Londres.

36 Menace soviétique sur les lignes de communications : Département US de la Défense.

37 Cubains en Angola : Backnan/FSP.

38-39 La puissance du pétrole : Richard Draper.

39 Pétrolier en feu à l'île de Kharg : ITC/FSP.

40H Le bloc islamique : Alan Mais.

40B La deuxième conférence du Sommet islamique : Abbas/FSP.

42H La loi de la mer : Location Map Services.

42B Les minéraux : Richard Draper.

43H La « guerre du hareng » : Popperfoto.

43B Les importations de la CEE : Richard Draper.

45 Richesses, population et dépenses militaires : Inkwell.

46-47 Les relations internationales : Location Map Services.

48 Le Conseil de Sécurité de l'ONU : Photosource.

50-51 La force japonaise de défense : Katu Kurita/FSP.

52-53 Les conflits depuis 1945 : Alan Mais.

53 Prisonniers communistes en Grèce : Bibliothèque Hulton Picture (BBC); Véhicules brûlant dans le Sinaï : Garon/FSP; Batterie d'artillerie vietnamienne : Labbe/FSP; Entrée des forces de Goukouni à N'Djamena : Loyzance/FSP.

54 Révolution au Portugal, 1974 : Popperfoto.

55 Indépendance du Zimbabwe : Francolon/FSP.

56-57 Combats de rues à Beyrouth : Leroy/FSP.

58 Soldats nationalistes à Quemoy : Arch. Bettmann/Bibl. Hulton Picture (BBC).

59 AWAKS en Arabie saoudite : Iverson/FSP.

60G Le Grand Hôtel de Brighton, après la bombe de l'IRA : Gaywood/FSP

60D Terroriste à l'aéroport de Munich : Depardon/FSP.

61 Le massacre de Lod : Phil Green.

61B Les dégâts à l'aéroport de Lod : Popperfoto.

62 La réduction des bases d'outre-mer : Inkwell.

64H Begin et Carter à Camp David, 1979 : BIPAC.

64B Massacre de Palestiniens : Mingham/FSP.

66-67 La force US de déploiement rapide : Richard Draper.

68 Le convoi des Malouines : Richard Draper.

69 Dessin de McNelly : avec la permission du *Chicago Tribune*.

70-71 Opération *Bright Star,* 1981 : Iverson/FSP.

72 *Our defence systems are for real :* British Aerospace.

73 Dessin de Ranan Lurie : avec la permission du *Times*.

74-75 Le commerce des armes : Location Map Services.

75BG Les fournitures d'armes à l'Iran et à l'Irak : Richard Draper.

76 Le centre atomique Bhabba, Trombay : Dominique Darr/FSP.

77 Le Club nucléaire : Inkwell.

79 Missile nucléaire français *Pluton* : FSP.

81 Essai nucléaire sur l'atoll de Mururoa, 1983 : ECPA/FSP.

82 Hôpital Sei, Nagasaki : Photo Source.

83H Survivant à Nagasaki : Photo Source.

83 Hiroshima : Swanston Graphics.

84H La défaite du Japon : Swanston Graphics.

84B Reddition japonaise sur le *Missouri,* 1945 : Arch. Bettmann/Bibl. Hulton Picture (BBC).

86 Vue aérienne de New York : Ewing Galloway, N.Y.

87 Cible : New York City : Swanston Graphics.

88 Dessin de David Low : avec la permission de l'*Evening Standard.*

90-91 Le duel attaque-défense : Trevor Bounfort/Bob Chapman.

92H Lancement du sous-marin français *Le Tonnant,* 1980 : Vioujard/FSP.

92B Essai de lancement du missile *Trident :* Meyer/FSP.

93 La guerre anti-sous-marine : Richard Draper.

94-95 Le déploiement intercontinental

US : Swanston Graphics/Location Map Services.

96 Scénario d'attaque d'ICBM soviétiques : Richard Draper.

97 La « Guerre des étoiles » : Richard Draper.

98-99 Le déploiement intercontinental soviétique : Swanston Graphics / Location Map Services.

101H Batterie de missiles soviétiques : Camera Press.

101B Le missile de croisière *Tomahawk* en vol : Gamma-Liaison/FSP.

102-103 Les déploiements européens : Swanston Graphics/Location Map Services.

104 Le vol d'un missile de croisière : Richard Draper.

105 Le dernier défilé pour Brejnev : Camera Press.

106H Kennedy à Berlin, 1963 : Camera Press.

106-107 Berlin : Roger Gorringe.

107H Garde-frontières au Mur de Berlin : Bibl. photo John Topham.

107CD L'Allemagne 1948-1949 : Lovell Johns Ltd.

108B Le cargo *Ivan Polzunov* intercepté par le USS *Vesole* : Photosource.

108-109 Cuba : Swanston Graphics.

110-111 Démonstrations de puissance nucléaire : Lovell Johns Ltd.

112 L'avion de ligne coréen : Swanston Graphics.

113 Missiles *Rapier* au cours de manœuvres de l'OTAN, 1984 : Versele/FSP.

114H Manœuvres de l'OTAN : Versele/FSP.

114B Cadavres d'Iraniens à la frontière iranienne, 1982 : Rafestin/FSP.

115 Chasseur-bombardier F-4 *Phantom :* Meyer/FSP.

116H *Sea Harrier,* 1980 : Photo Source.

116B: *Forger Yak-36* soviétique : US Navy.

117 Troupes embarquant sur le *Queen Elizabeth II :* Cito/FSP.

118-119 Le front central : Inkwell.

119 Opération *Crusader,* 1980 : Photosource.

120G Délégation de l'ONU observant une bombe chimique : Popperfoto.

120D Soldats américains portant une tenue protectrice : Hires/FSP.

121 Journaliste brandissant un drapeau blanc au Nicaragua, 1979 : Naythons/FSP.

122 Combattants palestiniens au camp Beddaoui, Liban : Azar/FSP.

123 Beyrouth en flammes : Azar/FSP.

124H Défilé militaire en Algérie, 1984 : Vioujard/FSP.

124B Lancement d'un missile *Exocet* : Francolon/FSP.

125 Hélicoptères durant la guerre du Viêt-nam : Caron/FSP.

126-127 La maîtrise des mers : Janos Marffy.

127HD La spirale des portées des SLBM : Inkwell.

128 Défense anti-aérienne syrienne dans la Bekaa : Chedid/FSP.

129 Défense et contre-défense : Inkwell.

130-131 Espions dans le ciel : Hayward and Martin Ltd, d'après Jasani et Lee.

131B Porte-avions nucléaire en construction à Nikolayev : Ass. Press Ph.

132 SOS : Alan Mais.

132G Pilote accueilli à Tel Aviv : Popperfoto.

132D Diplomates dans l'ambassade US de Téhéran : FSP.

133G Soldat iranien près d'un hélicoptère US détruit : Abbas/FSP.

133D *Marine* US pleurant la perte d'un ami au Viêt-nam : Leroy/FSP.

134-135 Actions de guérilla : Lovell Johns Ltd.

135 Emeutes à Londonderry : Caron/FSP.

136 Guerilleros de l'UNITA en Angola : Photo Source.

137H Fidel Castro triomphant, 1959 : Photo Source.

137B Posters de Guevara en Iran, 1979 : Abbas/FSP.

138 La « Longue marche » de Mao Tse-Tung, 1935 : Institut éducatif anglo-chinois.

139 Instruction anti-guérilla à Fort Gulick, Panama : Gray/FSP.

140 Guerilleros sandinistes à Managua : Comiti/FSP.

141 Troupes du commandant Zéro, Eden Pastora, 1978 : Comiti/FSP.

142 Budapest, 1956 : Bibl. Hulton Picture (BBC).

143 Europe, Chypre : Lovell Johns Ltd.

144 Extrême-Orient : Alan Mais.

145 Saut des hommes du 187e régiment US de paras à Taegu, mars 1951 : Camera Press.

146B Inchon, après le débarquement US en 1950 : Photo Source.

149 Corée : Lovell Johns Ltd.

149H Hélicoptères larguant du ravitaillement : Arch. Bettmann/Bibl. Hulton Picture (BBC).

149B Dessin de la dispute sino-soviétique : Popperfoto.

150 Soldats vietnamiens blessés devant un temple de Saïgon : Popperfoto.

150-151 Indochine : Lovell Johns Ltd.

152H Prisonniers au Bangladesh, 1971 : Depardon/FSP.

152-153 Asie méridionale : Alan Mais.

154-155 Proche-Orient, Liban, guerre Iran-Irak : Location Map Services.

155H Soldats irakiens à Khorramshar : De Wildenberg/FSP.

156H Inspection de l'*Exodus 1947* à son arrivée à Haïfa : Popperfoto.

156B Troupes israéliennes dans le Sinaï, 1973 : Burlot/FSP.

158 Blindés détruits dans le Sinaï, 1973 : Laurent/FSP.

159 Israël, Sinaï : Lovell Johns Ltd.

160H: DC-4 français abattu au Tchad en mars 1978 : Depardon/FSP.

160B Soldats français près des corps de fellaghas en Algérie : RA/FSP.

163 Afrique : Lovell Johns Ltd.

164 La Corne de l'Afrique : Alan Mais.

165 Attaque au mortier en Angola : Salgado/FSP.

166 L'Amérique latine : Lovell Johns Ltd.

167H Le « Jour de l'armée » au Nicaragua, 1984 : Dilg/FSP.

167B Combat des forces de Pastora au Nicaragua : Rodrigès/FSP.

169 Dessin de Daumier.

170H Commémoration du débarquement en Normandie : Pool/FSP

170B Pont aérien au Viêt-nam : Francolon/FSP.

171 Victimes de la famine en Ethiopie : Maître/FSP

172G Signature du traité partiel d'interdiction, 1963 : Photo Source.

172D SALT II : John Brennan.

173 La dimension géographique du contrôle des armements : Alan Mais.

174 La misère humaine : Thames Cartographic Services.

175G Réfugiés en Ethiopie : FSP.

175D Dessin d'un laser de l'espace : Edmunson/FSP.

177 Kissinger et Brejnev à la conférence d'Helsinki, 1975 : Gaumy/FSP.

178-179 La stratégie polaire : Thames Cartographic Services.

181H Démonstration en faveur de la paix à Bonn : Sommer/FSP.

181B Camp de la paix à Greenham Common : Perrin/FSP.

182 Forces du maintien de la paix de l'ONU : Vioujard/FSP.

182 Pour conserver la paix : Location Map services.

BIBLIOGRAPHIE SELECTIVE

LA LITTÉRATURE CONSACRÉE à la plupart des sujets traités dans cet ouvrage est si abondante qu'une bibliographie exhaustive aurait largement dépassé les limites allouées à cette rubrique. Il a donc fallu être très sélectif et s'en tenir aux études les plus récentes, en écartant les articles de revues, les ouvrages trop spécialisés ou les documents par trop polémiques.

Un peu partout dans le monde, un nombre croissant d'instituts, plus ou moins scientifiques et plus ou moins engagés, alimentent l'information de ceux — toujours plus nombreux, eux-aussi — qui s'intéressent aux problèmes de sécurité. Les plus objectifs d'entre eux rendent d'inestimables services en matière de documentation et d'analyse.

Le plus sérieux et le plus important d'entre eux est sans doute l'*International Institute for Strategic Studies* (ISS) de Londres, dont deux publications annuelles constituent des instruments de référence essentiels. La première, intitulée *Military Balance*, reprend toutes les données factuelles disponibles concernant les forces militaires à travers le monde. La seconde, sous le titre *Strategic Survey*, passe en revue les principaux développements intervenus depuis l'année précédente en matière de politique de défense, de contrôle des armements, de technologie militaire et de conflits internationaux, le tout accompagné d'une précieuse chronologie.

Depuis quelques années, une synthèse de ces publications paraît annuellement en français sous le titre *Situation stratégique mondiale* dans la collection « Stratégies » des éditions Berger-Levrault, Paris. A Paris également a paru, en 1985, sous la direction de Pascal Boniface, *L'année stratégique — Forces armées dans le monde, effectifs, armements. Analyses géopolitiques. Données stratégiques*. La Société pour le développement des études de sécurité internationales de l'université des Sciences sociales de Grenoble publie également un annuaire intitulé *ARES*.

A la fois plus engagé dans un combat antimilitariste et moins soucieux des intérêts de la sécurité occidentale, le *Stockholm Peace Research Institute* (SIPRI) fait œuvre de pionnier dans le domaine de l'information sur la production et le commerce des armes. Il publie un annuaire intitulé *World Armaments and Disarmament*. De nombreux autres instituts diffusent des études plus ou moins spécialisées. On en trouvera un inventaire récent dans le *Directory Guide of European Security and Defense Research*, publié en 1985 par les presses universitaires de Leuven (Louvain, Belgique).

A côté des études scientifiques, les publications officielles figurent nécessairement parmi les sources de documentation de base. Pour les Etats-Unis, on retiendra principalement les *Congressional Hearings* et les rapports annuels au Congrès présentés par le secrétaire d'Etat à la Défense et le président du Comité des chefs d'états-majors. Le Pentagone a récemment diffusé dans plusieurs langues un document intitulé *La puissance militaire soviétique* (Washington, 1985). L'Agence américaine pour le contrôle des armements et le désarmement publie des ouvrages de référence sur les accords intervenus dans ces domaines, sur les dépenses d'armement dans le monde et sur les transferts de matériels et de technologies militaires.

Si, de son côté, l'Union soviétique est généralement avare d'informations sur ses forces, elle s'est sentie obligée de contrer l'estimation publiée par le Pentagone en diffusant une publication de son cru traitant de la puissance militaire américaine et intitulée *Qui menace la paix ?* Le service d'information de l'OTAN, à Bruxelles, publie chaque année, depuis 1982, une brochure officielle intitulée *L'Otan et le Pacte de Varsovie. Comparaison des forces*.

Certains Etats comme la Grande-Bretagne (*Statement on the Defense Estimates*) et la République fédérale d'Allemagne (*Livre blanc sur la Défense*) publient annuellement leurs propres chiffres ainsi que leurs analyses sur la situation stratégique mondiale et la politique de leur gouvernement en matière de défense.

Cette matière n'est cependant pas le monopole des instituts ou des offices gouvernementaux. Elle est également couverte — et c'est heureux tant pour le grand public que pour les spécialistes — par des publications indépendantes qui n'ont pas le mérite d'offrir une mise à jour annuelle, mais fournissent cependant une documentation historiquement très complète. Parmi les plus récentes, citons *World Armies* (Londres, 1983) et, parmi les publications des éditions Bordas : *La puissance militaire soviétique*, *La puissance militaire des USA*, *L'équilibre militaire des superpuissances*, *Les secrets de la guerre moderne* ou *Le monde d'aujourd'hui*, atlas économique, social, politique et stratégique. On ne peut non plus passer sous silence l'importante contribution des Editions de la Découverte, qui ont réuni une centaine d'experts pour présenter *L'Etat du monde 1984*, annuaire économique et géopolitique mondial (Paris, 1984).

On trouve d'ailleurs aujourd'hui de nombreux atlas couvrant l'un ou l'autre aspect de la matière traitée dans cet ouvrage. *L'atlas du monde armé (The War Atlas)* de Michaël Kidron et Dan Smith (Paris, 1983) et l'*Atlas stratégique, géopolitique des rapports de force dans le monde*, de Gérard Chaliand et Jean-Pierre Rageau (Paris, 1983) sont les plus sérieux qui soient disponibles en langue française.

Sur le plan historique, citons *A World Atlas of Military History* de Tom Hartman et John Mitchell (Londres, 1984), *Les batailles décisives du monde occidental*, de John F.C. Fuller (Paris, 1983) et une autre traduction du même auteur, *L'Histoire de la guerre terrestre. Tous les conflits du XXe siècle, les guerres classiques, le terrorisme, les guérillas* (Paris, 1980).

Introduction

Ceux qu'intéressent les dimensions géographiques des problèmes stratégiques liront avec profit *The Geography of Warfare*, de Patrick O'Sullivan et Jesse Miller (Londres, 1983) et l'ouvrage d'Yves Lacoste *La géographie, ça sert d'abord à faire la guerre* (Paris, 1976). Pour une mise à jour des concepts traditionnels de la **géopolitique**, on lira *The Geopolitics of the Nuclear Era*, de Colin Gray (New York 1977) et *On Geopolitics : Classical and Nuclear*, édité par Ciro E. Zoppo et Charles Eoogbibe à Doordrecht en 1985.

La pensée stratégique et son histoire ont fait l'objet de peu d'ouvrages récents, si ce n'est celui de Brian Bond, *War and Society in Europe 1870-1970* (Londres, 1984) et celui d'Edward Meade Earle, *Les maîtres de la stratégie*, 2 vol. (Paris, 1980). Les grands classiques restent *Penser la guerre. Clausewitz* (Paris, 1976) et *Le grand débat. Initiation à la stratégie atomique* (Paris, 1963) de Raymond Aron, *Introduction à la stratégie* (Paris, 1963) du général André Beaufre et *Stratégie de l'âge nucléaire* (Paris, 1960) du général Pierre Gallois.

L'ordre international en mutation

André Fontaine, auteur d'une magistrale *Histoire de la guerre froide* (Paris, 1976), est aussi celui de l'excellent ouvrage intitulé *Un seul lit pour deux rêves. Histoire de la « détente » (1962-1981)* (Paris, 1981). Raymond Aron analyse lumineusement l'évolution du système international dans *Paix et guerre entre les nations*, 2e édition (Paris, 1984) et le rôle des Etats-Unis dans *La république impériale. Les Etats-Unis dans le monde, 1945-1972* (Paris, 1973). Le thème des relations Europe/Etats-Unis, dont Stanley Hoffmann avait dressé un diagnostic clairvoyant dans *Les malentendus transatlanti-*

ques (Paris), est utilement mis à jour par Jacqueline Grapin dans un livre récent, *Forteresse America. Le nationalisme américain à l'épreuve* (Paris, 1984). Un point de vue américain très engagé est développé par Richard Nixon dans deux ouvrages assez brillants, *La vraie guerre* (Paris, 1980) et *Le mythe de la paix* (Paris, 1984). Dans ses mémoires (2 vol.) parus en français à Paris en 1979, Henry Kissinger distille l'essence de la diplomatie des superpuissances.

Sur l'évolution récente des relations entre l'Est et l'Ouest, on se réfèrera à l'étude intitulée *The Conduct of East-West Relations in the 1980's*, publiée par l'ISS (Londres, 1984). La politique extérieure de l'URSS est analysée par Thomas Wolfe dans son ouvrage de référence, *Soviet Power and Europe* (Baltimore, 1970), que l'on complétera utilement par la lecture de *World Power : Soviet Foreign Policy under Brezhnev and Andropov*, de Jonathan Steele (Londres, 1983). Le maréchal Sokolovsky est l'auteur d'un livre sur *La stratégie militaire soviétique* (Paris, 1984), qui a au moins le mérite de ne pas être suspect d'anticommunisme primaire, particularité qu'il partage avec son collègue (jusqu'il y a peu ministre soviétique de la défense) le maréchal Nikolaï Ogarkov : *Toujours prêt à défendre sa patrie* (Paris, 1984). S'il existe un complexe militaro-politico-industriel en URSS, il doit ressembler à cette stratocratie décrite par Cornelius Castoriadis dans le premier volume de son remarquable ouvrage intitulé *Devant la guerre. Les réalités* (Paris, 1981). Plus simplement, mais très clairement, Claude Delmas a consacré un « Que sais-je ? » à *La politique militaire soviétique* (Paris, 1983).

L'importante question des **matières premières stratégiques** — qu'il s'agisse du pétrole ou de minéraux — est traitée de façon exhaustive dans l'étude de Hanns Maull, *Raw Materials, Energy and Western Security* (Londres, 1985).

Sur les **conflits** qui se sont succédés aux quatre coins du monde, on trouvera des analyses brèves mais excellentes dans *War since 1945* de Michaël Carver (Londres, 1980) et d'utiles comparaisons dans l'ouvrage collectif publié par l'Institut français des relations internationales sous la direction de Dominique Moïsi, *Crises et guerres au XXe siècle, analogies et différences*.

L'ouvrage de référence sur le **terrorisme** reste celui de Walter Laqueur, *Terrorism* (Londres, 1977). Pour les événements plus récents, on consultera le best-seller de Claire Sterling, *Le réseau de la terreur* (Paris, 1981).

Le **commerce des armes** a suscité une abondante littérature, aussi bien en anglais dans *The Global Politics of Arms Sales* de Andrew Pierre (Princeton, 1982), qu'en français dans *L'économie des armes* de Jacques Fontanel (Paris,

1983) ou *Le commerce des armes de guerre* de Jean-Claude Martinez (Paris, 1983). Ces ouvrages font le point de la question. Des aspects plus particuliers sont développés par Michel Vincineau dans *Exportation d'armes et droit des peuples* (Bruxelles, 1984) et par la Revue internationale des Sciences sociales de l'Unesco dans *Le fardeau de la militarisation. Recherche-développement. Les effets dans le Tiers-Monde. Perspectives de reconversion* (1983).

La course aux armements nucléaires

La meilleure étude concernant les conséquences de la guerre nucléaire reste celle de l'*Office of Technology Assessment* du Congrès des Etats-Unis : *The Effects of Nuclear War* (Washington, 1979). La revue *Autrement* a publié à Paris, en 1983, une brochure intitulée *La bombe, armes et scénarios nucléaires*, qui est un exemple de bonne vulgarisation. Pour approfondir le sujet, on lira *Les armes de la terreur*, de William J. Koenig (Paris, 1982) et, chez Bordas, *Les missiles* (Paris, 1985). Robert Kennedy a raconté de façon très vivante la crise de Cuba dans son livre *Thirteen Days* (Londres, 1969).

Sur la crise des « euromissiles », le GRIP a été le premier institut à publier une étude approfondie sous le titre *Le dossier des euromissiles* (Bruxelles, 1981), à propos desquels l'ouvrage de référence reste celui de Michel Tatu, *La bataille des euromissiles* (Paris, 1983). François de Rose, ancien représentant permanent de la France auprès de l'OTAN, analyse très clairement les implications politiques de cette crise dans *Contre la stratégie des Curiaces* (Paris, 1983).

La guerre conventionnelle

L'ouvrage de John Mearsheimer intitulé *Conventional Deterrence* (New York, 1983) constitue une tentative ambitieuse, à défaut d'être totalement convaincante, de mettre sur pied une théorie générale sur la composante conventionnelle. Traitant de la façon dont pourrait se dérouler une guerre convention-nelle en Europe, deux best-sellers s'imposent, qui ont bousculé les idées reçues, *L'Europe sans défense*, du général Robert Close (Bruxelles, 1976) et *La troisième guerre mondiale* du général Sir John Hackett (Paris, 1980). Ces deux militaires imaginent des scénarios très réalistes et, hélas, plausibles.

La **guerre de guérilla** a aussi ses classiques, en tête desquels figurent les écrits du général nord-vietnamien Vo Nguyen Giap, *Guerre du peuple, armée du peuple* (Paris, 1968) et *Guerre de libération, politique, stratégie, tactique* (Paris, 1970); ceux d'Ernesto *Che* Guevara : *Guerilla Warfare* et *Bolivian Diary* (Londres, 1969), sans compter *Souvenirs de la guerre révolutionnaire* (Paris, 1967). Gérard Chaliand a illustré ce sujet dans *Stratégies de la guérilla, anthologie historique de la Longue Marche à nos jours* (Paris, 2ᵉ éd., 1984).

Que faire ?

Depuis 1981, les Nations-Unies ont publié une quinzaine de documents relatifs au désarmement. Le SIPRI leur a fait une concurrence active dans ce domaine avec, entre autres, *Armer ou désarmer ?* (Stockholm 1982) et *Policies for Common Security* (Londres, 1985). Pour connaître le point de vue soviétique sur ce sujet, autant aller puiser à la source dans *La paix et le désarmement. Etudes scientifiques* (Moscou, 1982). Une analyse critique des positions américaines est faite par Strobe Talbott dans *Deadly Gambits : the Reagan Administration and the Stalemate in Nuclear Arms Control* (New York, 1984).

Les rapports entre *Pacifisme et dissuasion* sont analysés dans un ouvrage collectif de l'IFRI, portant ce titre et publié sous la direction de Pierre Lellouche (Paris, 1983). La guerre étant trop sérieuse pour être abandonnée aux seuls stratèges, laissons le dernier mot aux intellectuels et à leurs interrogations angoissées : *L'Utopie ou la Guerre ? D'Erasme à la crise des euromissiles*, par Jean Barrea (Louvain-la-Neuve, 1984), *Eviter la guerre ? Réponses à quelques questions sur les risques de guerre*, sous la direction de Philippe Lacroix (Paris, 1983).